高职高专"十三五"规划教材·基础课系列

大学语文

（上篇）

- 主　编　朱保贤
- 副主编　陈永祥　赵建军
- 参　编　李晓琴　肖　莉　杨爱华　旷光彩
  　　　　杨胜茂　吴　琳　朱修方

华中科技大学出版社
http://www.hustp.com
中国·武汉

内 容 简 介

本教材是为高职高专师范类专业学生编写的文化基础必修课程教学用书。教材所选篇目以人文精神为主线,深入挖掘古今中外经典文学作品中的人文精神,用文学的非功利性去熏陶学生的人格,从而提高其人文素养,丰富其精神世界。教材分上、下两册,每册分两篇,上篇阅读欣赏篇,下篇写作篇。

"阅读欣赏"部分,针对学生的思想、情感特点和心灵成长的需要划分单元、选择篇目,共18个单元,其中,上册为12个单元,下册为6个单元。每个单元5篇文章,其中三篇为精读课文,另外两篇为自读课文。我们设计了"单元导读""阅读提示""文本对话""实践活动"和"知识链接"。"写作"部分,共11个单元,其中,上册为5个单元,下册为6个元。

图书在版编目(CIP)数据

大学语文.上篇/朱保贤主编.—武汉:华中科技大学出版社,2018.9(2023.8重印)
ISBN 978-7-5680-4559-9

Ⅰ.①大… Ⅱ.①朱… Ⅲ.①大学语文课-高等学校-教材 Ⅳ.①H193.9

中国版本图书馆 CIP 数据核字(2018)第 203973 号

大学语文(上篇)   朱保贤 主编
Daxue Yuwen(Shangpian)

策划编辑:聂亚文
责任编辑:狄宝珠
封面设计:孢 子
责任监印:朱 玢
出版发行:华中科技大学出版社(中国·武汉)   电话:(027)81321913
　　　　　武汉市东湖新技术开发区华工科技园   邮编:430223
录　　排:华中科技大学惠友文印中心
印　　刷:武汉邮科印务有限公司
开　　本:787 mm×1092 mm 1/16
印　　张:17
字　　数:443千字
版　　次:2023年8月第1版第5次印刷
定　　价:43.00元

本书若有印装质量问题,请向出版社营销中心调换
全国免费服务热线:400-6679-118　　竭诚为您服务
版权所有　侵权必究

前言

本教材名称为《大学语文》，分上、下两册，适用范围为高职高专师范类专业公共课。《大学语文》课程开设三个学期，上册供第一和第二学期使用；下册供第三学期使用。每册分上、下两篇，上篇为阅读欣赏篇，下篇为写作篇。

《大学语文》的编写，参考了一些师范专科学校相关教材的思路和框架，又根据部分参考教材思路和框架，结合当今学生的身心发展情况和社会发展的需要，从整体上力求达到统一规划，合理安排编选纲目，使其达到兴趣与功用相结合的效果。

"阅读欣赏"部分共18个单元，上册为12个单元，下册为6个。各单元的篇目是针对学生的思想、情感特点和心灵成长的需要来选择划分的。每个单元5篇文章，其中，前面三篇为精读课文，另外两篇为自读课文。

为方便课程教学需要和学生学习的实际，我们设计了"单元导读""阅读提示""文本对话""实践活动"和"知识链接"。"单元导读"既有一般的知识性导读，又有阅读和思考方法的提示；"阅读提示"通过对作品内容进行提纲契领式的导读，帮助学生更好地赏析作品；"文本对话"结合课文内容，精心设置相关问题，使学生加深对作品的理解；"实践活动"旨在通过实践活动锻炼学生的综合能力，让学生把学到的知识和技能运用到实践中，提升学生的综合素质与能力；"知识链接"主要是引导学生拓展阅读范围，深化对作品的理解。这样安排，既能突出学生学习的过程，又能加强学生与文本的对话；既能拓宽学生的知识视野和训练能力，又能在学生成长的心理上紧扣时代的脉搏，最终从行为和目的上培养学生的大语文观，提升学生的语文整体素养。

"写作"部分，共11个单元。其中，上册为5个单元，下册为6个单元。旨在通过指导学生系统地学习写作基础知识和理论知识，掌握写作的一般规律，具备良好的写作素养，能独立写出观点鲜明、内容积极向上、感情健康、结构合理紧密、语言畅达的文章，能处理相关的公务文书，以便于在以后的学前教育教学以及从事其他社会工作中能适应社会的需要。

编写本教材，我们参照了不少专家们的书籍和资料，也听取了不少专家的宝贵意见，获得了不少经验，在此一并致谢。在编写过程中，由于编者的水平有限，再加上时间仓促，错误和不足之处在所难免，敬请各位前辈和同行，以及广大的读者批评指正。

本书由朱保贤任主编，陈永祥、赵建军任副主编，李晓琴、肖莉、杨爱华、向金萍、吴杨芝、旷光彩、杨胜茂、吴琳、朱修方参与编写。具体分工如下：上册的"阅读欣赏"部分，第一单元由朱保贤、李晓琴编写，第二单元由朱修方、吴琳、赵建军编写，第三单元由杨爱华编写，第四单元由旷光彩、肖莉编写，第五单元由杨胜茂、肖莉编写，第六单元由陈永祥编写，第七单元由赵建军编写，第八单元由朱保贤编写，第九单元由肖莉编写，第十单元由李晓琴、肖莉、朱保贤编写，第十一单元由杨爱华编写，第十二单元由肖莉编写；"写作"部分，第一、第三和第四单元由朱保贤编写，第二单元由杨胜茂编写，第五单元由朱修方编写。

下册"阅读欣赏"部分，第一单元由朱保贤、赵建军、李晓琴编写，第二单元由杨爱华编写，第三单元由陈永祥编写,第四单元由肖莉编写,第五单元由赵建军编写,第六单元由吴杨芝编写;"写作"部分,第一单元和第二单元由向金萍编写,第三单元、第四单元、第五单元、第六单元由朱保贤编写。

全书由朱保贤、陈永祥、赵建军统稿。

编　者
二〇一八年八月

目 录

上篇：阅读欣赏篇

第一单元　生命感悟 …………(3)
一、谈生命　冰　心 …………(5)
二、水龙吟·登建康赏心亭　辛弃疾 … (7)
三、短文三篇 …………(9)
四、吉檀迦利(节选)　作者：泰戈尔(印度)　译者：冰心 …………(13)
五、鸟啼　劳伦斯·大卫·赫伯特 …… (18)

第二单元　故土情怀 …………(20)
一、杜甫诗两首 …………(21)
二、我的四季　张　洁 …………(24)
三、想北平　老　舍 …………(26)
四、就是那一只蟋蟀　流沙河 ……(28)
五、我心归去　韩少功 …………(31)

第三单元　哲人幽思 …………(34)
一、《老子》四章 …………(35)
二、论快乐　钱钟书 …………(37)
三、弈喻　钱大昕 …………(40)
四、剃光头发微　何满子 …………(41)
五、站着读与跪着读　陈四益 ……(43)

第四单元　岁月如歌 …………(46)
一、风波　鲁　迅 …………(47)
二、百合花　茹志鹃 …………(53)
三、小二黑结婚　赵树理 …………(60)
四、春之声　王　蒙 …………(69)
五、哦,香雪　铁　凝 …………(76)

第五单元　地域风情 …………(84)
一、前赤壁赋　苏　轼 …………(85)
二、箱子岩　沈从文 …………(88)
三、威尼斯　朱自清 …………(92)
四、故都的秋　郁达夫 …………(95)
五、都江堰　余秋雨 …………(98)

第六单元　闲情雅趣 …………(103)
一、春江花月夜　〔唐〕张若虚 ……(104)
二、豁然堂记　〔明〕徐渭 …………(107)
三、石榴　郭沫若 …………(111)
四、珍珠鸟　冯骥才 …………(114)
五、听听那冷雨　余光中 …………(117)

第七单元　人生感怀 …………(122)
一、外国诗二首 …………(123)
二、父爱之舟　吴冠中 …………(128)
三、家乡的小桥　陈早春 …………(131)
四、寻常茶话　汪曾祺 …………(134)
五、词两首 …………(137)

第八单元　女性天空 …………(140)
一、李清照词两首 …………(142)
二、大堰河——我的保姆　艾　青 …… (144)
三、包身工　夏　衍 …………(148)
四、跨越百年的美丽　梁　衡 ……(155)
五、致橡树　舒　婷 …………(159)

第九单元　生态文明 …………(161)
一、海洋与生命　童裳亮 …………(162)
二、森林写意　徐　刚 …………(166)

三、一个消逝了的山村　冯至……(171)
四、离太远最近的树　毕淑敏……(174)
五、像山那样思考　奥尔多·利奥波德
………………………………(176)

第十单元　科技博览………(179)

一、石油　沈括……………(180)
二、海殇后的沉思　杨文丰……(182)
三、景泰蓝的制作　叶圣陶……(188)
四、眼睛与仿生学　王谷岩……(192)
五、动物游戏之谜　周立明……(195)

第十一单元　求学之志………(199)

一、《论语》五则………………(200)
二、读书与书籍　叔本华……(201)
三、改造我们的学习　毛泽东……(207)
四、论读书　培根……………(211)
五、富有的是精神　谢冕……(213)

第十二单元　童话世界………(216)

一、寓言二则…………………(217)
二、一片槐叶　赵景深………(219)
三、圆圆和方方　叶永烈……(221)
四、蚯蚓与蜜蜂的故事　严文井
……………………………(224)
五、丑小鸭　安徒生…………(228)

下篇：写作篇

第一单元　文章的立意…………(237)

第二单元　文章的构思…………(243)

第三单元　文章的表达方式(一)……
……………………………(248)

第四单元　文章的表达方式(二)……
……………………………(257)

第五单元　文章的修改…………(263)

上篇:阅读欣赏篇

二篇：閱讀欣賞篇

第一单元

生命感悟

生命如歌,有人正视苦难,勇于扼住命运的咽喉,弹奏出了一曲慷慨激昂的人生赞歌,有人屈从苦难,甘受命运的摆布,演绎出了一曲庸庸碌碌、消极颓废的人生悲歌;生命如花,有人傲霜斗雪,迎来枝头绽放的明艳馨香,有人随风而逝,惨遭零落泥尘的凋零不堪;生命如山,有人迎难而上,最终领略"会当凌绝顶,一览众山小"的壮志豪情,有人遇难而返,最终体会"望山兴叹"、一事无成的遗憾懊悔……

那么,我们该如何看待生命呢?学习本单元,一定会引发你对生命的深沉思考。

"生命中不是永远快乐,也不是永远痛苦,快乐和痛苦是相生相成的。好比水道要经过不同的两岸,树木要经过常变的四时。在快乐中我们要感谢生命,在痛苦中我们也要感谢生命。快乐固然兴奋,苦痛又何尝不美丽?"冰心在《谈生命》里告诉我们:无论遭遇快乐还是痛苦,我们都应该心怀感恩,因为它们教会了我们成长。

国家的繁荣昌盛是人民的夙愿。古往今来,爱家乡爱故土是每一个人的生命常态;古往今来,爱国是一个永恒的话题。对故土对祖国的无限眷恋,正是心存感恩的一种人性所在。"倩何人唤取,红巾翠袖,揾英雄泪!"南宋爱国词人辛弃疾在《水龙吟·登建康赏心亭》中通过对南方壮丽河山的描绘,直接或间接地表达了对北方广大沦陷故土的无限眷恋。字字珠玑,字里行间渗透着词人恢复中原、报国雪耻的宏大志向。

"我们的生命受到自然的厚赐,它是优越无比的。如果我们觉得不堪生之重压而白白虚度此生,那也只能怪我们自己……"

"人只不过是一根苇草,是自然界最脆弱的东西;但他是一根能思想的苇草。"

"下边是我的信条:我真正需要知道的一切,即怎样生活,怎样做事和怎样为人,我在幼儿园就学过。智慧并不在高等学府的大山顶上,倒是出自主日学校里孩子们玩的沙堆中……"《热爱生命》《人是一根能思想的苇草》《信条》三篇短文中这些闪烁着理性光芒的语句给了我们深刻的启迪:当我们懂得了死与生的关系时,我们会更加热爱生命;当我们知晓了人如苇草一般脆弱,但有了思想我们会变得高贵而强大时,我们看到了思想对于生命的意义;当我们明白度过一生靠的居然是在幼儿园里学到的那些信条时,我们不禁感慨看似简单的信条中包含了多少永恒!

《吉檀迦利》是泰戈尔站在生命的高度,向神献出的生命之歌。整篇诗作洋溢着强烈的人道主义精神和博爱之情,不得不说这是人类对生命、生存大爱进行的淋漓尽致的抒情显现。泰戈尔以歌颂神灵为形式,以期达到人与神在心灵上的和谐统一。因此,整首诗处处表达着对生命的礼赞,歌颂着生命的循环往复和现实世界的欢愉与哀愁。

与泰戈尔相印证的,还有美国著名作家劳伦斯·大卫·赫伯特的《鸟啼》,同样以敬畏生命的情调,表现了生命重生力量的伟大。

生命是一张没有颜色的纸,要怎么作色,全靠自己!只要热爱生命,一切,都在意料之中!

一、谈生命

冰 心

【阅读提示】

　　《谈生命》原发表于《京沪周刊》1947年第1卷第27期,1999年3月4日《文汇报》重新发表。略有改动。全文以"一江春水"和"一棵小树"为例,揭示生命的生长、壮大和衰老的普遍规律,以及生命中的苦痛与幸福相伴相生的一般法则,同时表达生命不止、奋斗不息的意志和豁达乐观的精神。本文虽然不分段,但思路清晰,章法严整,很容易看出行文的层次来。

　　我不敢说生命是什么,我只能说生命像什么。生命像向东流的一江春水,他从最高处发源,冰雪是他的前身。他聚集起许多细流,合成一股有力的洪涛,向下奔注,他曲折地穿过了悬崖峭壁,冲倒了层沙积土,挟卷着滚滚的沙石,快乐勇敢地流走,一路上他享受着他所遭遇的一切。有时候他遇到巉岩前阻,他愤激地奔腾了起来,怒吼着,回旋着,前波后浪地起伏催逼,直到冲倒了这危崖,他才心平气和地一泻千里。有时候他经过了细细的平沙,斜阳芳草里,看见了夹岸红艳的桃花,他快乐而又羞怯,静静地流着,低低地吟唱着,轻轻地度过这一段浪漫的行程。有时候他遇到暴风雨,这激电,这迅雷,使他心魂惊骇,疾风吹卷起他,大雨击打着他,他暂时浑浊了,扰乱了,而雨过天晴,又加给他许多新生的力量。有时候他遇到了晚霞和新月,向他照耀,向他投影,清冷中带些幽幽的温暖;这时他只想休憩,只想睡眠,而那股前进的力量,仍催逼着他向前走……终于有一天,他远远地望见了大海,啊!他已到了行程的终结,这大海,使他屏息,使他低头,她多么辽阔,多么伟大!多么光明,又多么黑暗!大海庄严的伸出臂儿来接引他,他一声不响地流入她的怀里。他消融了,归化了,说不上快乐,也没有悲哀!也许有一天,他再从海上蓬蓬的雨点中升起,飞向西来,再形成一道江流,再冲倒两旁的石壁,再来寻夹岸的桃花。然而我不敢说来生,也不敢信来生!生命又像一棵小树,他从地底聚集起许多生力,在冰雪下欠伸,在早春润湿的泥土中,勇敢快乐地破壳出来。他也许长在平原上,岩石上,城墙上,只要他抬头看见了天,啊!看见了天!他便伸出嫩叶来吸收空气,承受阳光,在雨中吟唱,在风中跳舞。他也许受着大树的荫遮,也许受着树的覆压,而他青春生长的力量,终使他穿枝拂叶地挣脱了出来,在烈日下挺立抬头!他遇着骄奢的春天,他也许开出满树的繁花,蜂蝶围绕着他飘翔喧闹,小鸟在他枝头欣赏唱歌,他会听见黄莺清吟①,杜鹃啼血,也许还听见枭鸟②的怪鸣。他长到最茂盛的中年,他伸展出他如盖的浓阴,来荫庇③树下的幽花芳草,他结出累累的果实,来呈现大地无尽的甜美与芳馨④。秋风起了,他的叶子,由浓绿到绯红,秋阳下他又有一番庄严灿烂,不是开花的骄傲,也不是结果的快乐,而是成功后的宁静和怡悦!终于有一天,冬天的朔风,把他的黄叶干枝,卷落吹抖,他无力地在空中旋舞,在根下呻吟,大地庄严地伸出臂儿来接引他,他一声不响地落在她的怀里。他消融了,归化了,他说不上快乐,也没有悲

---

① 清吟:这里指清脆地鸣叫。
② 枭(xiāo)鸟:猫头鹰之类的鸟。
③ 荫(yìn)庇:大树枝叶遮蔽阳光,比喻保护、照顾。
④ 芳馨(xīn):芳香。

哀！也许有一天,他再从地下的果仁中,破裂了出来。又长成一棵小树,再穿过丛莽的严遮,再来听黄莺的歌唱。然而我不敢说来生,也不敢信来生。宇宙是一个大生命,我们是宇宙大气中之一息。江流入海,叶落归根,我们是大生命中之一滴,大生命中之一叶。在宇宙的大生命中,我们是多么卑微,多么渺小,而一滴一叶的活动生长合成了整个宇宙的进化运行。要记住:不是每一道江流都能入海,不流动的便成了死湖;不是每一粒种子都能成树,不生长的便成了空壳!生命中不是永远快乐,也不是永远痛苦,快乐和痛苦是相生相成的。好比水道要经过不同的两岸,树木要经过常变的四时。在快乐中我们要感谢生命,在痛苦中我们也要感谢生命。快乐固然兴奋,苦痛又何尝不美丽?我曾读到一个警句,是"愿你生命中有够多的云翳,来造成一个美丽的黄昏"。世界、国家和个人的生命中的云翳没有比今天再多的了。

【文本对话】

仔细阅读课文,思考下列问题。

1. "生命是什么"与"生命像什么"只有一字之差,作者为什么对前者"不敢说"而对后者"能说"呢?请根据文意或语境写出你的理解。

2. 在文中作者分别将生命比成"一江春水"和"一棵小树"并加以充分展开,请根据作者思路,分析作者这样写的用意。

3. 请分别说明以下两句话在文中的意思。
(1)他说不上快乐,也没有悲哀!
(2)愿你生命中有足够多的云翳,来造成一个美丽的黄昏。

4. 下列对这篇散文的赏析,正确的一项是(　　)

A. 本文用充满哲理性的语言,对生命过程进行了形象的描述,抒发了一位世纪老人对生命的独特感悟和绝唱。

B. 本文语言形象生动,许多句子不乏深刻的比喻象征意义,如"斜阳芳草里,看到了夹岸红艳的桃花",就使人感受到生命晚景的瑰丽。

C. 本文结构严谨,开合自如,行文上非常注意前后照应,如结尾一段中说"一滴一叶的活动生长合成了整个宇宙的进化运行",就与第一段对江流入海过程的叙写完全照应。

D. 本文反复说"我不敢说来生,也不敢信来生!",又说"我们是多么卑微,多么渺小",这些看似与本文积极乐观的主题不太和谐的略带宿命和伤感的文字,应作正话反说理解。

【实践活动】

全文用一江春水东流入海、一棵小树长大叶落归根来比喻一个人生命的全过程,并对人生的每一阶段进行了形象的解说。反复朗读、体味有关文段,按照原文的思路,试着用自己的话描述一下这个快乐而痛苦的人生过程。

【知识链接】

冰心(1900—1999),原名谢婉莹,福建省长乐人,现代作家。代表作有诗集《繁星》《春水》等,散文小说集《超人民往事》和通讯集《寄小读者》等。"五四运动"时期开始写小说、诗歌,影响很大。她的主要作品收在《冰心文集》里。许多作品被译成英文、法文、日文、俄文等多种文字,赢得很高的国际声誉。冰心早期作品的三大主题"爱母亲、爱儿童、爱自然",是冰心所坚持和提倡的"爱的哲学"。

二、水龙吟·登建康①赏心亭②

辛弃疾③

【阅读提示】

楚天千里,辽远空阔,秋色无边无际。大江流向天边,也不知何处是它的尽头。辛弃疾出生时北方就已沦陷于金人之手,在不断亲眼看见汉人在金人统治下所受的屈辱与痛苦中,青少年时代的词人就立下了恢复中原、报国雪耻的志向。作为一名爱国词人,为表达爱国热情,倾诉壮志,时时都在以遒劲的笔法,表达着失去故土的忧愁和愤恨。

楚天千里清秋,水随天去秋无际。遥岑④远目,献愁供恨,玉簪螺髻⑤。落日楼头,断鸿⑥声里,江南游子。把吴钩⑦看了⑧,栏杆⑨拍遍,无人会,登临意。

休说鲈鱼堪脍⑩,尽西风,季鹰⑪归未?求田问舍,怕应羞见,刘郎才气⑫。可惜流年⑬,忧愁风雨⑭,树犹如此⑮。倩⑯何人唤取,红巾翠袖⑰,揾⑱英雄泪?

【文本对话】

一、开头楚天千里清秋,水随天去秋无际一句描绘了一幅怎样的图景?

---

① 建康:今江苏南京。
② 赏心亭:位于南京市秦淮区水西门广场西侧外,是一处历史名胜。
③ 辛弃疾(1140—1207),南宋豪放派词人。原字坦夫,改字幼安,别号稼轩,汉族,历城(今山东济南)人。
④ 遥岑(cén):远山。
⑤ 玉簪(zān)螺髻(jì):玉簪,玉做的簪子;螺髻,像海螺形状的发髻。这里比喻高矮和形状各不相同的山岭。
⑥ 断鸿:失群的孤雁。
⑦ 吴钩:唐·李贺《南园》:"男儿何不带吴钩,收取关山五十州。"吴钩,古代吴地制造的一种宝刀。这里应该是以吴钩自喻,空有一身才华,但是得不到重用。
⑧ 了:音liǎo。
⑨ 栏杆:一作"阑干"。
⑩ 鲈鱼堪脍:用西晋张翰典。《世说新语·识鉴篇》记载:张翰在洛阳做官,在秋季西风起时,想到家乡莼菜羹和鲈鱼脍的美味,便立即辞官回乡。后来的文人将思念家乡、弃官归隐称为莼鲈之思。
⑪ 季鹰:张翰,字季鹰。
⑫ 求田问舍,怕应羞见,刘郎才气:《三国志·魏书·陈登传》,许汜(sì)曾向刘备抱怨陈登看不起他,"久不相与语,自上大床卧,使客卧下床"。刘备批评许汜在国家危难之际只知置地买房,"如小人(刘备自称)欲卧百尺楼上,卧君于地,何但上下床之间邪"。求田问舍,置地买房。刘郎,刘备。才气,胸怀、气魄。
⑬ 流年:流逝的时光。
⑭ 忧愁风雨:风雨,比喻飘摇的国势。化用宋·苏轼《满庭芳》:"百年里,浑教是醉,三万六千场。思量,能几许,忧愁风雨,一半相妨"。
⑮ 树犹如此:用西晋桓温典。《世说新语·言语》:"桓公北征经金城,见前为琅邪时种柳,皆已十围,慨然曰:'木犹如此,人何以堪!'攀枝执条,泫然流泪。"此处借抒发自己不能抗击敌人、收复失地,虚度时光的感慨。
⑯ 倩(qìng):请托。
⑰ 红巾翠袖:女子装饰,代指女子。
⑱ 揾(wèn):擦拭。

二、词的上片写的是什么？请作简要分析。

三、用典是诗词中经常采用的一种修辞手法，诗人常借它曲折达意。这首词下阕中可惜流年，忧愁风雨，树犹如此化用桓温北伐的典故有什么深意？

四、从整体上看，这首词有什么特点？

【知识链接】

辛弃疾其人其事

辛弃疾(1140—1207)，原字坦夫，后改字幼安，号稼轩，历城(今山东济南市)人。南宋豪放派词人、将领，有"词中之龙"之称。与苏轼合称"苏辛"，与李清照并称"济南二安"。

辛弃疾生于金国，少年抗金归宋，曾任江西安抚使、福建安抚使等职。著有《美芹十论》与《九议》，条陈战守之策。由于与当政的主和派政见不合，后被弹劾落职，退隐山居。开禧北伐前后，相继被起用为绍兴知府、镇江知府、枢密都承旨等职。开禧三年(1207年)，辛弃疾病逝，年六十八。后赠少师，谥号"忠敏"。

辛弃疾一生以恢复中原为志，以功业自许，却命运多舛、备受排挤、壮志难酬。但他恢复中原的爱国信念始终没有动摇，而是把满腔激情和对国家兴亡、民族命运的关切、忧虑，全部寄寓于词作之中。其词艺术风格多样，以豪放为主，风格沉雄豪迈又不乏细腻柔媚之处。其词题材广阔又善化用典故入词，抒写力图恢复国家统一的爱国热情，倾诉壮志难酬的悲愤，对当时执政者的屈辱求和颇多谴责；也有不少吟咏祖国河山的作品。现存词六百多首，有词集《稼轩长短句》等传世。

三、短文三篇

【阅读提示】

　　本课三篇短文都是富有哲理的随笔。《热爱生命》是文艺复兴时期法国思想家、散文家蒙田的作品。他理性地解读了生命的本质和意义，讴歌了无比优越的生命。

　　《人是一根能思想的苇草》出自帕斯卡尔的《思想录》，是一篇哲理性很强的文章，是帕斯卡尔记录偶尔闪现的思想，虽然是零星无序的但真实而细致，处处洋溢着理性的光芒，指出了思想对于人的伟大之处。

　　《信条》是一篇文字简朴敦厚，内容显而不浅的短文。全面而周详地讲述了人类生活乃至社会管理的信条——准则。可谓"深人无浅语，慧心无直笔"，不可只作幼儿启蒙教育观。

热 爱 生 命

蒙　田

　　我对某些词语赋予特殊的含义，拿"度日"来说吧，天色不佳，令人不快的时候，我将"度日"看做是"消磨光阴"，而风和日丽的时候，我却不愿意去"度"，这时我是在慢慢赏玩、领略美好的时光。坏日子，要飞快地"度"，好日子，要停下来细细品尝。"度日""消磨时光"的常用语令人想起那些"哲人"的习气。他们以为生命的利用不外乎在于将它打发、消磨，并且尽量回避它，无视它的存在，仿佛这是一件苦事、一件贱物似的。至于我，我却认为生命不是这个样子的，我觉得它值得称颂，富有乐趣，即便我自己到了垂暮之年也还是如此。我们的生命受到自然的厚赐，它是优越无比的。如果我们觉得不堪生之重压或是白白虚度此生，那也只能怪我们自己。

　　"糊涂人的一生枯燥无味，躁动不安，却将全部希望寄托于来世。"（古罗马哲学家塞涅卡①语）

　　不过，我却随时准备告别人生，毫不惋惜。这倒不是因生之艰辛或苦恼所致，而是由于生之本质在于死。因此只有乐于生的人才能真正不感到死之苦恼。享受生活要讲究方法。我比别人多享受到一倍的生活，因为生活乐趣的大小是随我们对生活的关心程度而定的。尤其在此刻，我眼看生命的时光无多，我就愈想增加生命的分量。我想靠迅速抓紧时间，去留住稍纵即逝的日子；我想凭时间的有效利用去弥补匆匆流逝的光阴。剩下的生命愈是短暂，我愈要使之过得丰盈饱满。

【文本对话】

　　仔细阅读课文，思考下列问题。
　　1. 文章第一段中的内容大多构成对比，请列出其中对比内容的要点。
　　2. 作者将引语作为全文的第二段，如何理解它在文章中的作用？
　　3. 第三段谈到"享受生活要讲究方法"，文中谈到了哪些方法？
　　4. 对于"生之本质在于死"的含义或意义理解不正确的一项是（　　）
　　A. 作为个体生命的存在，都是短暂而有限的。

---

① 塞涅卡：罗马帝国晚期政治家、哲学家、作家。

B. 生命的意义正是因为死亡得以彰显和延续。
C. 生命一天天流逝促使人们看重生命的分量。
D. 享受生活,及时行乐,就可以说死而无憾。

【实践活动】

结合课文,谈谈怎样理解"生活乐趣的大小是随我们对生活的关心程度而定的"这一说法的深刻内涵?

【知识链接】

蒙田(1533—1592)——当代最杰出的人文主义思想家兼作家。在16世纪的作家中,很少有人像蒙田那样受到现代人的崇敬和接受。他既是启蒙运动以前法国的一位知识权威和批评家,亦是一位人类感情的冷峻的观察家,还是对各民族文化,特别是西方文化进行冷静研究的学者。从他的思想和感情来看,人们似乎可以把他看成是在他那个时代出现的一位现代人。他的哲学散文随笔——《蒙田随笔全集》,也就是他的代表作,因其丰富的思想内涵而闻名于世,被誉为"思想的宝库"。

人是一根能思想的苇草

帕斯卡尔

我很能想象一个人没有手、没有脚、没有头(因为只有经验才教导我们说,头比脚更为必要)。然而,我不能想象人没有思想,那就成了一块顽石或者一头牲畜了。

思想形成人的伟大。

人只不过是一根苇草,是自然界最脆弱的东西,但他是一根能思想的苇草。用不着整个宇宙都拿起武器来才能毁灭他,一口气、一滴水就足以致他死命了。然而,纵使宇宙毁灭了他,人却仍然要比致他于死命的东西高贵得多,因为他知道自己要死亡,以及宇宙对他所具有的优势,而宇宙对此却是一无所知。

因而,我们全部的尊严就在于思想。正是由于它而不是由于我们所无法填充的空间和时间,我们才必须提高自己。因此,我们要努力好好地思想。这就是道德的原则。

思想——人的全部的尊严就在于思想。

因此,思想由于它的本性,就是一种可惊叹的、无与伦比的东西。它一定得具有出奇的缺点才能为人所蔑视;然而它又确实具有,所以再没有比这更加荒唐可笑的事了。思想由于它的本性是何等的伟大啊!思想又由于它的缺点是何等的卑贱啊!

然而,这种思想又是什么呢?它是何等的愚蠢啊!

人的伟大之所以为伟大,就在于他认识自己可悲。一棵树并不认识自己可悲。

因此,认识(自己)可悲乃是可悲的;然而认识我们之所以为可悲,却是伟大的。

这一切的可悲其本身就证明了人的伟大。它是一位伟大君主的可悲,是一个失了位的国王的可悲。

能思想的苇草——我应该追求自己的尊严,绝不是求之于空间,而是求之于自己思想的规定。我占有多少土地都不会有用;由于空间,宇宙里囊括了我并吞没了我,有如一个质点;由于思想,我却囊括了整个宇宙。

【文本对话】

仔细阅读课文,思考下列问题。

1.文章的核心观点是什么?

2.作者以"苇草"为喻说明什么?为什么要这样比喻?

3.为什么说"我们全部的尊严就在于思想"?怎样理解"这就是道德的原则"?

4.阅读第7~9段思考问题:这三段反复强调了什么意思?第九段中"伟大君主"、"失了位的国王"运用了什么手法,强调了什么?

【实践活动】

课外收集一些有关思想的名言警句。(如:"我思故我在"等)

【知识链接】

帕斯卡尔(1623—1662),法国著名的数学家、物理学家、哲学家和散文家。主要贡献是在物理学上,发现了帕斯卡定律,并以其名字命名压强单位。主要著作为《思想录》。《思想录》与《培根论人生》、《蒙田随笔集》被誉为欧洲近代哲理散文三大经典。

信 条[①]

富尔格姆

下边是我的信条:

我真正需要知道的一切,即怎样生活,怎样做事和怎样为人,我在幼儿园就学过。智慧并不在高等学府的大山顶上,倒是出自主日学校[②]里孩子们玩的沙堆中。下边就是我学到的东西。

有东西大家分享。

公平游戏。

不打人。

交还你捡到的东西。

收拾好你自己的一摊子。

不要拿不属于你的东西。

惹了别人你就说声对不起。

吃东西之前要洗手。

便后冲洗。

热甜饼和冷牛奶对你有好处。

过一种平衡的生活——学一些东西,想一些东西,逗逗乐,画画画儿,唱唱个歌儿,跳跳舞,玩玩游戏,外加每天干点活。

每天睡个午觉。

当你们出门,到世界上去走走,要注意来往车辆,手拉手,紧挨一起。

---

① 《信条》:该文选自美国哲学家富尔格姆的散文随笔录《我需要知道的一切》。
② 主日学校:教会办的双休日学校。

要承认奇迹。别忘了聚苯乙烯培养皿里的那粒小不点的种子：它的根往下生，茎叶往上长，没有人真正知道这是怎么回事或者为什么，而我们大家也都差不多是这么回事。

在那杯皿里的金鱼、老鼠、小白鼠甚或那粒种子，他们都会死去。我们也会。

再就是记住迪克们和琼们的识字课本，以及你从那上面学到的头一个字——也是最重要的一个字——一个大大的"看"字。

你需要知道的任何东西都在上边那些条条里。金规矩（语出自《圣经》。其内容是要求人们像希望别人对待自己那样去对待他人）、爱和起码的卫生。生态学、政治学、平等观念以及健康的人生状态。

拿上边的任何一条，推衍到老练、通达的成年期中，实践于你的家庭生活，或者你的工作，或者你的社区，或者你的生活圈子，都行。它贴近真实，清晰明了并且坚实可靠。想想这样一个世界，它将许愿给我们大家——整个的世界——每天下午三点钟都有小甜饼和牛奶，然后盖上我们的毯子睡一觉；或者，要是所有的政府都奉行这么个基本政策，交还它们捡到的东西和收拾好它们自己的一摊子。

这仍然是个忠告，不论你们年纪多大——当你们出门，到世界上去走走，最好还是手拉手，紧挨一起。

【文本对话】

仔细阅读课文，思考下列问题。

1.《信条》中作者列出的那些最基本的信条有什么意义。

2.试着用一组排比句，谈谈《信条》一文中说："这仍然是个忠告，不论你们年纪多大——当你们出门，到世界上去走走，最好还是手拉手，紧挨一起。"的理解。

【实践活动】

整合全文：将这三篇短文联系起来思考，发表自己从中领悟到的对生命、生活的认识和感悟。

【知识链接】

①罗伯特·富尔格姆：美国当代作家、哲学家。他当过牛仔、民歌手、IBM公司推销员、专业画家、教区牧师、酒吧调酒师、绘画教师。他和他的妻子住在西雅图的一座船屋里。主要著作有《我一躺倒，身下就起火》、散文随笔集《我需要知道的一切》等。

②随笔：是散文中特殊的一种，是议论文的一个变体，兼有议论和抒情两种特性，通常篇幅短小，形式多样，写作者惯常用各种修辞手法曲折传达自己的见解和情感，语言灵动，婉而多讽，是言禁未开之社会较为流行的一种文体。

随笔的形式可以不受体裁的限制，灵活多样，不拘一格，可以观景抒情；可以睹物谈看法；可以读书谈感想；可以一事一议，也可以对同类事进行综合议论。随笔也不受字数的限制，短的几十字，长的几百字，篇幅长短皆由内容而定。

四、吉檀迦利①（节选）

作者：泰戈尔②（印度）　　译者：冰心

【阅读提示】

《吉檀迦利》这首宗教抒情诗不仅是写给神祇的颂歌，同时也是写给人类的生命之歌。诗人用轻快、欢畅的笔调歌唱生命的枯荣和重振，不得不说是一曲长长的生命赞歌。整首诗作，诗人没有故弄玄虚，而是采用传统的颂神诗体形式，感情真挚地诠释了对生命的敬畏。诗作意蕴朦胧，韵律和谐，不愧为独具抒情意味的哲理精品。

1

你已经使我永生，这样做是你的欢乐。这脆薄的杯儿，你不断地把它倒空，又不断地以新生命来充满。

这小小的苇笛，你携带着它逾山越谷，从笛管里吹出永新的音乐。

在你双手的不朽的按抚下，我的小小的心，消融③在无边快乐之中，发出不可言说的词调。

你的无穷的赐予只倾入我小小的手里。时代过去了，你还在倾注，而我的手里还有余量待充满。

2

当你命令我歌唱的时候，我的心似乎要因着骄傲而炸裂，我仰望着你的脸，眼泪涌上我的眶里。

我生命中一切的凝涩与矛盾融化成一片甜柔的谐音——

我的赞颂像一只欢乐的鸟，振翼飞越海洋。

我知道你欢喜我的歌唱。我知道只因为我是个歌者，才能走到你的面前。

我用我的歌曲的远伸的翅梢，触到了你的双脚，那是我从来不敢想望触到的。

在歌唱中的陶醉，我忘了自己，你本是我的主人，我却称你为朋友。

3

我不知道你怎样地唱，我的主人！我总在惊奇地静听。

你的音乐的光辉照亮了世界。你的音乐的气息透彻诸天。

你的音乐的圣泉冲过一切阻挡的岩石，向前奔涌。

---

① 选自《冰心译吉檀迦利 先知》，人民文学出版社（2015年04月）。
② 泰戈尔（1861—1941年），印度诗人、文学家、社会活动家、哲学家和印度民族主义者。代表作有《吉檀迦利》《飞鸟集》《眼中沙》《四个人》《家庭与世界》《园丁集》《新月集》《最后的诗篇》《戈拉》《文明的危机》等。
③ 消融：消失融化。

我的心渴望和你合唱，而挣扎不出一点声音。我想说话，但是言语不成歌曲，我叫不出来。呵，你使我的心变成了你的音乐的漫天大网中的俘虏，我的主人！

4

我生命的生命，我要保持我的躯体永远纯洁，因为我知道你的生命的摩抚，接触着我的四肢。

我要永远从我的思想中屏除虚伪，因为我知道你就是那在我心中燃起理智之火的真理。

我要从我心中驱走一切的丑恶，使我的爱开花，因为我知道你在我的心宫深处安设了座位。

我要努力在我的行为上表现你，因为我知道是你的威力，给我力量来行动。

5

请容我懈怠①一会儿，来坐在你的身旁。我手边的工作等一下子再去完成。

不在你的面前，我的心就不知道什么是安逸和休息，我的工作变成了无边的劳役海中的无尽的劳役。

今天，炎暑来到我的窗前，轻嘘微语：群蜂在花树的宫廷中尽情弹唱。

转变这正是应该静坐的时光，和你相对，在这静寂和无边的闲暇②里唱出生命的献歌。

6

摘下这朵花来，拿了去罢，不要迟延！我怕它会萎谢③了，掉在尘土里。

它也许配不上你的花冠，但请你采折它，以你手采折的痛苦来给它光宠。我怕在我警觉之先，日光已逝，供献的时间过了。

虽然它颜色不深，香气很淡，请仍用这花来礼拜，趁着还有时间，就采折罢。

7

我的歌曲把她的妆饰卸掉。她没有了衣饰的骄奢④。妆饰会成为我们合一之玷：它们会横阻在我们之间，它们丁当的声音会掩没了你的细语。

我的诗人的虚荣心，在你的容光中羞死。呵，诗圣，我已经拜倒在你的脚前。只让我的生命简单正直像一枝苇笛，让你来吹出音乐。

---

① 懈怠：松懈懒散；怠慢不敬。
② 闲暇：泛指闲空；没有事的时候。
③ 萎(wěi)谢：意指花草枯谢。
④ 骄奢：放纵奢侈。

8

　　那穿起王子的衣袍和挂起珠宝项链的孩子,在游戏中他失去了一切的快乐;他的衣服绊着他的步履。
　　为怕衣饰的破裂和污损,他不敢走进世界,甚至于不敢挪动。
　　母亲,这是毫无好处的,如你的华美的约束,使人和大地健康的尘土隔断,把人进入日常生活的盛大集会的权利剥夺去了。

9

　　呵,傻子,想把自己背在肩上!呵,乞人,来到你自己门口求乞!
　　把你的负担卸在那双能担当一切的手中罢,永远不要惋惜地回顾。
　　你的欲望的气息,会立刻把它接触到的灯火吹灭。它是不圣洁的——不要从它不洁的手中接受礼物。只领受神圣的爱所付予的东西。

10

　　这是你的脚凳,你在最贫最贱最失所的人群中歇足。
　　我想向你鞠躬①,我的敬礼不能达到你歇足地方的深处——那最贫最贱最失所的人群中。
　　你穿着破敝的衣服,在最贫最贱最失所的人群中行走,骄傲永远不能走近这个地方。
　　你和那最没有朋友的最贫最贱最失所的人们作伴,我的心永远找不到那个地方。

11

　　把礼赞和数珠撇在一边罢!你在门窗紧闭幽暗孤寂的殿角里,向谁礼拜呢?睁开眼你看,上帝不在你的面前!
　　他是在锄着枯地的农夫那里,在敲石的造路工人那里。太阳下,阴雨里,他和他们同在,衣袍上蒙着尘土。脱掉你的圣袍,甚至像他一样地下到泥土里去罢!
　　超脱吗?从哪里找超脱呢?我们的主已经高高兴兴地把创造的锁链带起:他和我们大家永远连系在一起。
　　从静坐里走出来罢,丢开供养的香花!你的衣服污损了又何妨呢?去迎接他,在劳动里,流汗里,和他站在一起罢。

12

　　我旅行的时间很长,旅途也是很长的。
　　天刚破晓,我就驱车起行,穿遍广漠的世界,在许多星球之上,留下辙痕。
　　离你最近的地方,路途最远,最简单的音调,需要最艰苦的练习。

---

① 鞠(jū)躬:低头、弯腰或屈膝,用以表示尊敬、屈从或羞愧。

旅客要在每个生人门口敲叩,才能敲到自己的家门,人要在外面到处漂流,最后才能走到最深的内殿。

我的眼睛向空阔处四望,最后才合上眼说:"你原来在这里!"

这句问话和呼唤"呵,在哪儿呢?"融化在千股的泪泉里,和你保证的回答"我在这里!"的洪流,一同泛滥了全世界。

13

我要唱的歌,直到今天还没有唱出。

每天我总在乐器上调理弦索。

时间还没有到来,歌词也未曾填好:只有愿望的痛苦在我心中。

花蕊①还未开放;只有风从旁叹息走过。

我没有看见过他的脸,也没有听见过他的声音:我只听见他轻蹑②的足音,从我房前路上走过。

悠长的一天消磨在为他在地上铺设座位;但是灯火还未点上,我不能请他进来。

我生活在和他相会的希望中,但这相会的日子还没有来到。

【文本对话】

一、这篇课文是长诗《吉檀迦利》的节选,从所选的内容可以看出反映了什么样的思想?

二、按作者的本意,"吉檀迦利"的意思是奉献,就其此意,你认为人生应该作何定位?

三、著名的印度文学专家金克木先生认为,"泰戈尔的'上帝''神'是'最上人',就是那个'人格''人心''人性'等,其实无非是指人的感情"。试分析这种"人的感情"的具体内涵是什么?

---

① 蕊:音 ruǐ。
② 蹑(niè):踩踏。

【知识链接】

《吉檀迦利》与泰戈尔

泰戈尔在1913年获得诺贝尔文学奖的作品就是他在英国出版的诗集《吉檀迦利——饥饿的石头》(国内一般翻译为《吉檀迦利》)。获奖理由是："由于他那至为敏锐、清新与优美的诗；这诗出之以高超的技巧，并由他自己用英文表达出来，使他那充满诗意的思想业已成为西方文学的一部分。""吉檀迦利"是印度语，意思是"献诗"。

《吉檀迦利》不仅是泰戈尔中期诗歌创作的高峰，也是最能代表他思想观念和艺术风格的作品。这部洋洋洒洒的抒情诗集，是一份"奉献给神的祭品"。泰戈尔向神敬献的歌是"生命之歌"，他以轻快、欢畅的笔调歌唱生命的枯荣、现实生活的欢乐和悲哀，表达了作者对祖国前途命运的深切关注。

五、鸟啼

劳伦斯·大卫·赫伯特

【阅读提示】

  本文通过写大自然中鸟的啼鸣,描写了万物生灵的千姿百态,表现了作者对生与死的思考和对生命的赞美。文质优美、意味隽永,发人深思。

  严寒持续了好几个星期,鸟儿很快地死去了。田间与灌木篱下,横陈着田凫①、椋鸟、画眉等数不清的腐鸟的血衣,鸟儿的肉已被隐秘的老饕②吃净了。

  突然间,一个清晨,变化出现了。风刮到了南方,海上飘来了温暖和慰藉。午后,太阳露出了几星光亮,鸽子开始不间断地缓慢而笨拙地发出咕咕的叫声。这声音显得有些吃力,仿佛还没有从严冬的打击下缓过气来。黄昏时,从河床的蔷薇棘丛中,开始传出野鸟微弱的啼鸣。

  当大地还散落着厚厚的一层鸟的尸体的时候,它们怎么会突然歌唱起来呢?从夜色中浮起的隐约而清越的声音,使人惊讶。当大地仍在束缚中时,那小小的清越之声已经在柔弱的空气中呼唤春天了。它们的啼鸣,虽然含糊,若断若续,却把明快而萌发的声音抛向苍穹③。

  冬天离去了。一个新的春天的世界。田地间响起斑鸠的叫声。在不能进入的荆棘丛底,每一个夜晚以及每一个早晨,都会闪动出鸟儿的啼鸣。

  它从哪儿来呀?那歌声?在这么长的严酷后,鸟儿们怎么会这么快就复生?它活泼,像泉水,从那里,春天慢慢滴落又喷涌而出。新生活在鸟儿们喉中凝成悦耳的声音。它开辟了银色的通道,为着新鲜的春日,一路潺潺而行。

  当冬天抑制一切时,深埋着的春天的生机一片沉默,只等着旧秩序沉重的阻碍退去。冰消雪化之后,顷刻间现出银光闪烁的王国。在毁灭一切的冬天巨浪之下,蛰伏④着的是宝贵的百花吐艳的潜力。有一天,黑色的浪潮精力耗尽,缓缓后移,番红花就会突然间显现,胜利地摇曳。于是我们知道,规律变了,这是一片新的天地,喊出了崭新的生活!生活!

  不必再注视那些暴露四野的破碎的鸟尸,也无须再回忆严寒中沉闷的响雷,以及重压在我们身上的酷冷。冬天走开了,不管怎样,我们的心会放出歌声。

  即使当我们凝视那些散落遍地、尸身不整的鸟儿腐烂而可怕的景象时,屋外也会飘来一阵阵鸽子的咕咕声,那从灌木丛中发出的微弱的啼鸣。那些破碎不堪的毁灭了的生命,意味着冬天疲倦而残缺不全的队伍的撤退。我们耳中充塞的,是新生的造物清明而生动的号音,那造物从身后追赶上来,我们听到了鸟儿们发出的轻柔而欢快的隆隆鼓声。

  世界不能选择。我们用眼睛跟随极端的严冬那沾满血迹的骇人的行列,直到它走过去。春天不能抑制,任何力量都不能使鸟儿悄然,不能阻止大野鸽的沸腾,不能滞留美好世界中丰饶的创造,它们不可阻挡地振作自己,来到我们身边。无论人们情愿与否,月桂树总要飘出花

---

① 田凫(fú):一种东半球的海滨鸟类,在美国以及加拿大的东海岸被发现。田凫外形很漂亮,33厘米的身长,背部带彩虹般闪亮的绿色羽毛,头顶则是长长的墨绿色头冠羽毛。
② 老饕(tāo):传说中一种凶恶、贪食的野兽。
③ 苍穹(qióng):天空。
④ 蛰(zhé)伏:动物冬眠,藏起来不吃不动。

香,绵羊总要站立舞蹈,白屈菜总要遍地闪烁,那就是新的天堂和新的大地。

那些强者将跟随冬天从大地上隐遁。春天来到我们中间,银色的泉流在心底奔涌,这喜悦,我们禁不住。在这一时刻,我们将这喜悦接受了!变化的时节,啼唱起不平凡的颂歌,这是极度的苦难所禁不住的,是无数残损的死亡所禁不住的。

多么漫长漫长的冬天,冰封昨天才裂开。但看上去,我们已把它全然忘记了。它奇怪地远离了,像远去的黑暗。看上去那么不真实,像长夜的梦。新世界的光芒摇曳在心中,跃动在身边。我们知道过去的是冬天,漫长、恐怖。我们知道大地被窒息、被残害。我们知道生命的肉体被撕裂,零落遍地。所有的毁害和撕裂,啊,是的,过去曾经降临在我们身上,曾经团团围住我们。它像高空中的一阵风暴,一阵浓雾,或一阵倾盆大雨。它缠在我们周身,像蝙蝠绕进我们的头发,逼得我们发疯。但它永远不是我们最深处真正的自我。我们就是这样,是银色晶莹的泉流,先前是安静的,此时却跌宕而起,注入盛开的花朵。

生命和死亡全不相容。死时,生便不存在,皆是死亡,犹如一场势不可挡的洪水。继而,一股新的浪头涌起,便全是生命,便是银色的极乐的源泉。

【文本对话】

仔细阅读课文,思考下列问题。

1. 填空:

《鸟啼》的作者是_____,_____国作家,其作品有长篇小说_____、_____等。

2. 文中多处描写鸟啼,有什么含义?

3. 文中除了写"鸟啼",还写了"鸟尸",请分析这样写在表达上的作用。

【实践活动】

课外阅读劳伦斯的作品。

【知识链接】

劳伦斯·大卫·赫伯特(1885—1930),英国作家。生在诺丁汉郡一个矿工家庭,曾在诺丁汉大学学习师范教育。当过会计、职员、教师,曾在英国各地以及其他一些国家漂泊十余年,广泛接触了社会。1909年开始发表诗歌。1911年出版第一部长篇小说《白孔雀》。成名作是长篇小说《儿子与情人》(1913),带有自传性质,描写矿工家庭的困苦生活,但用母爱和性爱的冲突来解释主人公波尔·莫莱的矛盾心理。弗洛伊德主义的心理分析与对社会矛盾的揭示纠缠在一起,是劳伦斯创作的突出特点。这一特点在长篇小说《虹》(1915)、《查泰莱夫人的情人》(1928)中更加鲜明。他的作品还有长篇小说《误入歧途的女人》《恋爱中的女人》《亚伦的手杖》《羽蛇》,短篇小说集《英格兰,我的英格兰》等。

第二单元

故土情怀

　　本单元的主题是乡思，是对于故乡的难以割舍的情感。

　　《杜甫诗两首》出自唐代伟大诗人杜甫的手笔。《咏怀古迹》为杜甫经过昭君村时所作的咏史诗。想到昭君生于名邦，殁于塞外，去国之怨，对故土的思念都压在心中难以言表。《登高》一诗，抒发了自己远离故土，独自在外漂泊，孤苦无依的愁苦之情。

　　《我的四季》这篇散文清新平实，女作家张洁选取"耕种土地"这个意象，表达生命在每个时期的追求、困惑以及体悟。纵观全文，通过"镜头组合法"，并紧紧围绕"生命如四季"这个中心来进行娓娓的诉说，颇有些影视文学中的蒙太奇韵味。让读者在阅读中感觉品其文如在茗茶，品其意如在品人生。

　　《想北平》是作家老舍羁旅青岛时写的一篇文章。他抒写的是北平最寻常的山水、草木、街景、院落，表达了对北平刻骨铭心的眷念。老舍先生运用质朴流畅的语言，通过对比衬托的手法，来描写自己心中的北平，表现了作者与故乡那亲如母子的关系，传递了对故乡浓浓的相思之情。

　　《就是那只蟋蟀》，这是一首意象清新而独特的诗歌，是抒发海峡两岸人民渴望统一、盼望团圆的优秀诗篇。诗人巧妙地借蟋蟀象征割舍不断的乡音乡情，在反复吟唱中，增强着诗歌的可读性与感情深度，呼唤着人们记住分离的痛苦与乡愁，呼唤着人们记住民族的团结与统一。

　　韩少功的《我心归去》运用了很多富有哲理、对故乡饱含情感的语句来表达自己的情感，阅读时揣摩作者饱含感情、富有哲理的语言，体会作者刻骨铭心的家园之思，了解故乡的文化内涵以及对人精神世界的滋养。

一、杜甫诗两首

【阅读提示】

《咏怀古迹》共五首,是唐代伟大诗人杜甫于唐代宗大历元年(766年)在夔州(今重庆奉节)写成的组诗。这五首诗分别吟咏了庾信、宋玉、王昭君、刘备、诸葛亮等人在三峡一带留下的古迹,赞颂了五位历史人物的文章学问、心性品德、伟绩功勋,并对这些历史人物凄凉的身世、壮志未酬的人生表示了深切的同情,并寄寓了自己仕途失意、颠沛流离的身世之感,抒发了自身的理想、感慨和悲哀。组诗语言凝练,气势浑厚,意境深远。本诗为五首中的第三首。为杜甫经过昭君村时所作的咏史诗。想到昭君生于名邦,殁于塞外,去国之怨,难以言表。因此,主题落在"怨恨"两字,"一去"两字,是怨的开始,"独留"两字,是怨的终结。作者既同情昭君,也感慨自身。

《登高》是杜甫于大历二年(767年)秋在夔州时所作,诗前半首写登高所闻所见情景,是写景;后半首写登高时的感触,为抒情。诗人描绘了自己登高时所见的秋江之景,借此抒发了自己独自在外漂泊、孤苦无依的愁苦之情。全诗慷慨激昂、迫人心弦。全诗八句四对,对偶精巧,用韵讲究。其中颔联字字珠玑,十四个字包含了多层含意,备述了人生的苦况,更令人寄予强烈的同情,已成为千古佳句。该诗被认为"古今七言律诗之冠"。

咏怀古迹

群山万壑赴荆门,生长明妃①尚有村②。
一去紫台连朔漠③,独留青冢向黄昏。
画图省识春风面④,环佩空归夜月魂⑤。
千载琵琶作胡语,分明怨恨曲中论⑥。

---

① 明妃:即王嫱、王昭君,汉元帝宫人,晋时因避司马昭讳改称明君,后人又称明妃。昭君村在归州(今湖北秭归县)东北四十里。

② 尚有村:还留下生长她的村庄,即古迹之意。

③ 一去句:昭君离开汉宫,远嫁匈奴后,从此不再回来,永远和朔漠连在一起了。紫台:犹紫禁,帝王所居。江淹《恨赋》:"明妃去时,仰天太息。紫台稍远,关山无极。"朔漠:北方沙漠,指匈奴所居之地。

④ 画图句:意谓元帝对着画图岂能看清她的美丽容颜。

⑤ 环佩句:意谓昭君既死在匈奴不得归,只有她的魂能月夜归来,故曰"空归"。应上"向黄昏"。环佩:妇女装饰品,指昭君。

⑥ 千载两句:琵琶本西域胡人乐器,相传汉武帝以公主(实为江都王女)嫁西域乌孙,公主悲伤,胡人乃于马上弹琵琶以娱之。因昭君事与乌孙公主远嫁有类似处,故推想如此。又《琴操》也记昭君在外,曾作怨思之歌,后人名为《昭君怨》。作胡语:琵琶中的胡音。曲中论:曲中的怨诉。

登高①

风急天高猿啸哀②,渚③清沙白鸟飞回④。
无边落木⑤萧萧⑥下,不尽长江滚滚来。
万里⑦悲秋常作客,百年⑧多病独登台。
艰难苦恨繁霜鬓⑨,潦倒新停⑩浊酒杯。

【文本对话】

一、请结合文本内容,谈谈《咏怀古迹》中"环佩空归夜月魂"中"空"包含了什么样的复杂情感?

二、杜甫的《登高》一诗被人称为"杜集七言律诗第一""古今七言律诗之冠",请根据诗的内容回答问题。

1. 请选出对其对仗理解不当的一项(　　)

A. 首句的"风""天""猿啸"分别与下句的"渚""沙""鸟飞"对仗,读来富有节奏。
B. 颔联的对仗十分精工。"无边""不尽"使"萧萧""滚滚"更加形象化,沉郁悲凉的对句出神入化。
C. 颈联的"万里""百年"和上联的"无边""不尽"还有相互呼应的作用。
D. 颈联表现感情,"万里""百年"分别从纵(时间)、横(空间)两方面着笔。

2. 下面对诗句的解说,不恰当的一项是(　　)

A. 诗中写登高所见的秋江景色,抒发了作者常年漂泊、老病孤愁的感情。
B. 本诗第一二句写诗人的所见所闻,一连出现了六个特写镜头,渲染了秋江景物的特点。
C. 有人认为本诗第三四句"无边""不尽"两词多余,其实正是有了这两个词,诗的意境才显得更为广阔深远,气象万千。
D. 诗的最后两句,写外界环境带给作者的艰难苦恨和自身随着年龄增长而白了的头发,使得自己连喝酒的兴致都没有了。

3. 对这首诗的赏析,不恰当的一项是(　　)

A. 本诗情景交融,气象宏伟,悲凉的景物融合了诗人心头的悲凉。
B. 诗中"萧萧下"绘落叶之声,"滚滚来"状江浪之势,正衬托诗人宽阔的胸怀。
C. 诗中"万里"与"无边"对应,"百年"与"不尽"呼应,这就从空间和时间两方面把诗人的忧思表现得既深且广。

---

① 诗题一作《九日登高》。古代农历九月九日有登高习俗。选自《杜诗详注》。
② 啸哀:指猿的叫声凄厉。
③ 渚(zhǔ):水中的小洲;水中的小块陆地。
④ 鸟飞回:鸟在急风中飞舞盘旋。回:回旋。
⑤ 落木:指秋天飘落的树叶。
⑥ 萧萧:模拟草木飘落的声音。
⑦ 万里:指远离故乡。常作客:长期漂泊他乡。
⑧ 百年:犹言一生,这里借指晚年。
⑨ 艰难:兼指国运和自身命运。苦恨:极恨,极其遗憾。苦,极。繁霜鬓:增多了白发,如鬓边着霜雪。繁,这里作动词,增多。
⑩ 潦倒:衰颓,失意。这里指衰老多病,志不得伸。新停:刚刚停止。杜甫晚年因病戒酒,所以说"新停"。

D. 本诗是一首七律,中间有两联对偶,韵律和谐;每句都是四个节拍,如"风急/天高/猿/啸哀"。

三、背诵杜甫诗两首。

【实践活动】

试谈谈如果杜甫生活在当下,那种一生漂泊、孤苦无依的情景是否还会出现?

【知识链接】

杜甫(712—770),字子美,自号少陵野老。举进士不第,曾任检校工部员外郎,故世称杜工部。他是唐代最伟大的现实主义诗人,宋以后被尊为"诗圣",与李白并称"李杜"。其诗大胆揭露当时社会矛盾,对穷苦人民寄予深切同情,内容深刻。许多优秀作品,显示了唐代由盛转衰的历史过程,因此被称为"诗史"。在艺术上,善于运用各种诗歌形式,尤长于律诗;风格多样,而以沉郁为主;语言精练,具有高度的表达能力。存诗1400多首,有《杜工部集》。

二、我的四季

张 洁

【阅读提示】

《我的四季》是一篇感悟人生的散文。散文的最大特点是形散而神聚,结构自由,可上下五千年,纵横千万里。散文的写作手法,结构构思多种多样。本文采用了"镜头组合法",作者紧紧围绕"生命如四季"这个中心,选取了四个具有典型性、形象性、连贯性的特写画面,精雕细琢,认真描绘,强化细节,深入挖掘。本文主要选取"耕种土地"这个意象,表达生命在每个时期的追求、困惑以及体悟。意象鲜明,形象性、表现力强。语言生动,略带苦涩之感,比较大气。

生命如四季。

春天,我在这片土地上,用我细瘦的胳膊,紧扶着我锈钝的犁。深埋在泥土里的树根、石块,磕绊着我的犁头,消耗着我成倍的体力。我汗流浃背,四肢颤抖,恨不得立刻躺倒在那片刚刚开垦的泥土之上。可我懂得,我没有权利逃避在给予我生命的同时所给予我的责任。我无须问为什么,也无须想有没有结果。我不应白白地耗费时间,去无尽地感慨生命的艰辛,也不应该自怨自怜命运怎么这样不济,偏偏给了我这样一块不毛之地。我要做的是咬紧牙关,闷着脑袋,拼却全身的力气,压到我的犁头上去。我决不企望有谁来代替,因为在这世界上,每人都有一块必得由他自己来耕种的土地。

我怀着希望播种,那希望决不比任何一个智者的希望更谦卑。

每天,我望着掩盖着我的种子的那片土地,想像着它将发芽、生长、开花、结果。如一个孕育着生命的母亲,期待着自己将要出生的婴儿。我知道,人要是能够期待,就能够奋力以赴。

夏日,我曾因干旱,站在地头上,焦灼地盼过南来的风,吹来载着雨滴的云朵。那是怎样的望眼欲穿、望眼欲穿呐!盼着、盼着,有风吹过来了,但那阵风强了一点,把那片载着雨滴的云朵吹了过去,吹到另一片土地上。我恨过,恨我不能一下子跳到天上,死死地揪住那片云,求它给我一滴雨。那是什么样的痴心妄想!我终于明白,这妄想如同想要拔着自己的头发离开大地。于是,我不再妄想,我只能在我赖以生存的这块土地上,寻找泉水。

没有充分的准备,便急促地上路了。经历过的艰辛自不必说它。要说的是找到了水源,才发现没有带上盛它的容器。仅仅是因为过于简单和过于发热的头脑,发生过多少次完全可以避免的惨痛的过失——真的,那并非不能,让人真正痛心的正是并非不能。我顿足,我懊悔,我哭泣,恨不得把自己撕成碎片。有什么用呢?再重新开始吧,这样浅显的经验却需要比别人付出加倍的代价来记取。不应该怨天尤人,会有一个时辰,留给我检点自己!

我眼睁睁地看过,在无情的冰雹下,我那刚刚灌浆、远远没有长成的谷穗,在细弱的稻秆上摇摇摆摆地挣扎,却无力挣脱生养它又牢牢地锁住它的大地,永远没有尝过成熟是怎么一种滋味,便夭折了。

我曾张开我的双臂,愿将我全身的皮肉,碾成一张大幕,为我的青苗遮挡狂风、暴雨、冰雹……善良过分,就会变成糊涂和愚昧。厄运只能将弱者淘汰,即使为它挡过这次灾难,它也会在另一次灾难里沉没。而强者却会留下,继续走完自己的路。

秋天,我和别人一样收获。望着我那干瘪的谷粒,心里有一种又酸又苦的欢乐。但我并不因我的谷粒比别人的干瘪便灰心或丧气。我把它们捧在手里,紧紧地贴近心窝,仿佛那是新诞生的一个自我。

富有而善良的邻人,感叹我收获的微少,我却疯人一样地大笑。在这笑声里,我知道我已成熟。我已有了一种特别的量具,它不量谷物只量感受。我的邻人不知和谷物同时收获的还有人生。我已经爱过,恨过,欢笑过,哭泣过,体味过,彻悟过……细细想来,便知晴日多于阴雨,收获多于劳作。只要我认真地活过,无愧地付出过。人们将无权耻笑我是入不敷出的傻瓜,也不必用他的尺度来衡量我值得或是不值得。

到了冬日,那生命的黄昏,难道就没有什么事情好做?只是隔着窗子,看飘落的雪花、落寞的田野,或是数点那光秃的树枝上的寒鸦?不,我还可以在炉子里加上几块木柴,使屋子更加温暖;我将冷静地检点自己:我为什么失败,我做错过什么,我欠过别人什么……但愿只是别人欠我,那最后的日子,便会心安得多!

再没有可能纠正已经成为往事的过错。一个生命不可能再有一次四季。未来的四季将属于另一个新的生命。

但我还是有事情好做,我将把这一切记录下来。人们无聊的时候,不妨读来解闷,怀恨我的人,也可以幸灾乐祸地骂声:活该!聪明的人也许会说这是多余;刻薄的人也许会敷演出一把利剑,将我一条条地切割。但我相信,多数人将会理解,他们将会公正地判断我曾做过的一切。

在生命的黄昏里,哀叹和寂寞的,将不会是我!

【文本对话】
1. 如何理解"因为在这世界上,每人都有一块必得由他自己来耕种的土地"这句话?
2. 概括作者的人生四季有着怎样的特点?
3. 在生命的春天里,作者面对自己的"不毛之地"是怎样做的?
4. 你是如何理解"我"收获的欢乐是"有酸又苦"的?
5. 为什么说"在生命的黄昏里,哀叹和寂寞的,将不会是我"?

【实践活动】
1. 根据贯穿作者人生四季的主线,谈谈你该怎样规划自己的人生?
2. 面对日益激烈的社会竞争,在我们的人生冬季里该如何坚守自己的人生态度?

【知识链接】
张洁,生于1937年,中国当代著名女作家。原籍辽宁,生于北京,读小学和中学时爱好音乐和文艺。1960年毕业于中国人民大学计划统计系,到第一机械工业部工作。1978年发表第一篇小说《从森林里来的孩子》,获同年全国优秀短篇小说奖。翌年加入中国作协。1982年加入国际笔会中国中心,并随中国作家代表团赴美国参加第一次中美作家会议。现任北京市作协副主席。著有作品集《张洁小说剧本选》,小说散文集《爱,是不能忘记的》、《方舟》,小说集《祖母绿》,长篇小说《沉重的翅膀》(获全国第二届茅盾文学奖,曾被译成德、英、法、瑞典等多种文字出版)、《只有一个太阳》,散文集《在那绿草地上》,以及《张洁集》等。她不断拓展艺术表现的路子,作品以浓烈的感情笔触探索人的心灵世界,细腻深挚,优雅醇美。2005年,她以长篇小说《无字》再获茅盾奖,成为唯一一位两次获得该奖的作家。

三、想北平

老 舍

【阅读提示】

《想北平》选自《乡风市声》(人民文学出版社1990年版),写于1936年,作者当时不在北京。那时,日本帝国主义已经加紧了对中国的侵略,丧权辱国的《何梅协定》的签订,适应日本侵略需要"冀察政务委员会"的成立,都说明华北危急,北京危急。作者作为一个热爱北京的爱国知识分子,忧心如焚,想念家乡,写下这篇抒发自己情感的散文。

如果让我写一本小说,以北平作背景,我不至于害怕,因为我可以捡着我知道的写,而躲开我所不知道的。但要让我把北平一一道来,我没办法。北平的地方那么大,事情那么多,我知道的真是太少了,虽然我生在那里,一直到廿七岁才离开。以名胜说,我没到过陶然亭,这多可笑!以此类推,我所知道的那点只是"我的北平",而我的北平大概等于牛的一毛。

可是,我真爱北平。这个爱几乎是要说而说不出的。我爱我的母亲。怎样爱?我说不出。在我想做一件事讨她老人家喜欢的时候,我独自微微地笑着;在我想到她的健康而不放心的时候,我欲落泪。言语是不够表现我的心情的,只有独自微笑或落泪才足以把内心表达出来。我爱北平也近乎这个。夸奖这个古城的某一点是容易的,可是那就把北平看得太小了。我所爱的北平不是枝枝节节的一些什么,而是整个儿与我的心灵相黏合的一段历史,一大块地方,多少风景名胜,从雨后什刹海的蜻蜓一直到我梦里的玉泉山的塔影,都积凑到一块,每一细小的事件中有个我,我的每一思念中有个北平,只是说不出而已。

真愿成为诗人,把一切好听好看的字都浸在自己的心血里,像杜鹃似的啼出北平的俊伟。但我不是诗人,我将永远道不出我的爱,一种像由音乐与图画所引起的爱。这不但是辜负了北平,也对不住我自己,因为我的最初的知识与印象都得自北平,它在我的血里,我的性格与脾气里有许多地方是这古城所赐给的。我不能爱上海与天津,因为我心中有个北平。可是我说不出来!

伦敦,巴黎,罗马与堪司坦丁堡,曾被称为欧洲的四大"历史的都城"。我知道一些伦敦的情形,巴黎与罗马只是到过而已,堪司坦丁堡根本没有去过。就伦敦、巴黎、罗马来说,巴黎更近似北平,不过,假使让我"家住巴黎",我一定会和没有家一样地感到寂苦。巴黎,据我看,还太热闹。虽然那里也有空旷静寂的地方,可是又未免太旷;不像北平那样既复杂而又有个边际,使我能摸着——那长着红酸枣的老城墙!面向着积水滩,背后是城墙,坐在石上看水中的小蝌蚪或苇叶上的嫩蜻蜓,我可以快乐地坐一天,心中完全安适,无所求也无可怕,像小儿安睡在摇篮里。是的,北平也有热闹的地方,但是它和太极拳相似,动中有静。巴黎有许多地方使人疲乏,所以咖啡与酒是必要的,以便刺激;在北平,有温和的香片茶就够了。

虽说巴黎的布置比伦敦、罗马匀调得多,可是比起北平来还差点儿。北平在人为之中显出自然,既不挤得慌,又不太僻静,连最小的胡同里的房子也有院子与树,最空旷的地方也离买卖街与住宅区不远。北平的好处不在处处设备得完全,而在它处处有空儿,可以使人自由地喘气;不在有许多美丽的建筑,而在建筑的四围都有空闲的地方,使它们成为美景。每一个城楼,每一个牌楼,都可以从老远就看见。况且在街上还可以看见北山与西山呢!

好学的、爱古物的人们自然喜欢北平,因为这里书多古物多。我不好学,也没钱买古物,但我却喜爱北平的花多菜多果子多。花草是种费钱的玩艺,可是北平的"草花儿"很便宜,而且家家有院子,可以花不多的钱而种一院子花。墙上的牵牛,墙根的靠山竹与草茉莉,省钱省事而且会招来翩翩的蝴蝶。至于青菜、白菜、扁豆、毛豆角、黄瓜、菠菜等等,大多数是直接由城外担来送到家门口的。雨后,韭菜叶上还往往带着雨时溅起的泥点。青菜摊子上的红红绿绿几乎有诗一般的美丽。果子有不少是从西山与北山来的,西山的沙果、海棠,北山的黑枣、柿子,进了城还带着一层白霜儿,美国包着纸的橘子遇到北平的带霜儿的玉李,还不愧杀!

是的,北平是个都城,而能有好多自己产生的花、菜、水果,这就使人更接近了自然。从它里面说,没有像伦敦的那些成天冒烟的工厂;从外面说,它紧连着园林、菜圃与农村。采菊东篱下,在这里,确是可以悠然见南山的。像我这样的一个贫寒的人,或许只在北平才能享受一点清福吧。

好,不再说了吧,要落泪了,真想念北平呀!

【文本对话】

1. 作者笔下的北平具有多方面的特点,请写出其中三个主要特点:
(1) _____ ;
(2) _____ ;
(3) _____ 。
(每处不超过10个字。)
2. 作者对北平的许多特产做了生动细致的描写,这有什么作用?
3. 文章以"要落泪了,真想念北平呀!"收笔,好在哪里?

【实践活动】

请用衬托的手法描写一处你熟悉的地方,字里行间需表现出真挚的感情。

点拨:可先确定你熟悉的两个地方,再确定一个主要表述的对象,然后挖掘两个地方在你心目中的不同感受。可仿照课文第五自然段。

【知识链接】

老舍(1899—1966),原名舒庆春,字舍予,现代著名作家、人民艺术家(因《龙须沟》而得名)、戏剧家、杰出的语言大师。老舍出生于北京一个贫苦的家庭。一岁半丧父,福禄之中的老舍,家曾遭八国联军的意大利军人劫掠,还是婴儿的老舍因为一个倒扣在身上的箱子幸免于难。老舍九岁得人资助始入私塾。1913年,考入京师第三中学(现北京三中),数月后因经济困难退学。同年考取公费的北京师范学校。于1918年毕业。老舍这一笔名最初在小说《老张的哲学》中使用,其他笔名还有舍予、絜青、絜予、非我、鸿来等。曾任小学校长、中学教员、大学教授。老舍的一生,总是在忘我地工作,他是文艺界当之无愧的"劳动模范"。他自己说:"我终年是在拼命地写,发表也好,不发表也好,我要天天摸一摸笔。"正因为如此,他勤奋笔耕,创作了《骆驼祥子》《四世同堂》《茶馆》《龙须沟》等大量文学作品,赢得了"人民艺术家"的崇高赞誉。"舍予""老舍",就是他一生忘我精神的真实写照。曾经担任齐鲁大学等名校教授。一生主要作品有:《骆驼祥子》《四世同堂》及未完成的《正红旗下》,话剧《龙须沟》、《茶馆》等。其中《茶馆》极为著名。

四、就是那一只蟋蟀

流沙河

【阅读提示】
著名诗人流沙河的诗歌《就是那一只蟋蟀》是一篇意象数量众多、内蕴深刻、组合高妙的佳作。纵观全诗，其中的主要意象大致可以分为以下三个层次：兴象、境象和喻象。

台湾诗人Y先生说："在海外，夜间听到蟋蟀叫，就会以为那是在四川乡下听到的那一只。"

就是那一只蟋蟀
钢翅响拍着金风
一跳跳过了海峡
从台北上空悄悄降落
落在你的院子里
夜夜唱歌

就是那一只蟋蟀
在《豳风·七月》里唱过
在《唐风·蟋蟀》里唱过
在《古诗十九首》里唱过
在花木兰的织机旁唱过
在姜夔的词里唱过
劳人听过
思妇听过

就是那一只蟋蟀
在深山的驿道边唱过
在长城的烽台上唱过
在旅馆的天井中唱过
在战场的野草间唱过
孤客听过
伤兵听过

就是那一只蟋蟀
在你的记忆里唱歌
在我的记忆里唱歌
唱童年的惊喜
唱中年的寂寞
想起雕竹做笼
想起呼灯篱落
想起月饼

想起桂花
想起满腹珍珠的石榴果
想起故园飞黄叶
想起野塘剩残荷
想起雁南飞
想起田间一堆堆的草垛
想起妈妈唤我们回去加衣裳
想起岁月偷偷流去许多许多
就是那一只蟋蟀
在海峡这边唱歌
在海峡那边唱歌
在台北的一条巷子里唱歌
在四川的一个乡村里唱歌
在每个中国人脚迹所到之处
处处唱歌
比最单调的乐曲更单调
比最谐和的音响更谐和
凝成水
是露珠
燃成光
是萤火
变成鸟
是鹧鸪
啼叫在乡愁者的心窝
就是那一只蟋蟀
在你的窗外唱歌
在我的窗外唱歌
你在倾听
你在想念
我在倾听
我在吟哦
你该猜到我在吟些什么
我会猜到你在想些什么
中国人有中国人的心态
中国人有中国人的耳朵

1982年7月10日在成都

【文本对话】

　　1.诗中写两位诗人听到同一蟋蟀的叫声,其用意是什么?

2. 写蟋蟀唱歌的排比句的作用是什么?

3. "凝成水／是露珠／燃成光／是萤火／变成鸟／是鹧鸪"的深刻含义是什么?

4. 这首诗每段均以"就是那一只蟋蟀"发端,这样反复吟咏的作用是什么?

【实践活动】

你打算怎样鉴赏新诗?(写一篇小短文)

【知识链接】

　　流沙河,(原名余勋坦),四川金堂人,当代诗人,1948年在成都读中学时,开始写作。在成都《西方日报》、《新民晚报》、《青年文艺》等报刊上发表诗歌、长篇小说等,并加入当地中学生组织的青年文艺社和麦穗文艺社。1950年在《川西日报》副刊上发表一些诗歌和长篇小说,同年9月被作家西戎介绍到《川西日报》副刊任编辑和见习记者。其间与人合写中篇小说《牛角湾》。1952年加入中国新民主主义青年团。同年9月调四川省文联工作,先后任创作员和《星星诗刊》编委。1954年参加中国作家协会重庆分会。1955年在《西南文艺》上发表《寄黄河》等优秀诗篇,受到好评。1956年出席全国青年创作会议,进中央文学讲习所学习。同年出版长篇小说集《窗》(中国青年出版社),诗歌集《农村夜曲》(重庆人民出版社)。1957年出版诗集《告别火星》(作家出版社),发表组诗《草木篇》(1957年《星星》第一期),作品以白杨、藤、仙人掌、梅、毒菌为赋,抒发爱憎之情,寓意颇深。但却被错划为右派。此后,在省文联工作。1966年5月,被迫回家乡做锯木工谋生,历12年。1978年到金堂县文化馆工作。复出后发表了不少诗作,《故园六咏》荣获1979—1980年全国优秀新诗奖。

五、我心归去

韩少功

【阅读提示】

《我心归去》是中国当代作家韩少功在访问法国归来后写的一组散文中的一篇,总题是《访法散记》。文章从内容上看可以分为两部分:第一部分是前四个小节,写自己在法国圣·纳塞尔访问时的情形和感慨;第二部分写作者的思乡之情以及对故乡这个文化概念的思考。在异国他乡,与孤独感相伴随的是思乡。文章很自然地用"很想念家里"来过渡,故乡有亲人,有自己的历史,有那一方"热土"。

我在圣·纳塞尔市为时一个月的"家",是一幢雅静的别墅。两层楼的六间房子四张床三个厕所全属于我,怎么也用不过来。房子前面是蓝海,旁边是绿公园。很少看见人——除了偶尔隔着玻璃窗向我叽里哇啦说些法语的公园游客。

最初几天的约会和采访热潮已经过去,任何外来者都会突然陷入难耐的冷清,恐怕连流亡的总统或国王也概莫能外。这个城市不属于你,除了所有的服务都要你付钱外,这里的一切声响都弃你而去,奔赴它们既定的目的,与你没有什么关系。你拿起电话不知道要打向哪里,你拿着门钥匙不知道出门后要去向何方。电视广播以及行人的谈话全是法语法语法语,把你囚禁在一座法语的监狱无处逃遁。从巴黎带来的华文报纸和英文书看完了,这成了最严重的事态,因为在下一个钟头,下一刻钟,下一分钟,你就不知道该干什么。你到了悬崖的边缘,前面是寂静的深谷,不,连深谷也不是。深谷还可以使你粉身碎骨,使你头破血流,使你感触到实在,那不是深谷,那里什么也没有,你跳下去不会有任何声音和光影,只有虚空。

你对吊灯作第六或六十次研究,这时候你就可以知道,你差不多开始发疯了。移民的日子是能让人发疯的。

我不想移民,好像是缺乏勇气也缺乏兴趣。C曾问我想不想留在法国,他的市长朋友可以办成这件事,他的父亲与法国总理也是好朋友。我说我在这里能干什么?守仓库或做家具?当文化盲流变着法子讨饭?即使能活得好,我就那么在乎法国的面包和雷诺牌汽车?

很想念家里——似乎是有点没出息。倒不是特别害怕孤寂,而是惦念亲人。我知道我对她们来说是多么重要,我是她们的快乐和依靠。我坐在柔和的灯雾里,听窗外的海涛和海鸥的鸣叫,想像母亲、妻子、女儿现在熟睡的模样,隔着万里守候她们睡到天明。人们无论走到哪里,都没法不时常感怀身后远远的一片热土,因为那里有他的亲友,至少也有他的过去。时光总是把过去的日子冲洗得熠熠闪光,引人回望。

我这才明白,为什么各种异国的旅游景区都不能像故乡一样使我感到亲切和激动。我的故乡没有繁华酥骨的都会,没有静谧侵肌的湖泊,没有悲剧般幽深奇诡的城堡,没有绿得能融化你所有思绪的大森林。故乡甚至是贫瘠而脏乱的。但假若你在旅途的夕阳中听到舒伯特的某支独唱曲,使你热泪突然涌流的想像,常常是故乡的小径,故乡的月夜,月夜下的草坡泛着银色的光泽,一只小羊还未归家,或者一只犁头还插在地边等待明天。这哪里对呀?也许舒伯特在歌颂宫廷或爱情,但我相信所有雄浑的男声独唱都应该是献给故乡的。就像我相信所有的中国二胡都只能演奏悲怆,即便是赛马曲与赶集调,那也是带泪的笑。

故乡存留了我们的童年,或者还有青年和壮年,也就成了我们生命的一部分,成了我们自己。它不是商品,不是旅游的去处,不是按照一定价格可以向任何顾客出售的往返车票和周末消遣节目。故乡比任何旅游景区多了一些东西:你的血、泪,还有汗水。故乡的美丽总是含着悲伤。而美的从来就是悲的。中国的"悲"含有眷顾之义,美使人悲,使人痛,使人怜,这已把美学的真理揭示无余。在这个意义上来说,任何旅游景区的美都多少有点不够格,只是失血的矫饰。

我已来过法国三次,这个风雅富贵之邦,无论我这样来多少次,我也只是一名来付钱的观赏者。我与这里的主人碰杯、唱歌、说笑、合影、拍肩膀,我的心却在一次次偷偷归去。我当然知道,我会对故乡浮粪四溢的墟场失望,会对故乡拥挤不堪的车厢失望,会对故乡阴沉连日的雨季失望,但那种失望不同于对旅泊之地的失望,那种失望能滴血。血沃之地将真正生长出金麦穗和赶车谣。

故乡意味着我们的付出——它与出生地不是一回事。只有艰辛劳动过奉献过的人,才真正拥有故乡,才真正懂得古人"游子悲故乡"的情怀——无论这个故乡烙印在一处还是多处,在祖国还是在异邦。没有故乡的人身后一无所有。而萍飘四方的游子无论是怎样贫困潦倒,他们听到某支独唱曲时突然涌出热泪,便是他们心有所归的无量幸福。

【文本对话】

仔细阅读课文,回答下列问题。

1. 如何理解"没有故乡的人身后一无所有。而萍飘四方的游子无论是怎样贫困潦倒,他们听到某支独唱曲时突然涌出热泪,便是他们心有所归的无量幸福"这句话的含意?

2. 作者在二、三两段文字的前后都以第一人称来写,那么,这两段为什么要用第二人称写?有什么表达作用?

3. "我这才明白,为什么各种异国的旅游景区都不能像故乡一样使我感到亲切和激动。"联系上下文,作者为什么产生这样的情感?

【实践活动】

以"思乡"为话题,写一篇散文,写出你对家的理解与思念。

【知识链接】

韩少功,男,汉族,笔名少功、艄公等,1953年1月生,湖南长沙人,1968年12月参加工作,1984年8月加入中国共产党,大学本科学历,一级作家。曾任第三届海南省文学艺术界联合会主席、省文联作协党组成员,现兼职中国作协主席团委员、全委会委员。

韩少功1968年初中毕业后,下放到湖南省汨罗县的农村插队。1974年调县文化馆工作,开始发表作品。执笔含有大量史料的传记《任弼时》(与甘征文合作)。1978年考入湖南师范学院中文系。1979年加入中国作家协会并发表短篇小说《月兰》(《人民文学》1979年4月)在文坛崭露头角。1982年毕业后在湖南省总工会的杂志《主人翁》任编辑。1984年调作协湖南分会从事专业创作。1988年到海南后开始主编《海南纪实》杂志。1990年任海南省作家协会副主席、主席。1996年与同仁策划文人杂志《天涯》,任杂志社社长。出版有中短篇小说集《月兰》《飞过蓝天》《诱惑》等,文艺理论《面对神秘空阔的世界》。1996年出版的长篇小说《马桥词典》(作家出版社)引起各方争论。对传统文化心理的反思和批判是其创作的一个基本主题,他的《西望茅草地》和《飞过蓝天》分获1980、1981年全国优秀短篇小说奖。他是1985年倡导"寻根文学"的主将,发表《文学的根》(《作家》1985年4期)提出"寻根"的口号,并以自己的创作实践了这一主张。比较著名的有《爸爸爸》《女女女》等,表现了向民族历史文化深层汲取力量的趋向,饱含深邃的哲学意蕴,在文坛产生很大影响。

第三单元

哲人幽思

本单元收入的文章有对社会现象的深刻批判,有对人生哲理的思考探讨,也有对读书的深切感悟。

《〈老子〉四章》的文字是简洁的,思想是深邃的。深邃的思想让人明智、释怀。内容虽然简短,但读起来却朗朗上口,让人不自觉地喜欢上它。

钱钟书在《论快乐》一文中阐释了自己对"快乐"的看法,认为快乐由精神来决定,但快乐是短暂的,以乐观的态度来对待人生,就拥有了永久的快乐。文章重知识且有趣味,议论中蕴含着幽默。

《弈喻》一文,作者以弈为喻,生动地论述了客观公正地评价客观事物的哲理,全文依事取警,议论深入,短小精悍。

《剃光头发微》一文中,作者用锐利的眼光来看社会现象,从"剃光头"这一平凡的生活现象谈到了社会中存在"弄权"这一现象,并对这一现象进行了冷静的分析和思考,对滥用权力者进行了嘲讽并给出警示。文章以小见大,发人深省。

子曰:学而不思则罔。只读书不思考,会越读越迷惘、越读越困惑。《站着读与跪着读》阐述了两种截然不同的读书态度。"跪着读"是顶礼膜拜,以信徒之心对待,因而思想受到禁锢;"站着读"是以平等之心待之,有自己的见解。文章号召人们在阅读时要有自己的理解和思考。

一、《老子》四章①

【阅读提示】

　　《老子》又名《道德经》，是一部充满智慧和哲理的"大书"。其书之大，大在思想，大在人生与人情世故都在精妙的文字中。这些美妙的文字，既能引起我们品，又能引发我们悟；既让我们的心灵得到洗礼，又让我们感到释怀。如何悟出道的真谛，《道德经》会以其独特的方式告诉大家。

一

　　道可道②，非常道；名可名③，非常名。无名④，天地之始；有名，万物之母。故常无，欲以观其妙；常有，欲以观其徼⑤。此两者，同出而异名，同谓之玄。玄之又玄，众妙之门⑥。

二

　　知人者智，自知者明。胜人者有力，自胜者强⑦。知足者富，强行⑧者有志，不失其所者久，死而不亡者寿。

三

　　道生一⑨，一生二，二生三⑩，三生万物。万物负阴而抱阳，冲气以为和⑪。人之所恶⑫，唯孤、寡、不谷⑬，而⑭王公以为称⑮。故⑯物或⑰损之而益⑱，或益之而损。人⑲之所教，我亦教之：

---

① 节选自《道德经》。
② 道可道：第一个"道"，名词，指的是宇宙的本原和实质，引申为原理、原则、真理。第二个"道"，动词，解说、表述。
③ 名可名：第一个"名"，名词，指"道"的形态；第二个"名"是动词，说明的意思。
④ 无名：指无形。
⑤ 徼(jiào)：边际、边界。
⑥ 门：一切奥妙变化的总门径，此用来比喻宇宙万物的唯一原"道"的门径。
⑦ 强：刚强、果决。
⑧ 强行：坚持不懈、持之以恒。
⑨ 一：这是老子用以代替道这一概念的数字表示，即道是绝对无偶的。
⑩ 一生二，二生三：二，指阴气、阳气，阴阳二气所含育的统一体即是"道"；三，即是由两个对立的方面相互矛盾冲突所产生的第三者，进而生成万物。
⑪ 冲气以为和：冲，冲突、交融。此句意为阴阳二气互相冲突交和而成为均匀和谐状态，从而形成新的统一体。
⑫ 恶：厌恶、讨厌。
⑬ 不谷：不善，不好(古代诸侯自称的谦词)。谷：善，良。
⑭ 而：但，却。
⑮ 称：自称。
⑯ 故：所以，因此。
⑰ 或：有时。
⑱ 损之而益：求损反而获益。
⑲ 人：先人。

强梁者①不得其死②,吾将以为教父③。

四

信言④不美,美言不信;善者不辩⑤,辩者不善;知者不博,博者不知。圣人不积⑥,既以为人⑦己愈有⑧;既以与⑨人己愈多⑩。天之道,利而不害。圣人之道,为而不争⑪。

【文本对话】

一、填空:

1. 道可道,_____;名可名,_____。
2. 故常无,欲_____;常有,欲_____。
3. 知人者智,_____。胜人者有力,_____。

二、举例分析"或损之而益,或益之而损"的辩证关键。

【知识链接】

老子(约前571—前471),名耳,字伯阳,春秋末年楚国苦县(今河南鹿邑)人。中国古代伟大思想家、哲学家、文学家,道家学派创始人和主要代表人物,有《道德经》存世。《道德经》又称《道德真经》《老子》《老子五千文》,提出一个以"道"为核心的思想体系,具有丰富的朴素辩证法思想,是道家哲学思想的重要来源。

---

① 强梁者:强暴的人。
② 不得其死:死无其所。即没有好结果。
③ 吾将以为教父:我打算作为教训的开始。"父,始也。"(河上公注)
④ 信言:真实可信的话。
⑤ 辩:巧辩。
⑥ 不积:不自私,没有占有的欲望。
⑦ 既以为人:既然一切都是为了世人。
⑧ 己愈有:自己就愈发拥有了。
⑨ 与:给。
⑩ 多:丰富。
⑪ 争:相争。

二、论快乐①

钱钟书

【阅读提示】

本文是一篇哲理意味浓厚的散文。作者从不同角度、不同层面上阐述了对快乐的种种理解，比喻修辞手法的巧妙运用不仅使得文章文采斐然，而且使得议论深入浅出，活泼灵动，通篇蕴含着浓郁的幽默情趣。

在旧书铺里买回来维尼（Vigny）的《诗人日记》（Journald'unpote），信手翻开，就看见有趣的一条。他说，在法语里，喜乐（bonheur）一个名词是"好"和"钟点"两字拼成，可见好事多磨，只是个把钟头的玩意儿（Silebon heurn'taitqu'unebonne denie!）。我们联想到我们本国话的说法，也同样的意味深永，譬如快活或快乐的快字，就把人生一切乐事的飘瞥难留，极清楚地指示出来。所以我们又概叹说："欢娱嫌夜短！"因为人在高兴的时候，活得太快，一到困苦无聊，愈觉得日脚像跛②了似的，走得特别慢。德语的沉闷（langweile）一词，据字面上直译，就是"长时间"的意思。《西游记》里小猴子对孙行者说："天上一日，下界一年。"这种神话，确反映着人类的心理。天上比人间舒服欢乐，所以神仙活得快，人间一年在天上只当一日过。从此类推，地狱里比人间更痛苦，日子一定愈加难度；段成式《西阳杂俎》就说："鬼言三年，人间三日。"嫌人生短促的人，真是最快活的人；反过来说，真快活的人，不管活到多少岁死，只能算是短命夭折。所以，做神仙也并不值得，在凡间已经三十年做了一世的人，在天上还是个未满月的小孩。但是这种"天算"，也有占便宜的地方：譬如戴君孚《广异记》载崔参军捉狐妖，"以桃枝决五下"，长孙无忌说罚得太轻，崔答："五下是人间五百下，殊非小刑。"可见卖老祝寿等等，在地上最为相宜，而刑罚呢，应该到天上去受。

"永远快乐"这句话，不但渺茫得不能实现，并且荒谬得不能成立。快过的决不会永久；我们说永远快乐，正好像说四方的圆形，静止的动作同样地自相矛盾。在高兴的时候，我们空对瞬息即逝的时间喊着说："逗留一会儿罢！你太美了！"那有什么用？你要永久，你该向痛苦里去找。不讲别的，只要一个失眠的晚上，或者有约不来的下午，或者一课沉闷的听讲——这许多，比一切宗教信仰更有效力，能使你尝到什么叫做"永生"的滋味。人生的刺，就在这里，留恋着不肯快走的，偏是你所不留恋的东西。

快乐在人生里，好比引诱小孩子吃药的方糖，更像跑狗场里引诱狗赛跑的电兔子。几分钟或者几天的快乐赚我们活了一世，忍受着许多痛苦。我们希望它来，希望它留，希望它再来——这三句话概括了整个人类努力的历史。在我们追求和等候的时候，生命又不知不觉地偷度过去。也许我们只是时间消费的筹码，活了一世不过是为那一世的岁月充当殉葬品，根本不会想到快乐。但是我们到死也不明白是上了当，我们还理想死后有个天堂，在那里——谢上帝，也有这一天！我们终于享受到永远的快乐。你看，快乐的引诱，不仅像电兔子和方糖，使我们忍受了人生，而且彷佛钓钩上的鱼饵，竟使我们甘心去死。这样说来，人生虽痛苦，却不悲

---

① 选自《写在人生边上》（辽宁人民出版社2001年版）。
② 跛(bǒ)：腿脚有毛病。

观,因为它终抱着快乐的希望;现在的账,我们预支了将来去付。为了快活,我们甚至于愿意慢死。

　　穆勒曾把"痛苦的苏格拉底"和"快乐的猪"比较。假使猪真知道快活,那么猪和苏格拉底也相去无几了。猪是否能快乐得像人,我们不知道;但是人会容易满足得像猪,我们是常看见的。把快乐分肉体的和精神的两种,这是最糊涂的分析。一切快乐的享受都属于精神的,尽管快乐的原因是肉体上的物质刺激。小孩子初生了下来,吃饱了奶就乖乖地睡,并不知道什么是快活,虽然它身体感觉舒服。缘故是小孩子时的精神和肉体还没有分化,只是混沌的星云状态。洗一个澡,看一朵花,吃一顿饭,假使你觉得快活,并非全因为澡洗得干净,花开得好,或者菜合你口味,主要因为你心上没有挂碍,轻松的灵魂可以专注肉体的感觉,来欣赏,来审定。要是你精神不痛快,像将离别时的宴席,随它怎样烹调得好,吃来只是土气息,泥滋味。那时刻的灵魂,彷佛害病的眼怕见阳光,撕去皮的伤口怕接触空气,虽然空气和阳光都是好东西。快乐时的你一定心无愧怍①。假如你犯罪而真觉快乐,你那时候一定和有道德、有修养的人同样心安理得。有最洁白的良心,跟全没有良心或最漆黑的良心,效果是相等的。

　　发现了快乐由精神来决定,人类文化又进一步。发现这个道理,和发现是非善恶取决于公理而不取决于暴力,一样重要。公理发现以后,从此世界上没有可被武力完全屈服的人。发现了精神是一切快乐的根据,从此痛苦失掉它们的可怕,肉体减少了专制。精神的炼金术能使肉体痛苦都变成快乐的资料。于是,烧了房子,有庆贺的人;一箪食,一瓢饮,有不改其乐的人;千灾百毒,有谈笑自若的人。所以我们前面说,人生虽不快乐,而仍能乐观。譬如从写《先知书》的所罗门直到做《海风》诗的马拉梅(Mallarmé),都觉得文明人的痛苦,是身体困倦。但是偏有人能苦中作乐,从病痛里滤出快活来,使健康的消失有种赔偿。苏东坡诗就说:"因病得闲殊不恶,安心是药更无方。"王丹麓《今世说》也记毛稚黄善病,人以为忧,毛曰:"病味亦佳,第不堪为躁热人道耳!"在着重体育的西洋,我们也可以找着同样达观的人。工愁善病的诺凡利斯(Novalis)在《碎金集》里建立一种病的哲学,说病是"教人学会休息的女教师"。罗登巴煦(Rodenbach)的诗集《禁锢的生活》(Les Vies Encloses)里有专咏病味的一卷,说病是"灵魂的洗涤(puration)"。身体结实、喜欢活动的人采用了这个观点,就对病痛也感到另有风味。顽健粗壮的十八世纪德国诗人白洛柯斯(B. H. Brockes)第一次害病,觉得是一个"可惊异的大发现(Einebewunderung swrdige Erfindung)"。对于这种人,人生还有什么威胁? 这种快乐,把忍受变为享受,是精神对于物质的最大胜利。灵魂可以自主——同时也许是自欺。能一贯抱这种态度的人,当然是大哲学家,但是谁知道他不也是个大傻子?

　　是的,这有点矛盾。矛盾是智慧的代价。这是人生对于人生观开的玩笑。

【文本对话】

一、"快"和"乐"的关系是怎样的? 作者认为快乐是由什么决定的?
二、作者认为"把快乐分肉体的和精神的两种,这是最糊涂的分析",为什么?
三、作者为什么说"人生虽不快乐,而仍能乐观"?
四、仔细阅读课文,品味文章语言的意蕴。
1."快乐在人生里,好比引诱小孩子吃药的方糖。"
2."有最洁白的良心,跟全没有良心或有最漆黑的良心,效果是相等的。"

---

① 愧怍(zuò):惭愧。

3."仿佛害病的眼怕见阳光,撕去皮的伤口怕接触空气。"

【实践活动】
说说你对快乐的看法,什么是快乐?

【知识链接】
钱钟书(1910—1998),字默存,号槐聚,曾用笔名中书君,江苏无锡人,中国现当代著名学者、作家。著有《写在人生边上》《人·兽·鬼》《围城》《谈艺录》《宋诗选注》《旧文四篇》《管锥编》等。

三、弈喻①

钱大昕

【阅读提示】

弈喻，即用下棋打比方，借下棋的事情讲道理。本文生动说明了"易地以处平心而度之"才能客观公正地评价客观事物的哲理，全文缘事悟理，短小精悍，带给我们很多启示。

予观弈于友人所，一客数②败，嗤③其失算，辄欲易置之，以为不逮④已也。顷之，客请与予对局，予颇易之。甫下数子，客已得先手。局将半，予思益苦，而客之智尚有余。竟局数之，客胜予十三子，予赧⑤甚，不能出一言。后有招予观弈者，终日默坐而已。

今之学者，读古人书，多訾⑥古人之失；与今人居，亦乐称人失。人固不能无失，然试易地以处，平心而度之，吾果无一失乎？吾能知人之失而不能见吾之失，吾能指人之小失而不能见吾之大失。吾求吾失且不暇，何暇论人哉！

弈之优劣有定也，一着⑦之失，人皆见之，虽护前者不能讳也。理之所在，各是⑧其所是，各非其所非，世无孔子，谁能定是非之真？然则人之失者未必非得也，吾之无失者未必非大失也，而彼此相嗤无有已⑨时，曾⑩观弈者之不若已⑪！

【文本对话】

1. 本文以下棋为喻，说明了一个什么道理？
2. 作者在第二段是怎样以弈喻学的？
3. 作者认为怎样才能比较公平地评价生活中的人和事？谈谈你的看法。

【实践活动】

孟子在《告子章句·上》中也以弈为喻，请你找出孟子的这篇文章，进行对比阅读。

【知识链接】

钱大昕(1728—1804)，汉族，江苏嘉定人(今属上海)，字晓徵，号辛楣，晚号潜研老人，又号竹汀，清代史学家、汉学家，被尊为"一代儒宗"。著有《潜研堂集》。

---

① 选自《潜研堂集》(上海古籍出版社2009年版)。
② 数：shuò，屡次。
③ 嗤：讥笑。
④ 逮：及，赶上。
⑤ 赧：羞愧。
⑥ 訾：zǐ，诋毁。
⑦ 一着(zhāo)：一步棋。
⑧ 是：赞成。
⑨ 已：停止。
⑩ 曾：乃，竟。
⑪ 已：同"矣"。

四、剃光头发微①

何满子

【阅读提示】

这篇作品拿"剃光头"这件小事入题，构思巧妙，从剃光头这件看来不起眼的事展开了一连串联想，对那些滥施"权威"者进行了辛辣嘲讽。

余生也晚，关于头发的惊心动魄的故事，大都来自耳食②。什么清朝初年勒令汉人把发髻剃成辫子，否则"留发不留头"呀，什么清末的留学生在外国剪去了辫子，回国后要装一根假辫子才能平安无事呀，等等，都未尝眼见。所以读到鲁迅的小说《头发的故事》，除了恍若有悟的吃惊以外，实在很难有切肤之痛的感受。并且，知道在旧社会，与头发关系最密切的理发工人，是颇受社会贱视的，连家谱都不许上，也就是开除其宗籍，还很为他们不平。更值得一提的是，虽然年轻时在进步的历史书籍里，读到太平天国起义是如何如何正义，但真正佩服太平天国的英雄，却是看到了一副据说是翼王石达开的对联以后。对联曰：

磨砺以须，问天下头颅几许；

及锋而试，看老夫手段如何？

联语的对仗既工稳，造意又豪迈，用之于理发师，更是想像诡奇，出于意表，妙不可言。一面惊叹这位太平天国将领的不羁之才，一面也想到这位王爷对理发师的感情，不但没有像旧社会上层人物那样卑视，而且还将自己睥睨③人世的豪情寄托在他们的职业风姿上，真是物与民胞，平等亲切极了。

不料，3月2日读到《人民日报》一封读者来信，却使我大大不舒服了一阵，那封来信正是关系到理发工人的。说是济南市一家理发店的理发工人，拒绝给一个"乡下佬"剃平头，认为乡下佬只配剃光头。当"乡下佬"碰了壁跑掉以后，一对男女理发师还说："乡下佬还想理平头，没门！""也不瞧瞧自己那模样！"……

"乡下佬"是不是只配剃光头，以及什么模样的人才配剃平头，这问题是够深奥的，我答不上来。既答不上，也只好避开，置之勿论。我只记得古代有一种刑法，叫"髡"④，那办法就是把古圣人所说的"身体发肤，受诸父母，不敢毁伤"的诸种东西之一的头发给去掉；而且似乎是和罚做苦役结合起来的，那就是"髡钳⑤为城旦⑥舂"。但那是秦制，沿用了千把年，至少到隋唐以后就废止了。现在许多国家的罪犯也剃光头，但那并非是刑罚，恐怕多半出于习惯，或便于辨识之类；如果容许用胡适博士的考据方法，来一下"大胆假设"，还可能是由于旧社会监狱里卫生条件不好，怕犯人头发里生虱子，所以干脆让他们牛山濯濯⑦也说不定；但要我"小心求证"

---

① 选自1983年3月27日《解放日报》。发微，探究奥妙。
② 耳食：指听到传闻不加审察就信以为真。这里指听说过没亲眼见过。
③ 睥睨(pìnì)：眼镜斜着看，表示傲视或厌恶。
④ 髡(kūn)：古代剃去男子头发的一种刑罚。
⑤ 钳：用铁圈束颈。
⑥ 城旦：刑罚名，服四年兵役，夜里筑长城，白天防敌寇。
⑦ 牛山濯濯(zhuó)：这里形容一个人头顶光秃秃的样子。濯濯，光秃秃的样子。

却求不到。这很抱歉,胡适博士的考据方法只能学到一半。

时至今日,剃光头既不是在政治上或人格上有什么差池的象征,也肯定不会是因为"身体发肤,受诸父母,不敢毁伤",才舍不得剃光。无非是保护头颅和美观上的讲究,这才有人不愿剃。那封读者来信中的"乡下佬"便正是为了怕剃光头太冷,才要求剃平头的。但从认为"乡下佬剃平头,没门"的理发师看来,似乎是"乡下佬"的"模样"不够格,所以才只配剃光头,倒是从美观这方面着眼的。当然,问题不在于什么标准,也不在于这位城里人的理发师为什么瞧不起"乡下佬"(那里面当然大有文章的),而在于为什么他可以任意决定谁该剃平头,谁只能剃光头,可以这样为所欲为?

原因简单之至:剃头刀在他手里。

这就是权。虽然仅仅是一把剃刀,但掌握在手里,就有那么一点剃头权,在这点权限里,谁撞在他手里,就得看他的嘴脸,听他的发落。你要剃平头,没门!权在他手里,"乡下佬"只好悻悻而去,乃至悻悻也不敢悻悻。幸亏他只有这么点儿小权,如果他掌握了用人的权,分配房子的权,乃至更大的权,那就不仅"乡下佬",更多的人在更多的事上也只好"没门"了。

希望少有、乃至没有这种有点权就要耍的人。如果有权就想弄权,就想顺着自己的意思胡来,那么,至少要在"读者来信"栏里让他亮亮相,直到像剃光头那样地把他剃下去。这才叫做"试看剃头者,人亦剃其头"。

【文本对话】

一、杂文通常是以小见大,在这篇文章中,"小""大"指什么?本文的中心思想是什么?

二、阅读课文,品味下列句子的讽刺与幽默意味。

1. "乡下佬"是不是只配剃光头,以及什么模样的人才配剃平头,这问题是够深奥的,我答不上来。

2. ……但要我"小心求证"却求不到。这很抱歉,胡适博士的考据方法只能学到一半。

3. 如果有权就想弄权,就想顺着自己的意思胡来,那么,至少要在"读者来信"栏里让他亮亮相,直到像剃光头那样地把他剃下去。这才叫做"试看剃头者,人亦剃其头"。

【实践活动】

杂文常从生活中的现象落笔谈到社会问题,观察身边的社会现象,写一篇杂文。

【知识链接】

何满子(1919—2009),浙江富阳人,从事文学艺术理论、现代文学、中国古典文学研究,著有《艺术形式论》《论〈儒林外史〉》《论金圣叹评改〈水浒传〉》等。在学术研究之外也创作杂文,有杂文集《画虎十年》《五杂侃》等。

五、站着读与跪着读①

陈四益

【阅读提示】

本文是一篇读书杂谈,作者采用形象的比喻阐述了两种读书的态度,表明了自己的读书主张,倡导要站着读书,反对跪着读书。

我最怕读"圣人"写的书,就像我最怕同"圣人"或准"圣人"谈话一样。

老友晤对②,促膝谈心,是很惬意的事,可以倾听,可以受教,可以辩难,可以反诘③,哪怕争得脸红脖子粗,都无碍于友情,因为相互之间是平等的。同"圣人"或准"圣人"谈话就不一样了。他是"圣人",什么都对,句句是真理,你呢,只有唯唯诺诺,洗耳恭听,还要时不时地恭维几句,从心理上就有一种压迫感。何况,既然真理都在他手里,你就再没有思考的余地。剃头挑子,一头热乎,这样的谈话实在没趣。

读书,也如谈话,是一种心灵的交流。在大学学习时,一位老师对我说,读古人的书,同古人交朋友,是最没有危险的,因为古人不会同你争辩,不会告密,不会搬弄是非。我想,这话自有他的一份经验,一份道理。但是,也并不尽然。如果你读的是"圣人"之书呢?那就同样会有一种压迫感。因为社会已经将他封为"圣人",将他的话奉为圭臬④。你理解的要照办,不理解的也要照办,否则就是"非圣","非圣"就要杀头。这样的书读起来岂不扫兴?魏晋时代的嵇康⑤,因为一句"非汤武而薄周孔",让人抓住了辫子,丢掉了脑袋;明代的李卓吾⑥,因为不赞成"以孔子之是非为是非",终于被加上"敢倡乱道,诬世惑民"的罪名,迫害致死。这都是现成的例子。所以,相沿成习的办法是——对"圣人"之书,跪着读。跪着读,当然保险,但也就此禁锢了思想。中国历来多陋儒,多腐儒,盖缘于此。

然而,也有例外,虽是凤毛麟角,却闪耀着不灭的光辉。汉代的王充⑦,便是杰出的一个。单看他《论衡》中《问孔》《刺孟》的篇名,就叫人提神。

"世儒学者,好信师而是古,以为贤圣所言皆无非,专精讲习,不知难问。夫贤圣下笔造文,用意详审,尚未可谓尽得实,况仓促吐言。安能皆是?""追难孔子,何伤于义?""伐孔子之说,何逆于理?"

这几句理直气壮的话,令人神旺。当然,王充生活的时代,孔子学还没有被神化得那么至高无上,所以他也还没有因此掉脑袋。到了后世,能够含含糊糊地说"于不疑处有疑,方是进矣"之类的话,也就很不容易了。更多的人,只能打着"圣人"的旗号,塞入自家的货色,大抵是跪着造反。

---

① 选自《陈四益集·中国杂文》(吉林出版集团2013年版)。
② 晤对:见面。
③ 反诘(jié):反问。
④ 奉为圭臬(guī niè):将某些言论或事物作为准则或法度。
⑤ 嵇康(223—263):字叔夜,三国时谯国铚县(今安徽宿县)人,"竹林七贤"之一。
⑥ 李卓吾(1527—1602):李贽,字宏甫,号卓吾,明朝思想家、文学家。主张革故鼎新,反对思想禁锢。主张"童心说"。
⑦ 王充:字仲仁,会稽上虞人,东汉时期杰出思想家。无神论者,著有《论衡》。

不但孔、孟这些钦定"圣人",谁也不敢雌黄月旦①,流风所被,就是一些行业圣人,也往往令人噤若寒蝉②。

譬如杜甫,确实写了许多好诗,但任何一个诗人,哪怕是极伟大的诗人,也难免会有败笔。但是,一自杜甫被称作"诗圣",他也便沾上了点圣人气。说到杜诗,大抵很少敢有不敬之辞。

不过,也有例外。

手头有一部《杜工部集》,是粤东翰墨园光绪年间刊印的五家评本。印工虽也精致,但并不是什么古本、善本。所谓"五家",是指王弇洲、王遵岩、王阮亭、宋牧仲、邵子湘。各家评语,分别以紫、蓝、朱、黄、绿几种颜色套印。它的好处,在于评点诸家有站着读的勇气,没有只磕头不说话的陋腐气,不时会有"不成句""亦无意味""不见佳""亦不好""不足诵也"之类的评语跃出。

杜甫有一首《徐卿二子歌》,是夸奖那位做官的徐先生的两个儿子的。诗中说:"君不见,徐卿二子生绝奇,感应吉梦相追随。孔子释氏亲抱送,并是天一麒麟儿……吾知徐公百不忧,积善衮衮生公侯。丈夫生儿有如此,二雏名位岂肯卑微休。"夸奖人家的儿子到如此肉麻的地步,真让人想不到出于"诗圣"之手。我不由想起鲁迅的《立论》,杜大诗人同鲁迅笔下那些许诺人家孩子会发财、会做大官的庸夫俗子有何二致?对于杜甫这首诗,邵子湘的评语是:"如此诗乃不免俗耳。"王弇洲的评语是"少地步"——吹捧过头了。

能够坦率地指出杜甫庸俗的一面,真难为他们了。

我丝毫不想贬低杜甫的成就,但过去时代的伟大人物,常常既有其伟大崇高的一面,又有其庸俗浅陋的一面。只有顾及全人,才能有正确的认识。而要顾及全人,跪着读是不行的。

杜甫的另一首诗《杜鹃》,起首就是"西山有杜鹃,东川无杜鹃。涪万无杜鹃,云安有杜鹃。"五家的评语各呈所见,煞是好看。

邵子湘说:"古拙。乐府有此法,不害大家。"诚然,乐府确有此法。"鱼戏莲叶东,鱼戏莲叶西,鱼戏莲叶南,鱼戏莲叶北"即为此类。

宋牧仲的评语却是"然诗实不佳"。

王遵岩也有相类的看法:"断不可为训。"

王阮亭则从另一角度说:"兴观群怨,读此恍然有得。"

歧见迭出,各出手眼,正是站着读的好处。后人读着这些见仁见智的评语,实在比千篇一律的颂扬要有味得多,因为它能启人心智。

今天读书,当然有更好的条件。因为读书而产生不同的见解,因为不同的见解而被杀头的事,大约不至于再有了吧。但是,跪着读的心态似未能扫除。自己喜欢跪着读,也不许别人站着读的人和事也并未绝迹。这也是叫人很觉扫兴的。

【文本对话】

一、阅读课文,概括"站着读"和"跪着读"的含义。

二、仔细品读课文,回答下列问题。

1. 作者为什么说他最怕读圣人书?
2. 根据全文内容,概括出作者对于读书的基本主张。

---

① 雌黄月旦:指议论是非、品评人物的语言。雌黄,评论、议论。月旦,月旦评,指品评人物。
② 噤若寒蝉:形容不敢作声。

三、纵观全文,说说本文采用的主要表现手法是什么？举例说说这样写有什么好处。

【实践活动】
1. 作者认为在今天仍有人"跪着读书",你认为怎样才能做到"站着读书"？
2. 介绍一本自己读过的书,并与同学一起分享自己的阅读经历。

【知识链接】
陈四益,上海嘉定人,著名学者,杂文家。1962年毕业于复旦大学,曾任《瞭望》周刊副总编辑,著有《绘图双百喻》《乱翻书》《丁丑四记》《草桥谈往》等。

第四单元

岁月如歌

无声的岁月,如水银滑落指尖那般的轻柔,就像黑夜隐退黄昏,悄悄地,带走了如丝般的记忆。张开手掌,看不到岁月流逝的痕迹,耳畔,和谐的节奏响起。岁月,原来是一首歌。

《风波》是现代文学家鲁迅于1920年创作的短篇小说。小说通过对在江南某水乡发生的一场由辫子引起的风波的描写,揭示了当时封建帝制还在统治着农村、农民愚昧落后、缺乏民主和自由思想的状况;并由此说明今后的社会革命若不彻底改变民众的观念就难以成功。

《百合花》写作于1958年初春,文章以战争为背景,描写了部队一个年轻的通讯员与一个才过门三天的农村新媳妇之间近于圣洁的感情交流。作家的创作目的很明确也很坚定,那就是表现战争中令人难忘的,而且只有战争中才有的崇高纯洁的人际关系,与通过这种关系体现出来的人性美和人情美。

《小二黑结婚》写于1943年5月,取材于太行山农村。当时"土改"刚刚开始,地主利用农民群众的愚昧和封建迷信思想妄图阻挠"土改"。作品通过边区农村青年农民小二黑和小芹争取婚姻自主的故事,描写了农村中新生的进步力量同落后愚昧的迷信思想及封建反动势力之间的尖锐斗争,以主人公在新政权的支持下突破阻碍获得幸福婚姻显示出民主政权的力量和新思想的胜利。

《春之声》热忱地表现和歌颂了党的十一届三中全会以后中国大地出现的新的希望和转机,揭示出一个富有重大历史意义的主题。通过主人公岳之峰在闷罐子车里由见闻引起的丰富联想,让人们聆听到一个新的时代正大步迈来的铿锵脚步声。从困难中露出希望,冷峻中透出暖色,使人对未来充满信心和希望。

《哦,香雪》是在国家处于改革开放的大好时机,农村在经历诸多苦痛之后也与成功顺利接轨的背景下创作的。本文以贫困农村的生活现状为背景,借台儿沟的一角,写出了改革开放后的中国从历史的阴影下走出,摆脱封闭、愚昧和落后,走向开放、文明与进步的喜悦之情。

一、风波①

鲁　迅

【阅读提示】

　　小说描写了"张勋复辟"在江南某一普通乡村所引起的一场风波,以小见大,真实地反映了辛亥革命后中国农村的真实面貌,深刻说明:辛亥革命并没有给农村带来真正的变革,既没有在经济上改变农村贫穷的生活状况,也没有在思想上改变他们愚昧的精神状态,从而指出:社会变革的彻底成功,首先必须要启发群众觉悟,提高国民素质。

　　临河的土场上,太阳渐渐的收了他通黄的光线了。场边靠河的乌桕树叶,干巴巴的才喘过气来,几个花脚蚊子在下面哼着飞舞。面河的农家的烟突里,逐渐减少了炊烟,女人孩子们都在自己门口的土场上泼些水,放下小桌子和矮凳;人知道,这已经是晚饭的时候了。

　　老人男人坐在矮凳上,摇着大芭蕉扇闲谈,孩子飞也似的跑,或者蹲在乌桕树下赌玩石子。女人端出乌黑的蒸干菜和松花黄的米饭,热蓬蓬冒烟。河里驶过文人的酒船,文豪见了,大发诗兴,说,"无思无虑,这真是田家乐呵!"

　　但文豪的话有些不合事实,就因为他们没有听到九斤老太的话。这时候,九斤老太正在大怒,拿破芭蕉扇敲着凳脚说:

　　"我活到七十九岁了,活够了,不愿意眼见这些败家相,——还是死的好。立刻就要吃饭了,还吃炒豆子,吃穷了一家子!"

　　伊的曾孙女儿六斤捏着一把豆,正从对面跑来,见这情形,便直奔河边,藏在乌桕树后,伸出双丫角的小头,大声说,"这老不死的!"

　　九斤老太虽然高寿,耳朵却还不很聋,但也没有听到孩子的话,仍旧自己说,"这真是一代不如一代!"

　　这村庄的习惯有点特别,女人生下孩子,多喜欢用秤称了轻重,便用斤数当作小名。九斤老太自从庆祝了五十大寿以后,便渐渐的变了不平家,常说伊年青的时候,天气没有现在这般热,豆子也没有现在这般硬;总之现在的时世是不对了。何况六斤比伊的曾祖,少了三斤,比伊父亲七斤,又少了一斤,这真是一条颠扑不破的实例。所以伊又用劲说,"这真是一代不如一代!"

　　伊的儿媳②七斤嫂子正捧着饭篮走到桌边,便将饭篮在桌上一摔,愤愤的说,"你老人家又这么说了。六斤生下来的时候,不是六斤五两么?你家的秤又是私秤,加重称,十八两秤;用了准十六,我们的六斤该有七斤多哩。我想便是太公和公公,也不见得正是九斤八斤十足,用的秤也许是十四两……"

　　"一代不如一代!"

　　七斤嫂还没有答话,忽然看见七斤从小巷口转出,便移了方向,对他嚷道,"你这死尸怎么

---

　　① 这篇小说写于 1920 年 8 月(据《鲁迅日记》),最初发表于 1920 年 9 月《新青年》杂志第 8 卷第 1 号,后收入短篇小说集《呐喊》。

　　② 伊的儿媳:从上下文看,这里的"儿媳"应是"孙媳"。

这时候才回来,死到那里去了!不管人家等着你开饭!"

七斤虽然住在农村,却早有些飞黄腾达的意思。从他的祖父到他,三代不捏锄头柄了;他也照例的帮人撑着航船,每日一回,早晨从鲁镇进城,傍晚又回到鲁镇,因此很知道些时事:例如什么地方,雷公劈死了蜈蚣精;什么地方,闺女生了一个夜叉之类。他在村人里面,的确已经是一名出场人物了。但夏天吃饭不点灯,却还守着农家习惯,所以回家太迟,是该骂的。

七斤一手捏着象牙嘴白铜斗六尺多长的湘妃竹烟管,低着头,慢慢地走来,坐在矮凳上。六斤也趁势溜出,坐在他身边,叫他爹爹。七斤没有应。

"一代不如一代!"九斤老太说。

七斤慢慢地抬起头来,叹一口气说,"皇帝坐了龙庭了。"

七斤嫂呆了一刻,忽而恍然大悟的道,"这可好了,这不是又要皇恩大赦了么!"

七斤又叹一口气,说,"我没有辫子。"

"皇帝要辫子么?"

"皇帝要辫子。"

"你怎么知道呢?"七斤嫂有些着急,赶忙的问。

"咸亨酒店里的人,都说要的。"

七斤嫂这时从直觉上觉得事情似乎有些不妙了,因为咸亨酒店是消息灵通的所在。伊一转眼瞥见七斤的光头,便忍不住动怒,怪他恨他怨他;忽然又绝望起来,装好一碗饭,搡在七斤的面前道,"还是赶快吃你的饭罢!哭丧着脸,就会长出辫子来么?"

太阳收尽了他最末的光线了,水面暗暗地回复过凉气来;土场上一片碗筷声响,人人的脊梁上又都吐出汗粒。七斤嫂吃完三碗饭,偶然抬起头,心坎里便禁不住突突地发跳。伊透过乌桕叶,看见又矮又胖的赵七爷正从独木桥上走来,而且穿着宝蓝色竹布的长衫。

赵七爷是邻村茂源酒店的主人,又是这三十里方圆以内的唯一的出色人物兼学问家;因为有学问,所以又有些遗老的臭味。他有十多本金圣叹批评的《三国志》①,时常坐着一个字一个字的读;他不但能说出五虎将姓名,甚而至于还知道黄忠表字汉升和马超表字孟起。革命以后,他便将辫子盘在顶上,像道士一般;常常叹息说,倘若赵子龙在世,天下便不会乱到这地步了。七斤嫂眼睛好,早望见今天的赵七爷已经不是道士,却变成光滑头皮,乌黑发顶;伊便知道这一定是皇帝坐了龙庭,而且一定须有辫子,而且七斤一定是非常危险。因为赵七爷的这件竹布长衫,轻易是不常穿的,三年以来,只穿过两次:一次是和他呕气的麻子阿四病了的时候,一次是曾经砸烂他酒店的鲁大爷死了的时候;现在是第三次了,这一定又是于他有庆,于他的仇家有殃了。

七斤嫂记得,两年前七斤喝醉了酒,曾经骂过赵七爷是"贱胎",所以这时便立刻直觉到七斤的危险,心坎里突突地发起跳来。

赵七爷一路走来,坐着吃饭的人都站起身,拿筷子点着自己的饭碗说,"七爷,请在我们这里用饭!"七爷也一路点头,说道"请请",却一径走到七斤家的桌旁。七斤们连忙招呼,七爷也微笑着说"请请",一面细细的研究他们的饭菜。

"好香的菜干,——听到了风声了么?"赵七爷站在七斤的后面七斤嫂的对面说。

"皇帝坐了龙庭了。"七斤说。

---

① 金圣叹批评的《三国志》:指小说《三国演义》。金圣叹(1609—1661),明末清初文人,曾批注《水浒》《西厢记》等书,他把所加的序文、读法和评语等称为"圣叹外书"。

七斤嫂看着七爷的脸，竭力陪笑道，"皇帝已经坐了龙庭，几时皇恩大赦呢？"

"皇恩大赦？——大赦是慢慢的总要大赦罢。"七爷说到这里，声色忽然严厉起来，"但是你家七斤的辫子呢，辫子？这倒是要紧的事。你们知道：长毛时候，留发不留头，留头不留发，……"

七斤和他的女人没有读过书，不很懂得这古典的奥妙，但觉得有学问的七爷这么说，事情自然非常重大，无可挽回，便仿佛受了死刑宣告似的，耳朵里嗡的一声，再也说不出一句话。

"一代不如一代，——"九斤老太正在不平，趁这机会，便对赵七爷说，"现在的长毛，只是剪人家的辫子，僧不僧，道不道的。从前的长毛，这样的么？我活到七十九岁了，活够了。从前的长毛是——整匹的红缎子裹头，拖下去，拖下去，一直拖到脚跟；王爷是黄缎子，拖下去，黄缎子；红缎子，黄缎子，——我活够了，七十九岁了。"

七斤嫂站起身，自言自语的说，"这怎么好呢？这样的一班老小，都靠他养活的人，……"

赵七爷摇头道，"那也没法。没有辫子，该当何罪，书上都一条一条明明白白写着的。不管他家里有些什么人。"

七斤嫂听到书上写着，可真是完全绝望了；自己急得没法，便忽然又恨到七斤。伊用筷子指着他的鼻尖说，"这死尸自作自受！造反的时候，我本来说，不要撑船了，不要上城了。他偏要死进城去，滚进城去，进城便被人剪去了辫子。从前是绢光乌黑的辫子，现在弄得僧不僧道不道的。这囚徒自作自受，带累了我们又怎么说呢？这活死尸的囚徒……"

村人看见赵七爷到村，都赶紧吃完饭，聚在七斤家饭桌的周围。七斤自己知道是出场人物，被女人当大众这样辱骂，很不雅观，便只得抬起头，慢慢地说道：

"你今天说现成话，那时你……"

"你这活死尸的囚徒……"

看客中间，八一嫂是心肠最好的人，抱着伊的两周岁的遗腹子，正在七斤嫂身边看热闹；这时过意不去，连忙解劝说，"七斤嫂，算了罢。人不是神仙，谁知道未来事呢？便是七斤嫂，那时不也说，没有辫子倒也没有什么丑么？况且衙门里的大老爷也还没有告示，……"

七斤嫂没有听完，两个耳朵早通红了；便将筷子转过向来，指着八一嫂的鼻子，说，"阿呀，这是什么话呵！八一嫂，我自己看来倒还是一个人，会说出这样昏诞胡涂话么？那时我是，整整哭了三天，谁都看见；连六斤这小鬼也都哭，……"六斤刚吃完一大碗饭，拿了空碗，伸手去嚷着要添。七斤嫂正没好气，便用筷子在伊的双丫角中间，直扎下去，大喝道，"谁要你来多嘴！你这偷汉的小寡妇！"

扑的一声，六斤手里的空碗落在地上了，恰巧又碰着一块砖角，立刻破成一个很大的缺口。七斤直跳起来，捡起破碗，合上检查一回，也喝道，"入娘的！"一巴掌打倒了六斤。六斤躺着哭，九斤老太拉了伊的手，连说着"一代不如一代"，一同走了。

八一嫂也发怒，大声说，"七斤嫂，你'恨棒打人'……"

赵七爷本来是笑着旁观的；但自从八一嫂说了"衙门里的大老爷没有告示"这话以后，却有些生气了。这时他已经绕出桌旁，接着说，"'恨棒打人'，算什么呢。大兵是就要到的。你可知道，这回保驾的是张大帅①，张大帅就是燕人张翼德的后代，他一支丈八蛇矛，就有万夫不当之勇，谁能抵挡他，"他两手同时捏起空拳，仿佛握着无形的蛇矛模样，向八一嫂抢进几步道，"你能抵挡他么！"

---

① 张大帅：指张勋(1854—1923)，江西奉新人，北洋军阀之一。原为清朝军官，辛亥革命后，他和所部官兵仍留着辫子，表示忠于清王朝，被称为辫子军。

八一嫂正气得抱着孩子发抖,忽然见赵七爷满脸油汗,瞪着眼,准对伊冲过来,便十分害怕,不敢说完话,回身走了。赵七爷也跟着走去,众人一面怪八一嫂多事,一面让开路,几个剪过辫子重新留起的便赶快躲在人丛后面,怕他看见。赵七爷也不细心察访,通过人丛,忽然转入乌桕树后,说道"你能抵挡他么!"跨上独木桥,扬长去了。

村人们呆呆站着,心里计算,都觉得自己确乎抵不住张翼德,因此也决定七斤便要没有性命。七斤既然犯了皇法,想起他往常对人谈论城中的新闻的时候,就不该含着长烟管显出那般骄傲模样,所以对七斤的犯法,也觉得有些畅快。他们也仿佛想发些议论,却又觉得没有什么议论可发。嗡嗡的一阵乱嚷,蚊子都撞过赤膊身子,闯到乌桕树下去做市;他们也就慢慢地走散回家,关上门去睡觉。七斤嫂咕哝着,也收了家伙和桌子矮凳回家,关上门睡觉了。

七斤将破碗拿回家里,坐在门槛上吸烟;但非常忧愁,忘却了吸烟,象牙嘴六尺多长湘妃竹烟管的白铜斗里的火光,渐渐发黑了。他心里但觉得事情似乎十分危急,也想想些方法,想些计画,但总是非常模糊,贯穿不得:"辫子呢辫子?丈八蛇矛。一代不如一代!皇帝坐龙庭。破的碗须得上城去钉好。谁能抵挡他?书上一条一条写着。入娘的!……"

第二日清晨,七斤依旧从鲁镇撑航船进城,傍晚回到鲁镇,又拿着六尺多长的湘妃竹烟管和一个饭碗回村。他在晚饭席上,对九斤老太说,这碗是在城内钉合的,因为缺口大,所以要十六个铜钉,三文一个,一总用了四十八文小钱。

九斤老太很不高兴的说,"一代不如一代,我是活够了。三文钱一个钉;从前的钉,这样的么?从前的钉是……我活了七十九岁了,——"

此后七斤虽然是照例日日进城,但家景总有些黯淡,村人大抵回避着,不再来听他从城内得来的新闻。七斤嫂也没有好声气,还时常叫他"囚徒"。

过了十多日,七斤从城内回家,看见他的女人非常高兴,问他说,"你在城里可听到些什么?"

"没有听到些什么。"

"皇帝坐了龙庭没有呢?"

"他们没有说。"

"咸亨酒店里也没有人说么?"

"也没人说。"

"我想皇帝一定是不坐龙庭了。我今天走过赵七爷的店前,看见他又坐着念书了,辫子又盘在顶上了,也没有穿长衫。"

"…………"

"你想,不坐龙庭了罢?"

"我想,不坐罢。"

现在的七斤,是七斤嫂和村人又都早给他相当的尊敬,相当的待遇了。到夏天,他们仍旧在自家门口的土场上吃饭;大家见了,都笑嘻嘻的招呼。九斤老太早已做过八十大寿,仍然不平而且健康。六斤的双丫角,已经变成一支大辫子了;伊虽然新近裹脚,却还能帮同七斤嫂做事,捧着十八个铜钉①的饭碗,在土场上一瘸一拐的往来。

一九二〇年十月。

---

① 十八个铜钉:据上文应是"十六个"。作者在1926年11月23日致李霁野的信中曾说:"六斤家只有这一个钉过的碗,钉是十六或十八,我也记不清了。总之两数之一是错的,请改成一律。"

【文本对话】
　　一、仔细阅读课文,完成以下选择题。
　　1.《风波》选自鲁迅的哪本作品集(　　)。
　　A.《朝花夕拾》
　　B.《彷徨》
　　C.《呐喊》
　　D.《故事新编》
　　2.《风波》所描写的事件背景是(　　)。
　　A. 1911年辛亥革命
　　B. 1919年五四运动
　　C. 1917年张勋复辟
　　D. 1921年以后
　　3.本文的中心情节线索是(　　)。
　　A. 七斤老太的五十大寿
　　B. 七斤的飞黄腾达
　　C. 皇帝坐了龙庭
　　D. 辫子事件
　　4.(多选题)本文中赵七爷的典型细节是(　　)。
　　A. 不学无术
　　B. 麻木不仁
　　C. 善于韬晦
　　D. 伺机复辟
　　E. 不问政治
　　二、本文是怎么描写人物的?并试着概括七斤、赵七爷、七斤嫂、八一嫂的性格特征。
　　三、本文是如何以小见大的?

【实践活动】
　　在鲁迅刚刚去世的时候,不少青年学生自发地来到鲁迅墓前,挥泪宣誓:"先生,没有死;青年,莫彷徨!花谢,种子在,撒播在青年的脑海。"结合所学过的鲁迅的作品,谈谈鲁迅作品在你心中播撒下的"种子"。

【知识链接】
　　鲁迅(1881—1936),原名周樟寿,后改名周树人,字豫山,后改豫才,"鲁迅"是他1918年发表《狂人日记》时所用的笔名,也是他影响最为广泛的笔名,浙江绍兴人。著名文学家、思想家,五四新文化运动的重要参与者,中国现代文学的奠基人。毛泽东评价他是伟大的无产阶级的文学家、思想家、革命家,是中国文化革命的主将,也被人民称为"民族魂"。
　　鲁迅在20世纪初中国"救亡图存"的大背景下,大声呼唤"精神界之战士",提出"立人"主张。他步入文坛后,写出《阿Q正传》等不朽著作,从反面批判人性的残缺,后期则以杂文为武器全力抨击封建专制主义扭曲人性的社会和传统。他毕生所致力的,就是对中国人精神的反思,启悟中国人"悟己之为奴",改造自己的国民性,从奴性状态上升到悟性境界。而这种反思的目的,就是为了中国人能够"幸福的度日,合理的做人"。鲁迅先生一生写作600万字,其中著作500万字,辑校和书信100万字,加上翻译作品以及日记合计1000万余字;鲁迅在1918年5月,首次以"鲁迅"作笔名,发表了中国文学史上第一篇白话小说《狂人日记》。他的著作以小说、杂文为主。小说《祝福》等被改编成电影。同时他的作品被译成英、日、俄、法等50多种文字。代表作品有《呐喊》《彷徨》《朝花夕拾》《野草》《华盖集》《中国小说史略》等。

　　鲁迅一生在文学创作、文学批评、思想研究、文学史研究、翻译、美术理论引进、基础科学介绍和古籍校勘与研究等多个领域具有重大贡献。他对于五四运动以后的中国社会思想文化发展具有重大影响,蜚声世界文坛,尤其在韩国、日本思想文化领域有极其重要的地位和影响,被誉为"二十世纪东亚文化地图上占最大领土的作家"。

二、百合花①

茹志鹃

【阅读提示】

　　这篇小说撷取了革命战争时期人民斗争生活中的一朵小小的浪花,刻画了一个朴实机灵的小通讯员形象和内心纯洁高尚、对子弟兵充满爱心的新媳妇形象,通过描写讴歌子弟兵对人民的忠诚和人民对子弟兵的敬爱,表现军民团结、生死与共的军民之情和战友之情,传达了高尚的人情美和人性美。

　　一九四六年的中秋。

　　这天打海岸的部队决定晚上总攻。我们文工团创作室的几个同志,就由主攻团的团长分派到各个战斗连去帮助工作。

　　大概因为我是个女同志吧！团长对我抓了半天后脑勺,最后才叫一个通讯员送我到前沿包扎所去。

　　包扎所就包扎所吧！反正不叫我进保险箱就行。我背上背包,跟通讯员走了。

　　早上下过一阵小雨,现在虽放了晴,路上还是滑得很,两边地里的秋庄稼,却给雨水冲洗得青翠水绿,珠烁晶莹。空气里也带有一股清鲜湿润的香味。要不是敌人的冷炮,在间歇地盲目地轰响着,我真以为我们是去赶集的呢！

　　通讯员撒开大步,一直走在我前面。一开始他就把我撩②下几丈远。我的脚烂了,路又滑,怎么努力也赶不上他。我想喊他等等我,却又怕他笑我胆小害怕;不叫他,我又真怕一个人摸不到那个包扎所。我开始对这个通讯员生起气来。

　　哎！说也怪,他背后好像长了眼睛似的,倒自动在路边站下了。但脸还是朝着前面。没看我一眼。等我紧走慢赶地快要走近他时,他又噔噔地自个儿向前走了,一下又把我甩下几丈远。我实在没力气赶了,索性一个人在后面慢慢晃。不过这一次还好,他没让我撩得太远,但也不让我走近,总和我保持着丈把远的距离。我走快,他在前面大踏步向前;我走慢,他在前面就摇摇摆摆。奇怪的是,我从没见他回头看我一次,我不禁对这通讯员发生了兴趣。

　　刚才在团部我没注意看他,现在从背后看去,只看到他是高挑挑的个子,块头不大,但从他那副厚实实的肩膀看来,是个挺棒的小伙,他穿了一身洗淡了的黄军装,绑腿直打到膝盖上。肩上的步枪筒里,稀疏地插了几根树枝,这要说是伪装,倒不如算作装饰点缀。

　　没有赶上他,但双脚胀痛得像火烧似的。我向他提出了休息一会后,自己便在做田界的石头上坐了下来。他也在远远的一块石头上坐下,把枪横搁在腿上,背向着我,好像没我这个人似的。凭经验,我晓得这一定又因为我是个女同志的缘故。女同志下连队,就有这些困难。我着恼地带着一种反抗情绪走过去,面对着他坐下来。这时,我看见他那张十分年轻稚气的圆

---

① 《百合花》节选自《茹志鹃小说选》,是茹志鹃的成名之作。
② 撩(liáo)下:扔下。

脸,顶多有十八岁。他见我挨他坐下,立即张惶①起来,好像他身边埋下了一颗定时炸弹,局促不安,掉过脸去不好,不掉过去又不行,想站起来又不好意思。我拼命忍住笑,随便地问他是哪里人。他没回答,脸涨得像个关公,讷讷②半晌,才说清自己是天目山人。原来他还是我的同乡呢!

"在家时你干什么?"

"帮人拖毛竹。"

我朝他宽宽的两肩望了一下,立即在我眼前出现了一片绿雾似的竹海,海中间,一条窄窄的石级山道,盘旋而上。一个肩膀宽宽的小伙,肩上垫了一块老蓝布,扛了几枝青竹,竹梢长长的拖在他后面,刮打得石级哗哗作响。……这是我多么熟悉的故乡生活啊!我立刻对这位同乡,越加亲热起来。

我又问:"你多大了?"

"十九。"

"参加革命几年了?"

"一年。"

"你怎么参加革命的?"我问到这里自己觉得这不像是谈话,倒有些像审讯。不过我还是禁不住地要问。

"大军北撤时我自己跟来的。"

"家里还有什么人呢?"

"娘,爹,弟弟妹妹,还有一个姑姑也住在我家里。"

"你还没娶媳妇吧?"

"……"他飞红了脸,更加忸怩③起来,两只手不停地数摸着腰皮带上的扣眼。半晌他才低下了头,憨憨地笑了一下,摇了摇头。我还想问他有没有对象,但看到他这样子,只得把嘴里的话,又咽了下去。

两人闷坐了一会,他开始抬头看看天,又掉过来扫了我一眼,意思是在催我动身。

当我站起来要走的时候,我看见他摘了帽子,偷偷地在用毛巾拭汗。这是我的不是,人家走路都没出一滴汗,为了我跟他说话,却害他出了这一头大汗,这都怪我了。

我们到包扎所,已是下午两点钟了。这里离前沿有三里路,包扎所设在一个小学里,大小六个房子组成品字形,中间一块空地长了许多野草,显然,小学已有多时不开课了。我们到时屋里已有几个卫生员在弄着纱布棉花,满地上都是用砖头垫起来的门板,算作病床。

我们刚到不久,来了一个乡干部,他眼睛熬得通红,用一片硬纸插在额前的破毡帽下,低低地遮在眼睛前面挡光。

他一肩背枪,一肩挂了一杆秤;左手拐了一篮鸡蛋,右手提了一口大锅,呼哧呼哧地走来。他一边放东西,一边对我们又抱歉又诉苦,一边还喘息地喝着水,同时还从怀里掏出一包饭团来嚼着。我只见他迅速地做着这一切。他说的什么我就没大听清。好像是说什么被子的事,要我们自己去借。我问清了卫生员,原来因为部队上的被子还没发下来,但伤员流了血,非常怕冷,所以就得向老百姓去借。哪怕有一二十条棉絮也好。我这里正愁工作插不上手,便自告

---

① 张惶:惊慌,慌张。
② 讷讷(nè nè):形容说话迟钝。
③ 忸怩(niǔ ní):形容不好意思或不大方的样子。

奋勇讨了这件差事,怕来不及就顺便也请了我那位同乡,请他帮我动员几家再走。他踌躇了一下,便和我一起去了。

我们先到附近一个村子,进村后他向东,我往西,分头去动员。不一会,我已写了三张借条出去,借到两条棉絮,一条被子,手里抱得满满的,心里十分高兴,正准备送回去再来借时,看见通讯员从对面走来,两手还是空空的。

"怎么,没借到?"我觉得这里老百姓觉悟高,又很开通,怎么会没有借到呢?我有点惊奇地问。

"女同志,你去借吧!……老百姓死封建。……"

"哪一家?你带我去。"我估计一定是他说话不对,说崩了。借不到被子事小,得罪了老百姓影响可不好。我叫他带我去看看。但他执拗①地低着头,像钉在地上似的,不肯挪步,我走近他,低声地把群众影响的话对他说了。他听了,果然就松松爽爽地带我走了。

我们走进老乡的院子里,只见堂屋里静静的,里面一间房门上,垂着一块蓝布红额的门帘,门框两边还贴着鲜红的对联。我们只得站在外面向里"大姐、大嫂"地喊,喊了几声,不见有人应,但响动是有了。一会,门帘一挑,露出一个年轻媳妇来。这媳妇长得很好看,高高的鼻梁,弯弯的眉,额前一溜蓬松松的刘海。穿的虽是粗布,倒都是新的。我看她头上已硬翘翘的挽了髻②,便大嫂长大嫂短的向她道歉,说刚才这个同志来,说话不好别见怪等等。她听着,脸扭向里面,尽咬着嘴唇笑。我说完了,她也不作声,还是低头咬着嘴唇,好像忍了一肚子的笑料没笑完。这一来,我倒有些尴尬③了,下面的话怎么说呢!我看通讯员站在一边,眼睛一眨不眨地看着我,好像在看连长做示范动作似的。我只好硬了头皮,讪讪④地向她开口借被子了,接着还对她说了一遍共产党的部队,打仗是为了老百姓的道理。这一次,她不笑了,一边听着,一边不断向房里瞅着。我说完了,她看看我,看看通讯员,好像在掂量我刚才那些话的斤两。半晌,她转身进去抱被子了。

通讯员乘这机会,颇不服气地对我说道:"我刚才也是说的这几句话,她就是不借,你看怪吧!……"

我赶忙白了他一眼,不叫他再说。可是来不及了,那个媳妇抱了被子,已经在房门口了。被子一拿出来,我方才明白她刚才为什么不肯借的道理了。这原来是一条里外全新的花被子,被面是假洋缎的,枣红底,上面撒满白色百合花。

她好像是在故意气通讯员,把被子朝我面前一送,说:"抱去吧。"

我手里已捧满了被子,就一努嘴,叫通讯员来拿。没想到他竟扬起脸,装作没看见。我只好开口叫他,他这才绷了脸,垂着眼皮,上去接过被子,慌慌张张地转身就走。不想他一步还没有走出去,就听见"嘶"的一声,衣服挂住了门钩,在肩膀处,挂下一片布来,口子撕得不小。那媳妇一面笑着,一面赶忙找针拿线,要给他缝上。通讯员却高低不肯,挟了被子就走。

刚走出门不远,就有人告诉我们,刚才那位年轻媳妇,是刚过门三天的新娘子,这条被子就是她唯一的嫁妆。我听了,心里便有些过意不去,通讯员也皱起了眉,默默地看着手里的被子。我想他听了这样的话一定会有同感吧!果然,他一边走,一边跟我嘟哝起来了。

---

① 执拗(niù):固执任性,不听从别人的意见。
② 髻(jì):在头顶或脑后盘成各种形状的头发。
③ 尴尬(gān gà):(神色、态度)不自然。
④ 讪讪(shàn shàn):形容不好意思,难为情的样子。

"我们不了解情况,把人家结婚被子也借来了,多不合适呀!……"我忍不住想给他开个玩笑,便故作严肃地说:"是呀!也许她为了这条被子,在做姑娘时,起早熬夜,不知多干了多少零活,才积起了做被子的钱,或许她曾为了这条花被,睡不着觉呢。可是还有人骂她死封建。……"

他听到这里,突然站住脚,待了一会,说:"那!……那我们送回去吧!"

"已经借来了,再送回去,倒叫她多心。"我看他那副认真、为难的样子,又好笑,又觉得可爱。不知怎么的,我已从心底爱上了这个傻呼呼的小同乡。

他听我这么说,也似乎有理,考虑了一下,便下了决心似的说:"好,算了。用了给她好好洗洗。"他决定以后,就把我的被子,统统抓过去,左一条、右一条地披挂在自己肩上,大踏步地走了。

回到包扎所以后,我就让他回团部去。他精神顿时活泼起来了,向我敬了礼就跑了。走不几步,他又想起了什么,在自己挂包里掏了一阵,摸出两个馒头,朝我扬了扬,顺手放在路边石头上,说:"给你开饭啦!"说完就脚不点地地走了。我走过去拿起那两个干硬的馒头,看见他背上的枪筒里不知在什么时候又多了一枝野菊花,跟那些树枝一起,在他耳边抖抖地颤动着。

他已走远了,但还见他肩上撕挂下来的布片,在风里一飘一飘。我真后悔没给他缝上再走。现在,至少他要裸露一晚上的肩膀了。

包扎所的工作人员很少。乡干部动员了几个妇女,帮我们打水、烧锅,作些零碎活。那位新媳妇也来了,她还是那样,笑眯眯地抿着嘴,偶然从眼角上看我一眼,但她时不时地东张西望,好像在找什么。后来她到底问我说:"那位同志弟到哪里去了?"我告诉她同志弟不是这里的,他现在到前沿去了。她不好意思地笑了一下说:"刚才借被子,他可受我的气了!"说完又抿了嘴笑着,动手把借来的几十条被子、棉絮,整整齐齐地分铺在门板上、桌子上(两张课桌拼起来,就是一张床)。我看见她把自己那条白百合花的新被,铺在外面屋檐下的一块门板上。

天黑了,天边涌起一轮满月。我们的总攻还没发起。敌人照例是忌怕夜晚的,在地上烧起一堆堆的野火,又盲目地轰炸,照明弹也一个接一个地升起,好像在月亮下面点了无数盏的汽油灯,把地面的一切都赤裸裸地暴露出来了。在这样一个"白夜"里来攻击,有多困难,要付出多大的代价啊!

我连那一轮皎洁的月亮,也憎恶起来了。

乡干部又来了,慰劳了我们几个家做的干菜月饼。原来今天是中秋节了。

啊,中秋节,在我的故乡,现在一定又是家家门前放一张竹茶几,上面供一副香烛,几碟瓜果月饼。孩子们急切地盼那炷香快些焚尽,好早些分到月亮娘娘享用过的东西,他们在茶几旁边跳着唱着:"月亮堂堂,敲锣买糖……"或是唱着:"月亮嬷嬷①,照你照我……"我想到这里,又想起我那个小同乡,那个拖毛竹的小伙,也许,几年以前,他还唱过这些歌吧!

……我咬了一口美味的家做月饼,想起那个小同乡大概现在正趴在工事里,也许在团指挥所,或者是在那些弯弯曲曲的交通沟里走着哩!……

一会儿,我们的炮响了,天空划过几颗红色的信号弹,攻击开始了。不久,断断续续地有几个伤员下来,包扎所的空气立即紧张起来。

我拿着小本子,去登记他们的姓名、单位,轻伤的问问,重伤的就得拉开他们的符号,或是翻看他们的衣襟。我拉开一个重彩号的符号时,"通讯员"三个字使我突然打了个寒战,心跳起

---

① 嬷嬷(mó mo):称呼年老的妇女。

来。我定了下神才看到符号上写着×营的字样。啊！不是，我的同乡他是团部的通讯员。但我又莫名其妙地想问问谁，战地上会不会漏掉伤员。通讯员在战斗时，除了送信，还干什么，——我不知道自己为什么要问这些没意思的问题。

战斗开始后的几十分钟里，一切顺利，伤员一次次带下来的消息，都是我们突破第一道鹿砦，第二道铁丝网，占领敌人前沿工事打进街了。但到这里，消息忽然停顿了，下来的伤员，只是简单地回答说："在打"或是"在街上巷战"。

但从他们满身泥泞、极度疲乏的神色上，甚至从那些似乎刚从泥里掘出来的担架上，大家明白，前面在进行着一场什么样的战斗。

包扎所的担架不够了，好几个重彩号不能及时送后方医院，耽搁下来。

我不能解除他们任何痛苦，只得带着那些妇女，给他们拭脸洗手，能吃得的喂他们吃一点儿，带着背包的，就给他们换一件干净衣裳，有些还得解开他们的衣服，给他们拭洗身上的污泥血迹。

做这种工作，我当然没什么，可那些妇女又羞又怕，就是放不开手来，大家都要抢着去烧锅，特别是那新媳妇。我跟她说了半天，她才红了脸，同意了。不过只答应做我的下手。

前面的枪声，已响得稀落了。感觉上似乎天快亮了，其实还只是半夜。

外边月亮很明，也比平日悬得高。前面又下来一个重伤员。屋里铺位都满了，我就把这位重伤员安排在屋檐下的那块门板上。担架员把伤员抬上门板，但还围在床边不肯走。一个上了年纪的担架员，大概把我当作医生了，一把抓住我的膀子说："大夫，你可无论如何要想办法治好这位同志呀！你治好他，我……我们全体担架队员给你挂匾……"他说话的时候，我发现其他的几个担架员也都睁大了眼盯着我，似乎我点一点头，这伤员就立即会好了似的。我心想给他们解释一下，只见新媳妇端着水站在床前，短促地"啊"了一声。我急忙拨开他们上前一看，我看见了一张十分年轻稚气的圆脸，原来棕红的脸色，现已变得灰黄。他安详地合着眼，军装的肩头上，露着那个大洞，一片布还挂在那里。

"这都是为了我们……"那个担架员负罪似的说道，"我们十多副担架挤在一个小巷子里，准备往前运动，这位同志走在我们后面，可谁知道狗日的反动派不知从哪个屋顶上撂下颗手榴弹来，手榴弹就在我们人缝里冒着烟乱转，这时这位同志叫我们快趴下，他自己就一下扑在那个东西上了……"

新媳妇又短促地"啊"了一声。我强忍着眼泪，给那些担架员说了些话，打发他们走了。我回转身看见新媳妇已轻轻移过一盏油灯，解开他的衣服，她刚才那种忸怩羞涩已经完全消失，只是庄严而虔诚①地给他拭着身子，这位高大而又年轻的小通讯员无声地躺在那里。……我猛然醒悟地跳起身，磕磕绊绊地跑去找医生，等我和医生拿了针药赶来，新媳妇正侧着身子坐在他旁边。

她低着头，正一针一针地在缝他衣肩上那个破洞。医生听了听通讯员的心脏，默默地站起身说："不用打针了。"我过去一摸，果然手都冰冷了。

新媳妇却像什么也没看见，什么也没听到，依然拿着针，细细地、密密地缝着那个破洞。我实在看不下去了，低声地说："不要缝了。"她却对我异样地瞟了一眼，低下头，还是一针一针地缝。我想拉开她，我想推开这沉重的氛围，我想看见他坐起来，看见他羞涩的笑。但我无意中碰到了身边一个什么东西，伸手一摸，是他给我开的饭，两个干硬的馒头……

---

① 虔诚：恭敬而又诚意。

卫生员让人抬了一口棺材来,动手揭掉他身上的被子,要把他放进棺材去。新媳妇这时脸发白,劈手夺过被子,狠狠地瞪了他们一眼。自己动手把半条被子平展展地铺在棺材底,半条盖在他身上。卫生员为难地说:"被子……是借老百姓的。"

"是我的——"她气汹汹地嚷了半句,就扭过脸去。在月光下,我看见她眼里晶莹发亮,我也看见那条枣红底色上洒满白色百合花的被子,这象征纯洁与感情的花,盖上了这位平常的、拖毛竹的青年人的脸。

一九五八年三月

【文本对话】

一、阅读课文,根据对课文内容的理解填空。

1.当代著名女作家_____创作的《百合花》,这篇小说构思巧妙以_____作为贯穿全文的线索,以纯洁的百合花象征_____,展开对军民关系饶有诗意的描写,抒写了军民鱼水情。按故事情节的一般规律,可分为_____、_____和_____三部分。

2."我"是小说中事件的见证人,"我"对小通讯员的态度一直在变化,请用准确的词语填空。

在刚刚接触因赶路不及而①____,然后又对他保持距离的做法而②____,以后是对小同乡③____,"从心底爱上了这个傻呼呼的小同乡",最后,"我"怀着④____的心情,送走了这位平常的、拖毛竹的青年人。

①_____　　②_____
③_____　　④_____

二、仔细阅读课文,回答下列问题。

1."我"在文中的作用是什么?

2.《百合花》中的百合花被子在小说中两次出现,第一次出现在哪里?当时新媳妇的态度怎样?

3.作者以"百合花"为标题的用意何在?

4.百合花被子是新媳妇的,从她借被和献被这两个情节,你看到了新媳妇怎样的性格?作者运用什么描写手法刻画这一人物形象的?

5.说说你眼中的小通讯员形象,并体会小说是通过什么描写手法刻画这一形象的?

三、阅读下列语段,体会下列加点几处细节描写对表现人物的作用。

1.肩上的步枪筒里,稀疏地插了几根树枝,这要说是伪装,倒不如算作装饰点缀。……看见他背的枪筒里不知在什么时候又多了一枝野菊花,跟那些树枝一起,在他耳边抖抖地颤动着。

2.走不几步,他又想起了什么,在自己挂包里掏了一阵,摸出两个馒头,朝我扬了扬,顺手放在路边石头上,说:"给你开饭啦!"……但我无意中碰到了身边一个什么东西,伸手一摸,是他给我开的饭,两个干硬的馒头。

3.不想他一步还没有走出去,就听见"嘶"的一声,衣服挂住了门钩,在肩膀处,挂下一片布来,口子撕得不小。那媳妇一面笑着,一面赶忙找针拿线,要给他缝上。通讯员却高低不肯,挟了被子就走。

他已走远了,但还见他肩上撕挂下来的布片,在风里一飘一飘。我真后悔没给他缝上再走。现在,至少他要裸露一晚上的肩膀了。

他安详地合着眼,军装的肩头上,露着那个大洞,一片布还挂在那里。

她低着头,正一针一针地在缝他衣肩上那个破洞。……新媳妇却像什么也没看见,什么也没听到,依然拿着针,细细地、密密地缝着那个破洞。我实在看不下去了,低声地说:"不要缝了。"她却对我异样地瞟了一眼,低下头,还是一针一针地缝。

【实践活动】

一棵百合的教导:"我们要全心全意默默地开花,以花来证明自己的存在",给你带来了什么样的启迪?

【知识链接】

茹志鹃(1925—1998)曾用笔名阿如、初旭。1925年9月生于上海,祖籍杭州,家庭贫困,幼年丧母失父,靠祖母做手工换钱过活。11岁以后才断断续续在一些教会学校、补习学校念书,初中毕业于浙江武康县武康中学。1943年随兄参加新四军,先在苏中公学读书,后一直在部队文工团工作,担任过苏中军区前线话剧团演员、组长、分队长、创作组组长等职。1947年加入中国共产党。1955年从南京军区转业到中国作协上海分会,任《文艺月报》编辑。1958年发表代表作短篇小说《百合花》而成名。1960年起从事专业文学创作,是中国作协会员,又被选为中国作协上海分会理事。1977年当选上海七届人民代表,曾为《上海文学》编委。

她的创作以短篇小说见长,笔调清新、俊逸,情节单纯、明快,细节丰富传神,善于从较小的角度去反映时代本质。她的许多作品如《百合花》《静静的产院》《如愿》《阿舒》《三走严庄》等都受到过茅盾、冰心、魏金枝、侯金镜等老一辈作家的好评,一些作品被译成日、法、俄、英、越等多国文字在国外出版发行。新时期以来,茹志鹃又发表了10多篇小说,随着主题的深化,风格亦有所改变。她的主要作品集有:《百合花》(人民文学出版社1958年)、《静静的产院》(中国青年出版社1962年)、《高高的白杨树》(上海文艺出版社1959年)等。新时期以来发表的主要作品有《剪辑错了的故事》(《人民文学》1979年2月)、《草原上的小路》(《收获》1979年第3期)、《儿女情》(《上海文学》1980年1月)、《家务事》(《北方文学》1980年第3期)。《一支古老的歌》(《文汇增刊》1980年第3期),短篇小说集《关大妈》《茹志鹃小说选》等。

百合花:一种姿态优美的草本花卉,每茎一花,状似喇叭,常有隐隐幽香。百合花象征圣洁和吉祥,新娘手捧百合花,寓意百年好合,百事合意。百合花代表了纯洁的心灵。在中国,百合花是母爱的象征。在古罗马和希腊的婚礼上,百合花象征着纯洁和天真,用百合花配有麦穗作为新娘的头饰,寓意着五谷丰登,百年好合。在中古世纪,百合花象征着女性之美,被认为是圣母之花。

三、小二黑结婚①

赵树理

【阅读提示】

作品通过边区农村青年农民小二黑和小芹争取婚姻自主的故事,说明了人民政权是人民实现自主婚姻的可靠保证,描写了农村中新生的进步力量同落后愚昧的迷信思想及封建反动势力之间的尖锐斗争,以主人公在新政权的支持下突破阻碍获得幸福婚姻这件事,显示出民主政权的力量和新思想的胜利。

一 神仙的忌讳

刘家峧②有两个神仙,邻近各村无人不晓:一个是前庄上的二诸葛,一个是后庄上的三仙姑。二诸葛原来叫刘修德,当年做过生意,抬脚动手都要论一论阴阳八卦,看一看黄道黑道③。三仙姑是后庄于福的老婆,每月初一十五都要顶着红布摇摇摆摆装扮天神。

二诸葛忌讳"不宜栽种",三仙姑忌讳"米烂了"。这里边有两个小故事:有一年春天大旱,直到阴历五月初三才下了四指雨。初四那天大家都抢着种地,二诸葛看了看历书,又掐指算了一下说:"今日不宜栽种。"初五日是端午,他历年就不在端午这天做什么,又不曾种;初六倒是个黄道吉日,可惜地干了,虽然勉强把他的四亩谷子种上了,却没有出够一半。后来直到十五才又下雨,别人家都在地里锄苗,二诸葛却领着两个孩子在地里补空子。邻家有个后生,吃饭时候在街上碰上二诸葛便问道:"老汉!今天宜栽种不宜?"二诸葛翻了他一眼,扭转头返回去了,大家就嘻嘻哈哈传为笑谈。

三仙姑有个女孩叫小芹。一天,金旺他爹到三仙姑那里问病,三仙姑坐在香案后唱,金旺他爹跪在香案前听。小芹那年才九岁,晌午做捞饭,把米下进锅里了,听见她娘哼哼得很中听,站在桌前听了一会,把做饭也忘了。一会儿,金旺他爹出去小便,三仙姑趁空子向小芹说:"快去捞饭!米烂了!"这句话却不料就叫金旺他爹听见,回去就传开了。后来有些好玩笑的人,见了三仙姑就故意问别人:"米烂了没有?"

二 三仙姑的来历

三仙姑下神,足足有三十年了。那时三仙姑才十五岁,刚刚嫁给于福,是前后庄上第一个俊俏媳妇。于福是个老实后生,不多说一句话,只会在地里死受④。于福的娘早死了,只有个爹,父子两个一上了地,家里就只留下新媳妇一个人。村里的年轻人们觉着新媳妇太孤单,就慢慢自动地来跟新媳妇做伴,不几天就集合了一大群,每天嘻嘻哈哈,十分哄伙。于福他爹看见不像个样子,有一天发了脾气,大骂一顿,虽然把外人挡住了,新媳妇却跟他闹起来。新媳妇哭了一天一夜,头也不梳,脸也不洗,饭也不吃,躺在炕上,谁也叫不起来,父子两个没了办法。

---

① 《小二黑结婚》是赵树理小说代表作,也是解放区文学的典范之作,是体现他在实际工作中发现问题,形成主题的创作思想的代表作品。
② 刘家峧(jiāo):地名。
③ 黄道黑道:迷信的说法中,黄道主吉,黑道主凶。
④ 死受:方言,下死力气干活的意思。

邻家有个老婆替她请了一个神婆子,在她家下了一回神,说是三仙姑跟上她了,她也哼哼唧唧自称吾神长吾神短,从此以后每月初一十五就下起神来,别人也给她烧起香来求财问病,三仙姑的香案便从此设起来了。

青年们到三仙姑那里去,要说是去问神,还不如说是去看圣像。三仙姑也暗暗猜透大家的心事,衣服穿得更新鲜,头发梳得更光滑,首饰擦得更明,官粉搽得更匀,不由青年们不跟着她转来转去。

这是三十来年前的事。当时的青年,如今都已留下胡子,家里大半又都是子媳成群,所以除了几个老光棍,差不多都没有那些闲情到三仙姑那里去了。三仙姑却和大家不同,虽然已经四十五岁,却偏爱当个老来俏,小鞋上仍要绣花,裤腿上仍要镶边,顶门上的头发脱光了,用黑手帕盖起来,只可惜官粉涂不平脸上的皱纹,看起来好像驴粪蛋上下上了霜。

老相好都不来了,几个老光棍不能叫三仙姑满意,三仙姑又团结了一伙孩子们,比当年的老相好更多,更俏皮。

三仙姑有什么本领能团结这伙青年呢?这秘密在她女儿小芹身上。

三　小芹

三仙姑前后共生过六个孩子,就有五个没有成人,只落了一个女儿,名叫小芹。小芹两三岁时候,就非常伶俐乖巧,三仙姑的老相好们,这个抱过来说是"我的",那个抱起来说是"我的"。后来小芹长到五六岁,知道这不是好话,三仙姑教她说:"谁再这么说,你就说'是你的姑姑'。"说了几回,果然没有人再提了。

小芹今年十八了,村里的轻薄人说,比她娘年轻时候好得多。青年小伙子们,有事没事,总想跟小芹说句话。小芹去洗衣服,马上青年们也都去洗,小芹上树采野菜,马上青年们也都去采。

吃饭时候,邻居们端上碗爱到三仙姑那里坐一会儿,前庄上的人来回一里路,也并不觉得远。这已经是三十年来的老规矩,不过小青年们也这样热心,却是近二三年来才有的事。三仙姑起先还以为自己仍有勾引青年的本领,日子长了,青年们并不真正跟她接近,她才慢慢看出门道来,才知道人家来了为的是小芹。

不过小芹却不跟三仙姑一样:表面上虽然也跟大家说说笑笑,实际上却不跟人乱来,近二三年,只是跟小二黑好一点。前年夏天,有一天前响,于福去地,三仙姑去串门,家里只留下小芹一个人,金旺来了,嘻皮笑脸向小芹说:"这会可算是个空子吧?"小芹板起脸来说:"金旺哥!咱们以后说话规矩些!你也是娶媳妇大汉了!"金旺撇撇嘴说:"咦!装什么假正经?小二黑一来管保你就软了!有便宜大家讨开点,没事;要正经除非自己锅底没有黑!"说着就拉住小芹的胳膊悄悄说:"不要装模作样了!"不料小芹大声喊道:"金旺!"金旺赶紧放手跑出来,一边还咄念道:"等得住你!"说着就悄悄溜走了。

四　金旺弟兄

提起金旺来,刘家峧没有人不恨他,只有他一个本家兄弟名叫兴旺跟他对劲。

金旺他爹虽是个庄稼人,却是刘家峧一只虎,当过几十年老社首①,捆人打人是他的拿手好戏。金旺长到十七八岁,就成了他爹的好帮手,兴旺也学会了帮虎吃食,从此金旺他爹想要

---

① 老社首:相当于村主任。

捆谁,就不用亲自动手,只要下个命令,自有金旺兴旺代办。

抗战初年,汉奸敌探溃兵土匪到处横行,那时金旺他爹已经死了,金旺兴旺弟兄两个,给一支溃兵作了内线工作,引路绑票,讲价赎人,又做巫婆又做鬼,两头出面装好人。后来八路军来,打垮溃兵土匪,他两人才又回到刘家峧。

山里人本来就胆子小,经过几个月大混乱,死了许多人,弄得大家更不敢出头了。别的大村子都成立了村公所、各救会、武委会,刘家峧却除了县府派来一个村长以外,谁也不愿意当干部。不久,县里派人来刘家峧工作,要选举村干部,金旺跟兴旺两个人看出这又是掌权的机会,大家也巴不得有人愿干,就把兴旺选为武委会主任,把金旺选为村政委员,连金旺老婆也被选为妇救会主席,其他各干部,硬捏了几个老头子出来充数。只有青抗先队长,老头子充不得。兴旺看见小二黑这个小孩子漂亮好玩,随便提了一下名就通过了,他爹二诸葛虽然不愿,可是惹不起金旺,也没有敢说什么。

村长是外来的,对村里情形不十分了解,从此金旺兴旺比前更厉害了,只要瞒住村长一个人,村里人不论哪个都得由他两个调遣。这几年来,村里别的干部虽然调换了几个,而他两个却好像铁桶江山。大家对他两个虽是恨之入骨,可是谁也不敢说半句话,都恐怕扳不倒他们,自己吃亏。

五 小二黑

小二黑,是二诸葛的二小子,有一次反"扫荡"打死过两个敌人,曾得到特等射手的奖励。说到他的漂亮,那不只在刘家峧有名,每年正月扮故事,不论去到哪一村,妇女们的眼睛都跟着他转。

小二黑没有上过学,只是跟着他爹识了几个字。当他六岁时候,他爹就教他识字。识字课本既不是五经四书,也不是常识国语,而是从天干、地支、五行、八卦、六十四卦名等学起,进一步便学些《百中经》《玉匣记》《增删卜易》《麻衣神相》《奇门遁甲》《阴阳宅》等书。小二黑从小就聪明,像那些算属相、卜六壬课、念大小游年或"甲子乙丑海中金"等口诀,不几天就都弄熟了,二诸葛也常把他引在人前卖弄。因为他长得伶俐可爱,大人们也都爱跟他玩;这个说:"二黑,算一算十岁属什么?"那个说:"二黑,给我卜一课!"后来二诸葛因为说"不宜栽种"误了种地,老婆也埋怨,大黑也埋怨,庄上人也都传为笑谈,小二黑也跟着这事受了许多奚落。那时候小二黑十三岁,已经懂得好歹了,可是大人们仍把他当成小孩来玩弄,好跟二诸葛开玩笑的,一到了家,常好对着二诸葛问小二黑道:"二黑!算算今天宜不宜栽种?"和小二黑年纪相仿的孩子们,一跟小二黑生了气,就连声喊道:"不宜栽种不宜栽种……"小二黑因为这事,好几个月见了人躲着走,从此就和他娘商量成一气,再不信他爹的鬼八卦。

小二黑跟小芹相好已经二三年了。那时候他才十六七,原不过在冬天夜长时候,跟着些闲人到三仙姑那里凑热闹,后来跟小芹混熟了,好像是一天不见面也不能行。后庄上也有人愿意给小二黑跟小芹做媒人,二诸葛不愿意,不愿意的理由有三:第一小二黑是金命,小芹是火命,恐怕火克金;第二小芹生在十月,是个犯月;第三是三仙姑的声名不好。恰巧在这时候彰德府来了一伙难民,其中有个老李带来个八九岁的小姑娘,因为没有吃的,愿意把姑娘送给人家逃个活命。二诸葛说是个便宜,先问了一下生辰八字,掐算了半天说:"千里姻缘使线牵。"就替小二黑收作童养媳。

虽然二诸葛说是千合适万合适,小二黑却不认账。父子俩吵了几天,二诸葛非养不行,小二黑说:"你愿意养你就养着,反正我不要!"结果虽然把小姑娘留下了,却到底没有说清楚算什么关系。

六　斗争会

　　金旺自从碰了小芹的钉子以后,每日怀恨,总想设法报一报仇。有一次武委会训练村干部,恰巧小二黑发疟疾没有去。训练完毕之后,金旺就向兴旺说:"小二黑是装病,其实是被小芹勾引住了,可以斗争他一顿。"兴旺就是武委会主任,从前也碰过小芹一回钉子,自然十分赞成金旺的意见,并且又叫金旺回去和自己的老婆说一下,发动妇救会也斗争小芹一番。金旺老婆现任妇救会主席,因为金旺好到小芹那里去,早就恨得小芹了不得。现在金旺回去跟她说要斗争小芹,这才是巴不得的机会,丢下活计,马上就去布置。第二天,村里开了两个斗争会,一个是武委会斗争小二黑,一个是妇救会斗争小芹。

　　小二黑自己没有错,当然不承认,嘴硬到底,兴旺就下命令把他捆起来送交政权机关处理。幸而村长脑筋清楚,劝兴旺说:"小二黑发疟是真的,不是装病,至于跟别人恋爱,不是犯法的事,不能捆人家。"兴旺说:"他已是有了女人的。"村长说:"村里谁不知道小二黑不承认他的童养媳。人家不承认是对的;男不过十六,女不过十五,不到订婚年龄。十来岁小姑娘,长大也不会来认这笔账。小二黑满有资格跟别人恋爱,谁也不能干涉。"兴旺没话说了,小二黑反要问他:"无故捆人犯法不犯?"经村长双方劝解,才算放了完事。

　　兴旺还没有离开村公所,小芹拉着妇救会主席也来找村长,她一进门就说:"村长!捉贼要赃,捉奸要双,当了妇救会主席就不说理了?"兴旺见拉着金旺的老婆,生怕说出这事与自己有关,赶紧溜走。后来村长问了问情由,费了好大一会唇舌,才给他们调解开。

七　三仙姑许亲

　　两个斗争会开过以后,事情包也包不住了,小二黑也知道这事是合理合法的了,索性就跟小芹公开商量起来。

　　三仙姑却着了急,她跟小芹虽是母女,近几年来却不对劲。三仙姑爱的是青年们,青年们爱的是小芹。小二黑这个孩子,在三仙姑看来好像鲜果,可惜多一个小芹,就没了自己的份儿,她本想早给小芹找个婆家推出门去,可是因为自己声名不正,差不多都不愿意跟她结亲。开罢斗争会以后,风言风语都说小二黑要跟小芹自由结婚,她想要真是那样的话,以后想跟小二黑说句笑话都不能了,那是多么可惜的事,因此托东家求西家要给小芹找婆家。

　　"插起招军旗,就有吃粮人。"有个吴先生是在阎锡山部下当过旅长的退职军官,家里很富,才死了老婆。他在奶奶庙大会上见过小芹一面,愿意续她,媒人向三仙姑一说,三仙姑当然愿意。不几天过了礼帖,就算定了,三仙姑以为了却一宗心事。

　　小芹已经和小二黑商量得差不多了,如何肯听她娘的话?过礼那一天,小芹跟她娘闹起来,把吴先生送来的首饰绸缎扔下一地。媒人走后,小芹跟她娘说:"我不管!谁收了人家的东西谁跟人家去!"

　　三仙姑愁住了,睡了半天,晚饭以后,说是神上了身,打了两个呵欠就唱起来。她起先责备于福管不了家,后来说小芹跟吴先生是前世姻缘,还唱些什么:"前世姻缘由天定,不顺天意活不成……"于福跪在地下哀求,神非教他马上打小芹一顿不可。小芹听了这话,知道跟这个装神弄鬼的娘说不出什么道理来,干脆躲了出去,让她娘一个人胡说。

　　小芹一个人悄悄跑到前庄上去找小二黑,恰在路上碰上小二黑去找她,两个就悄悄拉着手到一个大窑里去商量对付三仙姑的法子。

八　拿双

　　小芹把她娘怎样主婚怎样装神，唱些什么，从头至尾细细向小二黑说了一遍，小二黑说："不用理她！我打听过区上的同志，人家说只要男女本人愿意，就能到区上登记，别人谁也做不了主……"说到这里，听见外边有脚步声，小二黑伸出头来一看，黑影里站着四五个人，有一个说："拿双拿双！"他两人都听出是金旺的声音，小二黑起了火，大叫道："拿？没有犯了法！"兴旺也来了，下命令道："捉住捉住！我就看你犯法不犯法，给你操了好几天心了！"小二黑说："你说去哪里咱就去哪里，到边区政府你也不能把谁怎么样！走！"兴旺说："走？便宜了你！把他捆起来！"小二黑挣扎了一会，无奈没有他们人多，终于被他们七手八脚打了一顿捆起来了。兴旺说："里边还有个女的，也捆起来！捉奸要双，这是她自己说的！"说着就把小芹也捆起来了。

　　前庄上的人都还没有睡，听见有人吵架，有些人就跑出来看，麻秆火把下看见捆着的两个人，大家不问就都知道了八九分。二诸葛也出来了，见小二黑被人家捆起来，就跪在兴旺面前哀求道："兴旺！咱两家没有什么仇！看在我老汉面上，请你们诸位高高手……"兴旺说："这事情，我们管不了，送给上级再说吧！"小二黑说："爹！你不用管！送到哪里也不犯法！我不怕他！"兴旺说："好小子！要硬你就硬到底！"又逼住三个民兵说："带他们走！"一个民兵问："带到村公所？"兴旺说："还到村公所干什么？上一回不是村长放了的？送给区武委会主任按军法处理！"说着就把他两个人拥上走了。

九　二诸葛的神课

　　邻居们见是兴旺弟兄们捆人，也没有人敢给小二黑讲情，直等到他们走后，才把二诸葛招呼回家。

　　二诸葛连连摇头说："唉！我知道这几天要出事啦：前天早上我上地去，才上到岭上，碰上个骑驴媳妇，穿了一身孝，我就知道坏了。我今年是罗睺星①照运，要谨防带孝的冲了运气，因此哪里也不敢去，谁知躲也躲不过？昨天晚上二黑他娘梦见庙里唱戏。今天早上一个老鸦落在东房上叫了十几声……唉！反正是时运，躲也躲不过。"他啰哩啰嗦念了一大堆，邻居们听了有些厌烦，又给他说了一会儿宽心话，就都散了。

　　有事人哪里睡得着？人散了之后，二诸葛家里除了童养媳之外，三个人谁也没有睡。二诸葛摸了摸脸，取出三个制钱占了一卦，占出之后吓得他面色如土。他说："了不得呀了不得！丑土的父母动出午火的官鬼，火旺于夏，恐怕有些危险了。唉！人家把他选成青年队长，我就说过不叫他当，小杂种硬要充人物头！人家说要按军法处理，要不当队长哪里犯得了军法？"老婆也拍手跺脚道："小爹呀！谁知道你要闯这么大的事啦？"大黑劝道："不怕！事已经出下了，由他去吧！我想这又不是人命事，也犯不了什么大罪。既然他们送到区上了，我先到区上打听打听！你们都睡吧！"说着点了个灯笼就走了。

　　二诸葛打发大黑走后，仍然低头细细研究方才占的那一卦。停了一会，远远听见有个女人哭，越哭越近，不大一会儿就来到窗下，一推门就进来了。二诸葛还没有看清是谁，这女人就一把把他拉住，带哭带闹说："刘修德！还我闺女！你的孩子把我的闺女勾引到哪里了？还我……"二诸葛老婆正气得死去活来，一看见来的是三仙姑，正赶上出气，从炕上跳下来拉住她道："你来了好！省得我去找你！你母女两个好生生把我个孩子勾引坏，你倒有脸来找我！咱

---

① 罗睺（hóu）星：占星的人所说的星名，认为它能支配人间的吉凶祸福。

两人就也到区上说说理!"这两个女人滚成一团,二诸葛一个人拉也拉不开,也再顾不上研究他的卦。三仙姑见二诸葛老婆已经不顾了命,自己先胆怯了几分,不敢恋战,少闹了一会儿挣脱出来就走了。二诸葛老婆追出门来,被二诸葛拦回去,还骂个不休。

十 恩典恩典

　　二诸葛一夜没有睡,一遍一遍念:"大黑怎么还不回来,大黑怎么还不回来。"第二天天不明就起程往区上走,走到半路,远远看见大黑、三个民兵已都回来了,还来了区上一个助理员,一个交通员。他远远就喊叫道:"大黑!怎么样?要紧不要紧?"大黑说:"没有事!不怕!"说着就走到跟前,助理员跟三个民兵先走了。大黑告诉交通员说:"这就是我爹!"又向二诸葛说:"区上添传你跟于福老婆。你去吧,没有事!二黑跟小芹两个人,一到区上就放了。区上早就听说兴旺和金旺两个人不是东西,已经把他两个人押起来了,还派助理员到咱村开大会调查他们横行霸道的证据。我赶到那里人家就问罢了,听说区上还许咱二黑跟小芹结婚。"二诸葛说:"不犯罪就好,结婚可不行,命相不对!你没有听说添传我做什么?"大黑说:"不知道,大约也没有什么大事。你去吧,我先回去告我娘说。"交通员说:"老汉!这就算见了你了!你去吧,我再传那一个去!"说了就跟大黑相跟着走了。

　　二诸葛到了区上,看见小二黑跟小芹坐在一条板凳上,他就指着小二黑骂道:"闯祸东西!放了你你还不快回去?你把老子吓死了!不要脸!"区长道:"干什么?区公所是骂人的地方?"二诸葛不说话了。区长问:"你就是刘修德?"二诸葛答:"是!"问:"你给刘二黑收了个童养媳?"答:"是!"问:"今年几岁了?"答:"属猴的,十二岁了。"区长说:"女不过十五不能订婚,把人家退回娘家去,刘二黑已经跟于小芹订婚了!"二诸葛说:"她只有个爹,也不知逃难逃到哪里去了,退也没处退。女不过十五不能订婚,那不过是官家规定,其实乡间七八岁订婚的多着哩。请区长恩典恩典就过了……"区长说:"凡是不合法的订婚,只要有一方不愿意都得退!"二诸葛说:"我这是两家情愿!"区长问小二黑道:"刘二黑!你愿意不愿意?"小二黑说:"不愿意!"二诸葛的脾气又上来了,瞪了小二黑一眼道:"由你啦?"区长道:"给他订婚不由他,难道由你啦?老汉!如今是婚姻自主,由不得你了!你家养的那个小姑娘,要真是没有娘家,就算成你的闺女好了。"二诸葛道:"那也可以,不过还得请区长恩典恩典,不能叫他跟于福这闺女订婚!"区长说:"这你就管不着了!"二诸葛发急道:"千万请区长恩典恩典,命相不对,这是一辈子的事!"又向小二黑道:"二黑,你不要糊涂了!这是你一辈子的事!"区长道:"老汉!你不要糊涂了;强逼着你十九岁的孩子娶上个十二岁的小姑娘,恐怕要生一辈子气!我不过是劝一劝你,其实只要人家两个人愿意,你愿意不愿意都不相干。回去吧!童养媳没处退就算成你的闺女!"二诸葛还要请区长"恩典恩典",一个交通员把他推出来了。

十一 看看仙姑

　　三仙姑去寻二诸葛,一来为的是逗逗闹气的本领,二来为的是遮遮外人的耳目,其实小芹吃一吃亏她很高兴,所以跟二诸葛老婆闹了一阵之后,回去就睡了。第二天早上,她起得很迟,于福虽比她着急,可是自己既没有主意,又不敢叫醒她,只好自己先去做饭,饭快成的时候,三仙姑慢慢起来梳妆,于福问她道:"不去打听打听小芹?"她说:"打听她做甚啦?她的本领多大啦?"于福也再没有敢说什么,把饭莱做成了放在炉边等,直等到她梳妆罢了才开饭。

　　饭还没有吃罢,区上的交通员来传她。她好像很得意,嗓子拉得长长地说:"闺女大了咱管不了,就去请区长替咱管教管教!"她吃完了饭,换上新衣服、新手帕、绣花鞋、镶边裤,又擦了一次粉,加了几件首饰,然后叫于福给她备上驴,她骑上,于福给她赶上,往区上去。

到了区上。交通员把她引到区长房子里,她爬下就磕头,连声叫道:"区长老爷,你可要给我做主!"区长正伏在桌上写字,见她低着头跪在地下,头上戴了满头银首饰,还以为是前两天跟婆婆生了气的那个年轻媳妇,便说道:"你婆婆不是有保人吗?为什么不找保人?"三仙姑莫名其妙,抬头看了看区长的脸。区长见是个擦着粉的老太婆,才知道是认错了人。交通员道:"认错人了!这就是于小芹的娘!"区长又打量了她一眼道:"你就是小芹的娘呀?起来!不要装神做鬼!我什么都清楚!起来!"三仙姑站起来了。区长问:"你今年多大岁数?"三仙姑说:"四十五。"区长说:"你自己看看你打扮得像个人不像?"门边站着老乡一个十来岁的小闺女嘻嘻嘻笑了。交通员说:"到外边耍!"小闺女跑了。区长问:"你会下神是不是?"三仙姑不敢答话。区长问:"你给你闺女找了个婆家?"三仙姑答:"找下了!"问:"使了多少钱?"答:"三千五!"问:"还有些什么?"答:"有些首饰布匹!"问:"跟你闺女商量过没有?"答:"没有!"问:"你闺女愿意不愿意?"答:"不知道!"区长道:"我给你叫来你亲自问问她!"又向交通员道:"去叫于小芹!"

刚才跑出去那个小闺女,跑到外边一宣传,说有个打官司的老婆,四十五了,擦着粉,穿着花鞋。邻近的女人们都跑来看,挤了半院,唧唧哝哝说:"看看!四十五了!""看那裤腿!""看那鞋!"三仙姑半辈没有脸红过,偏这会儿撑不住气了,一道道热汗在脸上流。交通员领着小芹来了,故意说:"看什么?人家也是个人吧,没有见过?闪开路!"一伙女人们哈哈大笑。

把小芹叫来,区长说:"你问问你闺女愿意不愿意!"三仙姑只听见院里人说"四十五","穿花鞋",羞得只顾擦汗,再也开不得口。院里的人们忽然又转了话头,都说"那是人家的闺女","闺女不如娘会打扮",也有人说"听说还会下神",偏又有个知道底细的断断续续讲"米烂了"的故事,这时三仙姑恨不得一头碰死。

区长说:"你不问我替你问!于小芹,你娘给你找的婆家你愿意跟人家结婚不愿意?"小芹说:"不愿意!我知道人家是谁?"区长向三仙姑道:"你听见了吧?"又给她讲了一会儿婚姻自主的法令,说小芹跟小二黑订婚完全合法,还吩咐她把吴家送来的钱和东西原封退了,让小芹跟小二黑结婚。她羞愧之下,一一答应了下来。

十二　怎么到底

三个民兵回到刘家峧,一说区上把兴旺金旺两人押起来,又派助理员来调查他们的罪恶,真是人人拍手称快。午饭后,庙里开一个群众大会,村长报告了开会宗旨,就请大家举他两个人的作恶事实。起先大家还怕扳不倒人家,人家再返回来报仇,老大一会儿没有人说话,有几个胆子太小的人,还悄悄劝大家说:"忍事者安然。"有个被他两人作践垮了的年轻人说:"我从前没有忍?越忍越不得安然!你们不说我说!"他先从金旺领着土匪到他家绑票说起,一连说了四五款,才说道:"我歇歇再说,先让别人也说几款!"他一说开了头,许多受过害的人也都抢着说起来:有给他们花过钱的,有被他们逼着上过吊的,也有产业被他们霸了的,老婆被他们奸淫过的。他两人还派上民兵给他们自己割柴,拨上民夫给他们自己锄地;浮收粮,私派款,强迫民兵捆人……你一宗他一宗,从晌午说到太阳落,一共说了五六十款。

区上根据这些罪状把他两人送到县里,县里把罪状一一证实之后,除叫他们赔偿大家损失外,又判了十五年徒刑。

经过这次大会之后,村里人也都敢出头了。不久,村干部又都经过大改选,村里人再也不敢乱投坏人的票了。这其间,金旺老婆自然也落了选。不过她还变了口吻,说:"以后我也要进步了。"

两个神仙也有了变化:

三仙姑那天在区上被一伙妇女围住看了半天,实在觉着不好意思,回去对着镜子研究了一下,真有点打扮得不像话;又想到自己的女儿快要跟人结婚,自己还卖什么老俏?这才下了个决心,把自己的打扮从顶到底换了一遍,弄得像个当长辈人的样子,把三十年来装神弄鬼的那张香案也悄悄拆去。

二诸葛那天从区上回去,又向老婆提起二黑跟小芹的命相不对,他老婆道:"把你的鬼八卦收起吧!你不是说二黑这回了不得吗?你一辈子放个屁也要卜一课,究竟抵了些什么事?我看小芹满不错,能跟咱二黑过就很好!什么命相对不对?你就不记得'不宜栽种'?"二诸葛见老婆都不信自己的阴阳,也就不好意思再到别人跟前卖弄他那一套了。

小芹和小二黑各回各家,见老人们的脾气都有些改变,托邻居们趁势说和说和,两位神仙也就顺水推舟同意他们结婚。后来两家都准备了一下,就过门。过门之后,小两口都十分得意,邻居们都说是村里第一对好夫妻。

夫妻们在自己卧房里有时候免不了说玩话:小二黑好学三仙姑下神时候唱"前世姻缘由天定",小芹好学二诸葛说"区长恩典,命相不对"。淘气的孩子们去听窗,学会了这两句话,就给两位神仙加了新外号:三仙姑叫"前世姻缘",二诸葛叫"命相不对"。

一九四三年五月写于太行

【文本对话】

一、仔细阅读全文,回答下列问题。
1. 小说表达了一个什么样的主题?
2. 文章开篇为什么交代二诸葛"不宜栽种"和三仙姑"米烂了"两个忌讳的由来?
3. 小说塑造了三组各具特色的人物,他们分别是谁?
4. 本文与其他小说有些不同,请说说本文的艺术特色。
5. 作品是通过什么方法来塑造人物形象的?你觉得作品中语言有怎样的特点?

二、这篇小说作者结合了中国传统的说唱艺术和古典小说创作的特点,在民族化、群众化方面取得了突出的成就。请说说本文的创作特点是什么?

【实践活动】

本文口语色彩比较浓,适合朗读和表演,课后通过分角色朗读或者小品表演的形式进一步体会小说的人物特点和语言特色。

【知识链接】

赵树理(1906—1970),原名赵树礼,山西沁水人。1925年考入山西长治第四师范学校,受"五四"新文学影响,写过一些诗歌和小说。1933年至1936年,写了中篇小说《铁牛的复职》、散文《金子》、章回体长篇小说《蟠龙峪》等作品。1937年"七七"事变后,参加了抗战工作,同年加入中国共产党,在农村做宣传和民政工作,担任过区长。1939年在《黄河日报》等报刊担任过编辑、校对。1943年5月,创作了优秀短篇小说《小二黑结婚》。随后,他参加了太行农民的减租减息运动和反奸反霸斗争,并以此为题材写了中篇小说《李有才板话》(1943)、短篇小说《孟祥英翻身》(1945)、长篇小说《李家庄的变迁》(1946)等。这些作品深刻反映了当时农民对地主豪绅的斗争,歌颂了解放区的新人新事新思想,同时又具有农民喜爱的民族风格,奠定了他在现代文学史上的重要地位。

1949年,赵树理到北京参加戏剧改革,主持大众文艺研究会工作,任《说说唱唱》主编,兼任《工人日报》记者,陆续发表了短篇小说《田寡妇看瓜》《登记》等。1951年,回太行山区参加农业合作化运动。1955年发表反映农业合作化问题的长篇小说《三里湾》,受到读者的普遍好评。以后几年,又写了《锻炼锻炼》《套不住的手》等短篇小说,反映了社会主义建设时期人民内部的矛盾斗争。其间曾任中国文联委员、作协理事和曲艺协会主席等职。

"山药蛋派":中国现代小说流派之一,形成于20世纪50年代至60年代中期,指以赵树理为代表的一个当代的文学流派。"山药蛋派"继承和发展了我国古典小说和说唱文学的传统,以叙述故事为主,人物情景的描写融化在故事叙述之中,结构顺当,层次分明。人物性格主要通过语言和行动来展示,善于选择和运用内涵丰富的细节描写,语言朴素、凝练,作品通俗易懂,具有浓厚的民族风格和地方色彩。主要作家还有马烽、西戎、李束为、孙谦、胡正等,人称"西李马胡孙",他们都是山西农村土生土长的作家,有比较深厚的农村生活基础。

四、春之声①

王蒙

【阅读提示】

这是一篇有别于传统的情节结构模式,采用心理结构方式创作的小说。《春之声》没有贯穿全篇的故事情节,主要借助人物在特定环境下的心境、联想和下意识的活动,创造出某种典型意境,反映出社会生活和人的心灵奥秘,向人们传递着春天的信息。

  咣地一声,黑夜就到来了。一个昏黄的、方方的大月亮出现在对面墙上。岳之峰的心紧缩了一下,又舒张开了。车身在轻轻地颤抖。人们在轻轻地摇摆。多么甜蜜的童年的摇篮啊!夏天的时候,把衣服放在大柳树下,脱光了屁股的小伙伴们一跃跳进故乡的清凉的小河里,一个猛子扎出十几米,谁知道谁在哪里露出头来呢?谁知道被他慌乱中吞下的一口水里,包含着多少条蛤蟆蝌蚪呢?闭上眼睛,熟睡在闪耀着阳光和树影的涟漪②之上,不也是这样轻轻地、轻轻地摇晃着的吗?失去了的和没有失去的童年和故乡,责备我么?欢迎我么?母亲的坟墓和正在走向坟墓的父亲!

  方方的月亮在移动,消失,又重新诞生。唯一的小方窗里透进了光束,是落日的余辉还是站台的灯?为什么连另外三个方窗也遮严了呢?黑咕隆冬,好象紧接着下午便是深夜。门咣地一关,就和外界隔开了。那愈来愈响的声音是下起了冰雹吗?是铁锤砸在铁砧上?在黄土高原的乡下,到处还靠人打铁,我们祖国的胳膊有多么发达的肌肉!呵,当然,那只是车轮撞击铁轨的噪音,来自这一节铁轨与那一节铁轨之间的缝隙。目前不是正在流行一支柔柔的歌曲吗,叫做什么来着——《泉水叮咚响》。如果火车也叮咚叮咚地响起来呢?广州人可真会生活,不像这西北高原上,人的脸上和房屋的窗玻璃上到处都蒙着一层厚厚的黄土。广州人的凉棚下面,垂挂着许许多多三角形的瓷板,它们伴随着清风,发出叮叮咚咚的清音,愉悦着心灵。美国的抽象派音乐却叫人发狂。真不知道基辛格听我们的杨子荣咏叹调时什么样的感受。京剧锣鼓里有噪音,所有的噪音都是令人不快的吗?反正火车开动以后的铁轮声给人以鼓舞和希望。下一站,或者下一站的下一站,或者许多许多的下一站以后的下一站,你所寻找的生活就在那里,母亲或者孩子,友人或者妻子,温热的澡盆或者丰盛的饮食正在那里等待着你。都是回家过年的。过春节,我们的古老的民族的最美好的节日,谢天谢地,现在全国人民都可以快快乐乐地过年了。再不会用"革命化"的名义取消春节了。

  还真有趣。在出国考察三个月回来之后,在北京的高级宾馆里住了一阵——总结啦,汇报啦,接见啦,报告啦……之后,岳之峰接到了八十多岁的刚刚摘掉地主帽子的父亲的信。他决定回一趟阔别二十多年的家乡。这是不是个错误呢?他怎么也没想到要坐两个小时零四十七分钟的闷罐子车呀。三个小时以前,他还坐在从北京开往 X 城的三叉戟客机的宽敞、舒适的座位上。两个月以前,他还坐在驶向汉堡的易北河客轮上。现在呢,他和那些风尘仆仆的、在黑暗中看不清面容的旅客们挤在一起,就像沙丁鱼挤在罐头盒子里。甚至于他辨别不出火车

---

① 选自《人民文学》1980 年 5 月号。
② 涟漪(lián yī):形容被风吹起的水面波纹。

到底是在向哪个方向行走。眼前只有那月亮似的光斑在飞速移动,火车的行驶究竟是和光斑方向相同抑或相反呢？他这个工程物理学家竟为这个连小学生都答得上来的、根本算不上是几何光学的问题伤了半天脑筋。

他已经有二十多年没有回过家乡了。谁让他错投了胎？地主,地主！一九五六年他回过一次家,一次就够用了——回家呆了四天,却检讨了二十二年！而伟人的一句话,也够人们学习贯彻一百年。使他惶惑的是,难道人生一世就是为了作检讨？难道他生在中华,就是为了做一辈子检讨的么？好在这一切都过去了。斯图加特的奔驰汽车工厂的装配线在不停地转动,车间洁净敞亮,没有多少噪音。西门子公司规模巨大,具有一百三十年的历史。我们才刚刚起步。赶上,赶上！不管有多么艰难。哼,哼,哼,快点开,快点开,快开,快开,快,快,快,车轮的声音从低沉的三拍一小节变成两拍一小节,最后变成高亢的呼号了。闷罐子车也罢,正在快开。何况天上还有三叉戟？

尘土和纸烟的雾气中出现了旱烟叶发出的辣味,像是在给气管和肺作针灸。梅花针大概扎在肺叶上了。汗味就柔和得多了。方言的浓度在旱烟与汗味之间,既刺激,又亲切。还有南瓜的香味哩！谁在吃南瓜？X城火车站前的广场上,没有见卖熟南瓜的呀。别的小吃和土特产倒是都有。花生、核桃、葵花籽、柿饼、醉枣、绿豆糕、山药、蕨麻……全有卖的。就像变戏法,举起一块红布,向左指上两指,这些东西就全没了,连火柴、电池、肥皂都跟着短缺。现在呢,一下子又都变了出来,也许伸手再抓两抓,还能抓出更多的财富。柿饼和枣朴质无华,却叫人甜到心里。岳之峰咬了一口上火车前买的柿饼,细细地咀嚼着儿时的甜香。辣味总是一下子就能尝到,甜味却埋得很深很深。要有耐心,要有善意,要有经验,要知觉灵敏。透过辛辣的烟草和热烘烘的汗味儿,岳之峰闻到了乡亲们携带的绿豆香。绿豆苗是可爱的,灰兔子也是可爱的,但是灰色的野兔常常要毁坏绿豆。为了追赶野兔,他和小柱子一口气跑了三里,跑得连树木带田垄都摇来摆去。在中秋的月夜,他亲眼见过一只银灰色的狐狸,走路悄无声息,像仙人,像梦。

车声小了,车声息了。人声大了,人声沸了。呪——咪,铁门打开了,女列车员——一个高个子,大骨架的姑娘正在洒利地用家乡方言指挥下车和上车的乘客。"没有地方了,没有地方了、到别的车厢去吧,"已经在车上获得了自己的位置的人发出了这种无效的、也是自私的呼吁。上车的乘客正在拥上来,熙熙攘攘①。到哪里都是熙熙攘攘。与我们的王府井相比,汉堡的街道上简直可以说是看不见人,而且市区的人口还在减少。岳之峰从飞机场来到X城火车站的时候吓了一跳——黑压压的人头,压迫得白雪不白,冬青也不绿了。难道是出了什么事情？一九四六年学生运动,人们集合在车站广场,准备拦车去南京请愿,也没有这么多人！岳之峰上大学的时候在北平,有一次他去逛故宫博物院,刚刚下午四点就看不见人影了,阴森森的大殿使他的后脊背冒凉气。他小跑着离开了故宫,上了拥挤的有轨电车才放心了一点。如果跑慢了,说不定珍妃会从井里钻出来把他拉下去哩！

但是现在,故宫南门和北门前买入场券的人排着长队。而且不是星期天。X城火车站前的人群令人晕眩。好像全中国有一半人要在春节前夕坐火车。到处都是团聚,相会,团圆饺子,团圆元宵,对于旧谊,对于别情,对于天伦之乐,对于故乡和童年的追寻。卖刚出屉的肉馅包子的,盖包子的白色棉褥子上净是油污。卖烧饼、锅盔、油条、大饼的。卖整盒整盒的点心的。卖面包和饼干的。X车站和X城饮食服务公司倾全力到车站前露天售货。为了买两个

---

① 熙熙攘攘(xī xī rǎng rǎng):形容人来人往,非常热闹。

烧饼也要挤出一身汗。岳之峰出了多少汗啊！他混饱了（环境和物质条件的急骤改变已使他分辨不出饥和饱了）肚子，又买到了去家乡的短途客车的票。找给钱的时候使他一怔，写的是一块二，怎么只收了六角呢？莫非是自己没有报清站名？他想再问一问，但是排在他后面的人已经占据了售票窗口前的有利阵地，他挤不回去了。

他快快地看着手中的火车票。火车票上黑体铅字印的是1.20元，但是又用双虚线勾上了两个占满票面的大字：陆角。这使他百思不得其解，简直像是一种生物学上的密码。"这是怎么回事？为什么我买一块二角的票她却给了我六角钱的？"他自言自语。他问别人。没有人回答他。等待上车的人大多是一些忙碌得可以原谅的利己主义者。

各种信息在他的头脑里撞击。黑压压的人群。遮盖热气腾腾的肉包子的油污的棉被。候车室里张贴着的大字通告：关于春节期间增添新车次的情况。临时增添的新车次的时刻表。男女厕所门前排着等待小便的人的长队。陆角的双钩虚线。大包袱和小包袱，大篮筐和小篮筐，大提兜和小提兜……他得出了这最后一段行程会是艰难的结论，他有了思想准备。终于他从旅客们的闲谈中听到了"闷罐子车"这个词儿，他恍然了。人脑毕竟比电脑聪明得多。

上到列车上的时候，他有点垂头丧气。在二十世纪八十年代的第一个春节即将来临之时，正在梦寐以求地渴望实现四个现代化的人们，却还要坐瓦特和史蒂文森时代的闷罐子车！事实如此。事实就像宇宙，就像地球，华山和黄河，水和土，氢和氧，钛和铀。既不像想象那样温柔，也不像想象那么冷酷。不是么，闷罐子车里坐满了人，而且还在一个两个、十个二十个地往人与人的缝隙，分子与分子，原子与原子的空隙之中嵌进。奇迹般地难以思议，已经坐满了人的车厢里又增加了那么多人。没有人叫苦。

有人叫苦了："这个箱子不能压。"一个包着头巾、抱着孩子的妇女试探着能不能坐到一只箱子上。"您到这边来，您到这边来。"岳之峰连忙站起身，把自己的靠边的位置让了出来。坐在靠边的地方，身子就能倚在车壁上，这就是最优越的"雅座"了。那女人有点不好意思。但终于抱着小孩子挪动了过来。她要费好大的力气才能不踩着别人。"谢谢您！"妇女用流利的北京话说。她抬起头。岳之峰好像看到一幅炭笔素描。题目应该叫《微笑》。

叮铃叮铃的铃声响了，铁门又咣地一声关上了，是更深沉的黑夜。车外的暮色也正在浓重起来嘛。大骨架的女列车员点起了一支白蜡，把蜡烛放到了一个方形的玻璃罩子里。为什么不点油灯呢？大概是怕煤油摇洒出来。偌大的车厢，就靠这一盏蜡烛照亮。些微的亮光，照得乘客变成了一个又一个的影子。车身又摇晃了，对面车壁上的方形的光斑又在迅速移动了。离家乡又近一些了。摘了帽子，又见到了儿子，父亲该可以瞑目了吧？不论是他的罪恶或者忏悔，不论是他的眼泪还是感激，也不论是他的狰狞丑恶还是老实善良，这一切都快要随着他的消失而云消雾散了。老一辈人正在一个又一个地走向河的那边。咚咚咚，噔噔噔，嘭嘭嘭，是在过桥了吗？联结着过去和未来，中国和外国，城市和乡村，此岸和彼岸的桥啊！

靠得很近的蜡灯把黑白分明的光辉和阴影印制在女列车员的脸上。女列车员像是一尊全身的神像。"旅客同志们，春节期间，客运拥挤，我们的票车去支援长途……提高警惕……"她说得挺带劲，每吐出一个字就像拧紧了一个螺母。她有一种信心十足、指挥若定的气概，以小小的年纪，靠一支蜡烛的光亮，领导着一车的乌合之众。但是她声音也淹没在轰轰轰，嗡嗡嗡，隆隆隆，不仅是七嘴八舌，而且是七十嘴八十舌的喧嚣里了。

自由市场。百货公司。香港电子石英表。豫剧片《卷席筒》。羊肉泡馍，醪糟[①]蛋花。三

[①] 醪糟（láo zāo）：一种米酒，又叫酒酿，甜酒。

接头皮鞋。三片瓦帽子。包产到组。收购大葱。中医治癌。差额选举。结婚筵席……在这些温暖的闲言碎语之中,岳之峰轮流把体重从左腿转移到右腿,再从右腿转移到左腿。幸好人有两条腿,要不然,无依无靠地站立在人和物的密集之中,可真不好受。立锥之地①,岳之峰现在对于这句成语才有了形象的理解。莫非古代也有这种拥挤的、没有座位和灯光的旅行车辆吗?但他给一个女同志让了"座位"。不,没有座,只有位。想不到她讲一口北京话。这使岳之峰兴致似乎高了一些。"谢谢","对不起",在国外到处是这种礼貌的用语。虽然有一个装着坚硬的铁器的麻袋正在挤压他右腿的小腿肚子。而另一个席地而坐的人的脊背干脆靠到了他的酸麻难忍的左腿上。

　　简直是神奇。不仅在慕尼黑的剧院里观看演出的时候;而且在北京,在研究所、部里和宾馆里,在二十三平方米的住房和一〇三和三三二路公共汽车上;他也想不到人们还要坐闷罐子车。这不是运货和运牲畜的车吗?倒霉!可又有什么倒霉的呢?咒骂是最容易不过的。咒骂闷罐子车比起制造新的美丽舒适的客运列车来,既省力又出风头。无所事事而又怨气冲天的人的口水,正在淹没着忍辱负重、埋头苦干的人的劳动。人们时而用高调,时而又用低调冲击着、替代着那些一件又一件,一天又一天,一年又一年地坚韧不拔的工作。

　　"给这种车坐,可真缺德!"

　　"你凑合着吧。过去,还没有铁路哩!"

　　"运兵都是用闷罐子车,要不,就暴露了。"

　　"要赶上拉肚子的就麻烦了,这种车上没有厕所。"

　　"并没有一个人拉到裤子里么。"

　　"有什么办法呢?每逢春节,有一亿多人要坐火车……"

　　黑暗中听到了这样一些交谈。岳之峰的心平静下来了。是的,这里曾经没有铁路,没有公路,连自行车走的路也没有。阔人骑毛驴,穷人靠两只脚。农民挑着一千五百个鸡蛋,从早晨天不亮出发,越过无数的丘陵和河谷,黄昏时候才能赶到X城。我亲爱的美丽而又贫瘠的土地!你也该富饶起来了吧?过往的记忆,已经象烟一样,雾一样地淡薄了,但总不会被彻底地忘却吧?历史,历史;现实,现实;理想,理想;哞——哞——咣气咣气……喀郎喀郎……沿着莱茵河的高速公路。山坡上的葡萄。暗绿色的河流。飞速旋转。

　　这不就是法兰克福的孩子们吗?男孩子和女孩子,黄眼睛和蓝眼睛,追逐着的,奔跑着的,跳跃着的,欢呼着的。喂食小鸟的,捧着鲜花的,吹响铜号的,扬起旗帜的。那欢乐的生命的声音。那友爱的动人的呐喊。那红的、粉的和白的玫瑰。那紫罗兰和蓝蓝的毋忘我。

　　不。那不是法兰克福。那是西北高原的故乡。一株巨大的白丁香把花开在了屋顶的灰色的瓦瓴②上。如雪,如玉,如飞溅的浪花。摘下一条碧绿的柳叶,卷成一个小筒,仰望着蓝天白云,吹一声尖厉的哨子。惊得两个小小的黄鹂飞起。挎上小篮,跟着大姐姐,去采撷灰灰菜。去掷石块,去追逐野兔,去捡鹌鹑③的斑斓的彩蛋。连每一条小狗,每一只小猫,每一头牛犊和驴驹都在嬉戏。连每一根小草都在跳舞。

　　不,那不是西北高原。那是解放前的北平。华北局城工部(它的部长是刘仁同志)所属的学委组织了平津学生大联欢。营火晚会。"太阳下山明朝依旧爬上来……我的青春小鸟一样

---

① 立锥(zhuī)之地:只有锥尖那么大的地方。比喻地方极小。
② 瓦瓴(líng):房屋上仰盖的瓦,亦称"瓦沟"。
③ 鹌鹑(ān chún):鸟,头小,尾巴短,羽毛赤褐色,不善飞。

不回来","山上的荒地是什么人来开？地上的鲜花是什么人来栽？"一支又一支的歌曲激荡着年轻人的心。最后，大家发出了使国民党特务胆寒的强音："团结就是力量……让一切不民主的制度死亡！"信念和幸福永远不能分离。

不，那不是逝去了的、遥远的北平。那是解放了的、飘扬着五星红旗的首都。那是他青年时代的初恋，是第一次吹动他心扉的和煦的风。春节刚过，忽然，他觉察到了，风已经不那么冰冷，不那么严厉了。二月的风就带来了和暖的希望，带来了早春的消息。他跑到北海，冰还没有化哩。还没有什么游人哩。他摘下帽子，他解开上衣领下的第一个扣子。还是冬天吗？当然，还是冬天。然而是已经联结着春天的冬天，是冬与春的桥。有风为证，风已经不冷！风会愈来愈煦，如醉，如酥……他欢迎着承受着别人仍然觉得凛冽，但是他已经为之雀跃的"春"风，小声叫着他悄悄地爱着的女孩子的名字。

那，那……那究竟是什么呢？是金鱼和田螺吗？是荸荠①和草莓吗？是孵蛋的芦花鸡吗？是山泉，榆钱，返了青的麦苗和成双的燕子吗？他定了定神。那是春天，是生命，是青年时代。在我们的生活里，在我们每个人的心房里，在猎户星座和仙后星座里，在每一颗原子核，每一个质子、中子、介子里，不都包含着春天的力量，春天的声音吗？

他定了定神，揉了揉眼睛。分明是法兰克福的儿童在歌唱，当然，是德语。在欢快的童声合唱旁边，有一个顽强的、低哑的女声伴随着。

他再定了定神，再揉了揉眼睛，分明是在从X城到N地的闷罐子车上。在昏暗和喧嚣当中，他听到了德语的童声合唱和低哑的、不熟练的、相当吃力的女声伴唱。

什么？一台录音机。在这个地方听起了录音。一支歌以后又是一支歌，然后是一支成人的歌。三支歌放完了。是叽啦叽啦的撅动键钮的声音，然后三支歌重新开始。顽强的、低哑的、不熟练的女声也重新开始。这声音盖过了一切喧嚣。

火车悠长的鸣笛。对面车壁上的移动着的方形光斑减慢了速度，加大了亮度。在昏暗中变成了一个个的影子的乘客们逐渐显出了立体化的形状和轮廓。车身一个大晃，又一个大晃，大概是通过了岔道。又到站了。咣——哧，铁门打开了，站台的聚光灯的强光照进了车厢。岳之峰看清楚了，录音机就放在那个抱小孩子的妇女的膝头。开始下人和上人。录音机接受了女主人的指令，"叭"地一声，不唱了。

"这是……什么牌子的？"岳之峰问。

"三洋牌。这里人们开玩笑地叫它做'小山羊'"。妇女抬起头来，大大方方地回答。岳之峰仿佛看到了她的经历过风霜的、却仍然是年轻而又清秀的脸。

"从北京买的么？"岳之峰又问，不知为什么这么有兴趣。本来，他并不是一个饶舌的人。

"不，就从这里。"

这里？不知是指X城还是火车正在驶向的某一个更小的县镇。他盯着"三洋"商标。

"你在学外国歌吗？"岳之峰又问。

妇女不好意思地笑了，"不，我在学外国语。"她的笑容既谦逊，又高贵。

"德语吗？"

"噢，是的。我还没学好。"

---

① 荸荠（bí qí）：多年生草本植物，多栽培在低洼地，地下茎也叫荸荠，扁圆形，皮赤褐色或黑褐色，肉白色，可作蔬菜或水果，可制淀粉。

"这都是些什么歌儿呀?"一个坐在岳之峰脚下的青年问。岳之峰的连续提问吸引了更多的人。

"它们是……《小鸟,你回来了》,《五月的轮转舞》和《第一株烟草花》,"女同志说,"欣梅尔——天空,福格尔——鸟儿,布鲁米——花朵……"她低声自语。

他们的话没有再继续下去。车厢里充满了的照旧是"别挤!""这个箱子不能坐!""别踩着孩子!""这边没有地方了!"……之类的喊叫。

"大家注意啦!"一个穿着民警服装的人上了车,手里拿着半导体扬声喇叭,一边喘着气一边宣布道:"刚才,前一节车厢里上去了两个坏蛋,混水摸鱼,流氓扒窃。有少数坏痞,专门到闷罐子车上偷东西。那两个坏蛋我们已经抓住了。希望各位旅客提高警惕,密切配合,向刑事犯罪分子作坚决的斗争。大家听清楚了没有?"

"听清楚了!"车上的乘客像小学生一样地齐声回答。

乘务警察满意地、匆匆地跳了下去,手提扩音喇叭,大概又到别的车厢做宣传去了。

岳之峰不由得也摸了摸自己携带的两个旅行包,摸了摸上衣的四个和裤子的三个口袋。一切都健在无恙。

车开了。经过了短暂的混乱之后,人们又已经各得其所,各就其位。各人说着各人的闲话,各人打着各人的瞌睡,各人嗑着各人的瓜子,各人抽着各人的烟。"小山羊"又响起来了,仍然是《小鸟,你回来了》,《五月的轮转舞》和《第一株烟草花》。她仍然在学着德语,仍然低声地歌唱着欣梅尔——天空,福格尔——鸟儿和布鲁米——花朵。

她是谁?她年轻吗?抱着的是她的孩子吗?她在哪里工作?她是搞科学技术的吗?是夜大学的新学员吗?是"老三届"的毕业生吗?她为什么学德语学得这样起劲?她在追赶那失去了的时间吗?是"老三届"的毕业生吗?她为什么学德语学得这样起劲?她在追赶那失去了的时间吗?她做到了一分钟也不耽搁了吗?她有机会见到德国朋友或者到德国去或者已经到德国去过了吗?她是北京人还是本地人呢?她常常坐火车吗?有许多个问题想问啊。

"您听音乐吧。"她说。好象是在对他说。是的,三支歌曲以后,她没有揿键钮。在《第一株烟草花》后面,是约翰·斯特劳斯的《春之声圆舞曲》。闷罐子车正随着这春天的旋律而轻轻地摇摆着,熏熏地陶醉着,袅袅地前行着。

车到了岳之峰的家乡。小站,停车一分钟。响过了到站的铃,又立刻响起了发车的铃。岳之峰提着两个旅行包下了车。小站没有站台,闷罐子车又没有阶梯。每节车厢放着一个普通木梯,临时支上。岳之峰从这个简陋的木梯上终于下得地来,他长出了一口气。他向那位女同志道了再见。那位女同志也回答了他的再见。他有点依依不舍。他刚下车,还没等着验票出站,列车就开动了。他看到了闷罐子车的破烂寒伧的外表:有的地方已经掉了漆,灯光下显得白一块、花一块的。但是,下车以后他才注意到,火车头是蛮好的,火车头是崭新的、清洁的、轻便的内燃机车。内燃机车绿而显蓝,瓦特时代毕竟没有内燃机车。内燃机车拖着一长列闷罐子车向前奔驶。天上升起了月亮。车站四周是薄薄的一层白雪。天与雪都泛着连成一片的青光。可以看到远处墓地上的黑黑的、永远长不大的松树。有一点风。他走在了坑坑洼洼的故乡土地上。他转过头,想再多看一眼那一节装有小鸟、五月、烟草花和约翰·斯特劳斯的神妙的春之声的临时代用的闷罐子车。他好像从来还没有听过这么动人的歌。他觉得如今每个角落的生活都在出现转机,都是有趣的,有希望的和永远不应该忘怀的。春天的旋律,生活的密码,这是非常珍贵的。

【文本对话】
　　一、仔细研读课文,思考下面问题。
　　1. 作者写到闷罐子车里的三洋牌录音机有何作用?
　　2. 小说的结尾处,作者用象征的手法描写了破烂的闷罐子车和崭新的火车头,在这里有什么意义呢?
　　3. 火车上的歌曲《春之声》是一个巧合还是必然,那么在这里又有什么含义呢?
　　二、选取不同的段落,分析连接主人公跳跃性思维的线索,分析本文"意识流"的写作手法。

【实践活动】
　　"只要你勇敢地去面对,人生路上时时都有春天!"请你结合自己的实际经历谈谈对这句话的理解和看法。

【知识链接】
　　王蒙,当代著名作家、文化活动家。1953年,19岁的王蒙写出了他的处女作长篇小说《青春万岁》。1956年发表短篇小说《组织部新来的年轻人》,这篇小说成为20世纪50年代中国文坛的一朵奇葩。此外,王蒙还创作了大量的作品,王蒙从事写作50多年,出版了8部长篇小说。半个世纪以来,他为当代文坛奉献了700多万字的作品,其中的《夜的眼》《海的梦》《春之声》《风筝飘带》和《布礼》等,被文坛称为王蒙的"集束手榴弹"。
　　王蒙被称为"最新文艺思潮的代表作家"。而小说《春之声》是王蒙借鉴"意识流"创作手法的代表作,更是被誉为新时期中国意识流小说的开山之作。这种意识流小说给新时期的小说创作带来了深远的影响,冲破了传统小说观念,为小说创作在艺术上开辟了一条新的途径。
　　意识流:是心理学家们使用的一个短语,是把思想比作一股流水的概念和"意识汇流"的观念。它把人类心理活动中像流水一样活动着的意识的客观状态,比喻为一个生动的形象。人类的思维活动并不是由一个一个分离的、孤立的部分组成,而是一条连续不断的、包含各种复杂的感觉和思想流。
　　意识流小说:就是以人物的意识活动为结构中心,围绕人物表面看来似乎是随机产生,且逻辑松散的意识中心,将人物的观察、回忆、联想的全部场景与人物的感觉、思想、情绪、愿望等,交织叠合在一起加以展示,以"原样"准确地描摹人物的意识流动过程。意识流小说使用最多的技法是直接内心独白、间接内心独白、无所不知的描写和戏剧性独白。

五、哦，香雪[①]

铁 凝

【阅读提示】

　　《哦，香雪》写的是一列火车经过小山村台儿沟时，带给以香雪为代表的一群山村少女的种种冲击，以此折射出受现代文明冲击的农村蹒跚前进的身影。小说借台儿沟的一角，写出了改革开放后中国农村从历史的阴影下走出，摆脱封闭、愚昧和落后，走向开放、文明与进步喜悦之情，构思巧妙，表述独特，语言精美。在小说中，作家以女性特有的细腻、敏感突现了作品的抒情风格。

　　如果不是有人发明了火车，如果不是有人把铁轨铺进深山，你怎么也不会发现台儿沟这个小村。它和它的十几户乡亲，一心一意掩藏在大山那深深的皱褶[②]里，从春到夏，从秋到冬，默默地接受着大山任意给予的温存和粗暴。

　　然而，两根纤细、闪亮的铁轨延伸过来了。它勇敢地盘旋在山腰，又悄悄地试探着前进，弯弯曲曲，曲曲弯弯，终于绕到台儿沟脚下，然后钻进幽暗的隧道，冲向又一道山梁，朝着神秘的远方奔去。

　　不久，这条线正式营运，人们挤在村口，看见那绿色的长龙一路呼啸，挟带着来自山外的陌生、新鲜的清风，擦着台儿沟贫弱的脊背匆匆而过。它走得那样急忙，连车轮碾轧钢轨时发出的声音好像都在说：不停不停，不停不停！是啊，它有什么理由在台儿沟站脚呢，台儿沟有人要出远门吗？山外有人来台儿沟探亲访友吗？还是这里有石油储存，有金矿埋藏？台儿沟，无论从哪方面讲，都不具备挽留火车在它身边留步的力量。

　　可是，记不清从什么时候起，列车时刻表上，还是多了"台儿沟"这一站。也许乘车的旅客提出过要求，他们中有哪位说话算数的人和台儿沟沾亲；也许是那个快乐的男乘务员发现台儿沟有一群十七八岁的漂亮姑娘，每逢列车疾驰而过，她们就成帮搭伙地站在村口，翘起下巴，贪婪、专注地仰望着火车，有人朝车厢指点，不时能听见她们由于互相捶打而发出的一两声娇嗔[③]的尖叫。也许什么都不为，就因为台儿沟太小了，小得叫人心疼，就是钢筋铁骨的巨龙在它面前也不能昂首阔步，也不能不停下来。总之，台儿沟上了列车时刻表，每晚七点钟，由首都方向开往山西的这列火车在这里停留一分钟。

　　这短暂的一分钟，搅乱了台儿沟以往的宁静。从前，台儿沟人历来是吃过晚饭就钻被窝，他们仿佛是在同一时刻听到了大山无声的命令。于是，台儿沟那一小片石头房子在同一时刻忽然完全静止了，静得那样深沉、真切，好像在默默地向大山诉说着自己的虔诚。如今，台儿沟的姑娘们刚把晚饭端上桌就慌了神，她们心不在焉地胡乱吃几口，扔下碗就开始梳妆打扮。她们洗净蒙受了一天的黄土、风尘，露出粗糙、红润的面色，把头发梳得乌亮，然后就比赛着穿出最好的衣裳。有人换上过年时才穿的新鞋，有人还悄悄往脸上涂点胭脂。尽管火车到站时已

[①] 选自《青年文学》1982年第五期，并获得1982年全国最佳短篇小说奖。
[②] 皱褶(zhě)：皱纹。
[③] 娇嗔(chēn)：(年轻女子)娇媚地嗔怪。

经天黑,她们还是按照自己的心思,刻意①斟酌着服饰和容貌。然后,她们就朝村口,朝火车经过的地方跑去。香雪总是第一个出门,隔壁的凤娇第二个就跑了出来。

七点钟,火车喘息着向台儿沟滑过来,接着一阵空哐乱响,车身震颤一下,才停住不动了。姑娘们心跳着涌上前去,像看电影一样,挨着窗口观望。只有香雪躲在后边,双手紧紧捂着②耳朵。看火车,她跑在最前边,火车来了,她却缩到最后去了。她有点害怕它那巨大的车头,车头那么雄壮地喷吐着白雾,仿佛一口气就能把台儿沟吸进肚里。它那撼天动地③的轰鸣也叫她感到恐惧。在它跟前,她简直像一叶没根的小草。

"香雪,过来呀!看那个妇女头上别的金圈圈,那叫什么?"凤娇拉过香雪,扒着她的肩膀问。

"怎么我看不见?"香雪微微眯着眼睛说。

"就是靠里边那个,那个大圆脸。唉!你看她那块手表比指甲盖还小哩!"凤娇又有了新发现。

香雪不言不语地点着头,她终于看见了妇女头上的金圈圈和她腕上比指甲盖还要小的手表。但她也很快就发现了别的。"皮书包!"她指着行李架上一只普通的棕色人造革学生书包,这是那种在小城市都随处可见的学生书包。

尽管姑娘们对香雪的发现总是不感兴趣,但她们还是围了上来。

"呦,我的妈呀!你踩着我脚啦!"凤娇一声尖叫,埋怨着挤上来的一位姑娘。她老是爱一惊一乍的。

"你咋呼什么呀,是想叫那个小白脸和你搭话了吧?"被埋怨的姑娘也不示弱。

"我撕了你的嘴!"凤娇骂着,眼睛却不由自主地朝第三节车厢的车门望去。

那个白白净净的年轻乘务员真下车来了,他身材高大,头发乌黑,说一口漂亮的北京话。也许因为这点,姑娘们私下里都叫他"北京话"。"北京话"双手抱住胳膊肘,和她们站得不远不近地说:"喂,我说小姑娘们,别扒窗户,危险!"

"呦,我们小,你就老了吗?"大胆的凤娇回敬了一句。

姑娘们一阵大笑,不知谁还把凤娇往前一搡④,弄得她差点撞在他身上。这一来反倒更壮了凤娇的胆:"喂,你们老待在车上不头晕?"她又问。

"房顶子上那个大刀片似的,那是干什么用的?"又一个姑娘问。她指的是车厢里的电扇。

"烧水在哪儿?"

"开到没路的地方怎么办?"

"你们城市里一天吃几顿饭?"香雪也紧跟在姑娘们后边小声问了一句。

"真没治!""北京话"陷在姑娘们的包围圈里,不知所措地嘟囔⑤着。

快开车了,她们才让出一条路,放他走。他一边看表,一边朝车门跑去,跑到门口,又扭头对她们说:"下次吧,下次告诉你们!"他的两条长腿灵巧地向上一跨就上了车,接着一阵叽哩哐啷,绿色的车门就在姑娘们面前沉重地合上了。列车一头扎进黑暗,把她们撇在冰冷的铁轨旁边。很久,她们还能感觉到它那越来越轻的震颤。

---

① 刻意:用尽心思。
② 捂(wǔ):遮盖住或封闭起来。
③ 撼天动地:形容声音响亮或声势浩大。
④ 搡(sǎng):猛推。
⑤ 嘟囔(dū nang):连续不断地自言自语。

一切又恢复了寂静,静得叫人惆怅①。姑娘们走回家去,路上总要为一点小事争论不休:

"那九个金圈圈是绑在一块插到头上的。"

"不是!"

"就是!"

有人在开凤娇的玩笑:"凤娇,你怎么不说话,还想那个……'北京话'哪?"

"去你的,谁说谁就想。"凤娇说着捏了一下香雪的手,意思是叫香雪帮腔。

香雪没说话,慌得脸都红了。她才十七岁,还没学会怎样在这种事上给人家帮腔。

"我看你是又想他又不敢说,他的脸多白呀。"一阵沉默之后,那个姑娘继续逗凤娇。

"白?还不是在那大绿屋里捂的。叫他到咱台儿沟住几天试试。"有人在黑影里说。

"可不,城里人就靠捂。要论白,叫他们和咱香雪比比。咱们香雪,天生一副好皮子,再照火车上那些闺女的样儿,把头发烫成弯弯绕,啧啧!凤娇姐,你说是不是?"

凤娇不接茬儿,松开了香雪的手。好像姑娘们真在贬低她的什么人一样,她心里真有点替他抱不平呢。不知怎么地,她认定他的脸绝不是捂白的,那是天生。

香雪又悄悄把手送到凤娇手心里,她示意凤娇握住她的手,仿佛请求凤娇的宽恕,仿佛是她使凤娇受了委屈。

"凤娇,你哑巴啦?"还是那个姑娘。

"谁哑巴啦!谁像你们,专看人家脸黑脸白。你们喜欢,你们可跟上人家走啊!"凤娇的嘴很硬。

"我们不配!"

"你担保人家没有相好的?"

……

不管在路上吵得怎样厉害,分手时大家还是十分友好的,因为一个叫人兴奋的念头又在她们心中升起:明天,火车还要经过,她们还会有一个美妙的一分钟。和它相比,闹点小别扭还算回事吗?

哦,五彩缤纷的一分钟,你饱含着台儿沟的姑娘们多少喜怒哀乐!

日久天长,她们又在这一分钟里增添了新的内容。她们开始挎上装满核桃、鸡蛋、大枣的长方形柳条篮子,站在车窗下,抓紧时间跟旅客和和气气地做买卖。她们踮着脚尖,双臂伸得直直的,把整筐的鸡蛋、红枣举上窗口,换回台儿沟少见的挂面、火柴,以及姑娘们喜爱的发卡、纱巾,甚至花色繁多的尼龙袜。当然,换到后面提到的这几样东西是冒着回去挨骂的风险的,因为这纯属她们自作主张。

凤娇好像是大家有意分配给那个"北京话"的,每次都是她提着篮子去找他。她和他做买卖很有意思,她经常故意磨磨蹭蹭,车快开时才把整篮的鸡蛋塞给他。他还没来得及付钱,车身已经晃动了,他在车上抱着篮子冲她指指画画,解释着什么,她在车下很开心,那是她心甘情愿的。当然,小伙子下次会把钱带给她,或是捎来一捆挂面、两块纱巾和别的什么。假如挂面是十斤,凤娇一定抽出一斤再还给他。她觉得,只有这样才对得起和他的交往,她愿意这种交往和一般的做买卖有所区别。有时她也想起姑娘们的话:"你担保人家没有相好的?"其实,有没有相好的不关凤娇的事,她又没想过跟他走。可她愿意对他好,难道非得是相好的才能这么做吗?

---

① 惆怅:伤感,失意。

香雪平时话不多，胆子又小，但做起买卖却是姑娘中最顺利的一个。旅客们爱买她的货，因为她是那么信任地瞧着你，那洁如水晶的眼睛告诉你，站在车窗下的这个女孩子还不知道什么叫受骗。她还不知道怎么讲价钱，只说："你看着给吧。"你望着她那洁净得仿佛一分钟前才诞生的面孔，望着她那柔软得宛若红缎子似的嘴唇，心中会升起一种美好的感情。你不忍心跟这样的小姑娘耍滑头，在她面前，再爱计较的人也会变得慷慨大度。

有时她也抓空儿向他们打听外面的事，打听北京的大学要不要台儿沟人，打听什么叫"配乐诗朗诵"（那是她偶然在同桌的一本书上看到的）。有一回她向一位戴眼镜的中年妇女打听能自动合上的铅笔盒，还问到它的价钱。谁知没等人家回话，车已经开动了。她追着它跑了好远，当秋风和车轮的呼啸一同在她耳边鸣响时，她才停下脚步意识到，自己的行为是多么可笑啊。

火车眨眼间就无影无踪了。姑娘们围住香雪，当她们知道她追火车的原因后，便觉得好笑起来。

"傻丫头！"

"值不当的！"

她们像长者那样拍着她的肩膀。

"就怪我磨蹭，问慢了。"香雪可不认为这是一件值不当的事，她只是埋怨自己没抓紧时间。

"咳，你问什么不行呀！"凤娇替香雪挎起篮子说。

"也难怪，咱们香雪是学生呀。"也有人替香雪分辩。

也许就因为香雪是学生吧，是台儿沟唯一考上初中的人。

台儿沟没有学校，香雪每天上学要到十五里以外的公社。尽管不爱说话是她的天性，但和台儿沟的姐妹们总是有话可说的。公社中学可就没那么多姐妹了，虽然女同学不少，但她们的言谈举止，一个眼神，一声轻轻的笑，好像都是为了叫香雪意识到，她是小地方来的，穷地方来的。她们故意一遍又一遍地问她："你们那儿一天吃几顿饭？"她不明白她们的用意，每次都认真地回答："两顿。"然后又友好地瞧着她们反问道："你们呢？"

"三顿！"她们每次都理直气壮地回答。之后，又对香雪在这方面的迟钝感到说不出的怜悯和气恼。

"你上学怎么不带铅笔盒呀？"她们又问。

"那不是吗。"香雪指指桌角。

其实，她们早知道桌角那只小木盒就是香雪的铅笔盒，但她们还是做出吃惊的样子。每到这时，香雪的同桌就把自己那只宽大的泡沫塑料铅笔盒摆弄得嗒嗒乱响。这是一只可以自动合上的铅笔盒，很久以后，香雪才知道它之所以能自动合上，是因为铅笔盒里包藏着一块不大不小的吸铁石。香雪的小木盒呢，尽管那是当木匠的父亲为她考上中学特意制作的，它在台儿沟还是独一无二的呢。可在这儿，和同桌的铅笔盒一比，为什么显得那样笨拙、陈旧？它在一阵嗒嗒声中有几分羞涩地畏缩在桌角上。

香雪的心再也不能平静了，她好像忽然明白了同学们对于她的再三盘问，明白了台儿沟是多么贫穷。她第一次意识到这是不光彩的，因为贫穷，同学们才敢一遍又一遍地盘问她。她盯住同桌那只铅笔盒，猜测它来自遥远的大城市，猜测它的价钱肯定非同寻常。三十个鸡蛋换得来吗？还是四十个？五十个？这时她的心又忽地一沉：怎么想起这些了？娘攒下鸡蛋，不是为了叫她乱打主意啊！可是，为什么那诱人的嗒嗒声老是在耳边响个没完？

深秋，山风渐渐凛冽了，天也黑得越来越早，但香雪和她姐妹们对于七点钟的火车，是照等不误的。她们可以穿起花棉袄了,凤娇头上别起了淡粉色的有机玻璃发卡,有些姑娘的辫梢还缠上了夹丝橡皮筋。那是她们用鸡蛋、核桃从火车上换来的。她们仿照火车上那些城里姑娘的样子把自己武装起来,整齐地排列在铁路旁,像是等待欢迎远方的贵宾,又像是准备着接受检阅。

火车停了,发出一阵沉重的叹息,像是在抱怨台儿沟的寒冷。今天,它对台儿沟表现了少有的冷漠:车窗全部紧闭着,旅客在昏黄的灯光下喝茶、看报,没有人向窗外瞥一眼。那些眼熟的、常跑这条线的人们,似乎也忘记了台儿沟的姑娘。

凤娇照例跑到第三节车厢去找她的"北京话",香雪系紧头上的紫红色围巾,把臂弯里的篮子换了换手,也顺着车身一直向前走去。她尽量高高地踮起脚尖,希望车厢里的人能看见她的脸。车上一直没有人发现她,她却在一张堆满食品的小桌上,发现了渴望已久的东西。它的出现,使她再也不想往前走了,她放下篮子,心跳着,双手紧紧扒住窗框,认清了那真是一只铅笔盒,一只装有吸铁石的自动铅笔盒。它和她离得那样近,如果不是隔着玻璃她一伸手就可以拿到。

一位中年女乘务员走过来拉开了香雪。香雪挎起篮子站在远处继续观察。当她断定它属于靠窗那位女学生模样的姑娘时,就果断地跑过去敲起了玻璃。女学生转过脸来,看见香雪臂弯里的篮子,抱歉地冲她摆了摆手,并没有打开车窗的意思。谁也没提醒香雪,车门是开着的,不知怎么地她就朝车门跑去,当她在门口站定时,还一把攥住了扶手。如果说跑的时候她还有点犹豫,那么从车厢里送出来的一阵阵温馨的、火车特有的气息却坚定了她的信心,她学着"北京话"的样子,轻巧地跃上了踏板。她打算以最快的速度跑进车厢,以最快的速度用鸡蛋换回铅笔盒。也许,她之所以能够在几秒钟内就决定上车,正是因为她拥有那么多鸡蛋吧,那是四十个。

香雪终于站在火车上了。她挽紧篮子,小心地朝车厢迈出了第一步。这时,车身忽然悸动①了一下,接着,车门被人关上了。当她意识到应该赶快下车时,列车已经缓缓地向台儿沟告别了。香雪扑到车门上,看见凤娇的脸在车下一晃。看来这不是梦,一切都是真的,她确实离开姐妹们,站在这既熟悉又陌生的火车上了。她拍打着玻璃,冲凤娇叫喊着:"凤娇!我怎么办呀,我可怎么办呀!"

列车无情地载着香雪一路飞奔,台儿沟刹那间就被抛在后面了。下一站叫西山口,西山口离台儿沟三十里。

三十里,对于火车、汽车真的不算什么,西山口在旅客们闲聊之中就到了。这里上车的人不少,下车的却只有一位旅客。车上好像有人阻拦她,但她还是果断地跳了下来,就像刚才果断地跃上去一样。

她胳膊上少了那只篮子,她把它悄悄塞在女学生座位下面了。在车上,当她红着脸告诉女学生,想用鸡蛋和她换铅笔盒时,女学生不知怎么地也红了脸。她一定要把铅笔盒送给香雪,还说她住在学校吃食堂,鸡蛋带回去也没法吃。她怕香雪不信,又指了指胸前的校徽,上面果真有"矿冶学院"几个字。香雪却觉着她在哄她,难道除了学校她就没家吗?香雪收下了铅笔盒,到底还是把鸡蛋留在了车上。台儿沟再穷,她也从没白拿过别人的东西。后来,当旅客们知道香雪要在西山口下车时,他们是怎样对她说的?他们劝她在西山口住一夜再回去,那个热情的"北京话"甚至告诉她,他爱人有个亲戚住在站上。香雪并不想去找他爱人的亲戚,可是,

---

① 悸动:因为害怕而心跳得厉害。

他的话却叫她感到一点委屈,替凤娇委屈,替台儿沟委屈。想到这些委屈,难道她不应该赶快下车吗?赶快下去,赶快回家,第二天赶快去上学,那时她就会理直气壮地打开书包,把"它"摆在桌上……于是,她对车上那些再次劝阻她的人们说:"没关系,我走惯了。"也许他们信她的话,他们没见过火车的呼啸曾经怎样叫她惧怕,叫她像只受惊的小鹿那样不知所措。他们搞不清山里的女孩子究竟有多大本事。她的话使他们相信:山里人不怕走夜路。

现在,香雪一个人站在西山口,目送列车远去。列车终于在她的视野里彻底消失了,眼前一片空旷,一阵寒风扑来,吸吮着她单薄的身体,她把滑到肩上的围巾紧裹在头上,缩起身子在铁轨上坐了下来。香雪感受过各种各样的害怕,小时候她怕头发,身上沾着一根头发择不下来,她会急得哭起来;长大了她怕晚上一个人到院子里去,怕毛毛虫,怕被人胳肢(凤娇最爱和她来这一手)。现在她害怕这陌生的西山口,害怕四周黑幽幽的大山,害怕叫人心跳的寂静,当风吹响近处的小树林时,她又害怕小树林发出的窸窸窣窣的声音。三十里,一路走回去,该路过多少大大小小的林子啊!

一轮满月升起来了,照亮了寂静的山谷、灰白的小路,照亮了秋日的败草、粗糙的树干,还有一丛丛荆棘①、怪石,还有漫山遍野那树的队伍,还有香雪手中那只闪闪发光的小盒子。

她这才想到把它举起来仔细端详。她想,为什么坐了一路火车,竟没有拿出来好好看看?现在,在皎洁的月光下,她才看清了它是淡绿色的,盒盖上有两朵洁白的马蹄莲。她小心地把它打开,又学着同桌的样子轻轻一拍盒盖,"嗒"的一声,它便合得严严实实。她又打开盒盖,觉得应该立刻装点东西进去。她从兜里摸出一只盛擦脸油的小盒放进去,又合上了盖子。只有这时,她才觉得这铅笔盒真属于她了,真的。它又想到了明天,明天上学时,她多么盼望她们会再三盘问她啊!

她站了起来,忽然感到心里很满,风也柔和了许多。她发现月亮是这样明净。群山被月光笼罩着,像母亲庄严、神圣的胸脯;那秋风吹干的一树树核桃叶,卷起来像一树树金铃铛,她第一次听清它们在夜晚,在风的怂恿②下"哗啷啷"地歌唱。她不再害怕了,在枕木上跨着大步,一直朝前走去。大山原来是这样的!月亮原来是这样的!核桃树原来是这样的!香雪走着,就像第一次认出养育她成人的山谷。台儿沟是这样的吗?不知怎么地,她加快了脚步。她急着见到它,就像从来没有见过它那样觉得新奇。台儿沟一定会是"这样的":那时台儿沟的姑娘不再央求别人,也用不着回答人家的再三盘问。火车上的漂亮小伙子都会求上门来,火车也会停得久一些,也许三分、四分,也许十分、八分。它会向台儿沟打开所有的门窗,要是再碰上今晚这种情况,谁都能从从容容地下车。

对了,今晚台儿沟发生了这样的情况,火车拉走了香雪,为什么现在她像闹着玩儿似地去回忆呢?对了,四十个鸡蛋也没有了,娘会怎么说呢?爹不是盼望每天都有人家娶媳妇、聘闺女吗?那时他才有干不完的活儿,他才能光着红铜似的脊梁,不分昼夜地打出那些躺柜、碗橱、板箱,挣回香雪的学费。想到这儿,香雪站住了,月光好像也黯淡下来,脚下的枕木变成一片模糊。回去怎么说?她环视群山,群山沉默着;她又朝着近处的杨树林张望,杨树林窸窸窣窣地响着,并不真心告诉她应该怎么做。是哪儿来的流水声?她寻找着,发现离铁轨几米远的地方,有一道浅浅的小溪。她走下铁轨,在小溪旁边蹲了下来。她想起小时候有一回和凤娇在河边洗衣裳,碰见一个换芝麻糖的老头。凤娇劝香雪拿一件汗褂换几块糖吃,还教她对娘说,那

---

① 荆棘:泛指山野丛生的带刺的小灌木。
② 怂恿(sǒng yǒng):鼓动别人去做(某事)。

件衣裳不小心叫河水给冲走了。香雪很想吃芝麻糖,可她到底没换。她还记得,那老头真心实意等了她半天呢。为什么她会想起这件小事?也许现在应该骗娘吧,因为芝麻糖怎么也不能和铅笔盒的重要性相比。她要告诉娘,这是一个宝盒子,谁用上它,就能一切顺心如意,就能上大学、坐上火车到处跑,就能要什么有什么,就再也不会叫人瞧不起……娘会相信的,因为香雪从来不骗人。

小溪的歌唱高昂起来了,它欢腾着向前奔跑,撞击着水中的石块,不时溅起一朵小小的浪花。香雪也要赶路了,她捧起溪水洗了把脸,又用沾着水的手抿光被风吹乱的头发。水很凉,但她觉得很精神。她告别了小溪,又回到了长长的铁路上。

前边又是什么?是隧道,它愣在那里,就像大山的一只黑眼睛。香雪又站住了,但她没有返回去,她想到怀里的铅笔盒,想到同学们惊羡的目光,那些目光好像就在隧道里闪烁。她弯腰拔下一根枯草,将草茎插在小辫里。娘告诉她,这样可以"避邪"。然后她就朝隧道跑去。确切地说,是冲去。

香雪越走越热了,她解下围巾,把它搭在脖子上。她走出了多少里?不知道。只听见不知名的小虫在草丛里鸣叫,松散、柔软的荒草抚弄着她的裤脚。小辫叫风吹散了,他停下来把它们编好。台儿沟在哪儿?她向前望去,她看见迎面有一颗颗黑点在铁轨上蠕动①。再近一些她才看清,那是人,是迎着她走过来的人群。第一个是凤娇,凤娇身后是台儿沟的姐妹们。当她们也看清对面的香雪时,忽然都停住了脚步。

香雪猜出她们在等待,她想快点跑过去,但腿为什么变得异常沉重?她站在枕木上,回头望着笔直的铁轨,铁轨在月亮的照耀下泛着清淡的光,它冷静地记载着香雪的路程。她忽然觉得心头一紧,不知怎么地就哭了起来,那是欢乐的泪水,满足的泪水。面对严峻而又温厚的大山,她心中升起一种从未有过的骄傲。她用手背抹净眼泪,拿下插在辫子里的那根草棍儿,然后举起铅笔盒,迎着对面的人群跑去。

迎面,那静止的队伍也流动起来了。同时,山谷里突然爆发了姑娘们欢乐的呐喊,她们叫着香雪的名字,声音是那样奔放、热烈;她们笑着,笑得是那样不加掩饰、无所顾忌。古老的群山终于被感动得颤栗了,它发出宽亮低沉的回音,和她们共同欢呼着。

哦,香雪!香雪!

一九八二年六月

【文本对话】

一、仔细阅读全文,回答下列问题。

1.小说主要是通过哪几个故事情节来表现的?

2.课文展现了以香雪和凤娇为代表一群性格鲜明的山里姑娘,但是课文的题目却是"哦,香雪?"作者为什么不将文题改为"哦,凤娇"?

3.从作者的描述对象来说,小说为我们展现的是一群清纯、美丽的姑娘,那她为什么不选择小孩、老者或者是十七八岁的小伙子呢?

4.香雪与其他姑娘的表现有什么异同?你认为香雪身上具有怎样的特点?

5.香雪为什么会有这种与其他女孩子不同的表现呢?

---

① 蠕动:像蚯蚓爬行那样动。

6. 香雪所追求的"那个带磁铁的泡沫塑料铅笔盒"代表着什么呢？

7. 分角色朗读第一次与"北京话"对话和回家路上姑娘们的对话，品味讨论她们各是什么性格？从哪些话语里表现出来的？

二、作者凭着她女性特有的细腻和优美的文笔写作，表现独特，语言清新淡雅。无论是叙述语言，诸如对火车拟人化的描绘，还是对人物如香雪做生意的描写，以及人物的语言对话，写得都很美。品味下列句子的含义。

1. 哦，五彩缤纷的一分钟，你饱含着台儿沟的姑娘们多少喜怒哀乐！

2. 她和他做买卖很有意思，他经常故意磨磨蹭蹭，车快开时才把整篮的鸡蛋塞给他。

3. 望着她那洁净得仿佛一分钟前才诞生的面孔，望着她那柔软得宛若红缎子似的嘴唇，心中会升起一种美好的感情。

4. 古老的群山终于被感动得颤栗了，它发出宽亮低沉的回音，和她们共同欢呼着。

三、有人说，香雪不喜欢她父亲亲手做的"小木盒"，而用她娘辛苦攒下的四十个鸡蛋换了一个铅笔盒是虚荣心的表现，意味着纯真而质朴的乡村文化的失落。你认为她爱慕虚荣吗？如果不是，从哪里可以看得出来？

【实践活动】

孙犁评价《香雪》这篇小说时说："……从头到尾都是诗，它是一泻千里的，始终一致的。这是一首纯净的诗，即是清泉。它所经过的地方，也都是纯净的境界……"你能从哪几个方面印证他的评价？

【知识链接】

铁凝，祖籍河北赵县，1957年9月生于北京，1975年于保定高中毕业后到河北博野农村插队。1979年回保定，在保定地区文联《花山》编辑部任小说编辑。至今已发表文学作品约150余万字。1982年发表短篇小说《哦，香雪》获当年全国优秀短篇小说奖。1983年中篇小说《没有纽扣的红衬衫》获全国优秀中篇小说奖。它真实地描写了一个少女复杂矛盾的内心世界和纯真美女的品格。1984年《六月的话题》获全国优秀短篇小说奖。《麦秸垛》获1986—1987年《中篇小说选刊》优秀作品奖。1984年铁凝调入河北省文联任专业作家，兼任河北省文联副主席。她的早期作品是描写生活中普通的人和事，特别擅长细腻地描写人物的内心，从中反映人们的理想与追求，矛盾与痛苦，其语言柔婉清新。1986年和1988年先后发表反省古老历史文化、关注女性生存的两部中篇小说《麦秸垛》和《棉花垛》，标志着铁凝步入了一个新的文学创作时期。1988年还完成第一部长篇小说《玫瑰门》，它一改铁凝以往那种和谐理想的诗意境界，透过几代女性生存竞争的较量与厮杀，彻底撕开了生活中丑陋和血污和一面。

铁凝的《哦，香雪》是一篇抒情意味浓厚的短篇小说，题目的感叹语调也揭示和透露了这一点。《哦，香雪》是铁凝的成名作，作者选取了一个类似于全知全能的叙述视角，把叙述者确立在城市人的位置上，具有敏感的心灵和宽厚的胸怀，对那个封闭的小山村，对那一群普普通通的山里少女投来同情、关爱的一瞥，在看似稚嫩可笑的心理律动中发掘时代思潮的波澜。反映在小说的叙述结构上，作者并没有以情节线索来安排叙述，而是根据情感抒发的内在逻辑，把一些情节片段加以组接成全文。

第五单元

地域风情

　　一方水土孕育一方文化，一方文化影响一方经济、造就一方社会，不同的社会结构和发展水平的地域，自然地理环境、民俗风情习惯也就各具特色。本单元就让我们领略在不同作者笔下不同地域的不同风情吧。

　　《前赤壁赋》写于苏轼一生颇为困难的时期之一——被贬谪黄州期间。此赋通过月夜泛舟、饮酒赋诗引出主客对话的描写，既从客之口中说出了吊古伤今之情感，也从苏子所言中听到矢志不移之情怀，全赋情韵深致、理意透辟，为文赋中之佳作。

　　湘西是沈从文的故乡，是湖南、贵州、四川三省交界的地方，土家族、苗族和汉族共居一地，其美丽的自然风光和民俗风情令人向往。箱子岩是沅水中游一个有名的悬崖，作者曾两次游历此地，观察它的风物及民情，寄托了作家对湘西人民的历史与现实、过去与未来的苦苦思考。

　　威尼斯这座世界名城已被许多人写入文中，摹在画上，摄入镜头，要想突破他人窠臼，重新再现这座城市的美丽风光，需要寻找另一种独特的视角。朱自清的游记散文《威尼斯》，实现了风情与游踪的整合，再造出新的艺术景象。文章采用了风情与游踪双线交叠的手法，时而游踪，时而风物，分散重合，穿插交融，重构出一种和谐的美。

　　从1921年到1933年4月，郁达夫用相当大的精力参加左翼文艺活动并进行创作。由于国民党白色恐怖的威胁等原因，郁达夫从1933年4月由上海迁居杭州，1936年2月离杭赴福州，在杭州居住了三年。在这段时间里，他思想苦闷，创作枯竭，过的是一种闲散安逸的生活，并花了许多时间到处游山玩水，在一定程度上也是为了排遣现实带给他的苦闷和离群索居的寂寞。在游山玩水过程中，写了许多游记，这是他在这段时期创作的主要收获，为我国现代游记的发展做出了贡献。1934年7月，郁达夫"不远千里"从杭州经青岛去北平，再次饱尝了故都的"秋"味。《故都的秋》通过对北平秋色的描绘，赞美了故都的自然风物，抒发了向往、眷恋故都之秋的真情，并流露出忧郁、孤独的心境。

　　"拜水都江堰，问道青城山"，余秋雨在《都江堰》中，描绘了都江堰水利工程的壮观，对李冰父子兴修水利，为民造福的举措作了高度评价和赞扬。在作者心底的山水并不完全是自然山水，而是一种"人文山水"。文章语言洗练，含义深，耐人寻味。

一、前赤壁赋①

苏　轼

【阅读提示】

《前赤壁赋》是北宋文学家苏轼创作的一篇赋,作于宋神宗元丰五年(1082)贬谪黄州(今湖北黄冈)之时。此赋记叙了作者与朋友们月夜泛舟游赤壁的所见所感,以作者的主观感受为线索,通过主客问答的形式,反映了作者由月夜泛舟的舒畅,到怀古伤今的悲咽,再到精神解脱的达观。

　　壬戌②之秋,七月既望③,苏子与客泛舟游于赤壁之下。清风徐④来,水波不兴⑤。举酒属⑥客,诵明月之诗⑦,歌窈窕之章。少焉⑧,月出于东山之上,徘徊于斗牛⑨之间。白露横江⑩,水光接天。纵一苇之所如,凌万顷之茫然⑪。浩浩乎如冯虚御风⑫,而不知其所止;飘飘乎如遗世独立⑬,羽化而登仙⑭。

　　于是饮酒乐甚,扣舷⑮而歌之。歌曰:"桂棹兮兰桨⑯,击空明兮溯流光⑰。渺渺兮予怀⑱,望美人⑲兮天一方。"客有吹洞箫者,倚歌而和之⑳。其声呜呜然,如怨如慕,如泣如诉㉑;余音袅

---

① 赋是我国古代的一种有韵文体,介于诗和散文之间,类似于后世的散文诗。它讲求文采、韵律,兼具诗歌和散文的性质。其特点是"铺采摛文,体物写志",侧重于写景,借景抒情。
② 壬戌(rén xū):元丰五年,岁次壬戌。古代以干支纪年,该年为壬戌年。
③ 既望:农历每月十六。农历每月十五日为"望日",十六日为"既望"。
④ 徐:缓缓地、舒缓地。
⑤ 兴:起、作。
⑥ 属:通"嘱",致意,此处引申为"劝酒"的意思。
⑦ 明月之诗:与下句"窈窕(yǎo tiǎo)之章"均出于《诗经·陈风·月出》"月出皎兮,佼人僚兮。舒窈纠兮,劳心悄兮。"
⑧ 少(shǎo)焉:指少刻,一会儿。少:数量小,与"多"相对。
⑨ 斗牛:星座名,即斗宿(南斗)、牛宿。
⑩ 白露:白茫茫的水气。横江:笼罩江面。横,横贯。
⑪ 纵一苇之所如,凌万顷之茫然:任凭小船在宽广的江面上飘荡。纵:任凭。一苇:像一片苇叶那么小的船,比喻极小的船。《诗经·卫风·河广》:"谁谓河广,一苇杭(航)之。"如:往,去。凌:越过。万顷:形容江面极为宽阔。茫然:旷远的样子。
⑫ 冯(píng)虚御风:乘风腾空而遨游。冯虚:凭空、凌空。冯,通"凭",乘。虚:太空。御:驾御(驭)。
⑬ 遗世独立:遗弃尘世,独自存在。
⑭ 羽化:传说成仙的人能像长了翅膀一样飞升。登仙:登上仙境。
⑮ 扣舷(xián):敲打着船舷,指打节拍。
⑯ 桂棹(zhào)兮兰桨:桂树做的棹,兰木做的桨。兮:语气助词,无实际意义。
⑰ 击空明兮溯流光:船桨拍打着月光浮动的清澈的水,溯流而上。溯:逆流而上。空明、流光:指月光浮动清澈的江水。
⑱ 渺渺兮予怀:主谓倒装句。我的心思飘得很远很远。渺渺,悠远的样子。
⑲ 美人:此为苏轼借鉴的屈原的文体。用美人代指君主。古诗文多以其指自己所怀念向往的人。
⑳ 倚歌而和(hè)之:合着节拍应和。倚:随,循。和:应和。
㉑ 如怨如慕,如泣如诉:像是哀怨,像是思慕,像是啜泣,像是倾诉。怨:哀怨。慕:眷恋。

袅①,不绝如缕。舞幽壑之潜蛟②,泣孤舟之嫠妇③。

苏子愀然④,正襟危坐⑤而问客曰:"何为其然也⑥?"客曰:"'月明星稀,乌鹊南飞⑦。'此非曹孟德之诗乎?西望夏口,东望武昌⑧,山川相缪⑨,郁乎苍苍⑩,此非孟德之困于周郎⑪者乎?方其破荆州,下江陵,顺流而东也⑫,舳舻⑬千里,旌旗蔽空,酾酒⑭临江,横槊赋诗⑮,固一世之雄也,而今安在哉?况吾与子渔樵于江渚之上,侣鱼虾而友麋鹿⑯,驾一叶之扁舟,举匏樽以相属⑰。寄蜉蝣于天地,渺沧海之一粟⑱。哀吾生之须臾⑲,羡长江之无穷。挟飞仙以遨游,抱明月而长终。知不可乎骤⑳得,托遗响于悲风㉑。"

苏子曰:"客亦知夫水与月乎?逝者如斯㉒,而未尝往也;盈虚者如彼㉓,而卒莫消长也。盖将自其变者而观之,则天地曾不能以一瞬㉔;自其不变者而观之,则物与我皆无尽也,而又何羡乎!且夫天地之间,物各有主,苟非吾之所有,虽一毫而莫取。惟江上之清风,与山间之明月,耳得之而为声,目遇之而成色,取之无禁,用之不竭,是造物者之无尽藏㉕也,而吾与子之所共适。"

客喜而笑,洗盏更酌。肴核既尽,杯盘狼籍㉖。相与枕藉㉗乎舟中,不知东方之既白㉘。

---

① 余音:尾声。袅袅(niǎo):形容声音婉转悠长。
② 舞幽壑之潜蛟:幽壑,这里指深渊。此句意谓:潜藏在深渊里的蛟龙为之起舞。
③ 泣孤舟之嫠(lí离)妇:使孤舟上的寡妇伤心哭泣。嫠:孤居的妇女,在这里指寡妇。白居易《琵琶行》写孤居的商人妻云:"去来江口守空船,绕船月明江水寒。夜深忽梦少年事,梦啼妆泪红阑干。"这里化用其事。
④ 愀(qiǎo)然:容色改变的样子。
⑤ 正襟危坐:整理衣襟,(严肃地)端坐着。
⑥ 何为其然也:箫声为什么会这么悲凉呢?
⑦ 月明星稀,乌鹊南飞:所引是曹操《短歌行》中的诗句。
⑧ 夏口:故城在今湖北武昌。武昌:今湖北鄂州。
⑨ 缪(liáo):通"缭",盘绕。
⑩ 郁乎苍苍:树木茂密,一片苍绿繁茂的样子。郁:茂盛的样子。
⑪ 孟德之困于周郎:指汉献帝建安十三年(208),吴将周瑜在赤壁之战中击溃曹操号称的八十万大军。周郎,周瑜二十四岁为中郎将,吴中皆呼为周郎。
⑫ 方其破荆州,下江陵,顺流而东也:指建安十三年刘琮率众向曹操投降,曹军不战而占领荆州、江陵。方,当。荆州,辖南阳、江夏、长沙等八郡,今河南、湖南、湖北一带。江陵,当时的荆州首府,今湖北县名。
⑬ 舳舻(zhú lú):战船前后相接,这里指战船。
⑭ 酾(shī)酒:滤酒,这里指斟酒。
⑮ 横槊(shuò)赋诗:横执长矛而吟诗,指能文能武的英雄豪迈气概。槊,长矛。
⑯ 侣鱼虾而友麋鹿:以鱼虾为伴侣,以麋鹿为友。侣:以……为伴侣,友:以……为朋友,这里都是名词的意动用法。麋(mí):鹿的一种。
⑰ 驾一叶之扁(piān)舟,举匏(páo)樽以相属:驾驭像一片小树叶那样的小船,(在船上)举起酒葫芦来相互劝酒。
⑱ 寄蜉(fú)蝣于天地,渺沧海之一粟:如同蜉蝣置身于广阔的天地中,像沧海中的一粒粟米那样渺小。蜉蝣是昆虫的一科,寿命很短,只有几小时。作者用大海里的一粒粟米自比,说明人是何其渺小。此句作者感叹自己生命的短暂,以及人类的渺小。
⑲ 须臾(yú):片刻,形容生命极短。
⑳ 骤:多。
㉑ 遗响:余音,指箫声。悲风:秋风。
㉒ 逝者如斯:语出《论语·子罕》:"子在川上曰:'逝者如斯夫,不舍昼夜。'"逝:往。斯:此,指水。
㉓ 盈虚者如彼:指月亮的圆缺。
㉔ 曾(zēng)不能:固定词组,连……都不够。曾,连……都。一瞬:一眨眼的工夫。
㉕ 是:这。造物者:天地自然。无尽藏(zàng):无穷的宝藏。
㉖ 狼籍:又写作"狼藉",凌乱的样子。
㉗ 枕藉:相互靠着。
㉘ 既白:已经显出白色(指天明了)。

【文本对话】

一、仔细阅读课文，思考下列问题。

1. 结合课文第3、4自然段，说说作者借江上清风、山间明月抒发了什么样的感情，阐发了怎样的哲理。

2. 结合全文，分析作者的感情脉络是怎样的。

二、如何理解《前赤壁赋》的"主客对话"？

【实践活动】

林语堂对苏轼有过非常有趣的评价："一个不可救药的乐天派，一个伟大的人道主义者，一个百姓的朋友……一个憎恨清教徒主义的人，一个瑜伽修行者……"结合本文，说说你对林语堂这段话的认识。

【知识链接】

苏轼(1037—1101)，北宋文学家、书画家、美食家。字子瞻，号东坡居士。汉族，四川人，葬于颍昌(今河南省平顶山市郏县)。一生仕途坎坷，学识渊博，天资极高，诗文书画皆精。其文汪洋恣肆，明白畅达，与欧阳修并称欧苏，为"唐宋八大家"之一；诗清新豪健，善用夸张、比喻，艺术表现独具风格，与黄庭坚并称苏黄；词开豪放一派，对后世有巨大影响，与辛弃疾并称苏辛；书法擅长行书、楷书，能自创新意，用笔丰腴跌宕，有天真烂漫之趣，与黄庭坚、米芾、蔡襄并称宋四家；画学文同，论画主张神似，提倡"士人画"。著有《苏东坡全集》和《东坡乐府》等。

二、箱子岩①

沈从文

【阅读提示】

《箱子岩》这篇散文在通过作者前后两次游览箱子岩,运用对比的手法,在从容的写景和平时的叙事文字中,交融着作者的赤子情怀。他对湘西的言说,其实也是对中华大地的悲悯;他对湘西人民历史与现实的叩问,也是对整个中华民族的叩问,那满溢胸间的是文本背后深藏着的民族忧患意识和种族存亡续断的危机意识。

十五年以前,我有机会独坐一只小篷船,沿辰河上行,停船在箱子岩脚下。一列青黛崭削的石壁,夹江高矗,被夕阳烘炙成为一个五彩屏障。石壁半腰约百米高的石缝中,有古代巢居者的遗迹,石罅隙②间横横的悬撑起无数巨大横梁,暗红色长方形大木柜尚依然好好的搁在木梁上。岩壁断折缺口处,看得见人家茅棚同水码头,上岸喝酒下船过渡人也得从这缺口通过。那一天正是五月十五,河中人过大端阳节(注:农历五月十五为大端阳节)。箱子岩洞窟中最美丽的三只龙船,早被乡下人拖出浮在水面上。船只狭而长,船舷描绘有朱红线条,全船坐满了青年桨手,头腰各缠红布。鼓声起处,船便如一支没羽箭,在平静无波的长潭中来去如飞。河身大约一里路宽,两岸皆有人看船,大声呐喊助兴。且有好事者,从后山爬到悬岩顶上去,把"铺地锦"百子鞭炮从高岩上抛下,尽鞭炮在半空中爆裂,形成一团团五彩碎纸云尘,彭彭彭彭的鞭炮声与水面船中锣鼓声相应和。引起人对于历史回溯发生一种幻想,一点感慨。

当时我心想:多古怪的一切!两千年前那个楚国逐臣屈原,若本身不被放逐,疯疯癫癫来到这种充满了奇异光彩的地方,目击身经这些惊心动魄的景物,两千年来的读书人,或许就没有福分读《九歌》那类文章,中国文学史也就不会如现在的样子了。在这一段长长岁月中,世界上多少民族皆堕落了,衰老了,灭亡了。即如号称东亚大国的一片土地,也已经有过多少次被从西北方远来沙漠中的蛮族,骑了膘壮的马匹,手持强弓硬弩,长枪大戟,到处践踏蹂躏③!(辛亥革命前夕,在这苗蛮杂处的一个边镇上,向土民最后一次大规模施行杀戮的统治者,就是一个北方清朝的宗室!辛亥以后,老袁梦想做皇帝时,又有两师北佬在这里和滇军作战了大半年。)然而这地方的一切,虽在历史中照样发生不断的杀戮,争夺,以及一到改朝换代时,派人民担负种种不幸命运,死的因此死去,活的被逼迫留发,剪发,在生活上受新朝代种种限制与支配。然而细细一想,这些人根本上又似乎与历史毫无关系。从他们应付生存的方法与排泄感情的娱乐看上来,竟好象今古相同,不分彼此。这时节我所眼见的光景,或许就和两千年前屈原所见的完全一样。

那次我的小船停泊在箱子岩石壁下,附近还有十来只小渔船,大致打鱼人也有玩龙船竞渡的,所以渔船上妇女小孩们,精神无不十分兴奋,各站在尾梢上或船篷上锐声呼喊。其中有几个小孩子,我只担心他们太快乐兴奋了些,会把住家里的小船跳沉。

---

① 沈从文20岁时离开湘江,到北京闯天下。1934年回故乡,写成记录所见所感的《湘西散记》,《箱子岩》是其中一篇。
② 罅隙(xià xì):缝隙、裂缝。
③ 蹂躏(róu lìn):比喻用暴力欺压、侮辱、侵害、凌辱。

日头落尽云影无光时，两岸渐渐消失在温柔暮色里。两岸看船人呼喝声越来越少，河面被一片紫雾笼罩，除了从锣鼓声中还能辨别那些龙船方向，此外已别无所见。然而岩壁缺口处却人声嘈杂，且闻有小孩子哭声，有妇女们尖锐叫唤声，综合给人一种悠然不尽的感觉。天气已经夜了，吃饭是正经事。我原先还以为再等一会儿，那龙船一定就会傍近岩边来休息，被人拖进石窟里，在快乐呼喊中结束这个节日了。谁知过了许久，那种锣鼓声尚在河面飘扬着，表示一班人还不愿意离开小船，回转家中。待到我把晚饭吃过后，爬出舱外一望，呀，天上好一轮圆月。月光下石壁同河面，一切如镀了银，已完全变换了一种调子。岩壁缺口处水码头边，正有人用废竹缆或油柴燃着火燎，火光下只见许多穿白衣人的影子移动。问问船上水手，方知道那些人正把酒食搬移上船，预备分派给龙船上人。原来这些青年人白日里划了一整天船，看船的已慢慢散尽了，划船的还不尽兴，并且谁也不愿意扫兴示弱，先行上岸，因此三只长船还得在月光下玩个上半夜。

提起这件事，使我重新感到人类文字语言的贫俭。那一派声音，那一种情调，真不是用文字语言可以形容的事情。要一个常年身在城市里住下，以读读《楚辞》就"神往意移"的人，来描绘那月下竞舟的一切，更近于徒然的努力。我可以说的，只是自从我把这次水上领略的印象保留到心上后，一切书本上的动人记载，全看得平平常常，不至于发生任何惊讶了。这正像我另外一时，看过人类许多不同花样的愚蠢杀戮，对于其余书上叙述到这件事情时，同样不能再给我如何感动。

十五年后我又有了机会乘坐小船沿辰河上行，应当经过箱子岩。我想温习温习那地方给我的印象，就要管船的不问迟早，把小船在箱子岩下停泊。这一天是十二月七号，快要过年的光景。没有太阳的阴沉酿雪天，气候异常寒冷。停船时还只下午三点钟左右，岩壁上藤萝草木叶子多已萎落，显得那一带斑驳岩壁十分瘦削。悬岩高处红木柜，只剩下三四具，其余早不知到哪儿去了。小船最先泊在岩壁下洞窟边，冬天水落得太多，洞口已离水面两丈以上。我从石壁裂罅爬上洞口，到搁龙船处看了一下，旧船已不知坏了还是被水冲去了，只见有四只新船搁在石梁上，船头还贴有鸡血同鸡毛，一望就明白是今年方下水的。出得洞口时，见岩下左边泊定五只渔船，有几个老渔婆缩颈敛手在船头寒风中修补鱼网。上船后觉得这样子太冷落了，可不是个办法，就又要船上水手为我把小船撑到岩壁断折处有人家地方去，就便上岸，看看乡下人过年以前是什么光景。

四点钟左右，黄昏已逐渐腐蚀了山峦与树石轮廓，占领了屋角隅。我独自坐在一家小饭铺柴火边烤火。我默默的望着那个火光煜煜的枯树根，在我脚边很快乐的燃着，爆炸出轻微的声音。铺子里人来来往往，有些说两句话又走了，有些就来镶在我身边长凳上，坐下吸他的旱烟。有些来烘烘脚，把穿着湿草鞋的脚去热灰里乱搅。看看每一个人的脸子，我都发生一种奇异的乡情。这里是一群会寻快乐的正直善良乡下人，有捕鱼的，打猎的，有船上水手和编竹缆工人。若我的估计不错，那个坐在我身旁，伸出两只手向火，中指节有个放光顶针的，肯定还是一位乡村里的成衣人。这些人每到大端阳时节，都得下河去玩一整天的龙船。平常日子特别是隆冬严寒天气，却在这个地方，按照一种分定，很简单的把日子过下去。每日看过往船只摇橹扬帆来去，看落日同水鸟。虽然也同样有人事上的得失，到恩怨纠纷成一团时，就陆续发生庆贺或仇杀。然而从整个说来，这些人生活却仿佛同"自然"已相融合，很从容的各在那里尽其性命之理，与其他无生命物质一样，唯在日月升降寒暑交替中放射，分解。而且在这种过程中，人是如何渺小的东西，这些人比起世界上任何哲人，也似乎还更知道的多一些。

听他们谈了许久，我心中有点忧郁起来了。这些不辜负自然的人，与自然妥协，对历史毫无担负,活在这无人知道的地方。另外尚有一批人,与自然毫不妥协,想出种种方法来支配自然,违反自然的习惯,同样也那么尽寒暑交替,看日月升降。然而后者却在慢慢改变历史,创造历史。一份新的日月,行将消灭旧的一切。我们用什么方法,就可以使这些人心中感觉一种对"明天"的"惶恐",且放弃过去对自然和平的态度,重新来一股劲儿,用划龙船的精神活下去?这些人在娱乐上的狂热,就证明这种狂热能换个方向,就可使他们还配在世界上占据一片土地,活得更愉快更长久一些。不过有什么办法,可以改造这些人的狂热到一件新的竞争方面去,可是个费思索的问题。

一个跛脚青年人,手中提了一个老虎牌新桅灯①,灯罩光光的,洒着摇着从外面走进了屋子。许多人见了他都同声叫唤起来:"什长,你发财回来了!好个灯!"

那跛子年纪虽很轻,脸上却刻画了一种兵油子的油气与骄气,在乡下人中仿佛身份特高一层。把灯搁在木桌上,懒洋洋地坐近火边来,拉开两腿摊出两只大手烘火,满不高兴地说:"碰鬼,运气坏,什么都完了。"

"船上老八说你发了财,瞒我们。怕我们开借。"

"发了财,哼。用得着瞒你们?本钱去七角,桃源行市只一块零,除了上下开销,二百两货有什么捞头,我问你。"

这个人接着且连骂带唱的说起桃源后江娘儿们种种有趣的情形,使得一般人活泼兴奋起来。话说得正有趣味时,一个人来找他。说:"什长,猪蹄膀炖好了,酒已热好了。"他搓搓手,说声有偏各位,提起那个新桅灯就走了。

原来这个青年汉子,是个打鱼人的独生子。三年前被省城里募兵委员看中了招去,训练了三个月,就开到江西边境去同共产党打仗。打了半年仗,一班弟兄中只剩下他一个人好好的活着,奉令调回后防招募新军补充时,他因此升了班长。第二次又训练三个月,再开到前线去打仗。于是碎了一只腿,抬回省中军医院诊治,照规矩这只腿得用锯子锯去。一群同乡都以为从辰州地方出来的家乡人,"辰州符"比截割高明得多了,信他个洋办法像话吗?就把他从医院中抢出,在外边用老办法找人敷水药治疗。说也古怪,不到三个月,那只腿居然不必截割全好了。战争是个什么东西他也明白了。取得了本营证明,领得了些伤兵抚恤费后,于是回到家乡来,用什长名义受同乡恭维,又用伤兵名义做点特别生意。这生意也就正是有人可以赚钱,有人可以犯法,政府也设局收税,也制定法律禁止,又可以杀头,又可以发财,那种从各方面说来都似乎极有出息的生意。我想弄明白那什长的年龄,从那个当地唯一成衣人口中,方知道这什长今年还只二十一岁。那成衣人还说:

"这小子看事有眼睛,做事有魄力,蹶了一只脚,还会一月一个来回下常德府,吃喝玩乐发财走好运。若两只腿全弄坏,那就更好了。"

有个水手插口说:"这是什么话。"

"什么画,壁上挂。穷人打光棍,一只腿打坏了不顶事。如两只腿全打坏了,他就不会卖烟土走私赚了钱,再到桃源县后江玩花姑娘了!"

成衣人末后一句打趣话,把大家都弄笑了。

回船时,我一个人坐在灌满冷气的小小船舱中,屈指计算那什长年龄,二十一岁减十五,得到个数目是六。我记起十五年前那个夜里一切光景,那落日返照,那狭长而描绘朱红线条的船只,那锣鼓与热情兴奋的呼喊……尤其是临近几只小渔船上欢乐跳踯的小孩子,其中一定就有

---

① 桅(wéi)灯:是一种按国际航海规则装在前后船桅上的白色信号灯。用于指明夜航船行方向。

一个我今晚所见到的跛脚什长。唉,历史是多么古怪的事物。生硬性痈疽①的人,照旧式治疗方法,可用一星一点毒药敷上,尽它溃烂,到溃烂净尽时,再用药物使新的肌肉生长,人也就恢复健康了。这跛脚什长,我对他的印象虽异常恶劣,想起他就是一个可以溃烂这乡村居民灵魂的人物,不由人不寄托一种幻想……

二十年前澧州镇守使王正雅一个平常马夫,姓贺名龙,兵乱时一菜刀切下了一个散兵的头颅,二十年后就得惊动三省集中二十万军队来解决这马夫。谁个人会注意这小小节目,谁个人想象得到人类历史是用什么写成的!

【文本对话】

一、仔细阅读课文,思考下列问题。

1. 作者十五年前到箱子岩看到的自然景物和十五年之后分别是什么样子?两组景物描写有什么差别?

2. 作者第一次到箱子岩时通过哪些事情渲染出节日浓烈的气氛?第二次到箱子岩时又通过哪些事情渲染出过年前夕冷漠、死气沉沉的气氛?

3. 作者为什么要极力渲染赛龙舟场面的热烈气氛?通过描绘端午节赛龙舟表现了一种什么精神?

二、人物形象探讨

1. 作者描绘的"跛脚什长"是个什么样的人物?他引起了作者对乡村人们命运怎样的思考?

2. 作者文中的屈原和贺龙这两个人物具有怎样的特点,目的是什么?

【实践活动】

阅读鲁迅的小说《故乡》,从文章主题上做比较,看看两者的异同。

【知识链接】

沈从文(1902—1988),男,原名沈岳焕,笔名休芸芸、甲辰、上官碧、璇若等,乳名茂林,字崇文,湖南凤凰人,中国著名作家、历史文物研究者。

14岁时,他投身行伍,浪迹湘川黔交界地区。1924年开始进行文学创作,撰写出版了《长河》《边城》等小说。1931—1933年在青岛大学任教,抗战爆发后到西南联大任教,1946年回到北京大学任教,中华人民共和国成立后在中国历史博物馆和中国社会科学院历史研究所工作,主要从事中国古代历史与文物的研究,著有《中国古代服饰研究》。1988年病逝于北京,享年86岁。

沈从文的一生是坎坷的一生,是奉献的一生。文学作品《边城》《湘西》《从文自传》等,在国内外有重大的影响。他的作品被译成日本、美国、英国等四十多个国家的文字出版,并被美国、日本、韩国、英国等十多个国家或地区选进大学课本,两度被提名为诺贝尔文学奖评选候选人。沈从文不仅是作家,还是历史学家、考古学家。

---

① 痈疽(yōng jū):发生于体表、四肢、内脏的急性化脓性疾患,是一种毒疮。

三、威尼斯[1]

朱自清

【阅读提示】

　　威尼斯这座世界名城已被许多人写入文中，摹在画上，摄入镜头，要想突破他人窠臼，重新再现这座城市的美丽风光，需要寻找另一种独特的视角。朱自清的游记散文《威尼斯》，实现了风情与游踪的整合，再造出新的艺术景象。文章采用了风情与游踪双线交叠的手法，时而游踪，时而风物，分散重合，穿插交融，重构出一种和谐的美。

　　威尼斯（Venice）是一个别致地方。出了火车站，你立刻便会觉得：这里没有汽车，要到那儿，不是搭小火轮，便是雇"刚朵拉"（Gondola）。大运河穿过威尼斯像反写的S，这就是大街。另有小河道四百十八条，这些就是小胡同。轮船像公共汽车，在大街上走；"刚朵拉"是一种摇橹的小船，威尼斯所特有，它哪儿都去。威尼斯并非没有桥；三百七十八座，有的是。只要不怕转弯抹角，那儿都走得到，用不着下河去。可是轮船中人还是很多，"刚朵拉"的买卖也似乎并不坏。

　　威尼斯是"海中的城"，在意大利半岛的东北角上，是一群小岛，外面一道沙堤隔开亚得利亚海[2]。在圣马克方场的钟楼上看，团花簇锦似的东一块西一块在绿波里荡漾着。远处是水天相接，一片茫茫。这里没有什么煤烟，天空干干净净；在温和的日光中，一切都像透明的。中国人到此，仿佛在江南的水乡；夏初从欧洲北部来的，在这儿还可看见清清楚楚的春天的背影。海水那么绿，那么酽，会带你到梦中去。

　　威尼斯不单是明媚，在圣马克方场走走就知道。这个广场南面临着一道运河；场中偏东南便是那可以望远的钟楼。威尼斯最热闹的地方是这儿，最华妙庄严的地方也是这儿。除了西边，围着的都是三百年以上的建筑，东边居中是圣马克堂，却有了八九百年——钟楼便在它的右首。再向右是"新衙门"；教堂左首是"老衙门"。这两溜儿楼房的下一层，现在满开了铺子。铺子前面是长廊，一天到晚是来来去去的人。紧接着教堂，直伸向运河去的是公爷府；这个一半属于小方场，另一半便属于运河了。

　　圣马克堂是方场的主人，建筑在十一世纪，原是卑赞廷式，以直线为主。十四世纪加上戈昔式的装饰，如尖拱门等；十七世纪又参入文艺复兴期的装饰，如栏杆等。所以庄严华妙，兼而有之；这正是威尼斯人的漂亮劲儿。教堂里屋顶与墙壁上满是碎玻璃嵌成的画，大概是真金色的地，蓝色和红色的圣灵像。这些像做得非常肃穆。教堂的地是用大理石铺的，颜色花样种种不同。在那种空阔阴暗的氛围中，你觉得伟丽，也觉得森严。教堂左右那两溜儿楼房，式样各别，并不对称；钟楼高三百二十二英尺，也偏在一边儿。但这两溜房子都是三层，都有许多拱门，恰与教堂的门面与圆顶相称；又都是白石造成，越衬出教堂的金碧辉煌来。教堂右边是向运河去的路，是一个小方场，本来显得空阔些，钟楼恰好填了这个空子。好像我们戏里大将出场，后面一杆旗子总是偏着取势；这方场中的建筑，节奏其实是和谐不过的。十八世纪意大利

---

[1] 原载1932年9月1日《中学生》第27号。
[2] 亚得利亚海：现一般称亚得里亚海。

卡那来陀(Canaletto)一派画家专画威尼斯的建筑,取材于这方场的很多。德国德莱司敦画院中有几张,真好。公爷府里有好些名人的壁画和屋顶画,丁陶来陀(Tindtoretto,十六世纪)的大画《乐园》最著名;但更重要的是它建筑的价值。运河上有了这所房子,增加了不少颜色。这全然是戈昔式;动工在九世纪初,以后屡次遭火,屡次重修,现在的据说还是原来的式样。最好看的是它的西南两面;西南斜对着圣马克方场,南面正在运河上。在运河里看,真像在画中。它也是三层:下两层是尖拱门,一眼看去,无数的柱子。最下层的拱门简单疏阔,是载重的样子;上一层便繁密得多,为装饰之用;最上层却更简单,一根柱子没有,除了疏疏落落的窗和门之外,都是整块的墙面。墙面上用白的与玫瑰红的大理石砌成素朴的方纹,在日光里鲜明得像少女一般。威尼斯人真不愧着色的能手。这所房子从运河中看,好像在水里。下两层是玲珑的架子,上一层才是屋子;这是很巧的结构,加上那艳而雅的颜色,令人有惝恍迷离之感。府后有太息桥;从前一边是监狱,一边是法院,狱囚提讯须过这里,所以得名。拜伦诗中曾咏此,因而便脍炙人口起来,其实也只是近世的东西。

威尼斯的夜曲是很著名的。夜曲本是一种抒情的曲子,夜晚在人家窗下随便唱。可是运河里也有:晚上在圣马克方场的河边上,看见河中有红绿的纸球灯,便是唱夜曲的船。雇了"刚朵拉"摇过去,靠着那个船停下,船在水中间,两边挨次排着"刚朵拉"在微波里荡着,像是两只翅膀。唱曲的有男有女,围着一张桌子坐,轮到了便站起来唱,旁边有音乐和着。曲词自然是意大利语,意大利的语音据说最纯粹,最清朗。听起来似乎的确斩截些,女人的尤其如此——意大利的歌女是出名的。音乐节奏繁密,声情热烈,想来是最流行的"爵士乐"。在微微摇摆的红绿灯球底下,颤着醰醰的歌喉,运河上一片朦胧的夜也似乎透出玫瑰红的样子。唱完几曲之后,船上有人跨过来,反拿着帽子收钱,多少随意。不愿意听了,还可摇到第二处去。这个略略像当年的秦淮河的光景,但秦淮河却热闹得多。

从圣马克方场向西北去,有两个教堂在艺术上是很重要的。一个是圣罗珂堂,旁边有一所屋子,墙上屋顶上满是画;楼上下大小三间屋,共六十二幅画,是丁陶来陀的手笔。屋里暗极,只有早晨看得清楚。丁陶来陀作画时,因地制宜,大部分只粗粗钩勒,利用阴影,教人看了觉得是几经琢磨似的。《十字架》一幅在楼上小屋内,力量最雄厚。佛拉利堂在圣罗珂近旁,有大画家铁沁(Titian,十六世纪)和近代雕刻家卡奴注(Canova)的纪念碑。卡奴注的,灵巧,是自己打的样子;铁沁的,宏壮,是十九世纪中叶才完成的。他的《圣处女升天图》挂在神坛后面,那朱红与亮蓝两种颜色鲜明极了,全幅气韵流动,如风行水上。倍里尼(Giovanni Bellini,十五世纪)的《圣母像》,也是他的精品。他们都还有别的画在这个教堂里。

从圣马克方场沿河直向东去,有一处公园;从一八九五年起,每两年在此地开国际艺术展览会一次。今年是第十八届;加入展览的有意、荷、比、西、丹、法、英、奥、苏俄、美、匈、瑞士、波兰等十三国,意大利的东西自然最多,种类繁极了;未来派立体派的图画雕刻,都可见到,还有别的许多新奇的作品,说不出路数。颜色大概鲜明,教人眼睛发亮;建筑也是新式,简截不啰嗦,痛快之至。苏俄的作品不多,大概是工农生活表现,兼有沉毅和高兴的调子。他们也用鲜的颜色,但显然没有很费心思在艺术上,作风老老实实,并不向牛犄角里寻找新奇的玩意儿。

威尼斯的玻璃器皿,刻花皮件,都是名产,以典丽风华胜,缂丝也不错。大理石小雕像,是著名大品的缩本,出于名手的还有味。

1932年7月13日作

【文本对话】
一、仔细阅读本文第二段,回答下边的问题。
1. 第一句"威尼斯是'海中的城'",在全段中处于什么地位?下文所描绘的景象,跟这一句有什么关联?
2. 下边两句话在写作技巧上有什么特点?
①在圣马克方场的钟楼上看,团花簇锦似的东一块西一块在绿波里荡漾着。
②夏初从欧洲北部来的,在这儿还可看见清清楚楚的春天的背影。
3. 作者在哪些地方把强烈的思想感情融入景物的描绘之中,鲜明地写出了自己的感受?
二、本文中用了许多形象、贴切、新鲜的比喻,试把这些比喻摘出来,说说它们的作用。

【实践活动】
一、本文语言朴实、清新,富有现代口语的特点:简洁、自然而很有新意,请从文中选出几例,并稍加说明。

【知识链接】
朱自清先生原名自华,号秋实,后改名自清,字佩弦。1898年11月22日生于江苏东海县。他六岁那年随家人迁居扬州,在那里度过了童年和少年时期。朱自清先生从小读私塾,继承了父辈的家学渊源。江南古镇秀丽的自然风光和浓郁的文化氛围,也在不知不觉中陶冶了少年朱自清平淡的性情和向往自然美的情趣,这些都潜移默化地融入了他后来的诗歌与散文创作中。朱自清是我国现代文学史上著名的诗人、散文家、学者、民族战士,他的作品文字质朴,蕴意深刻,风格沉郁。

朱自清的散文主要是叙事性和抒情性的小品文。其作品的题材可分为三个系列:一是以写社会生活抨击黑暗现实为主要内容的一组散文,代表作品有《生命的价格:七毛钱》《白种人:上帝的骄子》和《执政府大屠杀记》;二是以《背影》《儿女》为代表的一组散文,主要描写个人和家庭生活,表现父子、夫妻、朋友间的人伦之情,具有浓厚的人情味;三是以写自然景物为主的一组借景抒情的作品,如《桨声灯影里的秦淮河》《荷塘月色》和《春》等,是其代表佳作,伴随一代又一代人的喜怒哀乐。后两类散文,是朱自清写得最出色的,其中《背影》《荷塘月色》更是脍炙人口的名篇。其散文素朴缜密、清隽沉郁,以语言洗练、文笔清丽著称,极富有真情实感。

四、故都的秋

郁达夫

【阅读提示】

从1921年到1933年4月,郁达夫用相当大的精力参加左翼文艺活动和进行创作。由于国民党白色恐怖的威胁等原因,郁达夫从1933年4月由上海迁居杭州,1936年2月离杭赴福州,在杭州居住了三年。在这段时间里,他思想苦闷,创作枯竭,过的是一种闲散安逸的生活,并花了许多时间到处游山玩水,在一定程度上也是为了排遣现实带给他的苦闷和离群索居的寂寞。在游山玩水过程中,写了许多游记,这是他在这段时期创作的主要收获,为我国现代游记的发展做出了贡献。1934年7月,郁达夫"不远千里"从杭州经青岛去北平,再次饱尝了故都的"秋"味。

秋天,无论在什么地方的秋天,总是好的;可是啊,北国的秋,却特别地来得清,来得静,来得悲凉。我的不远千里,要从杭州赶上青岛,更要从青岛赶上北平来的理由,也不过想饱尝一尝这"秋",这故都的秋味。

江南,秋当然也是有的;但草木凋得慢,空气来得润,天的颜色显得淡,并且又时常多雨而少风;一个人夹在苏州上海杭州,或厦门香港广州的市民中间,混混沌沌地过去,只能感到一点点清凉,秋的味,秋的色,秋的意境与姿态,总看不饱,尝不透,赏玩不到十足。秋并不是名花,也并不是美酒,那一种半开、半醉的状态,在领略秋的过程上,是不合适的。

不逢北国之秋,已将近十余年了。在南方每年到了秋天,总要想起陶然亭①的芦花,钓鱼台②的柳影,西山③的虫唱,玉泉④的夜月,潭柘寺⑤的钟声。在北平即使不出门去吧,就是在皇城人海之中,租人家一椽⑥破屋来住着,早晨起来,泡一碗浓茶,向院子一坐,你也能看得到很高很高的碧绿的天色,听得到青天下驯鸽的飞声。从槐树叶底,朝东细数着一丝一丝漏下来的日光,或在破壁腰中,静对着像喇叭似的牵牛花(朝荣)的蓝朵,自然而然地也能够感觉到十分的秋意。说到了牵牛花,我以为以蓝色或白色者为佳,紫黑色次之,淡红者最下。最好,还要在牵牛花底,教长着几根疏疏落落的尖细且长的秋草,使作陪衬。

北国的槐树,也是一种能使人联想起秋来的点缀。像花而又不是花的那一种落蕊,早晨起来,会铺得满地。脚踏上去,声音也没有,气味也没有,只能感出一点点极微细极柔软的触觉。扫街的在树影下一阵扫后,灰土上留下来的一条条扫帚的丝纹,看起来既觉得细腻,又觉得清闲,潜意识下并且还觉得有点儿落寞⑦,古人所说的梧桐一叶而天下知秋⑧的遥想,大约也就在这些深沉的地方。

---

① 陶然亭:位于北京城南,亭名出自白居易诗句"更待菊黄家酿熟,共君一醉一陶然"。
② 钓鱼台:在北京阜成门外三里河,玉渊潭公园北面,环境清幽,台下有泉涌出,汇成池,其水至冬不竭。
③ 西山:北京西郊群山的总称,是京郊名胜。
④ 玉泉:指玉泉山,是西山东麓支脉。
⑤ 潭柘寺:在北京西山,相传"寺址本在青龙潭上,有古柘千章,寺以此得名。"
⑥ 一椽:一间屋。椽,放在房檩上架着木板或瓦的木条。
⑦ 落寞:冷落,寂寞。
⑧ 梧桐一叶而天下知秋:《淮南子·说山训》:"以小明大,见一叶落而知岁之将暮。"《太平御览》卷二十四引用"一叶落而知天下秋"。

秋蝉的衰弱的残声，更是北国的特产；因为北平处处全长着树，屋子又低，所以无论在什么地方，都听得见它们的啼唱。在南方是非要上郊外或山上去才听得到的。这秋蝉的嘶叫，在北平可和蟋蟀耗子一样，简直像是家家户户都养在家里的家虫。

还有秋雨哩，北方的秋雨，也似乎比南方下得奇，下得有味，下得更像样。

在灰沉沉的天底下，忽而来一阵凉风，便息列索落的下起雨来了。一层雨过，云渐渐地卷向了西去，天又晴了，太阳又露出脸来了；着①着很厚的青布单衣或夹袄的都市闲人，咬着烟管，在雨后的斜桥影里，上桥头树底下去一立，遇见熟人，便会用了缓慢悠闲的声调，微叹着互答着的说：

"唉，天可真凉了——"（这了字念得很高，拖得很长。）

"可不是吗？一层秋雨一层凉啦！"

北方人念阵字，总老像是层字，平平仄仄起来②，这念错的歧韵，倒来得正好。

北方的果树，到秋天，也是一种奇景。第一是枣子树；屋角，墙头，茅房边上，灶房门口，它都会一株株的长大起来。像橄榄又像鸽蛋似的这枣子颗儿，在小椭圆形的细叶中间，显出淡绿微黄的颜色的时候，正是秋全盛时期，等枣树叶落，枣子红完，西北风就要起来了，北方便是尘沙灰土的世界，只有这枣子，柿子，葡萄，成熟到八九分的七八月之交，是北国的清秋的佳日，是一年之中最好也没有的 Golden Days③。

有些批评家说，中国的文人学士，尤其是诗人，都带着很浓厚的颓废色彩，所以中国的诗文里，赞颂秋的文字特别的多。但外国的诗人，又何尝不然？我虽则外国诗文念得不多，也不想开出账来，做一篇秋的诗歌散文钞④，但你若去一翻英德法意等诗人的集子，或各国的诗文的 Anthology 来⑤，总能够看到许多关于秋的歌颂和悲啼。各著名的大诗人的长篇田园诗或四季诗里，也总以关于秋的部分，写得最出色而最有味。足见有感觉的动物，有情趣的人类，对于秋，总是一样的能特别引起深沉，幽远，严厉，萧索的感触来的。不单是诗人，就是被关闭在牢狱里的囚犯，到了秋天，我想也一定会感到一种不能自已的深情；秋之于人，何尝有国别，更何尝有人种阶级的区别呢？不过在中国，文字里有一个"秋士"⑥的成语，读本里又有着很普遍的欧阳子的《秋声》⑦与苏东坡的《赤壁赋》等，就觉得中国的文人，与秋的关系特别深了，可是这秋的深味，尤其是中国的秋的深味，非要在北方，才感受得到底。

南国之秋，当然是也有它的特异的地方的，譬如廿四桥的明月，钱塘江的秋潮，普陀山的凉雾，荔枝湾⑧的残荷等等，可是色彩不浓，回味不永。比起北国的秋来，正像是黄酒之与白干，稀饭之与馍馍，鲈鱼之与大蟹，黄犬之与骆驼。

秋天，这北国的秋天，若留得住的话，我愿意把寿命的三分之二折去，换得一个三分之一的零头。

一九三四年八月，在北平

---

① 着：穿（衣）。
② 平平仄仄起来：意即推敲起字的韵律来。
③ Golden Days：英语中指"黄金般的日子"。
④ 钞：同"抄"。
⑤ Anthology：英语中指"选集"。
⑥ 秋士：古时指到了暮年仍不得志的知识分子。
⑦ 欧阳子的《秋声》：指欧阳修的《秋声赋》。
⑧ 荔枝湾：位于广州城西。

【文本对话】

一、仔细阅读课文,思考下列问题。

1. 作者说"自然而然地也能够感觉到十分的秋意",这"秋意"指的是什么?表现这"秋意"的景是什么?

2. 作者置身"皇城人海",却在斗室中"细数着一丝一丝漏下来的日光""静对着像喇叭似的牵牛花",这是为什么?

3. 作者为什么说牵牛花以"蓝色或白色者为佳,紫黑色次之,淡红者最下",又为什么说最好还要用秋草作陪衬?

4. 北方的秋雨"下得奇,下得有味,下得更像样",具体表现在哪里?

5. "在雨后的斜桥影里",这是都市闲人站立的背景。这幅背景暗示的内容很多,请说说你的想法?

6. 课文为什么描写都市闲人?

7. "秋天,这北国的秋天,若留得住的话,我愿意把寿命的三分之二折去,换得一个三分之一的零头。"郁达夫先生为什么不惜折损阳寿而希望"留得住""这北国的秋天"呢?

二、课文多用整句,特别是排比句,请你找出两三个例子加以分析,说明它的妙处。

三、对比描写是本文突出的特征,有南北对比、中外对比、动静对比、大小对比、色彩对比等,请你扣住课文就南北对比作些具体分析,并说明这样写有什么作用?

【实践活动】

一、请以《金色的秋》为题写一篇散文,寄寓你对人生的感受和理解。

【知识链接】

郁达夫,名文,字达夫,现代作家。1896年12月7日出生于富阳满洲弄(今达夫弄)的一个知识分子家庭。幼年贫困的生活促使发愤读书,成绩斐然。1913年9月随长兄赴日本留学,1922年毕业于东京帝国大学经济学部。

1930年参加中国左翼作家联盟。抗日战争全面爆发后,他赴武汉投入抗日救亡运动,并到新加坡积极宣传抗日。后流亡到苏门答腊。1945年9月被日本宪兵杀害。郁达夫的主要作品有《沉沦》《春风沉醉的晚上》《出奔》《她是一个弱女子》等,在不同程度上揭露了旧社会的罪恶,向封建道德大胆挑战,有一定的积极意义,但也带有颓废情绪。

郁达夫是著名的新文学团体"创造社"的发起人之一,他的第一本也是我国现代文学史上的第一本小说集《沉沦》,被公认是震世骇俗的作品,他的散文以游记著称,情景交融,文笔优美,自成一家。其旧体诗词、文艺评论和杂文政论也都自成一家,不同凡响。

五、都江堰①

余秋雨

【阅读提示】

本文是一篇别具一格的游记散文,它不但描写都江堰的景观,而且对景观、人物、历史进行了评述,给人深刻的思想启迪。阅读本文,要把握文章整体倾向,着重理解其中评述语句的文化内涵,体会作者在字里行间流露的思想感情。

一

我以为,中国历史上最激动人心的工程不是长城,而是都江堰。

长城当然也非常伟大,不管孟姜女②们如何痛哭流涕,站远了看,这个苦难的民族竟用人力在野山荒漠间修了一条万里屏障,为我们生存的星球留下了一种人类意志力的骄傲。长城到了八达岭一带已经没有什么味道,而在甘肃、陕西、山西、内蒙一带,劲厉的寒风在时断时续的颓壁残垣③间呼啸,与淡淡的夕照、荒凉的旷野融成一气,让人全身心地投入对历史、对岁月、对民族的巨大惊悸④,感觉就深厚得多了。

但是,就在秦始皇下令修长城的数十年前,四川平原上已经完成了一个了不起的工程。它的规模从表面上看远不如长城宏大,却注定要稳稳当当地造福千年。长城占据了辽阔的空间,它却实实在在地占据了邈远⑤的时间。长城的社会功用早已废弛,而它至今还在为无数民众输送汩汩清流。有了它,旱涝无常的四川平原成了天府之国,每当我们民族有了重大灾难,天府之国总是沉着地提供庇护和濡养。因此,可以毫不夸张地说,它永久性地灌溉了中华民族。

有了它,才有刘备、诸葛亮的雄才大略,才有李白、杜甫、陆游的川行华章。说得近一点,有了它,抗日战争中的中国才有一个比较安定的后方。

它的水流不像万里长城那样突兀在外,而是细细浸润、节节延伸,延伸的距离并不比长城短。长城的文明是一种僵硬的雕塑,它的文明是一种灵动的生活。长城摆出一副老资格等待人们的修缮,它却卑处一隅⑥,像一位绝不炫耀、毫无所求的乡间母亲,只知贡献。一查履历,长城还只是它的后辈。

它,就是都江堰。

---

① 选自《秋雨散文》(浙江文艺出版社 1994 年版)。都江堰,战国时大型水利工程。位于四川省都江堰市区西门外玉垒山下,战国时期秦国蜀郡守李冰率众修建,距今已有 2000 多年历史。

② 孟姜女:民间传说故事中的人物。相传秦始皇时,其夫杞良被征去筑长城,经年未归。孟姜女万里送寒衣,杞良已死,哭于城下,城为之倾倒,并在其中发现杞良的骸骨。

③ 颓壁残垣(yuán):形容建筑物倒塌残破的景象。

④ 惊悸:因惊慌而心跳得厉害。

⑤ 邈远:遥远。

⑥ 隅:角落。

二

我去都江堰之前,以为它只是一个水利工程罢了,不会有太大的游观价值。连葛洲坝都看过了,它还能怎么样?只是要去青城山①玩,得路过灌县县城,它就在近旁,就乘便看一眼吧。因此,在灌县下车,心绪懒懒的,脚步散散的,在街上胡逛,一心只想着青城山。

七转八弯,从简朴的街市走进了一个草木茂盛的所在。脸面渐觉滋润,眼前愈显清朗,也没有谁指路,只向更滋润、更清朗的去处走。忽然,天地间开始有些异常,一种隐隐然的骚动,一种还不太响却一定是非常响的声音,充斥周际。如地震前兆,如海啸将临,如山崩即至,浑身起一种莫名的紧张,又紧张得急于趋附。不知是自己走去的还是被它吸去的,终于陡然一惊,我已站在伏龙观前,眼前,急流浩荡,大地震颤。

即便是站在海边礁石上,也没有像这里这样强烈地领受到水的魅力。海水是雍容大度的聚会,聚会得太多太深,茫茫一片,让人忘记它是切切实实的水,可掬可捧的水。这里的水却不同,要说多也不算太多,但股股叠叠都精神焕发,合在一起比赛着飞奔的力量,踊跃着喧嚣的生命。这种比赛又极有规矩,奔着奔着,遇到江心的分水堤,刷地一下裁割为二,直窜出去,两股水分别撞到了一道坚坝,立即乖乖地转身改向,再在另一道坚坝上撞一下,于是又根据筑坝者的指令来一番调整……也许水流对自己的驯顺有点恼怒了,突然撒起野来,猛地翻卷咆哮,但越是这样越是显现出一种更壮丽的驯顺。已经咆哮到让人心魄俱夺,也没有一滴水溅错了方位。阴气森森间,延续着一场千年的收伏战。水在这里,吃够了苦头也出足了风头,就像一大拨翻越各种障碍的马拉松健儿,把最强悍的生命付之于规整,付之于企盼,付之于众目睽睽②。看云看雾看日出各有胜地,要看水,万不可忘了都江堰。

三

这一切,首先要归功于遥远得看不出画影的李冰③。

四川有幸,公元前251年出现过一项毫不惹人注目的任命:李冰任蜀郡守。

此后中国千年官场的惯例,是把一批批有所执持的学者遴选为无所专攻的官僚,而李冰,却因官位而成了一名实践科学家。这里明显地出现了两种判然不同的政治走向,在李冰看来,政治的含义是浚理,是消灾,是滋润,是濡养,它要实施的事,既具体又质朴。他领受了一个连孩童都能领悟的简单道理:既然四川最大的困扰是旱涝,那么四川的统治者必须成为水利学家。

前不久我曾接到一位极有作为的市长的名片,上面的头衔只印了"土木工程师",我立即追想到了李冰。

没有证据可以说明李冰的政治才能,但因有过他,中国也就有过了一种冰清玉洁④的政治纲领。

---

① 青城山:在四川省都江堰市西南15千米处,为道教名山。
② 众目睽睽(kuí kuí):大家的眼睛都注视着。睽睽:张大眼睛。
③ 李冰(约公元前302年—前235年)(生卒年、出生地不详),号称陆海,战国时代著名的水利工程专家。公元前256年—前251年被秦昭王任为蜀郡(今成都一带)太守。期间,李冰治水,创建了奇功,其建堰的指导思想,就是道家的"道法自然""天人合一"的思想。
④ 冰清玉洁:像冰一样清明,玉一样纯洁。比喻高尚纯洁。

他是郡守,手握一把长锸①,站在滔滔的江边,完成了一个"守"字的原始造型。那把长锸,千年来始终与金杖玉玺、铁戟钢锤反复辩论。他失败了,终究又胜利了。

他开始叫人绘制水系图谱。这图谱,可与今天的裁军数据、登月线路遥相呼应。

他当然没有在哪里学过水利。但是,以使命为学校,死钻几载,他总结出治水三字经("深淘滩,低作堰")、八字真言("遇湾截角,逢正抽心"),直到20世纪仍是水利工程的圭臬②。他的这点学问,永远水气淋漓,而后于他不知多少年的厚厚典籍,却早已风干松脆得无法翻阅。

他没有料到,他治水的韬略③很快被替代成治人的计谋;他没有料到,他想灌溉的沃土将会时时成为战场,沃土上的稻谷将有大半充作军粮。他只知道,这个人种要想不灭绝,就必须要有清泉和米粮。

他大愚,又大智。他大拙,又大巧。他以田间老农的思维,进入了最澄澈的人类学的思考。

他未曾留下什么生平资料,只留下硬扎扎的水坝一座,让人们去猜详。人们到这儿一次次纳闷:这是谁呢?死于两千年前,却明明还在指挥水流。站在江心的岗亭前,"你走这边,他走那边"的呵喝声、劝诫声、慰抚声,声声入耳。没有一个人能活得这样长寿。

秦始皇筑长城的指令,雄壮、蛮吓、残忍;他筑堰的指令,智慧、仁慈、透明。

有什么样的起点就会有什么样的延续。长城半是壮胆半是排场,世世代代,大体是这样。直到今天,长城还常常成为排场。都江堰一开始就清朗可鉴,结果,它的历史也总显出超乎寻常的格调。李冰在世时已考虑事业的承续,命令自己的儿子作三个石人,镇于江间,测量水位。李冰逝世四百年后,也许三个石人已经损缺,汉代水官重造高近三米的"三神石人"测量水位。这"三神石人"其中一尊即是李冰雕像。这位汉代水官一定是承接了李冰的伟大精魂,竟敢于把自己尊敬的祖师,放在江中镇水测量。他懂得李冰的心意,唯有那里才是他最合适的岗位。这个设计竟然没有遭到反对而顺利实施,只能说都江堰为自己流泻出了一个独特的精神世界。

石像终于被岁月的淤泥掩埋,20世纪70年代出土时,有一尊石像头部已经残缺,手上还紧握着长锸。有人说,这是李冰的儿子。即使不是,我仍然把他看成李冰的儿子。一位现代作家见到这尊塑像怦然心动,"没淤泥而蔼然含笑,断颈项而长锸在握",作家由此而向现代官场衮衮诸公④诘问:活着或死了应该站在哪里?

出土的石像现正在伏龙观里展览。人们在轰鸣如雷的水声中向他们默默祭奠。在这里,我突然产生了对中国历史的某种乐观。只要都江堰不坍,李冰的精魂就不会消散,李冰的儿子会代代繁衍。轰鸣的江水便是至圣至善的遗言。

四

继续往前走,看到了一条横江索桥。桥很高,桥索由麻绳、竹篾编成。跨上去,桥身就猛烈摆动,越犹豫进退,摆动就越大。在这样高的地方偷看桥下会神智慌乱,但这是索桥,到处漏空,由不得你不看。一看之下,先是惊吓,后是惊叹。脚下的江流,从那么遥远的地方奔来,一派义无反顾的决绝势头,挟着寒风,吐着白沫,凌厉锐进。我站得这么高还感觉到了它的砭肤冷气,估计它是从雪山赶来的罢。但是,再看桥的另一边,它硬是化作许多亮闪闪的河渠,改恶

---

① 锸(chā):挖土的工具,铁锹。
② 圭臬(guī niè):古时测日影的器具。比喻准则、法度。
③ 韬略:原指《六韬》《三略》,为古代兵书,引申为战斗用兵的计谋,这里指治水的办法。
④ 衮衮(gǔn gǔn)诸公:指身居高位而无所作为的官僚们。语出唐·杜甫《醉时歌》:"诸公衮衮登台省,广文先生官独冷。"

从善。人对自然力的驯服,干得多么爽利。如果人类干什么事都这么爽利,地球早已是另一副模样。

但是,人类总是缺乏自信,进进退退,走走停停,不断地自我耗损,又不断地为耗损而再耗损。结果,仅仅多了一点自信的李冰,倒成了人们心中的神。离索桥东端不远的玉垒山麓,建有一座二王庙,祭祀李冰父子。人们在虔诚膜拜,膜拜自己同类中更像一点人的人。钟鼓钹磬,朝朝暮暮,重一声,轻一声,伴和着江涛轰鸣。

李冰这样的人,是应该找个安静的地方好好纪念一下的,造个二王庙,也合民众心意。

实实在在为民造福的人升格为神,神的世界也就会变得通情达理、平适可亲。中国宗教颇多世俗气息,因此,世俗人情也会染上宗教式的光斑。一来二去,都江堰倒成了连接两界的桥墩。

我到边远地区看傩戏,对许多内容不感兴趣,特别使我愉快的是,傩戏中的水神河伯,换成了灌县李冰。傩戏中的水神李冰比二王庙中的李冰活跃得多,民众围着他狂舞呐喊,祈求有无数个都江堰带来全国的风调雨顺,水土滋润。傩戏本来都以神话开头的,有了一个李冰,神话走向实际,幽深的精神天国一下子贴近了大地,贴近了苍生。

【文本对话】

一、通读课文,在理清思路的基础上,说说课文的中心意思。

二、朗读课文第二部分第三段,然后回答下边的问题。

1. 都江堰江水有哪些特征?
2. 这段文字采用了哪些修辞方法?在表情达意上起什么作用?
3. 揣摩倒数第二句,说说作者刻意描绘都江堰江水的意图。

三、结合语境理解下面的语句,回答括号中的问题。

1. 他是郡守,手握一把长锸,站在滔滔的江边,完成了一个"守"字的原始造型。那把长锸,千年来始终与金杖玉玺、铁戟钢锤反复辩论。他失败了,终究又胜利了。

(这个造型说明李冰是个怎样的郡守?怎样理解他"终究又胜利了")

2. 他大愚,又大智。他大拙,又大巧。他以田间老农的思维,进入了最澄澈的人类学的思考。

("田间老农的思维""人类学的思考"指的是什么?试用两个成语表述第一句和第二句的意思。)

3. 在这里,我突然产生了对中国历史的某种乐观。只要都江堰不坍,李冰的精魂就不会消散,李冰的儿子会代代繁衍。轰鸣的江水便是至圣至善的遗言。

(这段话体现了作者怎样的思想感情?)

【实践活动】

就"中国历史上最激动人心的工程不是长城,而是都江堰"这一观点,谈谈你的看法。

【知识链接】

余秋雨,1946年生,浙江余姚人,艺术理论家,中国文化史学者,散文作家。曾任上海戏剧学院院长、教授,上海写作学会会长。1987年被授予"国家级突出贡献专家"荣誉称号。余秋雨的主要作品包括《文化苦旅》《山居笔记》《霜冷长河》《千年一叹》《行者无疆》等。

余秋雨的文化散文是当代文学中一个重要的组成部分,他的文化散文形成了"秋雨文化现象"。余秋雨散文的文化魅力就在于:他在散文的传统模式上有了创新和发展,以大篇幅、大容量吞吐古今、驰骋万里,用抒情的笔法进行理性思考和议论;他把对历史和文化的沉重反思,与对中国传统文人人格的强烈关注,借秀丽的山水风光为载体进行深刻的述评,突显了山水胜迹背后的文化内涵,抒发了对历史与文化的独特感受。另外"余氏两难结构"和散文创作中的"戏剧表现",使他的散文具有了小说化的艺术形式,使文章增强了艺术感染力和艺术表现力。余秋雨对文化散文这一文体大胆的探索与尝试,为当代散文的发展开辟了新的艺术发展空间。

第六单元

闲情雅趣

　　清新自然的文学作品不仅令人赏心悦目,还能让人在轻松明快的心态中收获人生的无限感悟。本单元所选的散文,篇目虽不多,但涉及的历史跨度空间却很大。从写作背景和所反映的内容来看,不仅回响着古代人的心声,还扣击着现代人的节奏,触摸着当代人的眼睛,紧紧扣住人类生命和生活的脉搏,演绎出一个又一个美丽生活的真谛。

　　张若虚的《春江花月夜》一千多年来仍然使无数读者为之倾倒。这首诗中的极品之作,通过春、江、花、月、夜五种事物为背景,将景、情、理依次展开,勾勒出月夜下的富春江清幽而富饶的意境,吸引读者去探寻其深邃的意韵。

　　著名画家徐渭,真可谓"文"与"画"并举。作为对山水画造诣非常深厚的人来说,景物如同心境,心境紧系景物。《豁然堂记》这篇散文文字清新,韵味无穷。徐渭通过描写人生达观的"豁然堂",阐述了人类赋予自然生态意识的生命观,诠释了生命存在的真正取向。

　　作为托物言志的优美散文,《石榴》既描写了石榴的外在美,也彰显了石榴的内在精神美,同时还兼顾了文章的语言美。作者借石榴的形象来歌颂真善美,寄托了革命战争年代中华民族的伟大战斗情怀,那就是不怕威压、坚贞刚勇、奋发向上的品格与精神。

　　《珍珠鸟》作为一篇描写生动、富有诗情画意的状物散文,以细腻亲切的语言写出了小鸟由"怕"人到"信赖"人的变化过程。暗示了和谐外衣下隐藏着的种种矛盾,最后在善良人心的推动下得以化解,宣扬了美丽的人文主义精神。

　　《听听那冷雨》作为余光中散文的极品,被誉为最有思想的散文,不仅艺术表现手法独特,而且思想性也非常强。文章通过作者在不同地方听雨、看雨,串起了一系列对人生的感悟,引发了无限乡愁乡思。

一、春江花月夜①

〔唐〕张若虚②

【阅读提示】

《春江花月夜》被闻一多先生誉为"诗中的诗,顶峰上的顶峰"。一千多年来,这首诗使无数读者为之倾倒。整首诗由景、情、理依次展开,勾勒出春江花月夜清幽的意境。作者抓住扬州南郊曲江或扬子津一带月下夜景中最动人的五种事物:春、江、花、月、夜,并紧扣这五种事物的背景,以月为主体,展现出一幅充满人生哲理与生活情趣的画卷,吸引读者去探寻其蕴含着的美的真谛。

春江潮水连海平,海上明月共潮生。
滟滟③随波千万里,何处春江无月明!
江流宛转绕芳甸④,月照花林皆似霰⑤。
空里流霜⑥不觉飞,汀⑦上白沙看不见。
江天一色无纤尘⑧,皎皎空中孤月轮⑨。
江畔何人初见月?江月何年初照人?
人生代代无穷已⑩,江月年年望⑪相似。
不知江月待何人,但见⑫长江送流水。
白云一片去悠悠⑬,青枫浦⑭上不胜愁。
谁家今夜扁舟子⑮?何处相思明月楼⑯?
可怜楼上月徘徊⑰,应照离人⑱妆镜台。

---

① 选自《全唐诗》,中华书局(1985年)。
② 张若虚(约660—约720),唐代诗人。扬州(今属江苏)人。与贺知章、张旭、包融并称"吴中四士"。
③ 滟(yàn)滟:波光荡漾的样子。
④ 芳甸(diàn):开满花草的郊野。甸,郊外之地。
⑤ 霰(xiàn):天空中降落的白色不透明的小冰粒。此处形容月光下春花晶莹洁白。
⑥ 流霜:飞霜。古人以为霜和雪一样,是从空中落下来的,所以叫流霜。此处比喻月光皎洁,月色朦胧、流荡,所以不觉得有霜霰飞扬。
⑦ 汀(tīng):水边平地,小洲。
⑧ 纤尘:微细的灰尘。
⑨ 月轮:指月亮,因为月圆时像车轮,所以称为月轮。
⑩ 穷已:穷尽。
⑪ 望:一作"只"。
⑫ 但见:只见、仅见。
⑬ 悠悠:渺茫、深远。
⑭ 青枫浦:地名,今湖南浏阳境内有青枫浦。这里泛指游子所在的地方。暗用《楚辞·招魂》"湛湛江水兮上有枫,目极千里兮伤春心"句意,隐含离别之意。
⑮ 扁舟子:飘荡江湖的游子。扁舟,小舟。
⑯ 明月楼:月夜下的闺楼。这里指闺中思妇。
⑰ 月徘徊:指月光偏照闺楼,徘徊不去,令人不胜其相思之苦。
⑱ 离人:此处指思妇。

玉户①帘中卷不去,捣衣砧②上拂还来。
此时相望不相闻③,愿逐月华④流照君。
鸿雁长飞光不度,鱼龙潜跃水成文⑤。
昨夜闲潭⑥梦落花,可怜春半不还家。
江水流春去欲尽,江潭落月复西斜。
斜月沉沉藏海雾,碣石潇湘⑦无限路。
不知乘月⑧几人归,落月⑨摇情⑩满江树。

【文本对话】

一、点字注音。

滟滟(　　) 霰(　　) 徘徊(　　) 捣衣砧(　　)
汀(　　) 碣石(　　)

二、诗中哪句运用了拟人的写法,这样写有什么好处?

三、诗篇题目令人心驰神往。_____、_____、_____、_____、_____,这五种事物集中体现了人生最动人的良辰美景,构成了诱人探寻的奇妙的艺术境界。

四、在你学过的古诗中,哪些诗是写关于月亮的,你能写出一首来吗?

五、用现代文的形式将这首诗的美好意境表现出来。

六、"白云一片去悠悠……落月摇清满江树"这一部分共写了两方面的内容:1._____;2._____。

七、在前几句诗中,诗人写到了哪些意象?请展开联想和想象,用自己的语言描绘这幅画面。

八、"白云一片去悠悠,青枫浦上不胜愁。谁家今夜扁舟子?何处相思明月楼?"诗人由_____想到_____。

---

① 玉户:形容楼阁华丽,以玉石镶嵌。
② 捣衣砧(zhēn):捣衣石、捶布石。
③ 相闻:互通音信。
④ 逐:追随。月华:月光。
⑤ 文:同"纹"。
⑥ 闲潭:幽静的水潭。
⑦ 碣(jié)石潇湘:碣石,山名,在渤海边上。潇湘,湘江与潇水,在今湖南。这里两个地名一南一北,暗指路途遥远,相聚无望。
⑧ 乘月:趁着月光。
⑨ 落月:一作"落花"。
⑩ 摇情:激荡情思,犹言牵情。

九、最后这几句写落月,落花闲潭,蕴含什么道理?

【知识链接】
《春江花月夜》题目的来源
《春江花月夜》这个题目相传为陈后主(叔宝)所创,是乐府《吴声歌曲》名,是陈后主所作艳曲之一,原词早已失传。隋炀帝曾以此题作诗《春江花月夜》二首:
(一)暮江平不动,春花满正开。流波将月去,潮水带星来。
(二)夜露含花气,春潭漾月晖。汉水逢游女,湘川值二妃。

二、豁然堂记①

〔明〕徐渭②

【阅读提示】

　　山水名胜古迹,往往与人的心境是紧紧相连的。人生的达观与否,往往就在一步之距的抉择中。《豁然堂记》这篇散文。文学家徐渭通过描写"豁然堂"内外的景观及其带给人的感受,引出了一个深刻的道理:人心若为私利所阻碍,就会变得像改建前的"豁然堂"一样晦暗,以至于外界的事物什么也看不见。

　　越③中④山之⑤大者,若⑥禹穴⑦、香炉、蛾眉、秦望⑧之属⑨,以十数⑩,而小者至⑪不可计。至于湖,则总之称鉴湖,而支流之别⑫出者,益⑬不可胜计矣。郡城隍祠,在卧龙山之臂⑭,其西有堂,当⑮湖山环会⑯处。语其似⑰,大约缭⑱青⑲萦⑳白㉑,髻㉒岿㉓带澄。而近俯雉堞㉔,远问㉕村

---

① 选自《徐渭集》(中华书局2015年07月排印本)。
② 徐渭(1521—1593),汉族,绍兴府山阴(今浙江绍兴)人。初字文清,后改字文长,号天池山人。我国明代文学家、书画家、军事家。
③ 越:越地。旧地名,即今天的江浙一带。
④ 中:内部,里面。
⑤ 之:比,比较。
⑥ 若:像。
⑦ 禹穴:在我国被称之禹穴的有多处,一说位于四川北川县九龙山下,相传大禹降生于此;一说相传为夏禹的葬地,在今浙江省绍兴之会稽山,即大禹陵;一说相传为夏禹决汉水时的住处,在今陕西省旬阳县东。
⑧ 秦望:山名,即秦望山,在今天浙江省杭州市西南。
⑨ 之属:之类。
⑩ 以十数:有十多座。
⑪ 至:达到。
⑫ 别:另外。
⑬ 益:更加。
⑭ 臂:这里指半山腰。
⑮ 当:正好。
⑯ 会:会合。
⑰ 似:像什么。
⑱ 缭:缠绕。
⑲ 青:青山。
⑳ 萦:回旋。
㉑ 白:白水。
㉒ 髻:音jì,女子的发髻。
㉓ 岿:高耸。
㉔ 雉堞:堞是指古代城墙上掩护守城人用的矮墙,也泛指城墙。雉,引申义:用为城墙面积计算单位。长三丈高一丈为一雉。
㉕ 问:通"闻",听。

落。其间林莽田隰①之布错，人禽宫室之亏蔽②，稻黍菱蒲莲芡之产，畊③渔犁楫之具，纷披④于坻洼⑤；烟云雪月之变，倏忽⑥于昏旦。数十百里间，巨丽纤华⑦，无不毕集⑧人衿⑨带上。或至游舫冶尊⑩，歌笑互答，若当时龟龄⑪所称"莲女""渔郎"者，时亦点缀其中。于是⑫登斯堂，不问其人，即有外感⑬中攻⑭，抑郁无聊之事，每一流瞩⑮，烦虑顿消。而官⑯斯土⑰者，每当宴集过客，亦往往寓⑱庖于此。独规制⑲无法，四蒙以辟⑳，西面凿牖㉑，仅容两躯。客主座必东，而既㉒背湖山，起座一观，还㉓则随失。是为坐斥㉔旷明，而自取晦塞。予病㉕其然，悉取西南牖之，直辟㉖其东一面，令客座东而西向，倚几㉗以临㉘即湖山，终席不去。而后向㉙之所云诸景，若舍塞而就旷，却㉚晦而即明。工既㉛讫㉜，拟其名㉝，以为莫"豁然"宜。

既名矣，复思其义曰："嗟乎，人之心一耳。当其为私所障时，仅仅知我有七尺躯，即同室之亲，痛痒当前，而盲㉞然若一无所见者，不犹㉟向㊱之湖山，虽近在目前，而蒙以辟者耶？及其所

---

① 隰：音 xí，低湿的地方，泛指沼泽地。
② 亏蔽：遮掩。
③ 畊：同"耕"，耕地。
④ 披：遍布。
⑤ 坻洼：高地或洼地。坻，音 chí。洼，同"洼"。
⑥ 倏忽：很快地，忽而间。
⑦ 巨丽纤华：巨大的壮伟场面或细微的美好景物。
⑧ 集：汇集。
⑨ 衿：同"襟"。
⑩ 冶尊：饮酒。
⑪ 龟龄：指张志和。张志和(730年—810年?)，字子同，初名龟龄，婺州(今浙江金华)人，自号"烟波钓徒"，又号"玄真子"。唐代著名道士、词人和诗人。
⑫ 于是：此时。
⑬ 感：刺激。
⑭ 攻：煎熬。
⑮ 瞩：景观。
⑯ 官：做官。
⑰ 斯土：这个地方。
⑱ 寓：特聘。
⑲ 规制：规格制式。
⑳ 辟：同"蔽"，遮蔽。
㉑ 牖：音 yǒu，窗户。
㉒ 而既：而，就。既，完成，这里引申为"必然"。
㉓ 还：同"旋"，转。
㉔ 斥：退去，放弃。
㉕ 病：憎恨，不满。
㉖ 辟：同"闭"，指不打通。
㉗ 几：音 jī，酒桌。
㉘ 临：面对。
㉙ 向：刚才。
㉚ 却：摆脱。
㉛ 既：已经。
㉜ 讫：(事情)完结。
㉝ 名：命名，起名。
㉞ 盲：看不见。
㉟ 犹：像。
㊱ 向：原来。

障既彻①,即四海之疏②,痛痒未必当吾前也,而③灿④然若无一而不婴⑤于吾之见者,不犹今之湖山虽远在百里,而通⑥以牖者耶?由此观之,其豁与不豁,间耳。而私一己、公万物之几系⑦焉。此名斯堂者与登斯堂者,不可不交相勉者也,而直⑧为一湖山也哉?"既以名于是义,将⑨以共⑩于人也,次⑪而为之记。

【文本对话】

一、对下列句子中加点词的解释,不正确的一项是(　　)。
A. 当湖山环会处　　当:在
B. 髻峙带澄　　峙:耸立
C. 直辟其东一面　　辟:打开
D. 却晦而即明　　却:拒绝

二、下列各组句子中加点词的意义和用法,相同的一组是(　　)。
A. 若禹穴、香炉、峨眉、秦望之属　　即同室之亲
B. 则总之称鉴湖　　起座一观,还则随失
C. 是为坐斥旷明,而自取晦塞　　当其为私所障时
D. 倚几以临即湖山　　而通以牖者

三、下列选项中全属于表现豁然堂改建后情况的一项是(　　)。
①当湖山环会处　②规制无法　③四蒙以辟
④悉取西南牖之　⑤客座东而西向　⑥坐斥旷明,而自取晦塞
⑦舍塞而就旷,却晦而即明

A. ④⑤⑦　　B. ①③④　　C. ⑤⑥⑦　　D. ②④⑤

四、下列对原文有关内容的分析和概括,不正确的一项是(　　)。

A. 豁然堂原为绍兴府城隍祠西的一座堂,登临其址,视野开阔,无论巨大的壮伟场面或细微的美好景物,都如汇集在人们的衣襟带上一般。

B. 改建后的"豁然堂"完全避免了原来的人景隔绝的缺失,堂内堂外连成一片,人在堂内坐,如在画中游。

C. 作者由"豁然堂"改建引出一个颇为深刻的道理:感情的亲疏,往往会影响我们观察事物的深入细致与否。

D. 文章论述的道理是复杂而深刻的,但由于文章前半部分的叙述、写景,为后半部分打了一个极为贴切、生动的比方,所以,作者并没有花多少笔墨就把它说清楚了。

---

① 彻:去除,消失。
② 疏:同"疏",遥远。
③ 而:反而。
④ 灿:鲜明。
⑤ 婴:缠绕。
⑥ 通:透过。
⑦ 系:维系。
⑧ 直:只是。
⑨ 将:打算。
⑩ 共:同"公",公布。
⑪ 次:依次。

【知识链接】

徐渭其人其事

　　徐渭(1521—1593),字文清,后改字文长,别号青藤、天池、田水月等,山阴(今浙江绍兴)人。我国明代晚期杰出的文学艺术家,被列为中国古代十大名画家之一。徐渭多才多艺,在书画、诗文、戏曲等领域均有很深造诣,且能独树一帜,给当世与后代都留下了深远的影响。与解缙、杨慎并称"明代三才子"。其画能吸取前人精华而脱胎换骨,一改因袭模拟的旧习,喜用泼墨勾染,水墨淋漓,重写意慕生,不求形似求神似,以其特有的风格,开创了一代画风。山水、人物、花鸟、竹石无所不工,以花卉最为出色,被公认为青藤画派的鼻祖。著有《徐文长全集》、《徐文长佚草》及杂剧《四声猿》、戏曲理论《南词叙录》等。

三、石榴①

郭沫若②

【阅读提示】

1942年,作为革命作家的郭沫若正在中国共产党的领导之下从事着紧张而又繁忙的抗日宣传工作,所以,对于《石榴》进行政治性的解读便似乎成了顺理成章的事情。比如,有的论者就曾认为:"作者歌颂的夏天,分明是华夏之天,是抗日民主根据地的天;那'夏天的心脏'分明是优秀的华夏儿女——中国共产党人。"但我在阅读《石榴》时,印象最为深刻的,倒是作品所充溢与散发着的生气勃勃的生命力——那种火一样的灿烂、燃烧、自由、蒸腾,并且呼呼向上的生命之力,所谓的"榴红似火",也许所指的,并不仅仅是色彩上的相似,而正是这种火热的生命力量。

五月过了,太阳增加了它的威力,树木都把各自的伞盖伸张了起来。不想再争妍斗艳③的时候,有少数的树木却在这时开起了花来。石榴树便是这少数树木中的最可爱的一种。

石榴有梅树的枝干,有杨柳的叶片,奇崛④而不枯瘠⑤,清新而不柔媚⑥,这风度实兼备了梅柳之长,而舍去了梅柳之短。

最可爱的是它的花,那对于炎阳的直射毫不辟易的深红色的花,单瓣的已够陆离⑦,双瓣的更为华贵,那可不是夏季的心脏吗?

单那小茄形的骨朵已经就是一种奇迹了。你看它逐渐翻红,逐渐从顶端整裂为四瓣,任你用怎样犀利⑧的劈刀也都劈不出那样的匀称,可是谁用红玛瑙⑨琢成了那样多的花瓶儿,而且还精巧地插上了花?

单瓣的花虽没有双瓣者的豪华,但它却更有一段妙幻的演艺,红玛瑙的花瓶儿由希腊式的安普刺⑩变为中国式的金罍⑪——殷周时古味盎然的一种青铜器。博古家所命名的各种锈彩,它都是具备着的。

你以为它真是盛酒的金罍吗?它会笑你呢。秋天来了,它对于自己的戏法好像忍俊不

---

① 选自《丁东草》(《沫若文集》第九卷,人民文学出版社1959年版)。
② 郭沫若,1892年11月16日生于四川省乐山县铜河沙湾,毕业于日本九州帝国大学,现代文学家、历史学家、新诗奠基人之一。代表作有诗集《女神》、话剧《屈原》《虎符》等。
③ 争妍斗艳:竞相比美。妍,美丽。艳,美丽。
④ 奇崛,亦作"奇倔",奇特挺拔。
⑤ 枯瘠:干枯、瘦弱。
⑥ 柔媚:柔和美好。
⑦ 陆离:形容色彩绚丽繁杂。
⑧ 犀利:坚固锐利。
⑨ 玛瑙:是玉髓类矿物的一种,经常是混有蛋白石和隐晶质石英的纹带状块体,有半透明或不透明的。
⑩ 安普刺(lá):一种用以盛装液体的圆身细颈小瓶,特别用于盛装油和香水。古代地中海一带此种盛具用于梳妆,也用于涂油。
⑪ 金罍(léi):古代一种盛酒的容器。

禁①地破口大笑起来,露出一口皓齿②,那样透明光嫩的皓齿你在别的地方还看见过吗?

我本来就喜欢夏天。夏天是整个宇宙向上的一个阶段,在这时使人的身心解脱尽重重的束缚。因而我更喜欢这夏天的心脏。

有朋友从昆明回来,说昆明石榴特别大,子粒特别丰腴,有酸甜两种,酸者味更美。

禁不住唾津③的潜溢了。

【文本对话】

一、给下列画线字注音。

争妍(　　)斗艳　奇崛(　　)　枯瘠(　　)　丰腴(　　)　犀利(　　)
劈刀(　　)　皓齿(　　)　束缚(　　)　唾津(　　)　潜溢(　　)
盎然(　　)　安普剌(　　)　金罍(　　)　柔媚(　　)　玛瑙(　　)

二、选择题。

1.下列各句中加点字注音有误的一项是(　　)

A.树木都把各自的伞盖伸张了起来。不想再争妍(yán)斗艳的时候,有少数的树木却在这时开起了花来。

B.石榴有梅树的枝干,有杨柳的叶片,奇崛(jué)而不枯瘠(jí),清新而不柔媚。

C.秋天来了,它对于自己的戏法好像忍俊不禁(jìn)地破口大笑起来,露出一口的皓(hào)齿。

D.禁不住唾津的潜溢(yì)了。

2.作者将石榴描绘得富有神韵和魅力,下列对文章赏析不正确的一项是(　　)

A.在本文中,作者将石榴比喻为"夏季的心脏",是因为深红的石榴花让夏季更加亮丽和生机盎然。

B.作者描写石榴树的外形特征时,用了比较的手法。

C.这是一篇普通的描绘自然物的散文,作者只是赞颂石榴的美,并无其他言外之意。

D.作者描绘石榴的同时,也充满了对整个自然界、对宇宙、对人的生命力的炽热感情。

三、回答下列问题。

1.石榴是夏天的心脏。对此,你如何理解?

2.本文写于1942年,联系当时的时代背景,本文反映了作者怎样的思想感情?

【实践活动】

阅读下面这首诗,回答问题:

秋天

何其芳

震落了清晨满披着的露珠,
伐木声丁丁地飘出幽谷。

---

① 忍俊不禁:忍不住要发笑。忍俊:含笑;不禁:无法控制自己。
② 皓(hào)齿:雪白的牙齿。
③ 唾津:唾液。

放下饱食过稻香的镰刀,
用背篓来装竹篱间肥硕的瓜果。
秋天栖息在农家里。

向江面的冷雾撒下圆圆的网,
收起青鳊鱼似的乌桕叶的影子。
芦蓬上满载着白霜,
轻轻摇着归泊的小桨。
秋天游戏在渔船上。

草野在蟋蟀声中更寥阔了。
溪水因枯涸见石更清洌了。
牛背上的笛声何处去了,
那满流着夏夜的香与热的笛孔?
秋天梦寐在牧羊女的眼里。

1. 这首诗从哪些环境来描写秋天的?
2. 诗中写到了秋天的哪些景物?

【知识链接】

郭沫若其人其事

郭沫若,(1892—1978),原名郭开贞,笔名沫若,四川省乐山客家人,著名文学家、剧作家、诗人,是中国新诗奠基人之一。同时,他还是历史学家、古文字学家、书法家、学者、社会活动家,涉猎汉语、俄语、德语、日语、英语,致力于世界和平运动。郭沫若著述颇丰,主编《中国史稿》和《甲骨文合集》,全部作品编成《郭沫若全集》38卷。

郭沫若在中国现代文学史、中国历史学、考古学等领域享有崇高的地位。中国共产党曾誉他是继鲁迅之后,中国文化战线上又一面光辉的旗帜。他曾长期担任中华全国文学艺术界联合会主席,1958年9月至1978年6月任中国科技大学首任校长。历任中国科学院院长、全国人民代表大会常务委员会副委员长等职,当选中国共产党第九、十、十一届中央委员。

郭沫若是甲骨学四堂之一:鼎堂,著作有《甲骨文字研究》《卜辞通纂》《古代文字之辩证的发展》《中国古代史的分期问题》《中国古代社会研究》《青铜时代》《十批判书》《奴隶制时代》等。

四、珍珠鸟[①]

冯骥才[②]

【阅读提示】

《珍珠鸟》是一篇叙事抒情的散文,作者以轻松活泼的笔调,细腻地描写了珍珠鸟的可爱形象,抒发了作者对珍珠鸟的喜爱赞美之情。文章按时间顺序,叙述了"我"和珍珠鸟一家三口从相识、熟悉、亲近到相依相伴的关系变化过程。其中描写了珍珠鸟的形状、色彩、动态,使小鸟憨直、顽皮、活泼的形象跃然纸上。文章落笔写鸟,实则写人,通过描写人与小鸟之间感情的沟通,表达了对互相信赖、和谐美好的世界的渴望和追求。

真好!朋友送我一对珍珠鸟,放在一个简易的竹条编成的笼子里,笼内还有一卷干草,那是小鸟舒适又温暖的巢。

有人说,这是一种怕人的鸟。

我把它挂在窗前。那儿还有一大盆异常茂盛的法国吊兰[③]。我便用吊兰长长的、串生着小绿叶的垂蔓[④]蒙盖在鸟笼上,它们就像躲进幽深的丛林一样安全,从中传出的笛儿般又细又亮的叫声,也就格外轻松自在了。

阳光从窗外射入,透过这里,吊兰那些无数指甲状的小叶,一半成了黑影,一半被照透,如同碧玉,斑斑驳驳[⑤],生意葱茏[⑥]。小鸟的影子就在这中间隐约闪动,看不完整,有时连笼子也看不出,却见它们可爱的鲜红小嘴从绿叶中伸出来。

我很少扒开叶蔓瞧它们,它们便渐渐敢伸出小脑袋瞅瞅[⑦]我。我们就这样一点点熟悉了。

三个月后,那一团越发繁茂的绿蔓里边,发出一种尖细又娇嫩的鸣叫。我猜到,是它们有了雏儿。我呢,决不掀开叶片往里看,连添食加水时也不睁大好奇的眼睛去惊动它们。过不多久,忽然有一个更小的脑袋从叶间探出来。哟,雏[⑧]儿!正是这小家伙!

它小,就能轻易地由疏格的笼子里钻出来。瞧,多么像它的父母:红嘴红脚,灰蓝色的毛,只是后背还没生出珍珠似的圆圆的白点。它好肥,整个身子好像一个蓬松的球儿。

起先,这小家伙只在笼子四周活动,随后就在屋里飞来飞去,一会儿落在柜顶上,一会儿神气十足地站在书架上,啄着书背上那些大文豪的名字,一会儿把灯绳撞得来回摇动,跟着又逃到画框上去了。只要大鸟在笼里生气地叫一声,它就立即飞回笼里去。

我不管它。这样久了,打开窗子,它最多只在窗框上站一会儿,决不飞出去。

渐渐它胆子大了,就落在我的书桌上。它先是离我较远,见我不去伤害它,便一点点挨近,

---

① 选自《人民日报》(1984年2月14日)。
② 冯骥才,男,1942年出生于天津,祖籍浙江宁波慈溪(今宁波市江北区慈城镇),当代著名作家、文学家、艺术家、画家。
③ 吊兰:又称垂盆草、挂兰、钓兰、兰草、折鹤兰,西欧又叫蜘蛛草或飞机草,原产于南非。
④ 垂蔓(màn):垂挂的枝蔓。蔓,细长不能直立的茎。
⑤ 斑斑驳驳:一种颜色中夹杂有别的颜色,或颜色深浅不一。(大多指植物和其他物体将阳光阻挡而产生的光斑。)
⑥ 生意葱茏(cōng lóng):形容草木生机盎然,茂盛青翠。
⑦ 瞅(chǒu):斜着眼看
⑧ 雏:(chú):幼小的鸟。

然后蹦到我的杯子上,俯下头来喝茶,再偏过脸瞧瞧我的反应。我只是微微一笑,依旧写东西,它就放开胆子跑到稿纸上,绕着我的笔尖蹦来蹦去,跳动的小红爪子在纸上发出"嚓嚓"的响声。

我不动声色地写,默默享受着这小家伙亲近的情意。这样,它完全放心了,索性用那涂了蜡似的小红嘴,"嗒嗒"啄着我颤动的笔尖。我用手抚一抚它细腻的绒毛,它也不怕,反而友好地啄两下我的手指。

白天,它这样淘气地陪伴我;天色入暮,它就在父母再三的呼唤声中,飞向笼子,扭动滚圆的身子,挤开那些绿叶钻进去。

有一天,我伏案写作时,它居然落到我的肩上。我手中的笔不觉停了,生怕惊跑它。待一会儿,扭头看,这小家伙竟趴在我的肩头睡着了,银灰色的眼睑盖住眸子,小红爪子刚好被胸脯上长长的绒毛盖住。我轻轻抬一抬肩,它没醒,睡得好熟!还咂咂嘴,难道在做梦?

我笔尖一动,流泻下一时的感受:

信赖,往往创造出美好的境界。

【文本对话】

一、给加点字注音

鸟巢(　　)　垂蔓(　　)　雏儿(　　)　蓬松(　　)　眼睑(　　)

眸子(　　)　呷嘴(　　)

二、选择题

1. 下列词语中有错别字的一组是(　　)

A. 舒适　茂盛　熟悉　和谐共处

B. 蒙盖　深幽　掀开　神气十足

C. 尖细　啄着　篷松　隐约闪动

D. 串生　享受　绒毛　蹦来蹦去

2. 下列词语解释不正确的一项是(　　)

A. 斑斑驳驳:一种颜色中杂有别的颜色。

B. 生意葱茏:形容草木生机盎然,茂盛青翠。

C. 流泻:(液体、光线等)迅速地流出、射出、跑过。

D. 不动声色:不说话,不流露感情。形容态度镇静。

3. 下列句子空缺处应填入的最恰当的一组词语是(　　)

①从中_____的笛儿般又细又亮的叫声,也就格外轻松自在了。

②过不多久,忽然有一个更小的脑袋从叶间_____出来。

③我用手抚一抚它细腻的绒毛,它也不怕,_____友好地啄两下我的手指。

④天色入暮,它就在父母再三的呼唤声中,飞向笼子,扭动滚圆的身子,_____那些绿叶钻进去。

A. 飘来　伸　并且　掀开　　B. 传出　探　反而　挤开

C. 飞出　钻　而且　分开　　D. 流出　爬　但是　拨开

4. 下面语段的顺序已被打乱,重新调整后,恰当的语序是(　　)

①我只是微微一笑　②俯下头来喝茶　③它先是离我较远　④依旧写东西　⑤跳动的小红爪子在纸上发出"嚓嚓"的响声　⑥便一点点挨近　⑦它就放开胆子跑到稿纸上　⑧见我不

去伤害它　⑨然后蹦到我的杯子上　⑩再偏过脸瞧瞧我的反应　⑪绕着我的笔尖蹦来蹦去

A.①②④⑦⑪③⑧⑥⑩⑤⑨
B.③⑧⑥⑨②⑩①④⑦⑪⑤
C.⑧⑦⑪⑨⑩①②④③⑥⑤
D.③⑨⑩①②④⑧⑦⑥⑪⑤

三、整体感悟课文后回答下列问题

1. 本文的感情线索是什么？
2. 为什么文章在开始部分用单独一段强调珍珠鸟"是一种怕人的鸟"？
3. 作者是如何描写珍珠鸟可爱的形象的？
4. "我"为小鸟做了哪些事？

【实践活动】

阅读下面这段文字，回答问题：

雨前（节选）

何其芳

我想起故乡放雏鸭的人了。一大群鹅黄色的雏鸭游牧在溪流间。清浅的水，两岸青青的草，一根长长的竹竿在牧人的手里。他的小队伍是多么欢欣地发出啁啾声，又多么驯服地随着他的竿头越过一个田野又一个山坡。夜来了，帐幕似的竹篷撑在地上，就是他的家。但这是怎样辽远的想象啊！在这多尘土的国度里，我仅只希望听见一点树叶上的雨声。一点雨声的幽凉滴到我憔悴的梦，也许会长成一树圆圆的绿荫来覆荫我自己。

我仰起头。天空低垂如灰色的雾幕，落下一些寒冷的碎屑到我脸上。一只远来的鹰隼，仿佛带着愤怒，对这沉重的天色的愤怒，平张的双翅不动地从天空斜插下，几乎触到河沟对岸的土阜，而又鼓扑着双翅，作出猛烈的声响腾上了。那样巨大的翅使我惊异，我看见了它两肋间斑白的羽毛。接着听见了它有力的鸣声，如同一个巨大的心的呼号，或是在黑暗里寻找伴侣的叫唤。

然而雨还是没有来。

1. 这篇散文是由虚写和实写相结合的，哪些内容是虚写？哪些内容是实写？
2. 文中描写了天空的哪些景物？

【知识链接】

冯骥才其人

冯骥才，男，1942年出生于天津，祖籍浙江宁波慈溪（今宁波市江北区慈城镇），当代著名作家、文学家、艺术家、民间艺术工作者、民间文艺家、画家。早年在天津从事绘画工作，后专职文学创作和民间文化研究。其大力推动了很多民间文化保护宣传工作。他创作了大量优秀散文、小说和绘画作品，并有多篇文章入选中小学、大学课本，如散文《珍珠鸟》。他曾经担任天津市文联主席、国际笔会中国中心会员。现任中国文学艺术界联合会执行副主席，中国小说学会会长，中国民间文艺家协会主席，国际民间艺术组织（IOV）副主席，中国民主促进会中央副主席，全国政协常委等职。

冯骥才的代表作有《高女人和她的矮丈夫》《炮打双灯》《神鞭》《义和拳》等。

五、听听那冷雨[1]

余光中[2]

【阅读提示】

《听听那冷雨》是篇诗化的散文,文章以听雨(清明时节的雨)为主线,将横的地域感(从美国,到中国台湾,到中国大陆)、纵的历史感(从太初有字,到亡宋之痛,到公寓时代)和纵横交错的现实感(人到中年沧桑过后的洞明人生,现代都市对传统意趣的破坏,对永恒的理想追求)交织成一个形象密集、书写瑰丽、情切意浓的美的境界。不管岁月的漂泊带给人们多少的沧桑,但那种家国之思却永远都不会改变。作者在中间各段采取时空交错的写法:忽而过去,忽而现在;忽而故国,忽而异域,又随时回到台湾,回到厦门街,这是作者企图以此表达诉说不尽的复杂情绪;而其无碍的文才,足令读者的心情随作者的心灵转换而起落,却不会感到凌乱无章。细读之后发现主旨、内涵很简单,都在表达作者的中国意识、对中华文化的赞美与眷恋。

惊蛰[3]一过,春寒加剧。先是料料峭峭,继而雨季开始,时而淋淋漓漓,时而淅淅沥沥,天潮潮地湿湿,即连在梦里,也似乎把伞撑着。而就凭一把伞,躲过一阵潇潇的冷雨,也躲不过整个雨季。连思想也都是潮润润的。每天回家,曲折穿过金门街到厦门街迷宫式的长巷短巷,雨里风里,走入霏霏令人更想入非非。想这样子的台北凄凄切切完全是黑白片的味道,想整个中国整部中国的历史无非是一张黑白片子,片头到片尾,一直是这样下着雨的。这种感觉,不知道是不是从安东尼奥尼那里来的。不过那一块土地是久违了,二十五年,四分之一的世纪,即使有雨,也隔着千山万水,千伞万伞。二十五年,一切都断了,只有气候,只有气象报告还牵连在一起。大寒流从那块土地上弥天卷来,这种酷冷吾与古大陆分担。不能扑进她怀里,被她的裙边扫一扫吧也算是安慰孺慕[4]之情。

这样想时,严寒里竟有一点温暖的感觉了。这样想时,他希望这些狭长的巷子永远延伸下去,他的思路也可以延伸下去,不是金门街到厦门街,而是金门到厦门。他是厦门人,至少是广义的厦门人,二十年来,不住在厦门,住在厦门街,算是嘲弄吧,也算是安慰。不过说到广义,他同样也是广义的江南人,常州[5]人,南京人,川娃儿,五陵少年。杏花春雨江南,那是他的少年时代了。再过半个月就是清明。安东尼奥尼[6]的镜头摇过去,摇过去又摇过来。残山剩水犹如是。皇天后土犹如是。纭纭黔首纷纷黎民从北到南犹如是。那里面是中国吗?那里面当然还是中国,永远是中国。只是杏花春雨已不再,牧童遥指已不再,剑门细雨渭城轻尘也都已不再。然则他日思夜梦的那片土地,究竟在哪里呢?

---

[1] 选自《左手的掌纹》(江苏文艺出版社2004年6月1日)。
[2] 余光中,男,1928年10月21日生于南京,籍贯福建泉州。曾任台湾"中山大学"文学院院长,当代著名评论家、诗人。主要作品有《乡愁》《余光中经典》《传说》。
[3] 惊蛰(zhé):古称"启蛰",是二十四节气中的第三个节气。惊蛰的意思是天气回暖,春雷始鸣,惊醒蛰伏于地下冬眠的昆虫。
[4] 孺慕:"孺慕"之"孺",本指孺子,即幼童。"慕"是追思的意思,引申指对其他长者和对老师的思慕和怀念。
[5] 常州:地名,地处长江之南、太湖之滨,是江苏省省辖市。
[6] 安东尼奥尼:米开朗基罗·安东尼奥尼(Michelangelo Antonioni,1912—2007),意大利新现实主义电影导演,也是公认在电影美学上最有影响力的导演之一。

在报纸的头版标题里吗？还是香港的谣言里？还是傅聪①的黑键白键马思聪的跳弓拨弦？还是安东尼奥尼的镜底勒马洲的望中？还是呢，故宫博物院的壁头和玻璃橱内，京戏的锣鼓声中太白和东坡的韵里？

杏花。春雨。江南。六个方块字，或许那片土就在那里面。而无论赤县②也好神州也好中国也好，变来变去，只要仓颉③的灵感不灭美丽的中文不老，那形象，那磁石一般的向心力当必然长在。因为一个方块字是一个天地。太初有字，于是汉族的心灵他祖先的回忆和希望便有了寄托。譬如凭空写一个"雨"字，点点滴滴，滂滂沱沱，淅沥淅沥淅沥，一切云情雨意，就宛然④其中了。视觉上的这种美感，岂是什么 rain 也好 pluie 也好所能满足的？翻开一部《辞源》或《辞海》，金木水火土，各成世界，而一入"雨"部，古神州的天颜千变万化，便悉在望中，美丽的霜雪云霞，骇人的雷电霹⑤雹，展露的无非是神的好脾气与坏脾气，气象台百读不厌门外汉百思不解的百科全书。

听听，那冷雨。看看，那冷雨。嗅嗅闻闻，那冷雨，舔舔吧，那冷雨。雨在他的伞上，这城市百万人的伞上，雨衣上，屋上，天线上。雨下在基隆⑥港，在防波堤，在海峡的船上，清明这季雨。雨是女性，应该最富于感性。雨气空濛而迷幻，细细嗅嗅，清清爽爽新新，有一点点薄荷的香味。浓的时候，竟发出草和树沐发后特有的淡淡土腥气，也许那竟是蚯蚓和蜗牛的腥气吧，毕竟是惊蛰了啊。也许地上的地下的生命，也许古中国层层叠叠的记忆皆蠢蠢而蠕，也许是植物的潜意识和梦吧，那腥气。

第三次去美国，在高高的丹佛山居了两年。美国的西部，多山多沙漠，千里干旱。天，蓝似盎格鲁·撒克逊⑦人的眼睛；地，红如印地安人⑧的肌肤；云，却是罕见的白鸟。落基山⑨簇簇耀目的雪峰上，很少飘云牵雾。一来高，二来干，三来森林线以上，杉柏也止步，中国诗词里"荡胸生层云"，或是"商略黄昏雨"⑩的意趣，是落基山上难睹的景象。落基山岭之胜，在石，在雪。那些奇岩怪石，相叠互倚，砌一场惊心动魄的雕塑展览，给太阳和千里的风看。那雪，白得虚虚幻幻，冷得清清醒醒，那股皑皑⑪不绝一仰难尽的气势，压得人呼吸困难，心寒眸酸。不过要领略"白云回望合，青霭入看无"⑫的境界，仍须回中国。台湾湿度很高，最饶云气氤氲雨意迷离的情调。两度夜宿溪头，树香沁鼻，宵寒袭肘⑬，枕着润碧湿翠苍苍交叠的山影和万籁都歇的

---

① 傅聪：英籍华人，1934年生于上海，8岁半开始学习钢琴，9岁师从意大利钢琴家梅百器。1954年赴波兰留学。1955年3月获"第五届肖邦国际钢琴比赛"第三名和"玛祖卡"最优奖。有"钢琴诗人"之美誉。
② 赤县：中国的别称。
③ 仓颉：是中国上古传说中的人物，原姓侯冈，名颉，俗称仓颉先师，又称史皇氏。
④ 宛然：仿佛。
⑤ 霹：念 pī。
⑥ 基隆：地名，在台湾，是台湾的省辖市，位于台湾岛东北角，三面环山，一面临海，曾是台湾万商云集的重要港口。
⑦ 盎格鲁·撒克逊：盎格鲁·撒克逊（Anglo-Saxon）是一个集合用语，通常用来形容5世纪初到1066年诺曼征服之间，生活于大不列颠东部和南部地区，在语言、种族上相近的民族。他们使用非常近似的日耳曼方言，被历史学家比德认为是三个强大的日耳曼部族，源自日德兰半岛的盎格鲁人。
⑧ 印地安人：印第安人（Indians），亦作 Amerindian 或 Amerind，是对除因纽特人外的所有美洲原住民的总称。
⑨ 落基山：落基山又译作洛矶山，是美洲科迪勒拉山系，在北美的主干，由许多小山脉组成，被称为北美洲的"脊骨"，南北纵贯4800多千米，广袤而缺乏植被。
⑩ 商略黄昏雨：语出宋代姜夔的词《点绛唇·燕雁无心》。
⑪ 皑皑（ái）：形容霜、雪洁白。
⑫ "白云回望合，青霭入看无"：语出自唐代诗人王维的《终南山》。意思是缭绕的白云在回望中合成一片，青霭迷茫，但进入山中却不看见了。
⑬ 肘（zhǒu）：上臂与前臂相接处向外凸起的部分。

岑寂①,仙人一样睡去。山中一夜饱雨,次晨醒来,在旭日未升的原始幽静中,冲着隔夜的寒气,踏着满地的断柯折枝和仍在流泻的细股雨水,一径探入森林的秘密,曲曲弯弯,步上山去。溪头的山,树密雾浓,蓊郁②的水汽从谷底冉冉升起,时稠时稀,蒸腾多姿,幻化无定,只能从雾破云开的空处,窥见乍现即隐的一峰半壑,要纵览全貌,几乎是不可能的。至少入山两次,只能在白茫茫里和溪头诸峰玩捉迷藏的游戏,回到台北,世人问起,除了笑而不答心自闲,故作神秘之外,实际的印象,也无非山在虚无之间罢了。云缭烟绕③,山隐水迢④的中国风景,由来予人宋画的韵味。那天下也许是赵家的天下⑤,那山水却是米家的山水⑥。而究竟,是米氏父子下笔像中国的山水,还是中国的山水上纸像宋画。恐怕是谁也说不清楚了吧?

  雨不但可嗅,可观,更可以听。听听那冷雨。听雨,只要不是石破天惊的台风暴雨,在听觉上总是一种美感。大陆上的秋天,无论是疏雨滴梧桐,或是骤雨打荷叶,听去总有一点凄凉,凄清,凄楚。于今在岛上回味,则在凄楚之外,更笼上一层凄迷了。饶你多少豪情侠气,怕也经不起三番五次的风吹雨打。一打少年听雨,红烛昏沉;二打中年听雨,客舟中,江阔云低;三打白头听雨在僧庐下;这便是亡宋之痛,一颗敏感心灵的一生:楼上,江上,庙里,用冷冷的雨珠子串成。十年前,他曾在一场摧心折骨的鬼雨中迷失了自己。雨,该是一滴湿漓漓的灵魂,窗外在喊谁。

  雨打在树上和瓦上,韵律都清脆可听。尤其是铿铿⑦敲在屋瓦上,那古老的音乐,属于中国。王禹偁在黄冈,破开如橡⑧的大竹为屋瓦。据说住在竹楼上面,急雨声如瀑布,密雪声比碎玉。而无论鼓琴,咏诗,下棋,投壶,共鸣的效果都特别好。这样岂不像住在竹筒里面,任何细脆的声响,怕都会加倍夸大,反而令人耳朵过敏吧。

  雨天的屋瓦,浮漾湿湿的流光,灰而温柔,迎光则微明,背光则幽黯,对于视觉,是一种低沉的安慰。至于雨敲在鳞鳞千瓣的瓦上,由远而近,轻轻重重轻轻,夹着一股股的细流沿瓦槽与屋檐潺潺泻下,各种敲击音与滑音密织成网,谁的千指百指在按摩耳轮。"下雨了。"温柔的灰美人来了,她冰冰的纤手在屋顶拂弄着无数的黑键啊灰键,把响午一下子奏成了黄昏。

  在古老的大陆上,千屋万户是如此。二十多年前,初来这岛上,日式的瓦屋亦是如此。

  先是天黯了下来,城市像罩在一块巨幅的毛玻璃里,阴影在户内延长复加深。然后凉凉的水意弥漫在空间,风自每一个角落里旋起,感觉得到,每一个屋顶上呼吸沉重都覆着灰云。雨来了,最轻的敲打乐敲打这城市,苍茫的屋顶,远远近近,一张张敲过去,古老的琴,那细细密密的节奏,单调里自有一种柔婉与亲切,滴滴点点滴滴,似幻似真,若孩时在摇篮里,一曲耳熟的童谣摇摇欲睡,母亲吟哦鼻音与喉音。或是在江南的泽国水乡,一大筐绿油油的桑叶被啮⑨于千百头蚕,细细琐琐屑屑,口器与口器咀咀嚼嚼。雨来了,雨来的时候瓦这么说,一片瓦说千亿

---

① 岑寂:寂静。
② 蓊(wěng)郁:浓密,浓郁。
③ 云缭(liáo)烟绕:指云和雾回环盘旋,曲折环绕。
④ 山隐水迢(tiáo):山隐藏,水遥远。此语源自杜牧《寄扬州韩绰判官》一句"青山隐隐水迢迢"。
⑤ 赵家的天下:指宋朝时期,因为宋朝的皇帝姓赵,所以宋朝又被称为赵家的天下。
⑥ 米家的山水:指宋朝书法家米芾与米友仁父子所代表的自成一派的山水画艺术,由米芾所创。书法本是线条的艺术,线条被称为画的骨,但米氏父子作画不再玩线条而玩墨块,且只用墨笔,不着颜色,所以他们的纯色块山水画,被称为无骨山水,又称米家山水。
⑦ 铿铿(kēng):拟声词,形容声音洪亮。
⑧ 橡(chuán):装于屋顶以支持屋顶盖材料的木杆。
⑨ 啮(niè):咬。

片瓦说,说轻轻地奏吧沉沉地弹,徐徐地叩吧挞挞①地打,间间歇歇敲一个雨季,即兴演奏从惊蛰到清明,在零落的坟上冷冷奏挽歌,一片瓦吟千亿片瓦吟。

在日式的古屋里听雨,听四月,霏霏不绝的黄梅雨,朝夕不断,旬月绵延,湿黏黏的苔藓从石阶下一直侵到他舌底,心底。到七月,听台风台雨在古屋顶上一夜盲奏,千寻海底的热浪沸沸被狂风挟来,掀翻整个太平洋只为向他的矮屋檐重重压下,整个海在他的蜗壳上哗哗泻过。不然便是雷雨夜,白烟一般的纱帐里听羯鼓②一通又一通,滔天的暴雨滂滂沛沛扑来,强劲的电琵琶忐忐忑忑忐忐忑忑,弹动屋瓦的惊悸③腾腾欲掀起。不然便是斜斜的西北雨斜斜,刷在窗玻璃上,鞭在墙上,打在阔大的芭蕉叶上,一阵寒濑泻过,秋意便弥漫日式的庭院了。

在日式的古屋里听雨,从春雨绵绵听到秋雨潇潇,从少年听到中年,听听那冷雨。雨是一种单调而耐听的音乐是室内乐是室外乐。户内听听,户外听听,冷冷,那音乐。雨是一种回忆的音乐,听听那冷雨,回忆江南的雨下得满地是江湖下在桥上和船上,也下在四川在秧田和蛙塘下肥了嘉陵江④下湿了布谷咕咕的啼声。雨是潮潮润润的音乐下在渴望的唇上舐舐那冷雨。

因为雨是最最原始的敲打乐从记忆的彼端敲起。瓦是最最低沉的乐器灰蒙蒙的温柔覆盖着听雨的人,瓦是音乐的雨伞撑起。但不久公寓的时代来临,台北你怎么一下子长高了,瓦的音乐竟成了绝响。千片万片的瓦翩翩,美丽的灰蝴蝶纷纷飞走,飞入历史的记忆。现在雨下下来下在水泥的屋顶和墙上;没有音韵的雨季。树也砍光了,那月桂,那枫树,柳树和擎天⑤的巨椰,雨来的时候不再有丛叶嘈嘈切切,闪动湿湿的绿光迎接。鸟声减了啾啾,蛙声沉了阁阁,秋天的虫吟也减了唧唧。七十年代的台北不需要这些,一个乐队接一个乐队便遣散尽了。要听鸡叫,只有去《诗经》的韵里寻找。现在只剩下一张黑白片,黑白的默片。

正如马车的时代去后,三轮车的时代也去了。曾经在雨夜,三轮车的油布篷挂起,送她回家的途中,篷里的世界小得多可爱,而且躲在警察的辖区以外,雨衣的口袋越大越好,盛得下他的一只手里握一只纤纤的手。台湾的雨季这么长,该有人发明一种宽宽的双人雨衣,一人分穿一只袖子,此外的部分就不必分得太苛。而无论工业如何发达,一时似乎还废不了雨伞。只要雨不倾盆,风不横吹,撑一把伞在雨中仍不失古典的韵味。任雨点敲在黑布伞或是透明的塑胶伞上,将骨柄一旋,雨珠向四方喷溅,伞缘便旋成了一圈飞檐。跟女友共一把雨伞,该是一种美丽的合作吧。最好是初恋,有点兴奋,更有点不好意思,若即若离之间,雨不妨下大一点。真正初恋,恐怕是兴奋得不需要伞的,手牵手在雨中狂奔而去,把年轻的长发和肌肤交给漫天的淋淋漓漓,然后向对方的唇上颊上尝凉凉甜甜的雨水。不过那要非常年轻且激情,同时,也只能发生在法国的新潮片里吧。

大多数的雨伞想不会为约会张开。上班下班,上学放学,菜市来回的途中。现实的伞,灰色的星期三。握着雨伞,他听那冷雨打在伞上。索性⑥更冷一些就好了,他想。索性把湿湿的灰雨冻成干干爽爽的白雨,六角形的结晶体在无风的空中回回旋旋地降下来,等须眉和肩头白尽时,伸手一拂就落了。二十五年,没有受故乡白雨的祝福,或许发上下一点白霜是一种变相

---

① 挞挞(tà):这里用作拟声词,形容雨的声音。
② 羯(jié)鼓:一种出自于外夷的乐器,据说来源于羯族。
③ 惊悸(jì):因惊恐而心跳得厉害。
④ 嘉陵江:长江上游支流,因流经陕西凤县东北嘉陵谷而得名。
⑤ 擎(qíng)天:坚强高大有力量。
⑥ 索性:脆;直截了当。

的自我补偿吧。一位英雄,经得起多少次雨季?他的额头是水成岩削成还是火成岩?他的心底究竟有多厚的苔藓?厦门街的雨巷走了二十年与记忆等长,一座无瓦的公寓在巷底等他,一盏灯在楼上的雨窗子里,等他回去,向晚餐后的沉思冥想去整理青苔深深的记忆。前尘隔海。古屋不再。听听那冷雨。

【文本对话】

一、给加点字注音

薄荷（　　）　　蓊郁（　　）　　青霭（　　）　　擎天（　　）　　羯鼓（　　）

潺潺（　　）　　惊悸（　　）　　岑寂（　　）　　惊蛰（　　）

二、课文中作者写到了哪些听雨的地点?分别有些什么感受?

1.听雨的地点:

2.感受:

三、作者在文章中抒发感情的具体内涵有哪些?

【实践活动】

这篇文章从头至尾都流露出作者对故土、对祖国传统文化的深刻怀念和追思,而这种情感又是透过通篇的雨表现出来的。那么,作者为什么要选择"雨"作为它表达情感的依托?

为什么要强调一个"冷"字?能否换成"寒""苦"等?

(提示:"冷"包含了怎样的含义?)

【知识链接】

余光中其人

余光中,1928年生,福建永春人,因母亲、妻子均为常州人,亦自称江南人。曾在南京大学、厦门大学攻读,毕业于台湾大学。在美国读书、教书五年,并任台湾师范大学、台湾政治大学、香港中文大学、高雄"中山大学"教授。对诗、散文、评论、翻译均有贡献,已出版专著五十种。近年在中国大陆各省出书已逾二十种。余光中写诗、评诗、译诗、教诗、编诗,对诗之贡献堪称全才。诗作如《乡愁》《当我死时》《等你,在雨中》《白玉苦瓜》等均传诵一时。

第七单元

人生感怀

在悠远的人类长河中,人们无数次地感慨人生,千姿百态,万种风情,古往今来,有太多的名篇佳作至今吟咏不绝,是它们不断丰富了我们人生感怀的精神家园。

诗歌是人类表情达意最原始、最灵动的文学样式,不一样的语言呈现不同的认知世界,却反映了共同的人生情怀,英美诗歌中就缔造了许多蜚声世界至深的名篇佳作。本单元中,我们选取了英国诗人珀西·比希·雪莱和美国诗人罗伯特·弗罗斯特的代表作。《致云雀》是珀西·比希·雪莱的抒情诗代表作。他以独特的艺术构思在生动地描绘云雀的同时,也以饱满的激情写出了他自己的精神境界、美学理想和艺术抱负。

父爱如山。吴冠中先生《父爱之舟》,通过对种种往事的回顾,将一种真挚而伟大的亲情有机地连到一起,从故土上的姑爹的小船里,阐述了父爱与小舟不可分割的内心独白。全篇文字情感真挚而充沛,叙事与抒情紧密结合,采用倒叙的手法,引人入胜。

《家乡的小桥》往往让人想到故乡的人美和水美。每个人都是有梦的,梦的起点往往就开始在故土上的某一个支点。"家乡的小桥"在陈早春笔下就是人生的一个支点,让一位有血有肉的人在自己的整个人生中勾起无限回忆。

品人生如品酒,品生活往往如品茶。汪曾祺先生是一个生活细腻入字里行间的人,他的美丽小品文往往令人回味无穷。《寻常茶话》给人的感觉是来得清新,表现得从容,让人倍感生活的无限温馨之美。

苏轼是我国宋词的集大成者和宋代文学的最高成就者,一生留下了诸多的豪放词作,本单元的《赤壁赋》选取的《前赤壁赋》,为苏轼游览黄州城外的赤壁(赤鼻矶)时,写的游记。文中,作者凭吊古迹,触景生情,抒发自己被贬谪后内心的苦闷和对宇宙、人生的一种感悟,表达出对江山风物的热爱和旷达的心胸,千古传诵。《念奴娇·赤壁怀古》可谓苏轼被誉为"千古绝唱"的豪放词的代表,家喻户晓,脍炙人口,作者触情生情,怀古伤己,上下两阕,一气呵成,文词凝练,气势磅礴,以长江之水天际来的奔流之势抒发人生的无限感慨和深沉思索。

辛弃疾和苏轼同为宋代的大文学家,虽同为豪放派词人,但辛弃疾平生忧国忧民,以天下黎民福祉为己任,故辛词多以抗击外族入侵,保家卫国为主旋律,可惜生不逢时,满腔热血报国无门。

一、外国诗二首

【阅读提示】

《致云雀》是英国诗人雪莱抒情诗的杰出代表。诗中,诗人运用浪漫主义的手法,热情地赞颂了云雀。在诗人的笔下,云雀是欢乐、光明、美丽的象征。诗人把云雀的歌声同春雨、婚礼上的合唱、胜利的歌声相比,突出云雀歌声所具有的巨大力量。诗歌节奏短促、轻快、流畅、激昂,节与节之间,环环相扣,层层推进,极具艺术感染力。

《雪夜林边驻马》通过诗人雪夜林边驻步的所见美景,引发对生活、对人生的深思。文字淡雅、寓意深远,音韵优美,留给我们无尽的遐思之本诗的特色。整首诗韵律整齐,不断地加强节奏,使得我们如同摇篮中的婴儿不知不觉中就进到诗歌美丽的幻境之中。同时也正是这轻风,这梦幻,让人在神往之余品尝到一丝淡淡的忧伤,而这丝忧伤里蕴含的对生命、对时间的艺术沉思,使得这首诗格调不俗。

致云雀①

[英]珀西·比希·雪莱②

你好呵,欢乐的精灵!
你似乎从不是飞禽,
从天堂或天堂的邻近,
以酣畅淋漓的乐音,
不事雕琢的艺术,倾吐你的衷心。

向上,再向高处飞翔,
从地面你一跃而上,
像一片烈火的青云,
掠过蔚蓝的天心,
永远歌唱着飞翔,飞翔着歌唱。

地平线下的太阳,
放射出金色的电光,
晴空里霞蔚云蒸,
你沐浴着明光飞行,

---

① 云雀:一类主要分布于从俄罗斯东部到西欧诸国和非洲北部草原、荒漠、半荒漠等地的鸣禽,是丹麦、法国的国鸟。体型及羽色略似麻雀,雄性和雌性的相貌相似。背部花褐色和浅黄色,胸腹部白色至深棕色。外尾羽白色,尾巴棕色。后脑勺具羽冠,适应于地栖生活,腿、脚强健有力,后趾具1长而直的爪;跗跖后缘具盾状鳞;以植物种子、昆虫等为食,常集群活动;繁殖期雄鸟鸣啭洪亮动听,是鸣禽中少数能在飞行中歌唱的鸟类之一。求偶炫耀飞行复杂,能"悬停"于空中;在地面以草茎、根编碗状巢。

② 珀西·比希·雪莱(1792—1822),英国作家、学者,是英国文学史上最有才华的抒情诗人之一,被誉为是诗人中的诗人。他最有名的作品是《西风颂》《云》以及《致云雀》,它们堪称是抒情诗歌中的极品。雪莱的诗歌象征意义很强,主要以严肃为主,常常流露出诗人伤感的愁绪,但是他有的作品也具有诙谐、讽刺的特点。

似不具形体的喜悦刚开始迅疾的远征。

淡淡的绛紫色黄昏，
在你的航程周围消融，
像昼空的一颗星星，
虽然，看不见形影，
却可以听得清你那欢乐的强音——

那犀利明快的乐音，
似银色星光的利剑，
它那强烈的明灯，
在晨曦中逐渐暗淡，
直到难以分辨，却能感觉到就在空间。

整个大地和大气，
响彻你婉转的歌喉，
仿佛在荒凉的黑夜，
从一片孤云背后，
明月射出光芒，清辉洋溢宇宙。

我们不知你是什么
什么和你最为相似？
从霓虹似的彩霞，
也难降这样美的雨，
能和随你出现降下的乐曲甘霖相比。

像一位诗人，
隐身在思想的明辉之中。
吟诵着即兴的诗韵，
直到普天下的同情，
都被未曾留意过的希望和忧虑唤醒。

像一位高贵的少女，
居住在深宫的楼台，
在寂寞难言的时刻，
排遣为爱所苦的情怀，
甜美有如爱情的歌曲溢出闺阁之外。

像一只金色的萤火虫，
在凝露的深山幽谷，
不显露出行止影踪，
把晶莹的流光传播，
在遮断我们视线的鲜花芳草丛中。

像被她自己的绿叶
荫蔽着的一朵玫瑰,
遭受到热风的摧残,
直到它的馥郁芳菲
以过浓的香甜使鲁莽的飞贼沉醉。

晶莹闪烁的草地,
春霖洒落时的声息,
雨后苏醒了的花蕾,
称得上明朗、欢悦,
清新的一切,都及不上你的音乐。

飞禽或是精灵,
有什么甜美的思绪在你心头?
我从来没有听到过,
爱情或是醇酒的颂歌,
能够迸涌出这样神圣的极乐音流。

是赞婚的合唱也罢,
是凯旋的欢歌也罢,
和你的乐声相比,
不过是空洞的浮夸,
人们可以觉察到,其中总有着贫乏。

什么样的物象或事件,
是你那欢歌的源泉?
田野、波涛或山峦?
空中、陆上的形态?
是对同类的爱,还是对痛苦的绝缘?

有你明澈强烈的欢快,
使倦怠永不会出现,
烦恼的阴影从来
接近不得你的身边,
你爱,却从不知晓过分充满爱的悲哀。

是醒来或是睡去,
你对死亡的理解一定比
我们凡人梦到的
更加深刻真切,否则
你的乐曲音流,怎么像液态的水晶涌泻?

我们瞻前顾后,为了
不存在的事物自忧,

我们最真挚的笑,
也交织着某种苦恼,我们最美的音乐,是最能倾诉哀思的曲调。

可是,即使我们能摈弃
憎恨、傲慢和恐惧,
即使我们生来不会
抛洒一滴眼泪,
我们也不知,怎样才能接近于你的欢愉。

比一切欢乐的音律,
更加甜蜜美妙,
比一切书中的宝库,
更加丰盛富饶,
这就是鄙弃尘土的你啊你的艺术技巧。

雪夜林边驻马

(美)罗伯特·弗罗斯特①

我想我认识这树林的主人,
不过他的住房在村庄里面。
他不会看到我正停于此处,
观赏他的树林被积雪淤满。

我的小马定以为荒唐古怪,
停下来没有靠近农舍一间,
于树林和冰洁的湖滨当中,
在这一年中最阴暗的夜晚。

它摇晃了一下颈上的铃儿,
探询是否有什么差错出现。
那唯一飘掠过的别样声响,
是微风吹拂着柔软的雪片。

树林可爱,虽深暗而黑远,
但我已决意信守我的诺言,
在我睡前还有许多路要赶,
在我睡前还有许多路要赶。

【文本对话】

一、《致云雀》一诗中运用了哪些手法来抒写"云雀"这一形象?分别具有怎样的表达效果?

---

① 罗伯特·弗罗斯特(1874—1963),美国20世纪最著名的自然诗人,美国普利策诗歌奖四度得主。1874年3月26日生于美国西部的旧金山。主要诗集有《孩子的意愿》《波士顿以北》《新罕布什尔》《西去的溪流》《理智的假面具》《慈悲的假面具》《林间中地》等。

二、《致云雀》一诗中表现了作者怎样的人生情感？

三、《雪夜林边驻马》中表现了一个怎样的人生主题？作者用了什么表现手法？

【实践活动】

对比下本文中两首诗的写作风格和特色，探索英美诗歌的赏析方法。

【知识链接】

关于"十四行诗"

十四行诗，又译"商籁体"，为意大利文 sonetto，英文 Sonnet、法文 sonnet 的音译。是欧洲一种格律严谨的抒情诗体。最初流行于意大利，彼特拉克的创作使其臻于完美，又称"彼特拉克体"，后传到欧洲各国。

彼得拉克的十四行诗形式整齐，音韵优美，以歌颂爱情，表现人文主义思想为主要内容。他的诗作在内容和形式方面，都为欧洲资产阶级抒情诗的发展开拓了新路。同时代的意大利诗人和后来其他国家的一些诗人，都曾把彼得拉克的诗作，视为十四行诗的典范，竞相仿效。每首分成两部分：前一部分由两段四行诗组成，后一部分由两段三行诗组成，即按四、四、三、三编排。因此，人们又称它为彼得拉克诗体。每行诗句11个音节，通常用抑扬格。

莎士比亚的诗作，改变了彼得拉克的格式，由三段四行和一副对句组成，即按四、四、四、二编排，每行诗句有10个抑扬格音节。以形象生动、结构巧妙、音乐性强、起承转合自如为特色，常常在最后一副对句中概括内容，点明主题，表达出新兴资产阶级的理想和情怀。普希金创立的"奥涅金诗节"：每一诗节中包含十四个诗行，每一诗行中包含四个轻重格音步，每音步两个音节；这十四个诗行中，有的每行结尾为轻音者，谓之"阴韵"，9个音节（最后一个轻音音节不构成音步）；有的每行结尾为重音者谓之"阳韵"，8个音节；阴阳韵变换的规律和诗行间押韵的规律之间又有严格的配合。

二、父爱之舟

吴冠中[1]

【阅读提示】

　　《父爱之舟》是一篇表现"父爱"主题的精美散文。文章内容看似零碎，其实结构谨严。全篇情感真挚而充沛，叙事与抒情紧密结合，采用倒叙的手法，从梦境开始，引入对往事的回忆；以从梦中醒来、泪湿枕边结束，首尾圆合。文中四次写到姑爹的小船，以此贯穿全文，把种种往事连为一体，父爱与小舟不可分割，船来船往，我的感受也在变化，主题在叙述中得到了层层深化。最后一次提到小船时，作者明确地写道："我什么时候能够用自己手中的笔，把那只载着父爱的小船画出来就好了！"至此点明题目，文章的主旨也得以揭示。

　　是昨夜梦中的经历吧，我刚刚梦醒。朦胧中，父亲和母亲在半夜起来给蚕宝宝添桑叶……每年卖茧子的时候，我总跟着父亲身后，卖了茧子，父亲便给我买枇杷吃……我又见到了姑爹那只小小渔船。父亲送我离开家乡去投考学校以及上学，总是要借用姑爹这只小渔船。他同姑爹一同摇船送我。带了米在船上做饭，晚上就睡在船上，这样可以节省饭钱和住店钱。

　　恍恍惚惚我又置身于两年一度的庙会中，能去看看这盛大的节日确是无比地快乐，我欢喜极了。我看各样彩排着的戏文边走边唱，看骑在大马上的童男童女游行，看高跷[2]走路，看虾兵、蚌精、牛头、马面……最后庙里的菩萨也被抬出来，一路接受人们的膜拜。卖玩意儿的也不少，彩色的纸风车、布老虎、泥人、竹制的花蛇……父亲回家后用几片玻璃和彩色纸屑等糊了一个万花筒，这便是我童年唯一的也是最珍贵的玩具了。万花筒里那千变万化的图案花样，是我最早的抽象美的启迪者吧。

　　父亲经常说要我念好书，最好将来到外面当个教员……冬天太冷，同学们手上脚上长了冻疮，有的家里较富裕的女生便带着脚炉来上课。大部分同学没有脚炉，一下课便踢毽子取暖。毽子越做越讲究，黑鸡毛、白鸡毛、红鸡毛、芦花鸡毛等各种颜色的毽子满院子飞。后来父亲居然在和桥镇上给我买回来一个皮球，我快活极了，同学们也非常羡慕。夜晚睡觉，我将皮球放在自己的枕头边。但后来皮球瘪了下去，必须到和桥镇上才能打气，我天天盼着父亲上和桥去。一天，父亲上和桥去了，但他忘了带皮球，我发觉后拿着瘪皮球追上去，一直追到棟树港，追过了渡船，向南遥望，完全不见父亲的背影，到和桥有10里路，我不敢再追了，哭着回家。

　　我从来不缺课，不逃学。读初小的时候，遇上大雨大雪天，路滑难走，父亲便背着我上学，我背着书包伏在他背上，双手撑起一把结结实实的大黄油布雨伞。他扎紧裤脚，穿一双深筒钉鞋，将棉袍的下半截撩起扎在腰里，腰里那条极长的粉绿色丝绸汗巾可以围腰两三圈，这还是母亲出嫁时的陪嫁呢。

　　初小[3]毕业要上高小[4]，就必须到和桥去念县立鹅山小学。和桥是宜兴的一个大镇，鹅山

---

　　① 吴冠中(1919—2010)，江苏宜兴人，当代著名画家、油画家、美术教育家。油画代表作有《长江三峡》《北国风光》《小鸟天堂》《黄山松》《鲁迅的故乡》等。个人文集有《吴冠中谈艺集》《吴冠中散文选》《美丑缘》等十余种。

　　② 高跷：也叫"高跷秧歌"，是一种广泛流传于全国各地的民间舞蹈，因舞蹈时多双脚踩踏木跷而得名。

　　③ 初小：即初级小学，相当于小学低年级小学一至三年级阶段。

　　④ 高小：即高等级小学，一般指四至六年级的小学阶段。

小学就在镇头，是当年全县最有名气的县立完全小学，设备齐全，教师阵容强，方圆30里之内的学生都争着来上鹅山。因此要上鹅山高小不容易，须通过入学的竞争考试。我考取了。要住在鹅山当寄宿生，要缴饭费、宿费、学杂费，书本费也贵了。于是家里粜稻，卖猪，每学期开学要凑一笔不小的钱。钱，很紧，但家里愿意将钱都花在我身上。我拿着凑来的钱去缴学费，感到十分心酸。父亲送我到校，替我铺好床被，他回家时，我偷偷哭了。这是我第一次真正心酸的哭。

第一学期结束，根据总分，我名列全班第一。我高兴极了，主要是可以给父亲和母亲一个天大的喜讯了。我拿着级任老师孙德如签名盖章，又加盖了县立鹅山小学校章的成绩单回家，路走得比平常快，路上还又取出成绩单来重看一遍那紧要的栏目：全班60人，名列第一。这对父亲确是意外的喜讯，他接着问："那朱自道呢？"父亲很注意入学时全县会考第一名朱自道，他知道我同朱自道同班。我得意地、迅速地回答："第10名。"正好缪祖尧老师也在我们家，也乐开了："火广北父亲的名，茅草窝里要出笋了！"

我唯一的法宝就是考试，从未落过榜，我又要去投考无锡师范了。为了节省路费，父亲又向姑参借了他家的小渔船，同姑爹两人摇船送我到无锡。时值暑天，为躲避炎热，夜晚便开船，父亲和姑爹轮换摇橹，我在小舱里睡觉。但我也睡不好，因确确实实已意识到考不上的重要性，自然更未能领略到满天星斗、小河里孤舟缓缓夜行的诗情画意。船上备一只泥灶，自己煮饭吃，小船既节省了旅费，又兼做宿店和旅店。只是我们不敢停到无锡师范附近，怕被别的考生及家长们见了嘲笑。

老天不负苦心人，我考取了。送我去入学的时候，依旧是那只小船，依旧是姑爹和父亲轮换摇船，不过父亲不摇橹的时候。便抓紧时间为我缝补棉被。因我那长期卧病的母亲未能给我备齐行装，我从舱里往外看，父亲席专腰低头继补的背影挡住了我的视线。后来我读到朱自清先生的《背影》时，这个船舱里的背影也就分外明显，永难磨灭了！不仅是背影时时在我眼前显现，我对鲁迅笔下的乌篷船也永远是那么亲切，虽然姑爹小船上盖的只是破旧的篷，远不上绍兴的乌篷船精致，但姑爹的小渔船仍然是那么亲切，那么难忘……我什么时候能够用自己手中的笔，把那只载着父爱的小船画出来就好了！

庆贺我考进了颇有名声的无锡师范①，父亲在临离无锡回家时，给我买了瓶汽水喝。我以为汽水必定是甜甜的凉水，但喝到口，麻辣麻辣的，太难喝了。店伙计笑了："以后住下来变下了城里人，便爱喝了！"然而我至今不爱喝汽水。

师范毕业当个高小的教员。这是父亲对我的最高期望。但师范生等于稀饭生，同学们都这样自我嘲讽。我终于转入了极难考进的浙江大学化办的工业学校电机科。工业救国是大道，至少毕业后职业是有保障的。幸乎？不幸乎？由于一些偶然的客观原因，我接触到了杭州艺专，疯狂地爱上了美术。正值那感情似野马的年龄，为了爱，不听父亲的劝告。不考虑出路，毅然沉浮于茫无边际的艺术苦海，去挣扎吧，去喝一口一口失业和穷困的苦水吧！我不怕，只是不愿父亲和母亲看着儿子落魄潦倒。我羡慕过没有父母、没有人关怀的孤儿、浪子，自己只属于自己，最自由，最勇敢。

【文本对话】

一、作者为什么要采用以梦境的形式回忆往事？

---

① 无锡师范：即现在无锡职业技术学院师范学院的前身。

二、本文以"父爱之舟"为题,有什么作用?请结合文本加以探析。
三、为什么"后来我读到《背影》时,这个船舱里的背影便也就格外分明,永难磨灭了"?
四、文中四次写到了姑爹的小小渔船,这样写有什么好处?

【实践活动】
结合本文与朱自清的《背影》对"父爱"的抒写,谈谈你对"父爱"的感悟。

【知识链接】

吴冠中话语录

江南景致用水墨来表现,相得益彰。

传统的东西有好也有坏,西方的东西也有好有坏。如果传统把人的思路给束缚了,肯定是不好的,要突破它,更不能千人一面古人样,那都是在制造垃圾,真是一种浪费。

我去贵州,站在高山上,发现那一道道的山路而产生了创作灵感。

我认为创新,不仅要给传统的东西创新,同时,自己给自己也要创新。每个早上起来作画,都应该有创新。

我说过,艺术创作,要表达真情实感,表达自己心灵的东西。世界那么大,最重要的是每个画家应自由地画出自己的感觉,找到自己绘画语言。

我唯一的乐趣是创新,心里是孤独的,但不这样做,我觉得是浪费了。

艺术创新,确实思想远比笔墨技巧更重要,思想、理念来得不容易,但笔墨技巧学学是很快的。

只要理念内容与形式的需要,就可以不择一切手段,包括材料、笔墨等等都可以改变。

中国水墨画的发展,走向国际化为什么路途这么艰难。我看有工具技法问题,更有传统与意识问题,中国人对这个问题要重视,中国画的发展要随着时代发展。否则,老祖宗的好东西越来越难真传下去了,国画就慢慢萎缩掉了,就没有竞争力了。

三、家乡的小桥

陈早春①

【阅读提示】

《家乡的小桥》以家乡介绍为背景,抒写家乡的风俗人情,他的文中总是展现了一种天籁而淳朴的自然美、人性美和人与自然的和谐美。

我的家乡洞下②,名不见经传,就是现在够精确、详细的地图,也见不到它的踪影。古时当属南蛮之地。汉初设昭陵县,属长沙国,但昭陵县故址离我家有两百多里;晋武帝时邵陵郡属的都梁县故址,倒恰好是在我家乡现在的县城边,但离我家也有一百三十多里。三国时,先属蜀,后属吴。也许它无足轻重,属谁都无所谓,不值得争夺。古时很难确考它的所属,也许是块谁也不要的蛮荒之地。说它属昭陵、都梁,很可能是自作多情。直到近代,它的归属才算明确,清代属宝庆府,民国末年从邵阳县中划出立为隆回县,迄今未变。

家乡无乡邦文献可矜,也无名人可借重。清末伟大的思想家、文学家魏源,虽然出生在我们邻近的魏家塅,不过他家离我家还有二十里地,他的光芒照不到我们那里。

我家所在的村庄是一山间谷地。我记事时不过十来个院落。村里最大的知识分子是个初中教员。过去没出过秀才,更不用说出举人、进士之类的大人物了。乡亲们唯独能代代矜夸的是武力。据说某朝某代在谷地的高山上立寨,村中一个大力士想去过一下寨王瘾。他扛一个千多斤重的石臼③,拾级上山二十多里。他很自信,没去找关系,钻门子,结果功亏一篑④。他扛到寨门口,经不起主持者的故意拖延时间,说声"顶不住了"就将石臼扔下。他不仅没能当上寨王,为村子争来荣耀,且留下了一个笑柄:"洞下人做皇帝,顶不住了"的歇后语广为流传。

虽然如此,但"谁不说俺家乡好",我也不能免俗。我也许够得上是个见了"大世面"的人,中国乃至世界的风景名胜,游览过一些,它们各有各的长处,但是不如家乡的亲切。真是"金窝银窝不如自己的狗窝"。

我的家乡虽然没有名山胜川,但山水的秀色和情韵,是够你领略的了。我的乡贤魏源一写起诗来,就是"十诗九山水"。我想,这少不了家乡山水对他的熏陶和哺育。他在《山居杂咏》组诗中,还歌咏过故乡的山山水水,可见家乡也具有入诗的资格。

家乡哺育的这位诗人,由于在家乡耳濡目染,深谙山水三昧。他说"泉能使山静,石能使山雄,云能使山活,树能使山葱。"在我的家乡,泉有涌泉、滴泉、鸣泉、温泉;石有巉岩⑤绝壁;云有五彩;树有千色。隐逸者喜其幽静,奋取者喜其雄伟,幻想者喜其变幻,诚笃者喜其庄重。

---

① 陈早春,湖南隆回人,中共党员。1964年毕业于武汉大学中文系研究生院。历任人民文学出版社编辑、编辑部副主任及主任、副总编辑、社长、总编辑。全国第八、九届政协委员。1964年开始发表作品。1988年加入中国作家协会,现为作协荣誉委员。著有长篇传记文学《冯雪峰》,论文集《绠短集》、《冯雪峰评传》(合作)等。

② 洞下:即现在湖南省邵阳市隆回县金石桥镇洞下村。

③ 石臼[jiù]:人类以各种石材制造的,用以砸、捣、研磨药材食品等的生产工具。

④ 功亏一篑[kuì]:成语,堆九仞高的山,只缺一筐土而不能完成。比喻做事情只差最后一点却没能完成,结果枉费工夫。

⑤ 巉[chán]岩:高而险的山岩。

这些都是千古诗人吟咏不绝的题材。我不是诗人，不容置喙。为了遮短掩拙，就聊聊我家乡的桥吧。也许我有嗜痂之癖，总认为家乡的桥，够得上是一景。

"小桥流水人家"，只这么一句话，就能涤净尘世的一切烦扰，心头的万般积垢。要是身临其境，去看看我家乡的小桥，真不知是何等韵味！

我们村的谷地，不足一平方公里，但有四条小溪纵横其间。它们似乎都有点恋家，九转十八湾地迂回着，不愿直流而下。因此这一弹丸地上架有十一座桥。其中石拱桥四座，石板桥五座，木桥一座，木板桥一座。短桥不计其数。站在中央的石拱桥上一招手，十一座桥上的人都可见到；一呼喊，十一座桥上的人都可以听到。它们不仅是村里各户人家的通道，也是联络大家的纽带。

石拱桥很有些年头了，从桥面凹陷的痕迹可以看出。做得也很精致，堆砌处虽经多年风雨的侵蚀，仍不见缝隙，上有长长的条石作为护栏，半月形隆起的桥身，好像常驻的彩虹。

石板桥都是一整块石片，身临其上无不惊叹：世上怎能有这么大的石块？是哪一位能工巧匠雕琢而成？是如何从石山中运来，又如何架得上去？最大的一座石板桥可以两人横挑担子迎面而过。

木桥和木板桥要简陋多了，但小孩们最喜欢。一是走起来颤悠悠的，像合着拍子跳舞；一是可以在上面试试自己的勇气，因为稍一趔趄就会掉下去。男孩子们可以在此逞能冒险，女孩子一般不敢，但又要好奇去看看，去试试，以衬托男孩子们的武勇。

在山坳里，还有不计其数的独木桥，竹片镶成的桥。在临村，还有桥上架凉亭的，供过往行人歇息、暑天乘凉。这些都不能望眼所及，略而不叙。

桥架在水上，水流在桥下。这里流淌的水，都由各路泉水汇集而成。夏天清凉，冬天温热。其上，总是泛着一种难以名状的光，古籍中曾以"叭叭"、"涎涎"之类的词汇来形容，但我觉得还不够贴切。它四季常绿，绿得晶莹，绿得柔嫩润滑，透着青春肌肤的魅力。这是经过千万重沙石过滤的水，没有任何杂质和尘屑，清澈透明，鱼虾虫草毕现。地上的一切，都在这里留下影子。日月星空，屋宇楼舍，车马行人，山峦树木，哪怕是在树枝间啁啾，在空中飞掠而过的小鸟，都会映上它的屏幕。溪水总是如此多情，村里的一切，它都要铭刻在心。

小溪虽没有大江的滂沱之势，但它曲尽起伏跌宕之能事。落差扬瀑，潭里回流，击石溅珠，拍岸撕絮，漏斗漩涡，应有尽有。有的溪段如飞禽在泄泄其羽，有的又如奔马在振鬃奋蹄；时或飞絮轻飏①，时或悬壶倒注，千姿百态。大江如进军鼙鼓，小溪如妙手文章。它比大江更能体现大自然的神韵。

只有站在家乡的桥上，才能将家乡的全景尽收眼底；也只有站在家乡的桥上，才能领略家乡有形的倩影和无形的眷恋。如果还要听有声的家乡：流水的汩汩，石濑②的淙淙，细流汇于空谷的铿锵，浸泉漫过草滩的柔曼，石缝间滴泉的清脆，潭底回流的噎咽……也只有站在家乡的小桥上，才能听得真切，分出层次。

家乡的小桥，是家乡的镜头，山水诗的诗眼。我爱家乡的小桥。

【文本对话】

一、作者为什么说家乡的小桥是家乡的尽头山水诗的诗眼？

---

① 飏[yáng]：飞扬；飘扬。
② 石濑[lài]：指水为石激形成的急流。

二、从全文看,前三段表达了什么情感?作者为何这么写?

三、作者是怎样写"家乡的小乔"的?表现了怎样的感情?

【实践活动】

"桥"是沟通互联的重要纽带工具,有具体的桥梁,也有抽象的交际"桥梁",请结合自己的专业职业谈谈如何建立和发挥好这种纽带作用。

【知识链接】

"出人头地"一词的来源

宋仁宗嘉佑二年(1057年),苏轼在京城会考时,主审官是大名鼎鼎的北宋文学名家欧阳修。他在审批卷子的时候被苏轼华丽绝赞的文风所倾倒。为防徇私,那时的考卷均为无记名式。所以欧阳修虽然很想点选这篇文章为第一,但他觉得此文很像门生曾巩所写,怕落人口实,所以最后评了第二。一直到发榜的时候,欧阳修才知道文章作者是苏轼。在知道真实情况后欧阳修后悔不已,但是苏轼却一点计较的意思都没有,苏轼的大方气度和出众才华让欧阳修赞叹不已:"这样的青年才俊,真是该让他出榜于人头地啊!"并正式收苏轼为弟子。

四、寻常茶话

汪曾祺[1]

【阅读提示】

《寻常茶话》是汪曾祺的散文代表作之一，文中没有结构的苦心经营，也不追求题旨的玄奥深奇，语言平淡质朴，娓娓道来之中饱含深情，给人一种如话家常的亲切感。

我对茶实在是个外行。茶是喝的，而且喝得很勤，一天换三次叶子。每天起来第一件事，便是坐水，沏茶。但是毫不讲究，对茶叶不挑剔。青茶、绿茶、花茶、红茶、沱茶、乌龙茶，但有便喝。茶叶多是别人送的，喝完了一筒，再开一筒。喝完了碧螺春，第二天就可以喝蟹爪水仙。但是不论什么茶，总得是好一点的。太次的茶叶，便只好留着煮茶叶蛋。《北京人》[2]里的江泰认为喝茶只是"止渴生津利小便"，我以为还有一种功能，是：提神。《陶庵梦忆》[3]记闵老子茶，说得神乎其神。我则有点像董日铸，以为"浓、热、满三字尽得茶理"。我不喜欢喝太烫的茶，沏茶也不爱满杯。我的家乡论为客人斟茶斟酒，"酒要满，茶要浅"，茶斟得太满是对客人不敬，甚至是骂人。于是就只剩下一个字：浓。我喝茶是喝得很酽的。曾在机关开会，有女同志尝了我的一口茶，说是"跟药一样"。

我读小学五年级那年暑假，我的祖父不知怎么忽然高了兴，要教我读书。"穿堂"的右侧有两间空屋。里间是佛堂，挂了一幅丁云鹏画的佛像，佛的袈裟是朱红的。佛像下，是一尊乌斯藏铜佛。我的祖母每天早晚来烧一炷香。外间本是个贮藏室，房梁上挂着干菜，干的粽叶，靠墙有一坛"臭卤"，面筋、百叶、笋头、苋菜秸都放在里面臭。临窗设一方桌，便是我的书桌。祖父每天早晨来讲《论语》一章，剩下的时间由我自己写大小字各一张。大字写《圭峰碑》，小字写《闲邪公家传》，都是祖父从他的藏帖里拿来给我的。隔日作文一篇，还不是正式的八股，是一种叫做"义"的文体，只是解释《论语》的内容。题目是祖父出的。我共做了多少篇"义"，已经不记得了。只记得有一题是"孟子反不伐义"。

祖父生活俭省，喝茶却颇考究。他是喝龙井的，泡在一个深栗色的扁肚子的宜兴砂壶里，用一个细瓷小杯倒出来喝。他喝茶喝得很酽，喝一口，还得回味一下。他看看我的字、我的"义"；有时会另拿一个杯子，让我喝一杯他的茶，真香。从此我知道龙井好喝，我的喝茶浓酽，跟小时候的熏陶也有点关系。后来我到了外面，有时喝到龙井茶，会想起我的祖父，想起孟子反。

我的家乡有"喝早茶"的习惯，或者叫做"上茶馆"。上茶馆其实是吃点心，包子、蒸饺、烧卖、千层糕……茶自然是要喝的。在点心未端来之前，先上一碗干丝。我们那里原先没有煮干丝，只有烫干丝。干丝在一个敞口的碗里堆成塔状，临吃，堂倌把装在一个茶杯里的佐料——

---

[1] 汪曾祺(1920—1997)，江苏省高邮市，中国当代作家、散文家、戏剧家、京派作家的代表人物。被誉为"抒情的人道主义者，中国最后一个纯粹的文人，中国最后一个士大夫。"汪曾祺在短篇小说创作上颇有成就，对戏剧与民间文艺也有深入钻研。他以脍炙人口的小说、散文代表作为主，适当选编了他的诗歌和书信。作品有《受戒》《晚饭花集》《逝水》《晚翠文谈》等。

[2] 《北京人》：即现代著名戏剧家曹禺的三幕话剧《北京人》。

[3] 《陶庵梦忆》，明代散文家张岱散文集。该书共八卷，其中所记大多是作者亲身经历过的杂事，将种种世相展现在人们面前。

酱油、醋、麻油浇入。喝热茶,吃干丝,一绝!

抗日战争时期,我在昆明住了七年,几乎天天泡茶馆。"泡茶馆"是西南联大学生特有的说法。本地人叫做"坐茶馆","坐",本有消磨时间的意思,"泡"则更胜一筹。这是从北京带过去的一个字,"泡"者,长时间地沉溺其中也,与"穷泡"、"泡蘑菇"的"泡"是同一语源。联大学生在茶馆里往往一泡就是半天。干什么的都有,聊天、看书、写文章。有一位教授在茶馆里读梵文。有一位研究生,可称泡茶馆的冠军。此人姓陆,是一怪人。他曾经徒步旅行了半个中国,读书甚多,而无所著述,不爱说话。他简直是"长"在茶馆里。上午、下午、晚上,要一杯茶,独自坐着看书。他连漱洗用具都放在一家茶馆里,一起来就到茶馆里洗脸刷牙。听说他后来流落在四川,穷困潦倒而死,悲夫!

昆明茶馆里卖的都是青茶,茶叶不分等次,泡在盖碗里。文林街后来开了一家"摩登"①茶馆。用玻璃杯卖绿茶、红茶——滇红、滇山的水也很好,水清而滑。有的水是"滑"的,"温泉水滑洗凝脂"并非虚语。井冈山水洗被单,越洗越白;以泡"狗古脑"茶,色味俱发,不知道水里含了什么物质。天下第一泉、第二泉的水,我没有喝出什么道理。济南号称泉城,但泉水只能供观赏,以泡茶,不觉得有什么特点。

有些地方的水真不好。比如盐城。盐城真是"盐城",水是咸的。中产以上人家都吃"天落水"。下雨天,在天井上方张了布幕,以接雨水,存在缸里,备烹茶用。最不好吃的水是菏泽,菏泽牡丹甲天下,因为菏泽土中含碱,牡丹喜碱性土。我们到菏泽看牡丹,牡丹极好,但茶没法喝。不论是青茶、绿茶,沏出来一会儿就变成红茶了,颜色深如酱油,入口咸涩。由菏泽往梁山,住进招待所后,第一件事便是赶紧用不带碱味的甜水沏一杯茶。

老北京早起都要喝茶,得把茶喝"通"了,这一天才舒服。无论贫富,皆如此。1948年我在午门历史博物馆工作。馆里有几位看守员,岁数都很大了。他们上班后,都是先把带来的窝头片在炉盘上烤上,然后轮流用水氽坐水沏茶。茶喝足了,才到午门城楼的展览室里去坐着。他们喝的都是花茶。

北京人爱喝花茶,以为只有花茶才算是茶(北京很多人把茉莉花叫做"茶叶花")。我不太喜欢花茶,但好的花茶例外,比如老舍先生家的花茶。

老舍先生一天离不开茶。他到莫斯科开会,苏联人知道中国人爱喝茶,倒是特意给他预备了一个热水壶。可是,他刚沏了一杯茶,还没喝上几口,一转脸,服务员就给倒了。老舍先生很愤慨地说:"他妈的! 他不知道中国人喝茶是一天喝到晚的!"一天喝茶喝到晚,也许只有中国人如此。外国人喝茶都是论"顿"的,难怪那位服务员看到多半杯茶放在那里,以为老先生已经喝完了,不要了。

龚定庵以为碧螺春天下第一。我曾在苏州东山白勺"雕花楼"喝过一次新采的碧螺春。"雕花楼"原是一个华侨富商的住宅,楼是进口的硬木造的,到处都雕了花,八仙过海、福禄寿三星、龙、凤、牡丹……真是集恶俗之大成。但碧螺春真是好。不过茶是泡在大碗里的,我觉得这有点煞风景。后来问陆文夫,文夫说碧螺春就是讲究用大碗喝的。茶极细,器极粗,亦怪!

我还在湖南桃源喝过一次擂茶。茶叶、老姜、芝麻、米,加盐放在一个擂钵里,用硬木的擂棒"擂"成细末,用开水冲②开,便是擂茶。茶可入馔③,制为食品。裴盛戎曾用龙井茶包饺子,

---

① 摩登即英文单词[modern]的音译,意思为时髦、时尚。
② 冲[chōng]:用水或酒浇注,水撞击。
③ 馔[zhuàn]:一般的食品、食物。

可谓别出心裁。日本有茶粥。《俳人的食物》说俳人小聚,食物极简单,但"唯茶粥一品,万不可少"。茶粥是啥样的呢?我曾用粗茶叶煎汁,加大米熬粥,自以为这便是"茶粥"了。有一阵子,我每天早起喝我所发明的茶粥,自以为很好喝。四川的樟茶鸭子乃以柏树枝、樟树叶及茶叶为熏料,吃起来有茶香而无茶味。曾吃过一块龙井茶心的巧克力,这简直是恶作剧!用上海人的话说:巧克力与龙井茶实在完全"弗搭界"①。

(一九八九年九月十六日)

【文本对话】
一、文中第二段并没有写到"茶",有什么作用?
二、文中写了哪些人对茶的认识?各有什么特点?
三、最后一段作者有什么用意?

【实践活动】
中国是一个以"茶"闻名于世的国度,收集茶的共同能、历史文化和相关故事,请拟两则"中华茶文化与生活"宣传标语。

【知识链接】

中国茶文化

中国茶文化是中国制茶、饮茶的文化。中华茶文化源远流长,博大精深,饮茶已成为众百姓 开门七件事(柴米油盐酱醋茶)之一。这不但包含物质文化层面,还包含深厚的精神文明层次。唐代茶圣陆羽的《茶经》是中国乃至世界现存最早、最完整、最全面介绍茶的第一部专著,被誉为茶叶百科全书,唐代陆羽所著,在历史上吹响了中华茶文化的号角。

中国人饮茶,注重一个"品"字。"品茶"不但是鉴别茶的优劣,也带有神思遐想和领略饮茶情趣之意。在百忙之中泡上一壶浓茶,择雅静之处,自斟自饮,可以消除疲劳、涤烦益思、振奋精神,也可以细啜慢饮,达到美的享受,使精神世界升华到高尚的艺术境界。品茶的环境一般由建筑物、园林、摆设、茶具等因素组成。饮茶要求安静、清新、舒适、干净。中国园林世界闻名,山水风景更是不可胜数。利用园林或自然山水间,用木头做亭子、凳子,搭设茶室,给人一种诗情画意。供人们小憩,不由意趣盎然。

中国人素来很重饮茶礼节。凡来了客人,沏茶、敬茶的礼仪是必不可少的。当有客来访,可征求意见,选用最合来客口味和最佳茶具待客。以茶敬客时,对茶叶适当拼配也是必要的。主人在陪伴客人饮茶时,要注意客人杯、壶中的茶水残留量,一般用茶杯泡茶,如已喝去一半,就要添加开水,随喝随添,使茶水浓度基本保持前后一致,水温适宜。在饮茶时也可适当佐以茶食、糖果、菜肴等,达到调节口味和点心之功效。

中国茶文化的内容主要是茶在中国精神文化中的体现,这比"茶风俗"、"茶道"的范畴深广的多,也是中国茶文化之所以与欧美或日本的茶文化的分别很大的原因。

---

① 弗搭界:吴语等方言词汇,指两事无关联。

五、词两首

念奴娇·赤壁怀古①

苏轼

【阅读提示】

《念奴娇·赤壁怀古》是豪放词的典型代表。这首被誉为"千古绝唱"的名作,是宋词中流传最广、影响最大的作品之一。它写于神宗元丰五年(1082),是苏轼贬居黄州游赤壁矶时所作。该词以怀古为题,透过历史的烟云,抒发了对人生的无限感慨和深沉思索。上阕歌咏赤壁,即景抒怀;下阕凭吊周瑜,怀古伤己。全词融人、事、景、情、理于一体,大气磅礴,给人以撼魂荡魄的艺术力量。

　　大江②东去,浪淘③尽,千古风流人物④。故垒⑤西边,人道是,三国周郎⑥赤壁。乱石穿空⑦,惊涛拍岸,卷起千堆雪⑧。江山如画,一时多少豪杰。
　　遥想⑨公瑾当年,小乔初嫁了⑩,雄姿英发⑪。羽扇纶巾⑫,谈笑间、强虏⑬灰飞烟灭。故国神游⑭,多情应笑我,早生华发⑮。人间如梦,一尊还酹江月⑯。

永遇乐·京口北固亭怀古⑰

辛弃疾

【阅读提示】

《永遇乐·京口北固亭怀古》是一首借古讽今,表达对当时国事忧虑和愤慨的豪放派词。

---

① 选自《苏轼诗词选注》(上海古籍出版社1900年版)。念奴娇,词牌名。"赤壁怀古"为词题目。赤壁,此指黄州赤壁,一名"赤鼻矶",在今湖北黄冈西。而三国古战场的赤壁,文化界认为在今湖北赤壁市蒲圻县西北。
② 大江:指长江。
③ 淘:冲洗。
④ 风流人物:指杰出的历史名人。
⑤ 故垒:过去遗留下来的营垒。黄州古老的城堡,推测可能是古战场的陈迹。
⑥ 周郎:周瑜,字公瑾,为吴建威中郎将,时年24岁,吴国皆呼为"周郎"。
⑦ 乱石穿空:陡峭不平的石壁插入天空。
⑧ 雪:比喻浪花。
⑨ 遥想:形容想得很远;回忆。
⑩ 小乔初嫁了(liǎo):《三国志·吴志·周瑜传》载,周瑜从孙策攻皖,"得桥公两女,皆国色也。策自纳大桥,瑜纳小桥。"乔,本作"桥"。其时距赤壁之战已经十年,此处言"初嫁",是言其少年得意,倜傥风流。
⑪ 雄姿英发(fā):谓周瑜体貌不凡,言谈卓越。英发,谈吐不凡,见识卓越。
⑫ 羽扇纶(guān)巾:手摇羽扇,头戴纶巾。这是古代儒将的便装打扮。羽扇,羽毛制成的扇子。纶巾,青丝制成的头巾。
⑬ 强虏:指强大的敌人,又作"狂虏"。有的版本写作"樯橹",指曹操的水军战船。虏:对敌人的蔑称。
⑭ 故国神游:"神游故国"的倒文。故国:这里指旧地,当年的赤壁战场。神游:于想象、梦境中游历。
⑮ 华发(fà):花白的头发。
⑯ 一尊还(huán)酹(lèi)江月:古人祭奠以酒浇在地上祭奠。这里指洒酒酬月,寄托自己的感情。尊,通"樽",酒杯。
⑰ 选自《稼轩长短句》。辛弃疾(1140—1207),字幼安,号稼轩居士,历城(现在属山东省济南市)人,南宋词人。北固亭,在京口(现在江苏省镇江市)东北的北固山上,隔江可望见扬州。

上阕怀古抒情,借曾在京口建功立业的孙权和刘裕,抒发抗金救国的豪情;下阕怀古讽今,借刘义隆曾因草率出兵而致大败的史实,表明自己坚决收复失地,不然会出现安于异族统治的可悲后果,但也反对草率出兵的主张,最后诗人以廉颇自况,抒发未能实现抱负的愤慨之情。

千古江山,英雄无觅孙仲谋处①。舞榭歌台②,风流总被雨打风吹去。斜阳草树,寻常巷陌③,人道寄奴④曾住。想当年⑤,金戈铁马⑥,气吞万里如虎。

元嘉草草⑦,封狼居胥⑧,赢得仓皇北顾⑨。四十三年⑩,望中犹记,烽火扬州路⑪。可堪⑫回首,佛狸祠下⑬,一片神鸦社鼓!凭谁问:廉颇老矣,尚能饭否⑭。

【文本对话】

一、《念奴娇·赤壁怀古》词的上阕写景,写出了赤壁景色的哪些特点?

二、《念奴娇·赤壁怀古》这首词主要运用了怎样的写作手法,抒发了作者怎样的思想感情?

三、辛弃疾一生力主抗金复国,但孤立无援,其豪放词每有苍凉沉郁、粗犷悲愤之致,从下片中你能读出这种韵味吗?试举例分析。

四、天下英雄何其多。稼轩为何独钟情于孙仲谋呢?"千古江山,英雄无觅孙仲谋处"和"生子当如孙仲谋"为例,谈谈你对此的认识。

---

① 英雄无觅孙仲谋处无处:寻找英雄孙仲谋(那样的人物)了。仲谋,孙权的字。他曾在今京口建立吴都。
② 舞榭歌台:演出歌舞的台榭,这里代指孙权故宫。榭,建在高台上的房子。
③ 寻常巷陌:极窄狭的街道。寻常,古代指长度,八尺为寻,倍寻为常,形容狭窄。引伸为普通、平常。巷、陌,这里都指街道。
④ 寄奴:南北朝时南朝宋武帝刘裕的小名。刘裕的祖先由北方移居京口。刘裕在这里起事,最后建立政权。
⑤ 当年]:刘裕为了收复中原大举北伐的时候。
⑥ 金戈铁马:金戈,用金属制成的长枪。铁马,披着铁甲的战马。都是当时精良的军事装备。这里指代精锐的部队。
⑦ 元嘉草草:元嘉是刘裕子刘义隆年号。草草:轻率。南朝宋刘义隆好大喜功,仓促北伐,反[而让北魏主拓跋焘抓住机会,以骑兵集团南下,兵抵长江北岸而返,遭到对手的重创。
⑧ 封狼居胥:狼居胥山,在内蒙古自治区西北部。汉武帝元狩四年(前119年)霍去病远征匈奴,歼敌七万余,于是"封狼居胥山,禅于姑衍"。积土为坛于山上,祭天曰封,祭地曰禅,古时用这个方法庆祝胜利。南朝宋文帝刘义隆命王玄谟北伐,玄谟陈说北伐的策略,文帝说:"闻王玄谟陈说,使人有封狼居胥意"。词中用"元嘉北伐"失利事,以影射南宋"隆兴[北伐"。
⑨ 赢得仓皇北顾:即赢得仓皇与北顾。宋文帝刘义隆命王玄谟率师北伐,为北魏太武帝拓跋焘击败,魏趁机大举南侵,直抵扬州,吓得宋文帝亲自登上建康幕府山向北观望形势。赢得,剩得,落得。
⑩ 四十三年]:作者于宋高宗赵构绍兴三十二年(1162年),从北方抗金南归,至宋宁宗赵扩开禧元年(1205年),任镇江知府登北固亭写这首词时,前后共四十三年。
⑪ 烽火扬州路:指当年扬州地区,到处都是抗击金兵南侵的战火烽烟。路,宋朝时的行政区划,扬州属淮南东路。
⑫ 可堪:表面意为可以忍受得了,实则犹"岂堪"、"那堪",即怎能忍受得了。堪,忍受。
⑬ 佛狸祠下,一片神鸦社鼓:(瓜步山上的)佛狸祠下(充满)一片神鸦叫声和社日的鼓声。佛狸,后魏太武帝拓的小字。公元450年,他曾反击刘宋,两个月的时间里,兵锋南下,五路远征军分道并进,从黄河北岸一路穿插到长江北岸。在长江北岸瓜步山建立行宫,即后来的佛狸祠。神鸦:指在庙里吃祭品的乌鸦。社鼓:祭祀时的鼓声。
⑭ 凭谁问:廉颇老矣,尚能饭否](现在)凭谁会问:廉颇老了,饭量还好吗? 这是作者以 廉颇自比,说自己虽然老了,还不忘为国效力,恢复中原可是朝廷一味屈膝媚敌,早没有重用他的意思了。战国时赵国名将。《史记·廉颇蔺相如列传》记载,廉颇被免职后,跑到魏国,赵王想再用他,派人去看他的身体情况,廉颇之仇郭开贿赂使者,使者看到廉颇,廉颇为之米饭一斗,肉十斤,被甲上马,以示尚可用。使者回来报告赵王说:"廉颇将军虽老,尚善饭,然与臣坐,顷之三遗矢(通假字,即屎)矣。"赵王以为廉颇已老,遂不用。

【实践活动】

辛弃疾最善用典,且信手拈来,抒情写意,尝试从他的其他词中寻找一例进行赏析。

【知识链接】

"出人头地"一词的来源

宋仁宗嘉佑二年(1057年),苏轼在京城会考时,主审官是大名鼎鼎的北宋文学名家欧阳修。他在审批卷子的时候被苏轼华丽绝赞的文风所倾倒。为防徇私,那时的考卷均为无记名式。所以欧阳修虽然很想点选这篇文章为第一,但他觉得此文很像门生曾巩所写,怕落人口实,所以最后评了第二。一直到发榜的时候,欧阳修才知道文章作者是苏轼。在知道真实情况后欧阳修后悔不已,但是苏轼却一点计较的意思都没有,苏轼的大方气度和出众才华让欧阳修赞叹不已:"这样的青年才俊,真是该让他出榜于人头地啊!"并正式收苏轼为弟子。

第八单元

女性天空

19世纪英国浪漫主义诗人拜伦在剧作《萨那培拉斯》中有这么几句感人肺腑的表白:"人类的生命,在女人的胸腔里孕育,从她的柔唇上你咿呀学语,她拭去你最初的泪滴,当生命摆脱羁绊,当弥留尘世之际,往往也是在女人面前,你倾吐出临终的叹息。"女人是这世上最美的一道风景,她如诗如画:或轻盈俏皮,或文静含蓄,或热情泼辣;或温柔贤淑——千娇百媚……她们在历史的花苑中无处不演绎着女人那丰富多彩的人生!

在我国文学发展史上,李清照作为著名的女作家,以其独特的艺术风格,卓然自成一家。她的词,无论前期的,还是后期的,都包含着她真挚的感情。或者是表现真挚的夫妻之爱,或者是对丈夫的思念之情,或者是南渡之后,面对国破家亡所产生的一腔爱国主义情怀。《醉花阴》一词是寄给在外作官的丈夫,表现词人在重阳佳节独守空闺、思念丈夫的孤寂愁绪。上片由白天写到夜晚,愁苦孤独之情充满其中;下片则倒叙黄昏时独自饮酒的凄苦,末尾三句设想奇妙,比喻精彩,末句"人比黄花瘦",更成为千古绝唱。她晚年的作品《永遇乐·落日熔金》,通过描写北宋京城汴京和南宋京城临安元宵节情景的对比,概括且集中地反映了她南渡以后凄惶的天涯沦落之悲,同时也表达了对南宋统治阶层不思进取、苟且偷安的无限愤懑。

母爱是世界上最伟大的爱,歌唱母亲,歌颂母爱是诗歌永恒的主题。《大堰河——我的保姆》是一首带有自传性质的抒情诗,也是诗人呈献给自己保姆的一首颂歌。作者通过对自己的乳母的回忆与追思,抒发了对贫苦农妇大堰河的怀念之情、感激之情和赞美之情,从而激发人们对旧中国广大劳动妇女悲惨命运的同情,对这"不公道的世界"的强烈仇恨。

唐代魏征曾经说过:"以史为鉴"。历史永远是一本最好的教科书。《包身工》可以算是中国最早的报告文学,它截取包身工生活中的一个横断面,从包身工二十四小时的遭际,折射出了包身工整个的悲惨命运。虽然这篇课文的时代性离普通中学生稍微远一点,但它还是有自己的生命力。

《跨越百年的美丽》这是一篇赞美居里夫人的文章,这篇文章没有泛泛介绍居里夫人的科学成就,而是选取了最典型的几个事例,将作者对科学家生命的理解融合在一起,因而,文章的重点一是联系上下文理解课文中含义深刻的句子,体会居里夫人为科学献身的精神;二是读懂居里夫人的事迹,从具体的事例中领悟"跨越百年的美丽"就是居里夫人所体现的科学精神。

爱情，是社会生活中不可或缺的主题，也是古今中外诗歌描写最为广泛的题材。朦胧诗人的杰出代表舒婷，深感现实生活中崇高精神的丧失而追慕先贤们伟大爱情的坚贞，用其《致橡树》向人们提出了一个爱情的高标准。她在这一诗篇中塑造的爱情形象，鲜明地昭示了一种独立、平等、互相依存又相互扶持、理解对方的存在意义，同时又珍视自身生存价值的爱情观。

一、李清照词两首①

【阅读提示】

　　怨妇情怀在古代诗词歌赋中也是一个不可小视的话题。《醉花阴·薄雾浓云愁永昼》里，作为一位才女，在婚后的重阳佳节思念不在身边的丈夫，将心中的惆怅心理抒发于为数不多的字里行间，流露出别一番的愁怨滋味。《永遇乐·落日熔金》是李清照晚年的伤今追昔之作。这首词通过写北宋京城汴京和南宋京城临安元宵节的情景，借以抒发词人的故国情思，同时也抒发了对南宋统治者苟且偷安的不满。

醉花阴②·薄雾浓云③愁永昼④

　　薄雾浓云愁永昼，瑞脑⑤销金兽⑥。佳节又重阳⑦，玉枕纱厨⑧，半夜凉⑨初透。
　　东篱⑩把酒黄昏后，有暗香⑪盈袖⑫。莫道不销魂⑬，帘卷西风⑭，人比⑮黄花⑯瘦。

永遇乐·落日熔金⑰

　　落日熔金，暮云合璧，人在何处。染柳烟浓，吹梅笛怨⑱，春意知几许。元宵佳节，融和天气，次第⑲岂无风雨。来相召、香车宝马⑳，谢他酒朋诗侣。

---

　　① 李清照（1084年—约1155年），号易安居士，汉族，齐州济南（今山东省济南市章丘区）人。宋代女词人，婉约词派代表，有"千古第一才女"之称。
　　② 醉花阴：词牌名，又名"九日"。
　　③ 云：一作"雾"，一作"阴"。
　　④ 愁永昼：愁难排遣觉得白天太长。永昼，漫长的白天。
　　⑤ 瑞脑：一种薰香名。又称龙脑，即冰片。
　　⑥ 销金兽：香炉里香料逐渐燃尽。消，一作"销"，一作"喷"。金兽，兽形的铜香炉。
　　⑦ 重阳：农历九月九日为重阳节。《周易》以"九"为阳数，日月皆值阳数，并且相重，故名。这是个古老的节日。
　　⑧ 纱厨：即防蚊蝇的纱帐。厨，一作"窗"。
　　⑨ 凉：一作"秋"。
　　⑩ 东篱：泛指采菊之地。语出东晋陶渊明《饮酒》："采菊东篱下，悠然见南山。"
　　⑪ 暗香：这里指菊花的幽香。
　　⑫ 盈袖：满袖。语出《古诗十九首·庭中有奇树》："攀条折其荣，将以遗所思。馨香盈怀袖，路远莫致之。"
　　⑬ 销魂：形容极度忧愁、悲伤。南朝江淹《别赋》："黯然销魂者，惟别而已矣。"消，一作"消"。
　　⑭ 西风：秋风。
　　⑮ 比：一作"似"。
　　⑯ 黄花：指菊花。《礼记·月令》："鞠有黄华"。鞠，本用菊。唐王绩《九月九日》："忽见黄花吐，方知素节回。"
　　⑰ 熔金：一作镕金。
　　⑱ 吹梅笛怨：梅，指乐曲《梅花落》，用笛子吹奏此曲，其声哀怨。
　　⑲ 次第：这里是转眼的意思。
　　⑳ 香车宝马：这里指贵族妇女所乘坐的、雕镂工致装饰华美的车驾。

中州①盛日,闺门多暇,记得偏重三五②。铺翠冠儿③,捻金雪柳④,簇带⑤争济楚⑥。如今憔悴,风鬟⑦霜鬓,怕见夜间出去。不如向、帘儿底下,听人笑语。

【文本对话】

一、阅读《醉花阴·薄雾浓云愁永昼》一词,回答下列问题。

1."薄雾浓云愁永昼,瑞脑销金兽",描绘了一幅什么画面?渲染了怎样的环境氛围?作者用了什么表现手法?

2."佳节又重阳,玉枕纱厨,半夜凉初透。"作者为何特别提到重阳佳节?作者的凉意从何而来?

3.古人常爱用花比喻人之美貌,如"芙蓉如面柳如眉"、"人面桃花相映红"等,而李清照却说"人比黄花瘦",这样的比喻有什么丰富的内涵?

4.词人运用哪些景物来烘托心情?表达了词人怎样的心情?

二、阅读《永遇乐·落日熔金》一词,回答下列问题。

1.试着从词的上阕把透露词人心理的句子找出来,说说透露出来的是怎样一种心境?美景当前,为什么作者会发出这样的疑问?

2.上阕的景物描写有何特点?对突显词人心情有何作用?

3.下阕前六句写出了一番什么样的景象?

【实践活动】

课外搜集李清照词中表现愁绪的作品加以赏析,以"人比黄花瘦"为题,写篇赏析性文章,分析作品的思想感情和艺术特色,体会婉约派词的特点。

【知识链接】

李清照,号易安居士,济南(今山东济南)人,宋代女词人。工诗、文,更擅长词,诗名、文名为词名所掩。父亲李格非为礼部员外郎,是当时著名学者。丈夫赵明诚,是宰相赵挺之之子,历任州郡行政长官。夫妻志趣相投,婚后生活美满,搜集了大量的金石字画,共同从事学术研究。南渡不久,赵明诚病死,李清照精神上受到沉重的打击。宋高宗建炎三年(1129年),金兵南下,李清照过着颠沛流离的生活。此后在孤寂中,怀着对家国之思,在极度的愁苦中死去。

在词方面,李清照的词以靖康之变为界,分为两期,前期多描写爱情生活、自然景物,如《一剪梅》(红藕香残玉簟秋)、《醉花阴》(薄雾浓云愁永昼)、《如梦令》(昨夜雨疏风骤)等。后期多写伤时感乱、怀乡忆旧,如《声声慢》(寻寻觅觅)、《永遇乐》(落日熔金)等。她工于造语,善于创意出奇、移情于物,善于运用白描的手法,语言朴实清新,音节自然流畅,雅俗共赏。在诗方面,表现爱国之情,具有现实性。如《上枢密韩公诗》《夏日绝句》等。散文方面的代表作是《金石录后序》。著有文艺批评《论词》,提出"词别是一家"的观点。后人辑有《漱玉词》。

---

① 中州:即中土、中原。这里指北宋的都城汴京,今河南开封。
② 三五:十五日。此处指元宵节。
③ 铺翠冠儿:以翠羽装饰的帽子。
④ 雪柳:雪白如柳叶之头饰;以素绢和银纸做成的头饰。
⑤ 簇带:簇,聚集之意。"带"同"戴",加在头上谓之戴。
⑥ 济楚:美好、端整、漂亮。簇带、济楚均为宋时方言,意谓头上所插戴的各种饰物。
⑦ 风鬟:头发凌乱。鬟,古代中国妇女梳的环形的发髻。

二、大堰河——我的保姆①

艾 青

【阅读提示】

《大堰河——我的保姆》是诗人以幼年生活为背景，集中地描述了自己的保姆——大堰河一生的悲苦经历，抒发了他对保姆大堰河及中国广大劳苦大众的赞美。阅读本诗时注意把握诗人感情和思路发展脉络，体会诗人对保姆大堰河深切的怀念、同情、感激和赞美之情。

大堰河，是我的保姆。
她的名字就是生她的村庄的名字，
她是童养媳，
大堰河，是我的保姆。

我是地主的儿子，
也是吃了大堰河的奶而长大了的
大堰河的儿子。
大堰河以养育我而养育她的家，
而我，是吃了你的奶而被养育了的，
大堰河啊，我的保姆。

大堰河，今天我看到雪使我想起了你：
你的被雪压着的草盖的坟墓，
你的关闭了的故居檐头的枯死的瓦菲②，
你的被典押了的一丈平方的园地，
你的门前的长了青苔的石椅，
大堰河，今天我看到雪使我想起了你。

你用你厚大的手掌把我抱在怀里，抚摸我；
在你搭好了灶火之后，
在你拍去了围裙上的炭灰之后，
在你尝到饭已煮熟了之后，
在你把乌黑的酱碗放到乌黑的桌子上之后，
在你补好了儿子们的为山腰的荆棘扯破的衣服之后，
在你把小儿被柴刀砍伤了的手包好之后，
在你把夫儿们的衬衣上的虱子一颗颗的掐死之后，

---

① 选自《艾青诗选》（人民文学出版社1997年版）。艾青(1910—1996)，原名蒋海澄，浙江金华人，现代诗人。大堰河，即浙江金华方言中"大叶荷"的谐音。艾青的奶妈是大叶荷村人，她是童养媳，没有自己的名字，当地人因此就叫她"大叶荷"。
② 瓦菲：生长在瓦缝中的野草。

在你拿起了今天的第一颗鸡蛋之后,
你用你厚大的手掌把我抱在怀里,抚摸我。

我是地主的儿子,
在我吃光了你大堰河的奶之后,
我被生我的父母领回到自己的家里。
啊,大堰河,你为什么要哭?

我做了生我的父母家里的新客了!
我摸着红漆雕花的家具,
我摸着父母的睡床上金色的花纹,
我呆呆地看着檐头的我不认得的"天伦叙乐"的匾,
我摸着新换上的衣服的丝的和贝壳的纽扣,
我看着母亲怀里的不熟识的妹妹,
我坐着油漆过的安了火钵①的炕凳,
我吃着碾了三番的白米的饭,
但,我是这般忸怩不安!因为我
我做了生我的父母家里的新客了。

大堰河,为了生活,
在她流尽了她的乳液之后,
她就开始用抱过我的两臂劳动了;
她含着笑,洗着我们的衣服,
她含着笑,提着菜篮到村边的结冰的池塘去,
她含着笑,切着冰屑悉索的萝卜,
她含着笑,用手掏着猪吃的麦糟,
她含着笑,扇着炖肉的炉子的火,
她含着笑,背了团箕②到广场上去
晒好那些大豆和小麦,
大堰河,为了生活,
在她流尽了她的乳液之后,
她就用抱过我的两臂,劳动了。

大堰河,深爱着她的乳儿;
在年节里,为了他,忙着切那冬米③的糖,
为了他,常悄悄地走到村边的她的家里去,
为了他,走到她的身边叫一声"妈",
大堰河,把他画的大红大绿的关云长
贴在灶边的墙上,

---

① 火钵(bō):用来盛火取暖的瓦盆。钵,陶制的器具,形状像盆而小。
② 团箕(jī):一种用竹篾或柳条编成的圆形器具,用来盛晒粮食等。
③ 冬米:即糯米,也叫江米。

大堰河,会对她的邻居夸口赞美她的乳儿;
大堰河曾做了一个不能对人说的梦:
在梦里,她吃着她的乳儿的婚酒,
坐在辉煌的结彩的堂上,
而她的娇美的媳妇亲切地叫她"婆婆"
....
大堰河,深爱她的乳儿!

大堰河,在她的梦没有做醒的时候已死了。
她死时,乳儿不在她的旁侧,
她死时,平时打骂她的丈夫也为她流泪,
五个儿子,个个哭得很悲,
她死时,轻轻地呼着她的乳儿的名字,
大堰河,已死了,
她死时,乳儿不在她的旁侧。

大堰河,含泪的去了!
同着四十几年的人世生活的凌侮,
同着数不尽的奴隶的凄苦,
同着四块钱的棺材和几束稻草,
同着几尺长方的埋棺材的土地,
同着一手把的纸钱的灰,
大堰河,她含泪的去了。

这是大堰河所不知道的:
她的醉酒的丈夫已死去,
大儿做了土匪,
第二个死在炮火的烟里,
第三,第四,第五
在师傅和地主的叱骂声里过着日子。
而我,我是在写着给予这不公道的世界的咒语。
当我经了长长的漂泊回到故土时,
在山腰里,田野上,
兄弟们碰见时,是比六七年前更要亲密!
这,这是为你,静静地睡着的大堰河
所不知道的啊!

大堰河,今天,你的乳儿是在狱里,
写着一首呈给你的赞美诗,
呈给你黄土下紫色的灵魂,
呈给你拥抱过我的直伸着的手,
呈给你吻过我的唇,

呈给你泥黑的温柔的脸颜，
呈给你养育了我的乳房，
呈给你的儿子们，我的兄弟们，
呈给大地上一切的，
我的大堰河般的保姆和她们的儿子，
呈给爱我如爱她自己的儿子般的大堰河。

大堰河，
我是吃了你的奶而长大了的
你的儿子，
我敬你
爱你！

【文本对话】

一、阅读诗歌，思考下列问题。

1. 根据第一节诗，分析大堰河的性格特征及作者的思想感情。

2. 从课文中的哪些地方能看出大堰河的人生是凄苦的？本诗是写给大堰河的，其中为什么还写了她的丈夫和她的儿子们？

3. "呈给爱我如爱她自己的儿子般的大堰河"这一句在诗歌的结尾部分，说说有什么深刻含义。

二、这首抒情长诗中有许多叙事成分和细节描写。试找出几例，说说它们对表达诗人情感所起的作用。

三、诗人在第二节中写道："大堰河以养育我而养育她的家，而我，是吃了你的奶而被养育了的。"诗句中对大堰河的称代，由"她"而改换为"你"，在第十一节中也有这样的称代变化。这种称代上的变化，在表达上有什么作用？

四、《大堰河——我的保姆》第七小节用六个"她含着笑"开头，写了一组排比句，突出了大堰河的勤劳、淳朴、宽厚、善良，也渗透了诗人对她悲苦命运的同情。请用"(父母、老师、亲友、同学等)含着笑"开头仿写一组(6句)排比句。

【实践活动】

假如你是一位主持人，请在朗诵诗歌《大堰河——我的保姆》前加上一段引入语。

【知识链接】

大堰河，原出生于离艾青老家五里远的大叶荷村，很小就被卖到艾青的家乡——畈田蒋村当童养媳。她没有名字，人们只好用她的出生地称呼她，"卑微到连自己的名字也没有！"她一生命运非常悲惨：与前夫生了三个孩子；前夫死后，另嫁，又生了两个孩子。当时农民生活非常艰难，苛捐杂税，还有地主盘剥。大堰河孩子多，生活更是艰难，她受尽煎熬，仅四十多岁就离开了人世。艾青出生时因母亲难产，算命先生说他会"克死父母"，因此他一出生就受家人歧视，被寄养到大堰河家。艾青就是吮吸着大堰河的乳汁，在她精心爱抚下成长的。直到五岁才被领回家，仍然受家庭歧视，规定他不能叫父母为爸爸妈妈，而要叫叔叔婶婶。因此在艾青的情感世界里，对大堰河的爱远远超过了对父母的爱！因此他"长大一点后，总想早点离开家庭"，18岁就离开了家。1933年1月，他23岁，在狱中满怀深情地写下了《大堰河——我的保姆》。后来诗人在1953年和1973年两次回乡，都一往情深地去祭扫大堰河的墓。

三、包身工[①]

夏 衍

【阅读提示】

《包身工》以包身工一天的活动作为行文主线,陈述事实,把奴隶一样做工的女孩子们的遭遇公之于世;穿插有关包身工制度的起因、发展等的说明和议论,控诉罪恶,告诉人们,包身工制度是在半封建半殖民地社会,受反动政府"特殊优惠"的保护,伴随中国农村经济衰败生长出来的一颗毒瘤。

已经是旧历四月中旬了,上午四点过一刻,晓星才从慢慢地推移着的淡云里面消去,蜂房般的格子铺里的生物已经在蠕动了。

"拆铺啦!起来!"穿着一身和时节不相称的拷绸衫裤[②]的男子,像生气似的呼喊,"芦柴棒,去烧火!妈的,还躺着,猪猡[③]!"

七尺阔、十二尺深的工房楼下,横七竖八地躺满了十六七个"猪猡"。跟着这种有威势的喊声,在充满了汗臭、粪臭和湿气的空气里面,她们很快地就像被搅动了的蜂窝一般骚动起来。打呵欠,叹气,寻衣服,穿错了别人的鞋子,胡乱地踏在别人身上,叫喊,在离开别人头部不到一尺的马桶上很响地小便。成人期女孩所共有的害羞的感觉,在这些被叫做"猪猡"的生物中间,已经很迟钝了。半裸体地起来开门,拎着裤子争夺马桶,将身体稍稍背转一下就会公然地在男人面前换衣服。

那男人虎虎地在起得慢一点的"猪猡"身上踢了几脚,回转身来站在不满二尺阔的楼梯上面,向着楼上的另一群生物呼喊:

"揍你的!再不起来?懒虫!等太阳上山吗?"

蓬头、赤脚,一边扣着纽扣,几个睡眼惺忪的"懒虫"从楼上冲下来了。自来水龙头边挤满了人,用手捧些水来浇在脸上。"芦柴棒"着急地要将大锅里的稀饭烧滚,但是倒冒出来的青烟引起了她一阵猛烈的咳嗽。十五六岁,除了老板之外,大概很少有人知道她的姓名。手脚瘦得像芦棒梗一样,于是大家就拿"芦柴棒"当做了她的名字。

这是杨树浦福临路东洋纱厂的工房。长方形的,红砖墙严密地封锁着的工房区域,被一条水门汀[④]的弄堂[⑤]马路划成狭长的两块。像鸽子笼一般地分得均匀,每边八排,每排五户,一共八十户一楼一底的房屋,每间工房的楼上楼下,平均住着三十二三个"懒虫"和"猪猡",所以,除了"带工"老板[⑥]、老板娘、他们的家族亲戚和穿拷绸衣服的同一职务的打杂、请愿警[⑦]之外,这

[①] 节选自《夏衍选集》下(人民文学出版社1980年版)。选入课文时有删改。夏衍(1900—1995),原名沈乃熙,号端先,浙江杭县人,现代著名剧作家、电影艺术家、社会活动家。主要作品有剧本《赛金花》《上海屋檐下》《法西斯细菌》等。

[②] 拷绸衫裤:用薯莨液染的一种丝织品,往往用来制作夏天穿的衣服。

[③] 猪猡:就是猪,上海方言,这是对人侮辱性的称呼。

[④] 水门汀:英语"cement"的音译,即水泥。

[⑤] 弄堂:方言,胡同,小巷。弄,lòng。

[⑥] "带工"老板:管理包身工的工头。

[⑦] 请愿警:这是一个日本式的名称,中国一般叫"保镖",就是有钱人为保护自己而雇用的贴身保安。

工房区域的墙圈里面住着二千左右衣服褴褛而替别人制造衣料的"猪猡"。

但是,她们正式的名称却是"包身工"。她们的身体,已经以一种奇妙的方式包给了叫做"带工"的老板。每年特别是水灾、旱灾的时候,这些在东洋厂里有"脚路"①的带工,就亲自或者派人到他们家乡或者灾荒区域,用他们多年熟练了的可以将一根稻草讲成金条的嘴巴,去游说②那些无力"饲养"可又不忍让他们的儿女饿死的同乡。

"还用说?住的是洋式的公司房子。吃的是鱼肉荤腥。一个月休息两天,咱们带着到马路上去玩耍。嘿,几十层楼的高房子,两层楼的汽车,各种各样好看好用的外国东西。老乡!人生一世,你也得去见识一下啊!——做满三年,以后赚的钱就归你啦。块把钱一天的工钱,嘿,别人给我叩了头也不替她写进去!咱们是同乡,有交情。——交给我带去,有什么三差二错,我还能回家乡吗?"

这样说着,咬着草根树皮的女孩子可不必说,就是她们的父母,也会怨恨自己没有跟去享福的福份了。于是,在预备好了的"包身契"上画一个十字③,包身费大洋二十元,期限三年,三年之内,由带工的供给住食,介绍工作,赚钱归带工者收用,生死疾病一听天命,先付包洋十元,人银两交,"恐后无凭,立此包身契据是实!"

福临路工房的二千左右的包身工人,隶属在五十个以上的"带工"头手下,她们是顺从地替带工赚钱的"机器"。所以,每个"带工"所带包身工的人数也就表示了他们的手面④和财产。少一点的,三十五十,多一点的带着一百五十个以上。手面宽一点的"带工",不仅可以放债、买田、起屋,还能兼营茶楼、浴室、理发铺一类的买卖。

四点半之后,没有线条和影子的晨光胆怯地显出来的时候,水门汀路上和弄堂里面,已被这些赤脚的乡下姑娘挤满了。凉爽而带有一点湿气的晨风,大约就是这些生活在死水一般的空气里面的人们仅有的天惠。她们嘈杂起来,有的在公共自来水龙头边舀水,有的用断了齿的木梳梳掉执拗地粘在头发里的棉絮,陆续地两个一组两个一组地用扁担抬着平满的马桶,吆喝着从人们身边擦过。带工的老板或者打杂的拿着一叠叠的"打印子簿子",懒散地站在正门出口——好像火车站轧票处⑤一般的木栅子⑥的前面。楼下的那些席子、破被之类收拾掉之后,晚上倒挂在墙壁上的两张饭桌放下来了。几十只碗,一把竹筷,胡乱地放在桌上,轮值烧稀饭的就将一洋铅桶浆糊一般的薄粥放在板桌中央。她们的定食是两粥一饭,早晚吃粥,中午的干饭由老板差人给她们送进工厂里去。粥!它的成分并不和一般通用的意义一样,里面是较少的籼米、锅焦、碎米和较多的乡下人用来喂猪的豆腐渣!粥菜?是不可能有的。有几个"慈祥"的老板到小菜场去收集一些莴苣的菜叶,用盐一浸,这就是她们难得的佳肴。

只有两条板凳,——其实,即使有更多的板凳,这屋子里面也没有同时容纳三十个人吃粥的地方。她们一窝蜂地抢一般地盛了一碗,歪着头用舌舔着淋漓在碗边外的粥汁,就四散地蹲伏或者站立在路上和门口。添粥的机会除了特殊的日子,——譬如老板、老板娘的生日,或者发工钱的日子之外,通常是很难有的。轮着揩地板、倒马桶的日子,也有连一碗也轮不到的时候。洋铅桶空了,轮不到盛第一碗的人们还捧着一只空碗,于是老板娘拿起铅桶到锅子里去刮

---

① 脚路:门路。
② 游说:这里指四处活动,用谎言劝说别人。说,shuì。
③ 画上一个十字:老百姓不会写字,签字画押只好以"十"字代替。
④ 手面:排场的意思。
⑤ 轧票处:即现在的"检标处"。轧,gá,核对、查对。
⑥ 木栅子:用木头做成的像篱笆一样的东西,即槛杆。栅,zhà。

一下锅焦、残粥,再到自来水龙头边去冲一些清水,用她那双才在梳头的油手搅拌一下,气哄哄地放在这些廉价的、不需要更多维持费的"机器"们面前。

"死懒!躺着死不起来,活该!"

十一年前内外棉的顾正红事件①,尤其是五年前的"一·二八"战争②之后,东洋厂对于这种特殊的廉价"机器"的需要突然地增加起来。据说,这是一种极合经济原理和经营原则的方法。有引号的机器,终究还是血肉之躯。所以当超过了"外头工人"(普通的自由劳动者)忍耐的最大限度的时候,他们往往会很自然地想起一种久已遗忘了的人类所该有的力量。有时候愚蠢的奴隶会体会到一束箭折不断的道理。再消极一点,他们也还可以拼着饿死不干。一个有殖民地经验的"温情主义者",在一本著作的序文上说:"在这次斗争(五卅)中,警察没有任何的威权,在民众的结合力前面,什么权力都不中用了!"可是,结论呢?用温情主义吗?不,不!他们所采用的方法,只是用廉价而没有"结合力"的"包身工"来替代"外头工人"而已。

第一,包身工的身体是属于带工老板的,所以她们根本就没有"做"或者"不做"的自由。她们每天的工资就是老板的利润,所以即使在生病的时候,老板也会很可靠地替厂家服务,用拳头、棍棒或者冷水来强制她们去做工作。就拿上面讲到过的芦柴棒来做个例吧,——其实,这样的情况每个包身工都会遭遇到:有一次,在一个很冷的清晨,芦柴棒害了急性的重伤风而躺在"床"上了。她们躺的地方,到了一定的时间是非让出来做吃粥的地方不可的,可是在那一天,芦柴棒可真的挣扎不起来了,她很见机③地将身体慢慢地移到屋子的角上,缩做一团,尽可能地不占地方。可是在这种工房里面,生病躺着休养的例子是不能任你开的,一个打杂的很快地走过来了。干这种职务的人,大半是带工头的亲戚,或者在"地方上"有一点势力的流氓,所以在这种法律的触手达不到的地方,他们差不多有自由生杀的权利。芦柴棒的喉咙早已哑了,用手做着手势,表示身体没力,请求他的怜悯。

"假病,老子给你医!"

一手抓住了头发,狠命地往上一摔,芦柴棒手脚着地,很像一只在肢体上附有吸盘的乌贼。一脚踢在她的腿上,照例第二、第三脚是不会少的,可是打杂的很快就停止了。后来,据说,因为芦柴棒"露骨"地突出的腿骨,碰痛了他的足趾!打杂的恼了,顺手夺过一盆另一个包身工正在揩桌子的冷水,迎头泼在芦柴棒的头上。这是冬天,外面在刮寒风,芦柴棒遭了这意外的一泼,反射似的跳起身来,于是在门口刷牙的老板娘笑了:

"瞧!还不是假病!好好地会爬起来,一盆冷水就医好了。"

这只是常有的例子的一个。

第二,包身工都是新从乡下出来,而且她们大半都是老板娘的乡邻,这一点,在"管理"上是极有利的条件。厂家除了在工房周围造一条围墙,门房里置一个请愿警和门外钉一块"工房重地,闲人莫入"的木牌,使这些"乡下小姑娘"和别的世界隔绝之外,完全将管理权交给了带工的老板。这样,早晨五点钟由打杂的或者老板自己送进工厂,晚上六点钟接领回来,她们就永没

---

① 顾正红事件:1925年5月15日,上海日商纱厂籍职员枪杀工人顾正红,打伤工人十余人,激起了工人、市民和学生的愤怒,引发了30日的罢工游行。英国巡捕开枪打死群众十余人,伤数十人,酿成了"五卅惨案"。

② "一·二八"战争:又称"一·二八淞沪抗战"。1932年1月28日日本帝国主义发动武装进犯中国上海的战争,在上海民众极力支持下,蒋光鼐、蔡廷锴等率领第十九路军奋起抵抗,第五军军长张治中率部驰援。血战月余,使日军伤亡逾万,三易司令官,四次增兵。但由于国民党政府不增派援兵,3月2日淞沪陷落,5月5日国民党政府与日本签订了屈辱的《淞沪停战协定》。

③ 见机:看情况办事,这里是"知趣"的意思。

有和外头人接触的机会。所以包身工是一种"罐装了的劳动力",可以"安全地"保藏,自由地使用,绝没有因为和空气接触而起变化的危险。

　　第三,那当然是工价的低廉。包身工由"带工"带进厂里,于是她们的集合名词又变了,在厂方,她们叫做"试验工"和"养成工"两种。试验工就表示准备将一个"生手"养成为一个"熟手"。最初的钱是每天十二小时大洋一角至一角五分,最初的工作范围是不需要任何技术的扫地、开花衣①、扛原棉②、松花衣之类。一两个礼拜之后就调到钢丝车间③、条子间④、粗纱间⑤去工作。在这种工厂所有者的本国,拆包间、弹花间、钢丝车间的工作,通例是男工做的,可是在半殖民地,不必顾虑到社会的纠缠和官厅的监督,就将这种不是女性所能担任的工作加到工资不及男工三分之一的包身工们的身上去了。

　　五点钟,上工的汽笛声响了。红砖罐头的盖子——那一扇铁门一推开,就好像鸡鸭一般地无秩序地冲出一大群没有锁链的奴隶。每人手里都拿着一本打印子的簿子,不很讲话,即使讲话也没有什么生气。一出门,这人的河流就分开了,第一厂的朝东,二三五六厂的朝西,走不到一百步,她们就和另一种河流——同在东洋厂工作的"外头工人"们汇在一起。但是,住在这地域附近的人,这河流里面的不同的成分,是很容易看得出的。外头工人的衣服多少地整洁一点,很多穿着旗袍,黄色或者淡蓝的橡皮鞋子,十七八岁的小姑娘们有时爱搽些粉,甚至也有人烫过头发。包身工就没有这种福气了。她们没有例外地穿着短衣,上面是褪色和油脏了的湖绿乃至莲青的短衫,下面是玄色或者条纹的裤子,长头发,很多还梳着辫子,破脏的粗布鞋,缠过未放大的脚,走路也就有点蹒跚的样子。在路上走,这两种人很少有谈话的机会。脏,乡下气,土头土脑,言语不通,这都是她们不亲近的原因,过分地看高自己和不必要地看不起别人,这种心理是在"外头工人"的心里下意识地存在着。她们想:我们比你们多一种自由,多一种权利,——这就是宁愿饿肚子的自由,随时可以调厂和不做的权利。

　　红砖头的怪物,已经张着嘴巴在等待着它的滋养物了。经过红头鬼把守着的铁门,在门房间交出准许她们贡献劳动力的凭证。包身工只交一本打印子的簿子,外头工人在这簿子之外还有一张贴着照片的入厂凭证。这凭证,已经有十一年的历史了。顾正红事件以后,内外棉摇班(罢工)了,可其他的东洋厂还有一部分在工作,于是,在沪西的丰田厂,有许多内外棉的工人冒险混进去,做了一次里应外合的英勇的工作,从这时候起,由丰田提议,工人入厂之前就需要这种有照片的凭证。这种制度,是东洋厂所特有的。

　　织成衣服的一缕缕纱,编成袜子的一根根线,穿在身上都是光滑舒适而愉快的。可是在从原棉制成这种纱线的过程,就不像穿衣服那样的愉快了。纱厂工人终日面临着音响、尘埃和湿气三大威胁。

　　这大概是自然现象吧,一种生物在这三种威胁下面工作,更加地容易疲劳。但是在做夜班的时候,打瞌睡是不会有的。因为野兽一般的铁的暴君监视着你,只要断了线不接,锭壳⑥轧坏,皮辊⑦摆错方向,乃至车板上有什么堆积,就会有遭到"拿莫温"(工头)和"小荡管"(巡回管

---

① 开花衣:拆开棉包。
② 扛原棉:扛运棉包。原棉,已经轧出棉籽的棉花。
③ 钢丝车间:也叫"梳棉车间"。
④ 条子间:并条车间,任务是把梳棉机加工出来的棉条再加工,使它成为熟条。
⑤ 粗纱间:把棉条纺成粗纱的车间。
⑥ 锭壳:套在锭子上的管状外壳。锭子,纺纱机上绕纱的机件。
⑦ 皮辊:纺纱机牵伸装置的主要零部件之一。它的中心是一根钢辊,外包皮革或人造橡胶等。辊,gǔn。

理的上级女工)毒骂和殴打的危险。这几年来,一般地讲,殴打的事情已经渐渐地少了,可是这种"幸福"只局限在外头工人身上。拿莫温和小荡管打人,很容易引起同车间工人的反对,即使当场不致发作,散工之后往往会有"喊朋友评理"和"打相打"①的危险。但是,包身工是没有"朋友"和帮手的!什么人都可以欺侮,什么人都看不起她们,她们是最下层的一类人,她们是拿莫温和小荡管们发脾气和使威风的对象。在纱厂,活儿做得不好的罚规,大约是殴打、罚工钱和"停生意"三种。那么,在包身工所有者——带工老板的立场来看,后面的两种当然是很不利了,罚工钱就是减少他们的利润,停生意不仅不能赚钱,还要贴她二粥一饭,于是带工头不假思索地就爱上了殴打这办法。每逢端午重阳年头年尾,带工头总要对拿莫温们送礼,那时候他们总得诣媚地讲:

"总得你帮忙,照应照应。咱的小姑娘有什么事情,尽管打,打死不干事,只要不是罚工钱停生意!"

打死不干事,在这种情形之下,包身工当然是"人人得而欺之"了。有一次,一个叫做小福子的包身工整好了的烂纱没有装起,就遭了拿莫温的殴打,恰恰运气坏,一个"东洋婆"走过来了,拿莫温为着要在主子面前显出他的威风,和对东洋婆表示他管督的严厉,打得比平常格外着力。东洋婆望了一会儿,也许是她不喜欢这种不文明的殴打,也许是她要介绍一种更合理的惩戒方法,走近身来,揪住小福子的耳朵,将她扯到太平龙头②前面,叫她向着墙壁立着;拿莫温跟着过来,很懂得东洋婆的意思似的,拿起一个丢在地上的皮带盘心子③,不怀好意地叫她顶在头上。东洋婆会心地笑了:

"这个小姑娘坏得很,懒惰!"

拿莫温学着同样生硬的调子说:

"这样她就打不成瞌睡了!"

这种文明的惩罚,有时候会叫你继续到两小时以上。两小时不做工作,赶不出一天该做的"生活",那么工资减少又会招致带工老板的殴打,也就是分内的事了。殴打之外还有饿饭、吊起、关黑房间等等方法。

实际上,拿莫温对待外头工人,也并不怎样客气,因为除了打骂之外,还有更巧妙的方法,譬如派给你难做的"生活",或者调你去做不愿意去做的工作。所以,外头工人里面的狡猾分子,就常常用送节礼巴结拿莫温的手段,来保障自己的安全。拿出血汗换的钱来孝敬工头,在她们当然是一种难堪的负担,但是在包身工,那是连这种送礼的权利也没有的!外头工人在抱怨这种额外的负担,而包身工却在羡慕这种可以自主地拿出钱来贿赂工头的权利!

在一种特殊优惠的保护之下,吸收着廉价劳动力的滋养,在中国的东洋厂飞跃地庞大了。单就这福临路的东洋厂讲,光绪二十八年三井系的资本收买大纯纱厂而创立第一厂的时候,锭子还不到两万,可是三十年之后,他们已经有了六个纱厂,五个布厂,二十五万锭子,三千张布机,八千工人和一千二百万元的资本。美国一位作家索洛④曾在一本书上说过,美国铁路的每

---

① 打相打:上海方言,指打群架。
② 太平龙头:消防用的水龙头。
③ 皮带盘心子:机器上绕皮带的轴。
④ 索洛:1817—1862,也译做梭罗,美国作家,写过大量论文,支持奴隶解放。著有散文集《瓦尔登湖》。

一根枕木下面,都横卧着一个爱尔兰工人的尸首①。那么,我也这样联想,东洋厂的每一个锭子上面都附托着一个中国奴隶的冤魂!

两粥一饭,十二小时工作,劳动强化,工房和老板家庭的义务服役,猪猡一般的生活,泥土一般的作践——血肉造成的"机器"终究和钢铁造成的不一样,包身契上写明的三年期限,能够做满的不到三分之二。工作,工作,衰弱到不能走路还是工作,手脚像芦柴棒一般的瘦,身体像弓一样的弯,面色像死人一样的惨!咳着,喘着,淌着冷汗,还是被逼着在做工。譬如讲芦柴棒吧,她的身体实在瘦得太可怕了,放工的时候,厂门口的"抄身婆"(检查女工身体的女人)也不愿意去接触她的身体:

"让她扎一两根油线绳吧!骷髅一样,摸着她的骨头会做噩梦!"

但是带工老板是不怕做噩梦的!有人觉得太难看了,对她的老板说:

"譬如做好事吧,放了她!"

"放她?行!还我二十块钱,两年间的伙食、房钱。"他随便地说,回转头来对她一瞪:

"不还钱,可别做梦!宁愿赔棺材,要她做到死!"

芦柴棒现在的工钱是每天三角八,拿去年的工钱三角二做平均,两年来在她身上已经收入了二百三十块了!

还有一个,什么名字记不起了,她熬不住这种生活,用了许多工夫,在上午的十五分钟休息时间里面,偷偷地托一个在补习学校念书的外头工人写了一封给她父母的家信,邮票大概是那位同情她的女工捐助的了。一个月没有回信,她在焦灼,她在希望,也许,她的父亲会到上海来接她回去,可是,回信是捏在老板的手里的。散工回来的时候,老板和两个打杂的站在门口,横肉脸上在发火了,一把扭住她的头发,踢,打,掷,和爆发一般的听不清的嚷骂:

"死娼妓,你倒有本领,打断我的家乡路!"

"猪猡,一天三餐将你喂昏了!"

"揍死你,给大家做个榜样!"

"信谁给你写的?讲,讲!"

血和惨叫使整个工房的人都怔住了,大家都在发抖,这好像真是一个榜样。打倦了之后,再在老板娘的亭子楼里吊了一晚。这一晚,整屋子除了快要断气的呻吟一般的呼喊之外,再没有别的声音。屏着气,睁着眼,百千个奴隶在黑夜中叹息她们的命运。

看着这种饲养小姑娘营利的制度,我禁不住想起孩子时候看到过的船户养墨鸭②捕鱼的事了。和乌鸦很相像的那种怪样子的墨鸭,整排地停在舷上,它们的脚是用绳子吊住了的,下水捕鱼,起水的时候船户就在它的颈子上轻轻地一挤!吐了再捕,捕了再吐,墨鸭整天地捕鱼,卖鱼得钱的却是养墨鸭的船户。但是,从我们孩子的眼里看来,船户对墨鸭并没有怎样虐待,而现在,将这种关系转移到人和人的中间,便连这一点施与的温情也已经不存在了!

在这千万被饲养者中间,没有光,没有热,没有温情,没有希望……没有法律,没有人道。这儿有的是20世纪的烂熟了的技术、机械、体制和对这种体制忠实服役的16世纪封建制度下的奴隶!

---

① 美国铁路的每一根枕木下面,都横卧着一个爱尔兰工人的尸首:美国19世纪中期开发西部时,曾从许多国家大量雇用劳动者。当时爱尔兰人民在英国统治者残暴剥削和自然灾害的威胁下,无以为生,成千上万流亡到美洲,很多人被美国公司低价雇用,在沉重的劳动中受折磨而死。

② 墨鸭:即鱼鹰。

黑夜,静寂得像死一般的黑夜,但是,黎明的到来,是无法抗拒的。索洛警告美国人当心枕木下的尸首,我也想警告某一些人,当心呻吟着的那些锭子上的冤魂!

【文本对话】

　　一、《包身工》作于1935年,至今已经80多年了,今天我们读这篇文章,仍然能感到深深的震撼。你认为文章为何具有如此的震撼力,说说你的看法。

　　二、课文中用到的材料可以分为两类:一类是新闻事实,一类是背景材料。这两个方面的内容在课文中是如何有机地融合在一起的?

　　三、阅读全文,回答下列问题。

　　1. 作者以"包身工"为题目,有什么寓意?

　　2. 作者是从哪几个方面再现了旧中国包身工的苦难生活的?像"芦柴棒"这样的女孩的遭遇的确很惨,那么,她们是如何沦落到这个地步的?

　　3. 文章末了,作者联想到墨鸭,这样写的作用是什么?

【实践活动】

　　近些年来,"困难群体"这一字眼频现报端。在这个群体中,"农民工、童工、私企小煤窑矿工"常常与"讨薪、挨打、逃跑、惨死"等词汇联系在一起。你知道这类事件吗?你关注过他们的生活吗?请组织开展关注"困难群体"的社会调查活动。

【知识链接】

　　报告文学是用文学手段处理新闻题材的一种文体,它是报告,也是文学。说它是报告,是指题材而言,必须选择真人真事的新闻题材,迅速及时地反映生活;说它是文学,指表达而言,必须用文学表达方法,形象生动地再现生活。

　　但报告文学又不同于小说、诗歌、散文,不是真正意义上的纯文学,是报告或者说是新闻与文学相融合的产物,是"事"学(记事),与"人"学(写人)、告知与审美相结合的文体。报告文学不仅需要像小说、散文那样具有高超的文学性和创作性,而且更需要有报告意识。报告是报告文学的灵魂。社会的良知体现在报告上,责任也体现在报告上。它灵活机动、真实生动,既可以粗线条地勾勒和刻画,也可以用一些特写镜头来展现,还可以截取生活中的横断面来反映。人们还常常把文艺性较强的通讯、文学色彩较浓的报告称为报告文学。它既有新闻性,又有文学性,但它又不同于通讯、小说、散文,它是一种独立的文体。

四、跨越百年的美丽[①]

梁 衡

【阅读提示】

　　《跨越百年的美丽》是一篇赞美居里夫人的文章。文章以"美丽"为线索,选取了居里夫人长达67年人生旅途中的几个具有典型性的片段,由表及里地塑造了她从外表、人格、心灵到精神境界都具有的"跨越百年的美丽"的感人形象,表明了居里夫人的美丽不在于外表美,而在心灵美和人格美,她为人类做出了巨大的贡献,实现了自己的人生价值。

　　1998年是居里夫人和她的丈夫发现放射性[②]元素镭一百周年。

　　一百年前的1898年12月26日,法国科学院人声鼎沸,一位年轻漂亮、神色庄重又略显疲倦的妇人走上讲台,全场立即肃然无声。她叫玛丽·居里,她今天要和她的丈夫皮埃尔·居里一起,在这里宣布一项惊人的发现:天然放射性元素镭[③]。本来这场报告,她想让丈夫来作,但皮埃尔·居里坚持让她来讲。在此之前还没有一个女子登上过法国科学院的讲台。玛丽·居里穿着一袭黑色长裙,白净端庄的脸庞显出坚定又略带淡泊的神情,那双微微内陷的大眼睛,让你觉得能看透一切,看透未来。她的报告使全场震惊,物理学进入了一个新的时代,而她那美丽、庄重的形象也就从此定格[④]在历史上,定格在每个人的心中。

　　关于放射性的发现,居里夫人并不是第一人,但她是关键的一人。在她之前,1896年1月,德国科学家伦琴发现了X光,这是人工放射性;1896年5月,法国科学家贝克勒尔发现铀盐可以使胶片感光,这是天然放射性。尽管这都还是偶然的发现,居里夫人却对此提出了新的思考:其他物质有没有放射性?物质世界里是不是还有另一块全新的领域?别人在海滩上捡到一块贝壳,她却要研究一下这贝壳是怎样生、怎样长,怎样冲到海滩上来的。别人摸瓜她寻藤,别人摘叶她问根。是她提出了放射性这个词。两年后,她发现了钋,接着发现了镭,冰山露出了一角。为了提炼纯净的镭,居里夫妇搞到一吨可能含镭的工业废渣。他们在院子里支起了一口大锅,一锅一锅地进行冶炼,然后再送到化验室溶解、沉淀、分析。而所谓化验室是一个废弃的、曾停放解剖用尸体的破棚子。玛丽终日在烟熏火燎中搅拌着锅里的矿渣。她衣裙上,双手上,留下了酸碱的点点烧痕。一天,疲劳之极的玛丽揉着酸痛的后腰,隔着满桌的试管、量杯问皮埃尔:"你说这镭会是什么样子?"皮埃尔说:"我只是希望它有美丽的颜色。"经过三年又九个月,他们终于在成吨的矿渣中提炼出了0.1克镭。它真的有极美丽的颜色,在幽暗的破木棚里发出略带蓝色的荧光。它还会自动放热,一小时放出的热能溶化等重的冰块。

　　旧木棚里这点美丽的淡蓝色荧光,是用一个美丽女子的生命和信念换来的。这项开辟科学新纪元的伟大发现好像不该落在一个女子头上。千百年来,漂亮就是一个女人的最高荣誉,最大资本。只要有幸得到这一点,其余便不必再求了。莫泊桑在他的名著《项链》中说:"女人

[①] 选自1998年10月22日《光明日报》。
[②] 放射性:某些元素(如,镭、铀、钋)的不稳定原子核自发地放出射线而衰变成另外的元素的性质。
[③] 镭:金属元素,符号R,银白色,有放射性,医学上可用来治疗癌症和皮肤病。
[④] 定格:一是指电影、电视片的活动画面突然停止在某一个画面上。二是指固定不变的格式;一定的规格。课文中取第一种意思,指居里夫人美丽、庄重的形象如同电影画面的一瞬,永远留存在人们的记忆里。

并无社会等级,也无种族差异;她们的姿色、风度和妩媚就是她们身世和门庭的标志。"居里夫人是属于那一类很漂亮的女子,她的肖像如今挂遍世界各国的科研教学机构,我们仍可看到她昔日的风采。但是她偏偏没有利用这一点资本,她的战胜自我也恰恰就是从这一点开始的。当她还是个小学生时就显示出上帝给她的优宠,漂亮的外貌已足以使她讨得周围所有人的喜欢。

但她的性格里天生还有一种更可贵的东西,这就是人们经常加于男子汉身上的骨气。她坚定、刚毅,有远大、执著的追求。为了不受漂亮的干扰,她故意把一头金发剪得很短,她对哥哥说:"毫无疑问,我们家里的人有天赋,必须使这种天赋由我们中的一个表现出来!"她中学毕业后在城里和乡下当了七年家庭教师,积攒了一点学费便到巴黎来读书。当时大学里女学生很少,这个高额头、蓝眼睛、身材修长的漂亮的异国女子,很快成了人们议论的中心。男学生们为了能更多地看她一眼,或有幸凑上去说几句话,常常挤在教室外的走廊里。

她的女友甚至不得不用伞柄赶走这些追慕者。但她对这种热闹不屑一顾。她每天到得最早,坐在前排,给那些追寻的目光一个无情的后脑勺。她身上永远裹着一层冰霜的盔甲,凛然使那些"追星族"不敢靠近。她本来住在姐姐家中,为了求得安静,便一人租了间小阁楼,一天只吃一顿饭,日夜苦读。晚上冷得睡不着,就拉把椅子压在身上,以取得一点感觉上的温暖。这种心不旁骛、悬梁刺股、卧薪尝胆的进取精神,就是一般男子也是很难做到的啊。宋玉说有美女在墙头看他三年而不动心;范仲淹考进士前在一间破庙里读书,晨起煮粥一碗,冷后划作四块,是为一天的口粮。而在地球那一边的法国,一个波兰女子也这样心静,这样执著,这样地耐得苦寒。她以25岁的妙龄,面对追者如潮而不心动。她只要稍微松一下手,回一下头,就会跌回温软的怀抱和赞美的泡沫中。但是她有大志,有大求,她知道只有发现、创造之花才有永开不败的美丽。所以她甘愿让酸碱啃蚀她柔美的双手,让呛人的烟气吹皱她秀美的额头。

本来玛丽·居里完全可以换另外一个活法。她可以趁着年轻貌美如现代女孩吃青春饭那样,在钦羡和礼赞中活个轻松,活个痛快。但是她没有,她知道自己更深一层的价值和更远一些的目标。成语"浅尝辄止"是指人对外部世界的认识,殊不知有多少人对自己也常是浅知辄止,见宠即喜。数年前一位母亲对我说她刚上初中的女儿成绩下降。为什么?答曰:"知道爱美了,上课总用铅笔杆做她的卷卷头。"美对人来说是一种附加,就像格律对诗词也是一种附加。律诗难作,美人难为,做得好惊天动地,做不好就黄花委地。玛丽·居里让全世界的女子都知道,她们除了"身世"和"门庭"之外,还有更重要的东西。

1852年斯托夫人写了一本《汤姆叔叔的小屋》,导致了美国南北战争爆发,林肯说是一个小妇人引发了一场解放黑奴的大革命。比斯托夫人约晚50年,居里夫人发现了镭,也是一个小妇人引发了一场革命,科学革命。它直接导致了后来卢瑟夫对原子结构的探秘,导致了原子弹的爆炸,导致了原子时代的到来。更重要的是这项发现的哲学意义。哲学家说事物无时无刻不在变;西方哲人说,人不能两次踏进同一条河流。公元1082年东方哲人苏东坡在赤壁望月长叹道:"盖将自其变者而观之,则天地曾不能以一瞬;自其不变者而观之,则物与我皆无尽也。"现在,居里夫人证明镭便是这样"不能以一瞬"而存在的物质,它会自己不停地发光、放热、放出射线,能灼伤人的皮肤,能穿透黑纸使胶片感光,能使空气导电,它刹那间是自己又不是自己。哲理就渗透在每个原子的毛孔里。玛丽·居里几乎在完成这项伟大自然发现的同时也完成了对人生意义的发现。她也在不停地变化着,当工作卓有成效的同时,镭射线也在无声地侵蚀着她的肌体。她美丽健康的容貌在悄悄地隐退,她逐渐变得眼花耳鸣,苍白乏力。而皮埃尔不幸早逝,社会对女性的歧视更加重了她生活和思想上的沉重负担。但她什么也不管,只是默默地工作。她从一个漂亮的小姑娘，一个端庄坚毅的女学者，变成科学教科书里的新名词"放射线"，变成物理学的一个新计量单位"居里"，变成一条条科学定理，她变成了科学史上一块永远的里程碑。"自其不变者而观之"，它得到了永恒。"长恨春归无觅处，不知转入此中来"。就像化学的置换反应一样，她的青春美丽换位到了科学教科书里，换位到了人类文化的史册里。

居里夫人的美名从她发现镭那一刻起就流传于世，迄今已经百年。这是她用全部的青春、信念和生命换来的荣誉。她一生共得了10项奖金、16种奖章、107个名誉头衔，特别是两次诺贝尔奖。她本来可以躺在任何一项大奖或任何一个荣誉上尽情地享受。但是她视名利如粪土，她将奖金赠给科研事业和战争中的法国，而将那些奖章送给6岁的小女儿去当玩具。上帝给的美形她都不为所累，尘世给的美誉她又怎肯背负在身呢？凭谁论短长，漫将浮名换了精修细研。她一如既往，埋头工作到67岁离开人世，离开了她心爱的实验室。直到她死后40年，她用过的笔记本里，还有射线在不停地释放。爱因斯坦说："在所有的世界著名人物中，玛丽·居里是唯一没有被盛名宠坏的人。"她实事求是，超形脱俗，知道自己的目标，更知道自己的价值。在一般人要做到这两个自知，排除干扰并终生如一，是很难很难的，但居里夫人做到了。她让我们明白，人有多重价值，是需要多层开发的。有的人止于形，以售其貌；有的人止于勇，而呈其力；有的人止于心，而有其技；有的人达于理，而用其智。诸葛亮戎马一生，气吞曹吴，却不披一甲，不佩一刃；毛泽东指挥军民万众，在战火中打出一个新中国，却从不受军衔，不背一枪。大音希声，大道无形，大智之人，不耽于形，不逐于力，不持于技。他们淡淡地生活，静静地思考，执著地进取，直进到智慧高地，自由地驾驭规律，而永葆一种理性的美丽。

居里夫人就是这样一位挺立在智慧高地的伟人。

【文本对话】

一、"美丽"是本文的主线，文中展现了居里夫人哪些方面的美？为什么说居里夫人的美丽是"跨越百年"的呢？试作简要概括。

二、读下列句子，说说你从中体会到什么。

1. 这点美丽的淡蓝色的荧光，融入了一个女子美丽的生命和不屈的信念。

2. 这种可贵的性格和高远的追求，使玛丽？居里几乎在完成这项伟大自然发现的同时，也完成了对人生意义的发现。

3. 她从一个漂亮的小姑娘，一个端庄坚毅的女学者，变成科学教科书里的新名词"放射线"，变成物理学的一个新的计量单位"居里"，变成一条条科学定律，她变成了科学史上一块永远的里程碑。

三、结合全文，谈谈居里夫人伟大的人生历程对你确立自己的人生观有何启发。

【实践活动】

阅读爱因斯坦文章《悼念玛丽·居里》，谈谈你的体会，并写下来。

在居里夫人这样一位崇高人物结束她的一生时，我们不仅仅满足于回忆她的工作成果对人类做出的贡献。一流人物对于时代和历史进程的意义，在道德方面，也许比单纯的才智还要大。即使是后者，它们取决于品格的程度，也远远超过通常所认为的那样。

我幸运地同居里夫人有过二十年的崇高而真挚的友谊。我对她人格的伟大越来越感到钦佩。她的坚强，她的纯洁，她的严于律己，她的客观，她的公正不阿，所有这一切都难得地集中在她一个人的身上。一旦她认识到某一条道路是正确的，她就毫不妥协地并极为顽强地坚持走下去。

　　她一生中之所以能取得最伟大的科学功绩——证明放射性元素镭的存在并把它分离出来，不仅仅靠大胆的直觉，而且靠着在难以想象的极端困难情况下工作的热忱。这样的困难，在实验科学的历史中是罕见的。

　　居里夫人的品德力量和热忱，哪怕只有一小部分存在于欧洲的知识分子中间，欧洲就会面临一个光明的未来。

1935年11月在纽约居里夫人悼念大会上的凭吊演讲

【知识链接】

　　居里夫人即玛丽·居里，是一位原籍为波兰的法国科学家。她与她的丈夫皮埃尔·居里（Pierre Curie）都是放射性的早期研究者，他们发现了放射性元素钋（Po）和镭（Ra），并因此与法国物理学家亨利·贝克勒尔（Henry Becquerel）分享了1903年诺贝尔物理学奖。之后，居里夫人继续研究了镭在化学和医学上的应用，并且因分离出纯的金属镭而又获得1911年诺贝尔化学奖。

　　1914年第一次世界大战爆发时，居里夫人用X射线设备装备了救护车，并将其开到了前线。20世纪20年代末期，居里夫人的健康状况开始恶化，长期受放射线的照射使她患上白血病，于在1934年7月4日不治而亡。

　　居里夫人的大半生都是清贫的，提取镭的艰苦过程是在简陋的条件下完成的。居里夫妇拒绝为他们的任何发现申请专利，为的是让每个人都能自由地利用他们的发现。他们把诺贝尔奖奖金和其他奖金都用到了以后的研究中去了。他们的研究工作的杰出应用之一就是应用放射性治疗癌症。

五、致橡树[①]

舒 婷

【阅读提示】

　　《致橡树》是一首优美、深沉的抒情诗。诗歌中抒情主人公化作一株木棉,以橡树为对象,采用内心独白的抒情方式,坦诚、开朗地倾诉了自己爱情的热烈、诚挚和坚贞,表达了爱的理想和信念。全诗感情色彩强烈,又具有清醒的理性思考,蕴含着丰富的社会内涵,耐人咀嚼,令人回味。

我如果爱你——
绝不像攀援的凌霄花[②]
借你的高枝炫耀自己;
我如果爱你——
绝不学痴情的鸟儿
为绿阴重复单调的歌曲;
也不止像泉源
长年送来清凉的慰藉;
也不止像险峰
增加你的高度,衬托你的威仪。
甚至日光,
甚至春雨。
不,这些都还不够!

我必须是你近旁的一株木棉[③],
作为树的形象和你站在一起。
根,紧握在地下
叶,相触在云里。
每一阵风过
我们都互相致意,
但没有人
听懂我们的言语。
你有你的铜枝铁干
像刀、像剑,
也像戟;
我有我红硕的花朵

[①] 选自《诗刊》1979年第4期。舒婷,原名龚佩瑜,福建福州人,1952年生。
[②] 凌霄花:又名"紫葳",木本蔓生。茎攀援他物而上升,高可数丈。夏秋开花,橙红色。
[③] 木棉:常绿乔木,产于热带,高可数十丈。

像沉重的叹息，
又像英勇的火炬。
我们分担寒潮、风雷、霹雳；
我们共享雾霭、流岚、虹霓。
仿佛永远分离，
却又终身相依。
这才是伟大的爱情，
坚贞就在这里：
爱——
不仅爱你伟岸的身躯，
也爱你坚持的位置，足下的土地。

【文本对话】

一、阅读诗歌，思考下列问题。
1. 作者在诗歌中否认了哪几种形象？他们分别代表了哪几种爱情？
2. 诗人用昂扬的激情对传统的爱情观作了否定，那么诗人到底向往什么样的爱情呢？
3. 橡树、木棉分别象征什么？
4. 这首诗在结构上有何特点？诗人的感情有何变化？

二、既然木棉向橡树表达了自己的心声，那么，橡树听了这些，会有何感想呢？假如你是那棵橡树，你又会向木棉说些什么？请以《橡树致木棉》为题，写一首诗或一篇文章。

【实践活动】

指导播放《简·爱》录像片断，让学生联系自己，谈谈感想：通过学习本文，对爱情有什么新认识？

【知识链接】

舒婷，1967年初中毕业，1969年到闽西一个山村插队，1972年回厦门。她在待业期间做过各种临时工，泥水匠、炉前工、浆纱工、挡车工、统计员、讲解员、焊锡工等。三年的插队生活，和在城市里的劳动生活，使她比较广泛地接触了基层社会的劳动者，特别对她同时代的青年了解更为深刻。严峻的岁月、动乱的年代，在包括舒婷在内的年轻一代青年的心灵上打下了深深的烙印。舒婷用自己敏锐的目光，用自己独特的感受，用诗的形式写当代青年的痛苦、迷惘、觉醒、追求、欢乐和奋进，因此她的诗很受青年欢迎。

舒婷1971年开始写一些抒情诗，曾在知青中传抄。1977后她的诗陆续在报刊上发表，引起了诗坛的注目和争论。1980年她被调到福建省文联工作。1982年由上海文艺出版社出版的诗集《双桅船》获中国作家协会第一届全国优秀诗集一等奖。主要著作有诗集《双桅船》《会唱歌的鸢尾花》《始祖鸟》，散文集《心烟》《真水无香》等。舒婷崛起于20世纪70年代末的中国诗坛，她和同代人北岛、顾城、梁小斌等以迥异于前人的诗风，在中国诗坛上掀起了一股"朦胧诗"大潮。其作品《致橡树》是朦胧诗潮的代表作之一。

舒婷的诗大多是抒情短诗。她的诗情真意切，委婉动人，有独特的感受和鲜明的个性；在艺术表现手法上也有新的探索：喜欢用一些新奇的比喻构成鲜明、奇特的意象来表达人们心灵深处波动的思想情绪，并把这种难以言传的情丝化作可以感触的氛围和形象。

第九单元

生态文明

　　庄子说过"天地有大美而不言",天地即自然,自然有大美,可自然从不言语。自然虽不言,但有自己的大智慧,亿万年来它调动着世间万物依照它制定的"规则"生息繁衍。因而它总是能给诗人以灵感,给哲人以智慧,给思想家以启迪。自人类文明诞生以来,对自然的讴歌与赞美,感慨与感悟便从未停止过。

　　古希腊海洋学者狄米斯·托克利就预言过:谁控制了海洋,谁就控制了一切。童裳亮在《海洋与生命》中用举例子、列数据等多种说明方法说明了海洋与生命的关系,启迪人们在遵循自然规律的前提下,正确处理和海洋之间的关系。

　　在我们的生活里,每天都弥漫着绿意。绿色是地球的基本颜色,孕育着生命和未来。如果没有绿色,我们这个世界将是不可思议的。徐刚在《森林写意》中从宏观和微观两个角度揭示了森林的重要意义,提醒人们要爱护森林,保护环境。

　　冯至先生在《一个消逝了的山村》一文中,作者选取了一个已经消逝山村的自然风物,叠加作者丰富的想象,把一个山村的过去和现在交替呈现在读者面前,赋予对自然、对人生的独特感悟,让人生发出时空变幻、物是人非的慨叹,寄予了作者珍爱自然、珍爱生命、共创和平家园的美好愿望。让学生阅读鉴赏中陶冶性情,培养学生珍爱自然,珍爱生命,共创美好家园的思想感情。

　　在30年前,在西藏阿里,人们亲手毁灭了他们生活里唯一的绿树。毕淑敏的《离太阳最近的树》,以平静而深沉的笔调为我们唱了一曲颂歌,但更是一曲悲歌。通过对红柳的描写,启迪大家要热爱自然,珍惜生命,保护生态环境。

　　《像山那样思考》:以"狼—鹿—草"这条食物链的被斩断为例,揭示了在人类的愚蠢下种种短视行为背后隐藏的巨大的生存危机。读过这篇文章,当你再次面对一棵草、一株树、一窝蚂蚁、一群飞鸟的时候,是否也会这样提醒自己:像山那样思考。

一、海洋与生命

童裳亮[1]

【阅读提示】

这是一篇介绍海洋生物学基本知识的科普说明文。本文用生动的文笔和精准的材料,揭示了海洋与生命的本质联系,说明了海洋昔日是孕育生命的"摇篮",如今是养育生命的"牧场"。启示人们要遵循自然规律,充分合理地利用丰富的海洋生物资源。

浩瀚[2]的海洋

站在祖国的海滨,观赏一下海洋的景色吧。辽阔的海洋,无尽的碧波在荡漾,在金色的阳光下,像无数面银镜在闪闪发亮。海渐远,天渐低,海洋在远方和蓝天相接。

翻开世界地图,看一看地球的面貌吧,整个地球表面,海茫茫,水汪汪。世界大陆只是耸出海面的一些岛屿,一些群山。

海洋确实浩大,世界海洋的总面积有3.61亿平方公里,约占地球面积的71%。而世界陆地的面积只有1.49亿平方公里,大约占29%。

海洋不仅很大,而且很深。海洋的平均深度是3800米。而世界大陆的平均海拔高度只有840米。如果地球表面没有高低,全部被海水包围,水深将有2440米,海洋最深的地方是太平洋的马利亚纳海沟[3],最大深度是11034米。我国西南边境的珠穆朗玛峰[4]是世界最高的山峰,它的海拔高度是8848米。如果将珠穆朗玛峰移到马利亚纳海沟,峰顶距海面还有2000米!

所以,地大不如海大,山高不如海深。

生命的摇篮

我们人类祖祖辈辈在陆地上生活,总是把陆地看作自己的故乡。但是不要忘记,我们很远的祖先却生活在海洋。

大约在32亿年以前,最原始的生命在海洋里诞生。根据化石所见,这些原始的生命和今天的细菌相似。它们以海洋里自然形成的一些有机物为生,所以是一些"异养生物"。大约一亿年以后,才出现像蓝藻一样的原始生命。这些原始的蓝藻含有光合色素,能进行光合作用。也就是说,它们在地球历史上第一次能以取之不尽、用之不竭的太阳作为能源,以水、碳酸盐(或二氧化碳)、硝酸盐、磷酸盐等无机物作为原料,合成富含能量的有机物——糖、淀粉、蛋白质、脂肪等。因此,这是一批自食其力的"自养生物"。

---

[1] 童裳亮,山东海洋学院(现中国海洋大学)教授、科普作家。1936年生,浙江临安市人。本文是他为《科学实验》杂志写的一篇科普说明文。

[2] 浩瀚(hàn):形容水势广大的样子。

[3] 马里亚纳海沟,又称"马里亚纳群岛海沟",是目前所知地球上最深的海沟,该海沟地处北太平洋西部门海床,靠近关岛的马里亚纳群岛的东方。

[4] 珠穆朗玛峰,简称珠峰,别名圣母峰。该峰位于中国和尼泊尔交界的喜马拉雅山脉之上,终年积雪,常年低温。

原始生命的诞生，像一声春雷，打破了地球的死寂，开辟了地球历史的新纪元。这些原始生命在和大自然的搏斗中生存，发展，经过亿万年的进化，逐步形成了原生动物、海绵动物、环节动物、软体动物、节肢动物、棘①皮动物，以至出现了像鱼类这样比较高等的海洋脊椎动物。原始生命向另一个方向发展，又形成了许多海洋藻类。

生命在海洋里诞生绝不是偶然的，海洋的物理和化学性质，使它成为孕育原始生命的摇篮。

我们知道，水是生物的重要组成部分，许多动物组织的含水量在80%以上，而水母一类海洋动物的含水量高达95%。水是新陈代谢的重要媒介，没有水，体内的一系列生理和生物化学反应就无法进行，生命也就停止。因此，在短时期内，动物短缺水要比缺食物更危险，水对于今天的生命是这样重要，它对脆弱的原始生命，更是举足轻重②了。生命在海洋里诞生，就不会有缺水之忧。

水是一种良好的溶剂③，海水中含有许多生命所必需的无机盐，如氯化钠、氯化钾、碳酸盐、磷酸盐，还有溶解氧，原始生命可以毫不费力地从水中吸取它所需要的元素。水具有很高的热容量，加之水体浩大，任凭夏季烈日曝晒④，冬季寒风扫荡，海水的温度变化却比较小。因此，巨大的海洋就像是天然的温箱，是孕育原始生命的温床。

阳光虽然为生命所必需，但是阳光中的紫外线却有扼杀⑤原始生命的危险。水能有效地吸收紫外线，因而又为原始生命提供了天然的屏障。

这一切都是原始生命产生和发展的必要条件。

原始海洋的海水是淡的。在历史过程中，由于雨水冲刷，陆地上的无机盐被洗入江河，成年累月的倾注入海，再加上海水不断蒸发，使海水的含盐量不断增加。在生命起源的那个时期，海水还可能是比较淡的。到了无脊椎动物大量出现的那个时期，即距今五六亿年以前，海水可能是半咸的。今天绝大部分动物的体液，包括我们人体的体液在内都是半咸的，这是当时海水状况的重要见证。

正像温室里的花朵经不起风吹雨打一样，优越的海洋环境也限制了生物向高级的方向发展。高等动物和高等植物都是在陆地上诞生的，爬行类、鸟类、哺乳类动物是原始的海洋鱼类移居陆地以后才慢慢进化起来的。而陆地植物则是由海洋藻类进化而来，这种移居陆地的过程很可能是被迫的。由于地壳⑥的变动和气候的变迁，一部分海洋变成了陆地，迫使一些水生的植物化为根、茎、叶。根钻进土壤吸收养料和水分，叶在空气中吸收阳光进行光合作用，茎起着连接和支持植物体的作用。陆地动物逐步进化出四肢，以适应在陆地上的奔跑。由于陆地气候干燥，气温变化较大，于是陆地动物又进化出致密的皮肤和保温的毛发。总之，陆地的艰苦环境锻炼了生物，使它们的身体结构更加精细，更加复杂，更加完善。

今天的海洋，除了鱼类外，也有一些高等动物在那里生活着，如海龟、海蛇等爬行类，鲸、海

---

① 棘(jí)皮动物：此类动物的特点是辐射对称，具独特的水管系统。体中有与消化道分离的真体腔，体壁有来源于中胚层的内骨骼，幼体两侧对称，发育经过复杂的变态；口从胚孔的相对端发生，属后口动物，在无脊椎动物中进化地位很高。包括海星、蛇尾、海胆、海参和海百合等。因表皮一般具棘而得名。

② 举足轻重：只要脚稍微移动一下，就会影响两边的轻重。常用于指某人地位、作用重要。

③ 溶剂(jì)：溶剂是一种可以溶化固体，液体或气体溶质的液体，继而成为溶液。在日常生活中最普遍的溶剂是水。

④ 曝(pù)晒：指用强烈阳光照晒，暴露在阳光下晒的意思。

⑤ 扼(è)杀：指掐住脖子，使窒息而死。比喻摧残、压制发展中的事物。

⑥ 地壳(qiào)：是指由岩石组成的固体外壳，地球固体圈层的最外层。

豹等哺乳动物①。海洋植物除了低等的藻类,也有有少数的高等植物,这些高等动物是从陆地返回海洋的。

天然的牧场

辽阔的海洋,昔日是生命的摇篮,如今是天然的牧场。

海洋里的动物有肉眼看不见的原生物,有个体小种类繁多的甲壳动物,有人所喜食的鱼类,有地球上最大的动物——蓝鲸,海洋的上副空还有海鸟在展翅翱翔。

形形色色的海洋动物已成为人类副食品的重要来源。人类每年从海洋里捕获的鱼虾已达几千万吨,而且每年以百分之几的速度在增长着。如果海洋水产资源能得到适当的保护和合理的开发,将来每年的渔获量可望达到两亿吨左右。

经验告诉我们,哪里森林成荫,哪里就百鸟齐鸣;哪里牧草丛生,哪里便牛羊成群。海洋的情形也不例外。这是因为植物能依靠太阳光来合成有机物,动物只能以植物生产的现成有机物作为燃料,来开动自己这部生命机器。尽管有些动物是吃肉的,但是这些动物所猎食的动物,到头来还以植物为生。

你来到海边,会看到种各样的海洋植物(海藻)。有绿色的石莼②、浒苔③和礁膜④,有褐色的红海带和裙带菜,有红色的紫菜和石花菜,还有形状像羽藻,细长如绳的绳藻等,可以说五颜六色,形状万千,无所不有。这些较大的海藻,有的是人们的珍贵食品,有的是重要工业原料和药材,有些海藻已进行人工养殖。奇怪的是,许多海洋动物并不吃这茂盛的海洋牧草。

离开海岸较远的广阔海面,很难再看到海洋植物的踪影了,那里真的没有植物吗?不。那里有植物,只是肉眼看不见罢了。从在海里取一滴水,放在显微镜下观察,你会看到许多单细胞海藻。有的细胞外面有一个由硅质组成的硬壳,这是硅藻;有的细胞长着两根细长的鞭毛,在水中游来游去,这多半是甲藻。硅藻和甲藻是海洋中主要单细胞藻,此外还有其它单细胞海藻。

不要小看这些单细胞海藻,它们是海洋的主人,它们的数量很多——约占海洋植物总量的95%,分布广——分布在占地面积2/3的海洋上。它们每年通过光合作用制造的有机物,约待等于陆地植物的总产量,或是更多。就是它们,供养着几百亿吨的海洋动物,是真正的海洋牧草。而生长在沿岸一带的大型海藻,不管它们怎样令人注目、讨人喜爱,它们在海洋植物界却是微不足道⑤的。

【文本对话】

一、仔细阅读文本,回答以下问题。

1. 作者是怎样写海洋之大、海洋之深的?
2. 为什么生命会在海洋里诞生?

---

① 哺(bǔ)乳动物:是一种恒温、脊椎动物,身体有毛发,大部分都是胎生,并借由乳腺哺育后代。哺乳动物是动物发展史上最高级的阶段,也是与人类关系最密切的一个类群。

② 石莼(chún):藻体淡绿色或绿色,呈不规则的团块状,可以入药和食用,分布在辽宁、河北、山东和江苏省沿海。

③ 浒(hǔ)苔:亦称"苔条"、"苔菜"。绿藻纲,石莼科。藻体鲜绿色,由单层细胞组成,围成管状或粘连为带状。广泛分布在全世界各海洋中,中国沿海潮间带均有生长,东海沿岸产量最大。可食用和药用。

④ 礁膜:又名石莱、青苔菜、绿苔、绿紫菜等,俗名礁膜。中国东南沿海均有分布。可供食用和作饮料及药用。

⑤ 微不足道:微小得很,不值得一提。指意义、价值等小得不值得一提。微:细,小;足:值得;道:谈起。

3.昔日海洋是生命的摇篮,那么今天的海洋与生命,特别是与人类的关系怎样呢?请用课文中的话回答。

二、本文是一篇说明文,在文中运用了哪些说明方法?请举实例说明。

【实践活动】

思考并讨论:有人提出海洋给人类带来的破坏也很大,比如2003年的东南亚海啸。那么,海洋与人类的关系是利大于弊还是弊大于利呢?

【知识链接】

关于生命起源的几种假说

(1)创世说(神创论)和新创世说:创始说是把生命起源这一科学命题划入神学领域,认为地球上的一切生命都是上帝设计创造的,或者是由于某种超自然的东西干预产生的。19世纪以前西方流行创世说这一学说。近年来,在科学高速发展的情况下,创世说的支持者为坚持这一非科学的观点,不得不做出新的努力使圣经与科学调和,用科学知识来证明圣经的故事,如将生物学和古生物学的一些"证据"来证明上帝造物和物种不变的观点,这就是现代的新创世说。这一学说无论怎样修饰都是不科学的。

(2)自然发生说(自生论):认为生命可以随时从非生命物质直接迅速产生出来。如腐草生萤、腐肉生蛆、白石化羊等。这一学说在17世纪曾流行于欧洲。随着意大利的医生雷地和法国微生物学家巴斯德等人的实验的成功,这一学说失去了他的生命力。

(3)宇宙发生说(宇生论):认为地球上的生命来自宇宙间的其他星球,某些微生物的孢子可以附着在星际尘埃颗粒上而到达地球,从而使地球具有了初始的生命。这个学说仍然不能揭示宇宙间最初的生命是怎样产生的。此外,宇宙空间的物理因素,如紫外线、温度等对生命是致死的,生命又是怎样穿过宇宙空间而不会死亡呢?

(4)化学进化说(新自生论):认为地球上的生命是在地球历史的早期,在特殊的环境条件下,无机物能生成多种有机物,这些有机物在原始海洋中经过长期而复杂的演变,终于出现了原始生命。因为有比较充分的根据和实验证明,这一学说为多数科学家接受,但仍需要深入进行研究。

二、森林写意

徐 刚[①]

【阅读提示】

这是一篇描写森林的说明文,作者从宏观和微观相结合的角度来揭示森林的丰富内涵,通过对森林的观照和审视,提醒人们重新认识人类生存的环境,重新思考人与环境的关系。

"森林"这两个字是由五个"木"字组成的,它已经从文字的形象上揭示了森林的一个外部特征:它有众多的树木。

生态学家告诉我们,从本质而言,森林的概念应该是:以乔木为主体,包括下木(森林中的灌木层,包括灌木和不能长入乔木层的乔木树种)、草被、动物、菌类等生物群体与非生物类的地质、地貌、土壤、气象、水文等因素构成一体的绿色自然体。

森林就是一个世界。

如果没有人的掠夺行为的破坏及干扰,这个世界是宁静的、清新的、富饶的、伊甸园一般的绿色世界。

这是一个没有标语、口号和广告的世界。

这是一个互为依存、彼此作用、谁也离不开谁的世界。

在森林世界中,树木和其他所有绿色植物,是惟一能够把光转化为化学能的兢兢业业[②]的生产者。每一片绿叶都是一个食物制造厂。它通过光合作用,吸收二氧化碳以及土壤中的水分、无机元素,制造糖类与淀粉,满足自己生长发育的需要。森林中大大小小的各种动物,则是绿色世界的消费者。它们之中或者以植物为食料,或者捕食以植物为食料的动物。总而言之,这两类不同食性的动物,都不可能离开绿色植物而单独生存。

千万别小看了那些名不见经传[③]的细菌与真菌,它们是勤勤恳恳的分解者。它们能使枯枝烂叶、动物的残体和排泄物腐烂分解,变为无机物质,再还原给绿色植物吸收利用。

由此可知,森林世界是通过生产者、消费者和分解者的不知疲倦的工作,而使有生命的生物群体与无生命的环境之间,各种生物种群之间紧密联系,成为不可分割的一个整体,并且有了完全属于自己的循环不息的能量转化和物质交换的独立系统。

森林生命的织锦是如此复杂微妙,如果其中的一根生命线断了,那么整个织锦上的图案就会松散开去,森林本身也会遭到破坏。

这就是森林生态系统。

这也就是为什么人之初森林是惟一的摇篮,是惟一的衣食之源的道理所在了。

当一代又一代的人,呼唤着理解与爱并且诉说着孤独与痛苦的时候,其实在这个充满误解的世界上,人类对森林的误解更是至深至久的。

---

① 徐刚,1945年生于上海崇明岛,毕业于北京大学中文系。早期以诗歌成名,也兼写散文作品,1987年徐刚的《伐木者,醒来》在中国刮起一阵旋风。这本书被称为"绿色圣经",从此徐刚便开始写作有关人与自然关系的题材。

② 兢兢(jīng)业业:形容做事小心谨慎、认真踏实。兢兢:小心、谨慎。

③ 名不见经传(zhuàn):经传上没有记载,指一个人或一个地方不出名、没有名气或者太隐秘、太偏僻的意思。经传:指被古人尊崇为典范的著作。

直到 20 世纪中叶,仍然有不少人认为,森林只是让人砍伐取得木材,用之于建筑或造纸等行业的。林业和伐木之间是可以划等号的。

毫不夸张地说,中国几千年封建王朝在历朝历代的政权更替之后,无不大兴土木营造宫殿,盛极一时的富丽奢华都是由森林中砍伐下的木材支撑的。秦始皇修阿房宫,征召天下 70 万人,把蜀、楚、湘等地的参天大树①砍伐一尽。杜牧有赋叹道:"蜀山兀,阿房出。②"

人类的文明史,相当一部分就是砍伐史。

当森林日益稀少,世界面临着饥渴与荒漠化的危险时,对森林的重新审视才成了 20 世纪人类的焦点话题。

森林是地球陆地上有着最复杂组成的、最完整结构的、最巨大的生态系统。

我国北起大兴安岭、南到南海诸岛,东起台湾省、西到喜马拉雅山的广阔国土上,森林占有着广大的空间。它的垂直分布高度可以达到终年积雪的下限。

人类,以及土地、庄园、农作物,因为有了森林的庇护③而祥瑞、安宁。

这绿色的守望者,守望我们已经太久了。

树木的长寿,森林的生生不息,原来是为了更久远地伴随人类以及地球上别的物种,它们站着,它们活着,它们以最少的需要而奉献出最多的清新与爱。

苹果树能活到 100~200 年。

梨树能活 300 年。

核桃树能活 300~400 年。

榆树能活 500 年。

桦树能活 600 年。

樟树、栎树能活 800 年。

长青松柏的寿命可超过 1000 年。

我国湖南城步县境内,还有 58 棵生长了几千年的银杉,是世界珍稀之宝,植物王国的活化石。

有的树能伴我们一生。

有的树能伴我们几代子孙。

有的树目睹世纪沧桑,那树皮的皱褶④永远提醒我们,不要忘记父亲和母亲,不要数典忘祖⑤。

树的长寿正是森林生态系统所具有的时间的优势,它可以朝朝夕夕、年复一年、几百年上千年地覆盖、护卫我们的耕地。保持水土,涵养水源。那是绵长的爱,那是宽阔的爱。

真的。我们很难说清楚森林是什么。

从时间的意义上说,森林是历史、现实和未来。

我们绝对不能够光是以森林的面积去衡量它的博大。森林是物种宝库,地球上陆生植物

---

① 参(cān)天大树:高耸到空中的大树,形容树木生长茁壮。参天:高耸到空中。
② 蜀山兀(wù),阿(ē)房(páng)出:四川山林中的树木被砍伐一空,阿房宫殿得以建成。兀:突兀的意思。选自于杜牧的《阿房宫赋》。
③ 庇(bì)护:袒护,掩护。
④ 皱褶(zhě):衣服布料等因受褶压而形成的纹路,常用来形容纹路多。
⑤ 数(shǔ)典忘祖:出自《左传·昭公十五年》,比喻忘本,也比喻对于本国历史的无知。后来就用数典忘祖比喻忘掉自己本来的情况或事物的本源。

的90%以上存在于森林中。穿行或蛰伏①于青枝绿叶的动物的种类和数量,也远远大于其他陆地生态系统。

森林从来不喜欢单一,森林植物种类愈多愈杂,森林结构愈是多样化,动物的种类和数量也就愈多。

森林的兴旺发达是与庞杂多样不可分割的。

最美的森林是多层林、混交林。

即便在森林地区的土壤中,其丰富的内涵也会使人瞠目结舌②,我们说,这是散发着芳香的土壤,这是湿润厚软的土壤,还是远远不够的。作为森林生态体系的基础,在1平方米的表土中,就有数百万个细菌和真菌,几千只线形虫。而在稍稍深一点的土层,1立方米的土体中你会发现数百条以至上千条不露声色的大地耕耘者——蚯蚓。

森林是可以更新的资源,繁殖能力极强。只要不受人为的破坏。林地下和林地的边缘,不断会有新生林出现,形成下一代的林木。如是延续,世代常青。

森林繁殖方式的多样化,也许最典型地体现了森林的不拘一格③、天道无为。

小粒的种子,如马尾松、云杉主要靠风播,借助风力落到100～300米远的土壤中。而带翅膀的、披着绒毛的种子,如柳树、桦树种可飞散到1～2公里之远。

椰子的种子却喜欢做一个自由自在的漂流者,任季风与潮汐推动,可以远在母树千里之外的海滩上悄悄地安身立命④。

松鼠是森林中搬运红松种子的得力者,它为着贮备食料,却又常常粗心地把松子遗留在土堆中,当新的红松的幼苗出土,松鼠们会惊讶吗?

森林中的猫头鹰、啄木鸟、苍鹰等等,都是一种神奇。

森林中的大象、狮子、老虎、豹,都是一种壮观。

森林的层次高下、藤的攀援、草的缠结、灌木的丛生、花朵的艳丽,都在告诉人们:生命像一张网。

假如我们从田野走进森林,只需用脚便能感觉到,我们已经走过了两个世界的分界线——这并不荒芜⑤的田野的土质,无论如何也不会有森林地面的潮湿及富有弹性,灵魂会变得清爽,心里有唱歌的欲望。

假如我们碰巧是在秋天走进了一片落叶林中,看着森林的风晃动着高高矮矮的树冠,一片一片树叶飘落在地上,这时候森林里的阳光显得充足而明亮,稀疏的斜插在空中的枝条已经放弃了阻挡秋风秋雨的努力,就连林中小鸟也已经脱掉吸引异性的漂亮羽衣,披上了颜色单调却能保暖的冬装了。

林地上、树木上,是鲜艳夺目的锦绣般的色彩,金色、红色与朱红是主色调,季节已经变冷,可是在冰封雪冻之前,森林却显示了一年四季中惟一的一次落叶的壮丽,让将要冬眠的无数的小虫们、真菌们得到温暖和慰藉⑥。

几乎没有一个成功的大画家没有画过森林,没有画过林中的秋天和落叶。

---

① 蛰(zhé)伏:像虫子冬眠长期躲在一个地方,不出头露面。蛰:动物冬眠,藏起来不吃不动。
② 瞠(chēng)目结舌:瞪着眼睛说不出话来。形容窘困或惊呆的样子。瞠:瞪着眼;结舌:说不出话来。
③ 不拘(jū)一格:不局限于一种规格或一个格局。
④ 安身立命:生活有所着落,精神有所依靠。
⑤ 荒芜(wú):无人管理杂草丛生的田地。
⑥ 慰藉(jiè):安慰、抚慰的意思。

所有的巨匠只能画出森林小小的一角,几棵树木,几片落叶。

诗人找不到语言。画家找不到颜色。

两百年前就有人感叹道:"除非要把彩虹上所有的颜色都糅①在画布上,否则就无从描绘出秋叶的各种色彩。"

也许最终我们只能说:森林是无法描绘的,如同森林是无法替代的一样。

1995年3月　北京

【文本对话】

一、阅读全文,思考以下问题。

1. 人们长期以来对森林存在的误解是什么?
2. 人们对森林的重新审视又是什么?

二、理解以下语句的含义。

1. 从时间的意义上来说,森林是历史、现实和未来。
2. 人类的文明史,相当一部分就是砍伐史。

【实践活动】

文章标题为"森林写意",什么是"写意"呢?你对此理解多少?请运用自身所学的绘画知识谈谈你对文中"写意"的理解。

【知识链接】

伐木者,醒来(节选)

在大都市,高楼和水泥预制板把人们互相隔绝着,习惯带来的惰性使我们对远离大自然,对听不见鸟叫看不见树林已视为平常,负离子发生器的出现使人们更加麻木,以为从此以后在自己的斗室里空气便会永远清新。大自然是不能再造的,可以再造的就一定不是大自然。

孩子的天性使他们的目光里充满了渴求。他们在两平方米的阳台上孤独地看着天空,盼着群楼中间那几棵长不大的小树能给他们一点绿色;把雪白的大米洒在阳台上,期待着麻雀来啄食,他们以为麻雀在这个世界上几乎是唯一最美丽的小鸟。

3月植树节给人带来的短暂的喜悦已经过去,这些小树很少有人关心它能否成活,因而能活下来的只有三分之一。当人类在没有把自己的生命和树木的生命联系在一起之前,而仅仅把植树当作是摊派的任务时,人与树之间的距离和隔膜是无法消除的。通过电视媒介人们还发现,就在这一天有很多人还没有去种树,而是去拍照了,十几个、几十个镜头对着一棵树,前呼后拥的人把刚种下的树周围的松土踩得结结实实。人们对于自己上镜头或者把别人送入镜头,要比种树有兴趣得多。

也许就在植树节的那一天,或者是刚刚过去之后的春天的某日,当大自然又把一年一度的新绿送到人间时,忽然发现,那种朴实的对春的期盼和歌的轻柔已不复存在,春风一样的林中散步,贝多芬在维也纳郊外的小森林里对每一片叶子每一只小鸟的倾心相诉,已成为遥远的过去。中国人不认识贝多芬,很少有人知道他的这句名言"我爱一棵树甚于爱一个人",在他最痛

---

① 糅(róu)合:掺和、混合。

苦的时候只要想到树木,旷野,他就会重新激发生活的热情,田园,在他的每一个音符里延伸着希望……

代之而起的是什么呢?

无论在阳光下还是月光下,只要屏息静听,就会听见从四面八方传来的中国的滥伐之声,正是这种滥伐的无情、冷酷、自私组成了中国土地上生态破坏的恶性循环:越穷越开山,越开山越穷,越穷越砍树,越砍树越穷!

三、一个消逝了的山村①

冯至②

【阅读提示】

《一个消逝了的山村》选取了一个已经消逝山村的自然风物，叠加作者丰富的想象，把一个山村的过去和现在交替呈现在读者面前，赋予对自然、对人生的独特感悟，让人生发出时空变幻、物是人非的慨叹，寄予了作者珍爱自然、珍爱生命、共创和平家园的美好愿望。

在人口稀少的地带，我们走入任何一座森林，或是一片草原，总觉得他们在洪荒时代大半就是这样。人类的历史演变了几千年，它们却在人类以外，不起一些变化，千百年如一日，默默地对着永恒。其中可能发生的事迹，不外乎空中的风雨，草里的虫蛇，林中出没的走兽和树间的鸣鸟。我们刚到这里来时，对于这座山林，也是那样感想，绝不会问到：这里也曾有过人烟吗？但是一条窄窄的石路的残迹泄露了一些秘密。

我们走入山谷，沿着小溪，走两三里到了水源，转上山坡，便是我们居住的地方。我们住的房屋，建筑起来不过二三十年，我们走的路，是二三十年来经营山林的人们一步步踏出来的。处处表露出新开辟的样子，眼前的浓绿浅绿，没有一点历史的重担。但是我们从城内向这里来的中途，忽然觉得踏上了一条旧路。那条路是用石块砌成，从距谷口还有四五里远的一个村庄里伸出，向山谷这边引来，先是断断续续，随后就隐隐约约地消失了。它无人修理，无日不在继续着埋没下去。我在那条路上走时，好像是走着两条道路，一条路引我走近山居，另一条路是引我走到过去。因为我想，这条石路一定有一个时期宛宛转转地一直伸入谷口，在谷内溪水的两旁，现在只有树木的地带，曾经有过房屋，只有草的山坡上，曾经有过田园。

过了许久，我才知道，这里实际上有过村落。在七十年前，云南省的大部分，经过一场浩劫，回、汉互相仇杀，有多少村庄城镇在这时衰落了。当时短短的二十年内，仅就昆明一个地方说，人口就从一百四十余万降落到二十五万。这里原有的山村，是回民的，可是汉人的，是一次便毁灭了呢，还是渐渐地凋零下去，我们都无从知道，只知它们是在回人几度围攻省城时成了牺牲。现在就是一间房屋的地基都寻不到了，只剩下树林、草原、溪水，除却我们的住房外，周围四五里内没有人家，但是每座山，每个幽隐的地方还都留有一个名称。这些名称现在只生存在从四邻村里走来的，砍柴、背松毛、放牛牧羊的人们的口里。此外它们却没有什么意义；若有，就是使我们想到有些地方曾经和人发生过关系，都隐藏着一小段兴衰的历史吧。

我不能研究这个山村的历史，也不愿用想象来装饰它。它像是一个民族在世界里消亡了，随着它一起消亡的是它所孕育的传说和故事。我们没有方法去追寻它们，只有在草木之间感到一些它们的余韵。

最可爱的是那条小溪的水源，从我们对面山的山脚下涌出的泉水；它不分昼夜地在那儿流，几棵树环绕着它，形成一个阴凉的所在。我们感谢它，若是没有它，我们就不能在这里居住，那山村也不会曾经在这里滋长。这清冽的泉水，养育我们，同时也养育过往日那村里的人

---

① 选自《山水》初版本，1947年5月，文化生活出版社。
② 冯至(1905—1993)，现代著名诗人。原名冯承植，河北涿县人。

们。人和人,只要是共同吃过一棵树上的果实,共同饮过一条河里的水,或是共同担受过一个地方的风雨,不管是时间或空间把它们隔离得有多么远,彼此都会感到几分亲切,彼此的生命都有些声息相通的地方。我深深理解了古人一首情诗里的句子:"日日思君不见君,共饮长江水①。"

其次就是鼠曲草②。这种在欧洲非登上阿尔卑斯山的高处不容易采撷得到的名贵的小草。在这里每逢暮春和初秋却一年两季地开遍了山坡。我爱它那从叶子演变成的,有白色茸毛的花朵,谦虚地掺杂在乱草的中间。但是在这谦虚里没有卑躬,只有纯洁,没有矜持,只有坚强。有谁要认识这小草的意义吗?我愿意指给他看:在夕阳里一座山丘的顶上,坐着一个村女,她聚精会神地在那里缝什么,一任她的羊在远远近近的山坡上吃草,四面是山,四面是树,她从不抬起头来张望一下,陪伴着她的是一丛一丛的鼠曲从杂草中露出头来。这时我正从城里来,我看见这幅图像,觉得我随身带来的纷扰都变成深秋的黄叶,自然而然地凋落了。这使我知道,一个小生命是怎样鄙弃了一切浮夸,孑然一身担当着一个大宇宙。那消逝了的村庄必定也曾经像是这个少女,抱着自己的朴质,春秋佳日,被这些白色的小草围绕着,在山腰里一言不语地负担着一切。后来一个横来的运命使它骤然死去,不留下一些夸耀后人的事迹。

雨季是山上最热闹的时代,天天早晨我们都醒在一片山歌里。那是些从五六里外趁早上山来采菌子的人。下了一夜的雨,第二天太阳出来一蒸发,草间的菌子,俯拾皆是:有的红如胭脂,青如青苔,褐如牛肝,白如蛋白,还有一种赭色的,放在水里立即变成靛蓝的颜色。我们望着对面的山上,人人踏着潮湿,在草丛里,树根处,低头寻找新鲜的菌子。这是一种热闹,人们在其中并不忘却自己,各人盯着各人眼前的世界。这景象,在七十年前也不会两样。这些彩菌,不知点缀过多少民族童话,它们一定也滋养过那山村里的人们的身体和儿童的幻想吧。

这中间,高高耸立起来那植物界里最高的树木,有加利树。有时在月夜里,月光把被微风摇摆的叶子镀成银色,我们望着它每瞬间都在生长,仿佛把我们的身体,我们的周围,甚至全山都带着生长起来。望久了,自己的灵魂有些担当不起,感到悚然,好像对着一个崇高的严峻的圣者,你若不随着他走,就得和他离开,中间不容有妥协。但是,这种树本来是异乡的,移植到这里来并不久,那个山村恐怕不会梦想到它,正如一个人不会想到他死后的坟旁要栽什么树木。

秋后,树林显出萧疏。刚过黄昏,野狗便四出寻食,有时远远在山沟里,有时近到墙外,作出种种求群求食的嗥叫的声音。更加上夜夜常起的狂风,好像要把一切都给刮走。这时有如身在荒原,所有精神方面所体验的,物质方面所获得的,都失却了功用。使人想到海上的飓风,寒带的雪潮,自己一点也不能作主。风声稍息,是野狗的嗥声,野狗声音刚过去,松林里又起了涛浪。这风夜中的嗥声对于当时的那个村落,一定也是一种威胁,尤其是对于无眠的老人,夜半惊醒的儿童和抚慰病儿的寡妇。

在比较平静的夜里,野狗的野性似乎也被夜的温柔驯服了不少。代替野狗的是麂子的嘶声。这温良而机警的兽,自然要时时躲避野狗,但是逃不开人的诡计。月色朦胧的夜半,有一二猎夫,会效仿麂子的嘶声,往往登高一呼,麂子便成群地走来。……据说,前些年,在人迹罕

---

① 日日思君不见君,共饮长江水:出自北宋诗人李之仪的《卜算子》。
② 鼠曲草:为菊科植物鼠曲草的全草。野生于田边、山坡及路边。茎直立或基部发出的枝下部斜升,高10—40厘米或更高,鼠曲草的全草。开花时采收,晒干,去尽杂质,贮藏干燥处。主治化痰,止咳,祛风寒。治咳嗽痰多,气喘,感冒风寒,蚕豆病,筋骨疼痛,白带,痈疡。

到的树丛里还往往有一只鹿出现。不知是这里曾经有过一个繁盛的鹿群，最后只剩下了一只，还是根本是从外边偶然走来而迷失在这里不能回去呢？反正这是近乎传说了。这美丽的兽，如果我们在庄严的松林里散步，它不期然地在我们对面出现，我们真会像是SaintEustache一般，在它的两角之间看见了幻境。

两三年来，这一切，给我的生命许多滋养。但我相信它们也曾以同样的坦白和恩惠对待那消逝了的村庄。这些风物，好像至今还在述说它的运命。在风雨如晦的时刻，我踏着那村里的人们也踏过的土地，觉得彼此相隔虽然将及一世纪，但在生命的深处，却和他们有着意味不尽的关连。

1942年，写于昆明

【文本对话】

一、仔细阅读课文，思考如下问题：
1. 作者猜想山村隐藏兴哀史的依据是什么？
2. 作者描绘了哪些风物作为感怀的载体？
3. 作者抒发了什么样的人生感怀？

二、作者的描述或抒怀给你印象最深的是什么？

三、作者引用宋代诗人李之仪的《卜算子》中的诗句"日日思君不见君，共饮长江水"的有何巧妙之处？

四、怎样理解文末一段和"风雨如晦的时刻"这一句话的内涵？

【实践活动】

组织一次亲近、体验大自然的活动，在活动中领悟自然之美，并表述这些感受。

【知识链接】

冯至（1905—1993），现代著名诗人。原名冯承植，河北涿县人。1921年考入北京大学，1923年后受到新文化运动的影响开始发表新诗。1927年4月出版第一部诗集《昨日之歌》，1929年8月出版第二部诗集《北游及其他》，记录自己大学毕业后的哈尔滨教书生活。1930年赴德国留学，其间受到德语诗人里尔克的影响。五年后获得哲学博士学位，返回战时偏安的昆明任教于西南联大任外语系教授。1941年他创作了一组后来结集为《十四行集》的诗作，影响甚大。冯至的小说与散文也均十分出色，小说的代表作有二十年代的《蝉与晚秋》、《仲尼之将丧》，四十年代的《伍子胥》等；散文则有1943年编的《山水》集。鲁迅称他是"中国最为杰出的抒情诗人"。他的散文也写得清新明澈，别具一格。汉园诗人李广田也曾说：冯至先生的散文，那么明净，那么含蓄，在平凡事物中见出崇高，在朴素文字中见出华美，实在是散文中的精品。

四、离太远最近的树[1]

毕淑敏[2]

【阅读提示】

作者运用叙事和描写的表达方式塑造了西藏阿里红柳树的形象,寄寓了本文丰富而深刻的思想内涵:热爱自然,珍惜生命。通过小中见大的艺术手法,反映了广泛而深刻的社会问题。

30年前,我在西藏阿里当兵。

这是世界的第三级,平均海拔5000米,冰峰林立,雪原寥寂。不知是神灵的佑护还是大自然的疏忽,在荒漠的褶皱里,有时会不可思议地生存着一片红柳丛。它们有着铁一样锈红的枝干,风羽般纷披的碎叶,偶尔会开出穗样细密的花,对着高原的酷寒和缺氧微笑。这高原的精灵,是离太阳最近的绿树,百年才能长成小小的一蓬。在藏区巡回医疗,我骑马穿行于略带苍蓝色调的红柳丛中,竟以为它必与雪域永在。

一天,司务长布置任务——全体打柴去!

我以为自己听错了,高原之上,哪里有柴?!

原来是驱车上百公里,把红柳挖出来,当柴火烧。

我大惊,说红柳挖了,高原上仅有的树不就绝了吗?

司务长回答,你要吃饭,对不对?饭要烧熟,对不对?烧熟要用柴火,对不对?柴火就是红柳,对不对?

我说,红柳不是柴火,它是活的,它有生命。做饭可以用汽油,可以用焦炭,为什么要用高原上唯一的绿色?

司务长说,拉一车汽油上山,路上就要耗掉两车汽油。焦灰炭运上来,一斤的价钱等于六斤白面。红柳是不要钱的,你算算这个账吧!

挖红柳的队伍,带着铁锹、镐头和斧,浩浩荡荡地出发了。

红柳通常都是长在沙丘上的。一座结实的沙丘顶上,昂然立着一株红柳。它的根像巨大的章鱼的无数脚爪,缠附到沙丘逶迤[3]的边缘。

我很奇怪,红柳为什么不找个背风的地方猫着呢?生存中也好少些艰辛。老兵说,你本末倒置了,不是红柳在沙丘上,是因为这了这红柳,才固住了流沙。随着红柳渐渐长大,流沙被固住的越来越多,最后便聚成了一座沙山。红柳的根有多广,那沙山就有多大。

啊,红柳如同冰山。露在沙上的部分只有十分之一,伟大的力量埋在地下。

红柳的枝叶算不得好柴薪,真正顽强的是红柳强大的根系,它们与沙子粘结得如同钢筋混凝土。一旦燃烧起来,持续而稳定地吐出熊熊的热量,好像把千万年来,从太阳那里索得的光芒,压缩后爆裂也来。金红的火焰中,每一块红柳根,都弥久地维持着盘根错节[4]的形状,好像

---

[1] 选自毕淑敏《离太阳最近的树》,湖南文艺出版社。
[2] 毕淑敏,汉族,1952年10月出生于新疆伊宁,山东省文登人。国家一级作家,内科主治医师,北京师范大学文学硕士。
[3] 逶迤(wēi yí):形容道路、山脉、河流等蜿蜒曲折。逶迤,亦作"逶迆"、"逶蛇"。
[4] 盘根错节:树木的根枝盘旋交错,比喻事情纷难复杂。盘:盘曲;错:交错;节:枝节。

傲然不屈的英魂。

把红柳根从沙丘中掘出,蓄含着很可怕的工作量。红柳与土地生死相依,人们要先费几天的时间,将大半个沙山掏净。这样,红柳就技桠遒劲①地腾越在旷野之上,好似一副镂空的恐龙骨架。这里需请来最有气力的男子汉,用利斧,将这活着的巨型根雕与大地最后的联系一一斩断。整个红柳丛就訇然②倒下了。

一年年过去,易挖的红柳绝迹了,只剩那些最古老的树灵了。

掏挖沙山的工期越来越长,最健硕有力的小伙子,也折不断红柳苍老的手臂了。于是人们想出了高技术的法子——用炸药!

只需在红柳根部,挖一条深深的巷子,用架子把火药放进去,人伏得远远的,将长长的药捻点燃。深远的寂静之后,只听轰的一声,再幽深的树怪,也尸骸散地了。

我们餐风宿露③。今年可以看到去年被掘走红柳的沙丘,好像眼球摘除术的伤员,依然大睁着空洞的眼睑,怒向苍穹。全这触目惊心的景象不会持续太久,待到第三年,那沙丘已烟消云散,好像此地从来不曾生存过什么千年古木,不曾堆聚过亿万颗沙砾。

听最近到过阿里的人讲,红柳林早已掘净烧光,连根须都烟消灰灭了。

有时深夜,我会突然想起那些高原上的原住民,它们的魂魄,如今栖息在何处云端?会想到那些曾经被固住的黄沙,是否已飘洒在世界各处?从屋子顶上扬起的尘沙,能常会飞得十分遥远。

【文本对话】

一、文章以"离太阳最近的树"为题目,有什么深刻含义?

二、文章结尾连用两个反问句,蕴含着什么深意?

三、文中的语言富有很强的表现力和感染力,请结合上下文对以下句子作简要赏析。

1. 红柳如同冰山。露在沙上的部分只有十分之一,伟大的力量埋在地下。
2. (红柳)对着高原的酷寒和缺氧微笑。
3. 一座结实的沙丘顶上,昂然立着一株红柳。

【实践活动】

荀子曾说过:"明与天人之分"。(明确把人与自然分开,同时又强调人能改变自然、作用于自然。),茅盾也曾说过:"自然是伟大的,然而人类更伟大。"结合今天的课文,你认为人与自然的关系应该是怎样的?谈谈你的看法。

【知识链接】

《离太阳最近的树》以"生命关怀"为主题,收集了毕淑敏各个不同时期的散文数十篇,娓娓道来如何敬畏生命,面对生命的苦难我们该何去何从,拥有什么样的心态,是本净化灵魂的好书。毕淑敏被王蒙称为"文学的白衣天使",以精细、平实的文风和春风化雨般的济世情怀著称,多年来一直深受读者喜爱。

---

① 遒(qiú)劲:强劲有力,刚健有力。
② 訇(hōng)然:形容声音很大。
③ 餐风宿露:形容旅途或野外生活的艰苦。

五、像山那样思考①

奥尔多·利奥波德②

【阅读提示】

　　文章用"像山那样思考"作为标题,警示人类应该像山一样思考自身与万物之间的关系。文章开头对一声狼嗥进行特写,接着叙述了鹿、松林、郊狼、牧牛人、猎人对这声嗥叫的反应,进而指出在这些明显而迫切的希望和恐惧之后,还有更加深刻的、只有这座山才能听懂的含义。牧牛人和猎人的思考都是出于对其眼前利益的思考,而山却是出于一种对生态保护意义的思考。

　　一声深沉的、骄傲的嗥叫,从一个山崖荡漾到另一个山崖,回响在山谷中,渐渐地消失在漆黑的夜色里。这是一种不驯服的、对抗性的悲鸣,是对世界上一切苦难的蔑视情感的迸发③。

　　每一种活着的东西(大概还有很多死了的东西),都会留意这声呼唤。对鹿来说,它是死亡的警告;对松林来说,它是半夜里在雪地上混战和流血的预言;对郊狼来说,是即将分得一份残羹剩饭的允诺;对牧牛人来说,是银行账户透支的威胁;对猎人来说,是狼牙抵制弹丸的挑战。然而,在这些明显而迫近的希望和恐惧之后,还隐藏着更加深刻的含义,这个含义只有这座山自己才知道。只有山长久地存在着,从而能够客观地去聆听狼的嗥叫。

　　不过,那些不能辨别其隐藏的含义的人也都知道这声呼唤的存在,因为在所有有狼的地区都能感觉到它,而且,正是它使得这儿有别于其他地区。它使那些在夜里听到狼叫,白天去察看狼的足迹的人毛骨悚然④。即使看不到狼的踪迹,也听不到它的声音,它也暗含在许多小小的事件中:深夜里一匹驮马的嘶鸣,滚动的岩石的嘎啦声,逃跑的鹿的砰砰声,道路上云杉的阴影。只有不堪造就的新手才感觉不到狼是否存在,认识不到山对狼怀有一种秘密。

　　我自己对这一点的认识,是从我看见一只狼死去的那一天开始的。当时我们正在一个高高的峭壁上吃午饭。峭壁下面,一条湍急⑤的河蜿蜒流过。我们看见一只雌鹿——当时我们是这样认为——正在涉过这条急流,它的胸部淹没在白色的水花中。当它爬上岸朝向我们,并摇晃着它的尾巴时,我们才发觉我们错了:这是一只狼。另外还有六只显然是正在发育的小狼也从柳树丛中跑了出来,它们喜气洋洋地摇着尾巴,嬉戏着搅在一起。它们确确实实是一群就在我们的峭壁之下的空地上蠕动和互相碰撞着的狼。

　　在那个年代里,没有人会放过打死一只狼的机会。在一秒钟之内,我们就把枪弹上了膛,过度的兴奋竟使我们无法瞄准。当我们的来复枪膛空了时,那只狼已经倒了下来,一只小狼拖着一条腿,进入到那无动于衷的静静的岩石中去。

---

① 选自奥尔多·利奥波德的《沙郡岁月》。
② 奥尔多·利奥波德(1887—1948),被誉为"近代环保之父",美国作家,生态学家,土地伦理学家。这位被称为环境伦理的播种者,一生共出版三部书和五百多篇文章。1949年,《沙郡岁月》出版,《像山那样思考》是《沙郡岁月》中收录的一则随笔。
③ 迸(bèng)发:由内而外地突然发出。
④ 毛骨悚(sǒng)然:悚然,害怕的样子。汗毛竖起,脊梁骨发冷。形容十分恐惧。
⑤ 湍(tuān)急:急流,急流的水。

我们到达那只老狼的所在时,正好看见在它眼中闪烁着的、令人难受的、垂死时的绿光。这时,我察觉到,而且以后一直是这样想,在这双眼睛里,有某种对我来说是新的东西,是某种只有它和这座山才了解的东西。当时我很年轻,而且不动扳机就感到手痒的时候。那时,我总是认为,狼越少,鹿就越多,因此,没有狼的地方就意味着是猎人的天堂。但是,在看到这垂死时的绿光时,我感到,无论是狼,或是山,都不会同意这种观点。

自那以后,我亲眼看见一个州接着一个州地消灭了它们所有的狼。我看见过许多刚刚失去了狼的山的样子,看见南面的山坡由于新出现的弯弯曲曲的鹿径而变得皱皱巴巴。我看见所有可吃的灌木和树苗都被吃掉,先是衰弱不振,然后死去。这样一座山看起来就好像什么人给了上帝一把大剪刀,叫他成天只修剪树木,不做其他事情。结果,那原来渴望着食物的鹿群的饿殍①,和死去的艾蒿丛一起变成了白色,或者就在高出鹿头的部分还留有叶子的刺柏下腐烂掉。——这些鹿是因其数目太多而死去的。

我现在想,正像当初鹿群在对狼的极度恐惧中生活着那样,那一座山将要在对它的鹿的极度恐惧中生活。而且,山的恐惧有更充分的理由,当一只被狼猎杀的公鹿在两三年就可被补替时,一片被太多的鹿拖疲惫了的草原,可能在几十年里都得不到恢复。

牛群也是如此,清除了其牧场上的狼的牧牛人并未意识到,他取代了狼的调整牛群数目以适应其牧场大小的工作。他不知道像山那样去思考。正因为如此,我们才有了沙尘暴,河水把未来冲刷到大海里去了。

我们大家都在为安全、繁荣、舒适、长寿和平静而奋斗着。鹿用轻快的四肢奋斗着,牧牛人用套圈和毒药奋斗着,政治家用笔,而我们大家则用机器、选票和美金。所有这一切带来的都是同一种东西:我们这一时代的和平。在这方面,获得某种程度的成功是很好的,而且或许是客观思考的必要条件,不过,太多的安全可能产生了长远的危险。这个世界的启示在荒野。——这也许是狼的嗥叫中隐藏的内涵,它已被群山所理解,却还极少为人类所领悟。

【文本对话】

一、文章用"一声深沉的、骄傲的嗥叫"引出全文,其作用是什么?

二、像山那样思考。山是怎样思考的?我们又能向山学习什么呢?

【实践活动】

今天,我们学习了用大山的思维来衡量狼对自然界的价值,那在动物的眼中,人类的某些做法又能给它们留下怎样的感悟呢?请大家以拟人化的手法(或叫泛灵),以"————眼看世界"为题写一篇200字左右的小片段,主题要体现人与自然和谐共生的关系。要有震撼效果,要能激发人类保护自然的决心。

【知识链接】

狼图腾

我国作家姜戎所著的《狼图腾》是一部以狼为叙述主体的小说,初版于2004年4月。讲述了20世纪六七十年代一位知青在内蒙古草原插队时与草原狼、游牧民族相依相存的故事。

作者于1967年响应中央号召来到中国内蒙古锡林郭勒盟东乌珠穆沁旗插队成为知青,在

---

① 饿殍(piǎo):指饿死的人。

内蒙古大草原生活了11个年头,见证了草原由盛转衰的过程和农耕文化与游牧文化的冲突。目睹了原始草原的自然风貌,也目睹了草原的毁灭和整个游牧文明的毁坏。出于对草原的热爱和怀念,作者根据自身经历创作了半自传体性质的小说《狼图腾》。《狼图腾》中的狼,以一种颠覆传统的全新形象冲击着我们的视野:它强悍、智慧、温情以及为了自由尊严以命相拼。《狼图腾》生动地揭示了草原万物生态的内在联系,尤其是狼对整个草原和生态的巨大贡献。《狼图腾》带给读者的强烈震撼还在于它的文化学术价值。在所有的狼故事或者与狼有关的故事中,始终贯穿着作者对草原文明与农耕文明的优劣比较。作者以一种全新的历史视角,以"狼图腾"为精神线索,对几千年的中华文明史进行了全新的梳理,提出中华民族信奉的"龙图腾"极有可能源于游牧民族的"狼图腾"的惊世骇俗之说,认为正是由于历史上游牧民族强悍进取的狼精神,不断为汉民族输血,中华文明才得以发展且从未中断。

第十单元

科技博览

  本单元的主题为"科技博览",旨在帮助学生通过学习课文,了解一些前沿科技,开阔视野。所选科普文既注重科学知识的准确、严谨,又能用浅显的语言、形象的描写,将抽象、枯燥的知识说得具体、生动,增强了文章的可读性。

  从《石油》一文中,我们了解了古代科学家的远见卓识,文中关于"石油至多,生于地中无穷"和石油制品"必大行于世"的科学预见,今天读来仍令人叹服。

  《海殇后的沉思》一文由印度洋海啸事件给人类造成的巨大灾难写起,对这场人类历史上罕见的灾难进行科学的分析和理性的反思,深入探讨了海啸灾难产生的原因。全面勾画了大自然的性情,特别是它在温柔包容的母性之外,尚有金刚怒目式的父性,并进而对人与自然的关系、人类在大自然中的定位做出重新评判,向人类发出了警示性的呼唤:在科学狂欢的时代,一定要重建对于大自然的敬畏之心,表现了一位有自然科学底蕴的作家对人类所处生态环境日益失衡的关切、强烈的忧患意识和使命。

  从《景泰蓝的制作》中,我们了解了景泰蓝这种我国特有的手工艺品的制作工序,体会到了劳动人民的聪明才智。

  从《眼睛与仿生学》中,我们了解了仿生学这门属于生物科学与技术科学之间的边缘科学。通过介绍人和动物的眼睛的不同结构和功能及从中得到的重要启示,使读者能对仿生学有初步的了解。

  从《动物游戏之谜》中,我们了解了动物游戏的动机。文中,动物学家们开始注意到动物具有游戏的天性,虽然还没有确定的答案,但是承认动物在游戏,承认动物具有一定的智力潜能、创造性和多样的交流方式,承认动物也是具有智慧的生命体,这是人类认识上的一大进步。

一、石油①

沈 括

【阅读提示】

本文选自沈括的《梦溪笔谈》,是一篇介绍科技知识的笔记体小品文。文章分三部分:第一部分,简明地介绍鄜、延境内石油存在的基本形态,当地居民采集、利用石油的一般情况;第二部分,说明自己利用石烟制墨的盛况;第三部分,对时人不能科学合理地利用石油资源的状况表示惋惜。文中关于"石油至多,生于地中无穷"和石油制品"必大行于世"的科学预见,今天读来仍令人叹服。

鄜、延②境内有石油,旧说"高奴县出脂水",即此也。生于水际③,沙石与泉水相杂,惘惘④而出,土人以雉尾挹⑤之,乃采入缶⑥中。颇似淳⑦漆,然之如麻⑧,但烟甚浓,所沾帷幕皆黑。余疑其烟可用,试扫其煤以为墨,黑光如漆,松墨⑨不及也,遂大为之。其识文⑩为"延川石液"者是也。此物必大行于世,自余始为之。盖石油至多,生于地中无穷,不若松木有时而竭。今齐、鲁间松林尽矣,渐至太行、京西、江南,松山大半皆童矣。造煤人盖知石烟之利也。石炭烟亦大,墨人衣。余戏为《延州诗》云:"二郎山下雪纷纷,旋卓穹庐学塞人。化尽素衣冬未老,石烟多似洛阳尘。"

【文本对话】

仔细阅读课文,思考下面的问题:

1.用斜线(/)标出下面句子的朗读停顿处。每句标一处。
(1)此物必大行于世。
(2)盖石油至多。
2.写出下列句子中加点词的意思。
(1)然之如麻:_____ (2)试扫其煤以为墨:_____
(3)不若松木有时而竭:_____ (4)墨人衣:_____
3.用现代汉语翻译下句。
此物必大行于世,自余始为之。
_____

---

① 《石油》:出自沈括的《梦溪笔谈》。
② 鄜、延:鄜州、延州,在今陕西延安一带。
③ 水际:水边。
④ 惘惘(wǎng):涌流缓慢的样子。
⑤ 土人以雉尾挹之:土人,即当地人;雉,野鸡;挹,原指舀水,此处指蘸取。全句即当地人用野鸡尾蘸取它。
⑥ 缶(fǒu):陶瓷罐子。
⑦ 淳:同"纯"。
⑧ 麻:此处指麻秆。
⑨ 松墨:我国名墨之一,用松烟制成,故称"松烟墨"。
⑩ 识文:标上名称。

4. 这段记载说明了石油的哪些用途?

【实践活动】

沈括在《石油》一文中写道:"盖石油至多,生于地中无穷,不若松木有时而竭。"你赞同他的说法吗? 谈谈自己的理由。

【知识链接】

沈括(1031—1095),字存中,北宋钱塘(今杭州市)人,我国宋代著名的改革家和科学家,他博学多闻,在天文、历法、数学、物理、化学、地理、地质、气象、生物、医学等学科几乎都有精深的研究。西方人称他为"中国科学史上的坐标"。他二十四岁开始踏上仕途,最初做海州沭阳县(在今江苏省)主簿。修筑渠堰,开发农田,颇有政绩。治平三年(1066年),入京编校昭文馆书籍。熙宁年间(1068年—1077年),宋神宗赵顼用王安石为相,锐意改革,沈括被任命为负责观测天象、制定历法的司天监长官。他用自己制定的《奉元历》代替旧历,提出《十二气历》代替农历。沈括在物理学方面的建树也很多。他通过实验找到了使用指南针的办法,使针总是精确地指向南方。这是世界上关于如何使用指南针的最早记录。此后,他在历史上第一个指出了地磁场存在磁偏角,这比欧洲人要早400年。沈括在地质学方面也有不少贡献。他到浙江东部地区考察,提出雁荡山群峰是经过千万年流水的冲刷而成。沈括晚年退居润州(今镇江)的梦溪园,潜心著述,总结前人的知识成果和自己的实践经验,用笔记的形式为后人留下了一部26卷的科学巨著《梦溪笔谈》。1979年7月1日,中国科学院紫金山天文台将该台在1964年发现的一颗小行星(编号2027)命名为沈括。

二、海殇后的沉思[①]

杨文丰

【阅读提示】

　　本文是一篇科学散文。文章以沉重的笔触,紧扣海啸的话题,又驰思纵笔,议论纵横,深入展开,以使读者对海啸这一自然现象以及大自然的性情有较为全面和深入的认识,显示了作者深厚的科学素养与丰富的人文知识底蕴,在体现科学性与知识性的同时,作者进一步将自然现象与人类生存联系起来,紧紧抓住人与自然之关系这一核心问题,以科学的眼光审视人类文化现象,用科学的态度思考人类所面临的日益严重的生态难题,因而使本文的人文性与思辨性特点更加突出。在语言方面,作者善于利用多种手法以增强文学性。

1

　　人类该沉痛地铭记这场大海啸,这场人类历史上罕见的海殇!

　　2004年12月26日,星期六,中国农历猴年之尾,西元圣诞翌日,距离雅加达西北1620公里,印尼苏门答腊岛西北近海海底地下40公里,发生了一场里氏9级的大地震。地震发生后约半小时,大海,这平日里的柔性巨人,略略收缩了一下拳头,海水就从海岸线猛然急退了近300米,继而以每秒200米的速度,挟雷携电,轰轰然,冲上苏门答腊岛的亚齐省海滩,浪潮壁立,潮高10米,排山倒海;一小时之后,海潮在泰国南部普吉岛登陆;两小时后殃及印度和斯里兰卡;最后,浪冲东非索马里……近20万人葬身海底!

　　这是人类历史上罕见的浩劫!

　　在大海啸面前,生命竟然如此孱弱,如此无助。

　　地震和海啸,带来了地质结构的永久性改变,人类将因此而重绘地图。泰国曼谷平移了9厘米,苏门答腊岛西南的一些小岛则向西南方向挪动了近20米。科学家们甚至忧虑南亚有些地方的陆地将因之隆起,担忧地轴可能会偏移……

　　海啸导致海水质量变化,沿海及近海的鱼群由于海水浑浊只得背井离乡。地层下陷,海岸遭受巨浪的冲击,原本就所剩无几的南亚珊瑚礁生态区最终消失殆尽。斯里兰卡的加勒要塞、印度默哈伯利布勒姆古迹群洞穴和13世纪的太阳神庙、苏门答腊的热带雨林等,也因之毁于一旦。

　　灾难并未消逝声息,大海却重新平复了身体;留下的,是我们这些依然要活下去的人,和难以消失的痛苦与沉思……

2

　　海啸后的好多天,面对充盈电视画面的惨状,我痛伤人类在灾难前竟是那么的渺小无助,同时心哀人类是那样的麻木无知。葡萄牙记者保罗·科蒂奥写道:"我们注意到海水后退了几

[①] 选自《大学语文》(高等教育出版社;孙昕光主编,2008年8月版)

米,然后形成了一个白色的波峰,海滩上的人都很好奇,一点也不害怕,很多人朝着海水跑过去,但突然一个巨浪猛力回头袭来,就摧毁了一切。"在斯里兰卡,灾难来临前,传闻海上即将有"不同寻常的"巨浪,人们便从四面八方云集海滩,翘首以观胜景……

发人深省的是,野生动物几乎都在这场劫难中逃脱了。是野生动物有预感大灾难来临的第六感吗?还是它们比人类更具危机意识,忧患深重,更能领受大自然的威严?或是它们比人类更贴近也更亲近大自然,对自然万物能长葆敬畏之心?

大自然是有脾气的,偶一发威,就使人们落荒而逃,遇水而殁。人类啊,你怎么可能是大自然的主宰呢?据闻,在泰国,海啸来临前,反倒是一头大象长鼻一卷,救起海滩上两三顽童,大踏步离去……

3

大自然并不止一种"行为"会引发海啸。

火山爆发会引发海啸,并且是伴着沸腾海水的、水柱朝天喷涌的海啸。1883 年,爪哇附近的喀拉喀托岛火山喷发,海底裂坑 300 米,波浪滔天 30 米,逾 3 万人葬身波峰浪谷。海底滑坡可引发海啸,7000 年前苏格兰和挪威之间的海床发生大型滑坡,引发海啸,导致了苏格兰沿岸的部落顷刻灭绝。而台风逶迤海面,波涛汹涌,水位暴涨,也可以造成海啸。

海啸奔腾的速度主要取决于海水的深度。海水越深,浪速越快。在幽深的洋底,海啸的奔腾速度还赶得上喷气式飞机。海啸近岸时,前进的速度其实已经大为减弱,之所以掀起可怕的巨浪,是由于受到了海岸的挤压和阻拦。

这次印度洋海啸是由海底地震引发的。由于地震,海底急剧地上升或下降,还出现了裂缝,海底至海面的海水随之就产生了颠簸。"犹同往水池中扔下一块巨石,只不过这石头是从水底下抛上来的",由此便激起"圆形波纹",出现海啸。这是科学界比较流行的通俗解释。

依"板块构造说"理论,这场大海啸,是因为地壳构造板块之间的漂移、挤压引发的。"在长 750 公里、宽 300 英里的'潜没区',印度洋—澳大利亚板块挤到菲律宾板块下面。这种地质运动是痉挛性的,因为压在下面的板块总想把上面的板块拉下去。随着压力增强,上面的板块反弹回原来的位置。昨天(12 月 26 日)的地壳运动发生在海床下面六英里深处,移动了 16.5 码,这么大的距离已经足以造成灾难了。"①

"自然界的意外是不可避免的。"这一句出自希腊神话大地女神盖亚名字命名的地学理论——"盖亚理论"之说,真仿如一句谶语。②

4

这场大海啸,本来是可以事先预警的。美国专家韦弗利·帕森指出:"大多数遇难者都可以被挽救,如果印度洋沿岸国家有海啸预警机制或潮汐检测系统。"而且,倘若美国人测得的相关信息能顺畅地及时地抵达,大多数人都能来得及在地震后陆续逃生。震中在海底,波动抵达海岸还需要 20 分钟至 2 个小时。

---

① "在长 750 公里……足以造成灾难了":引自 2004 年 12 月 29 日《参考消息》。
② 谶(chèn)语:古时迷信的说法,指将来会应验的话。谶,预言;预兆。

大自然是环环相扣的精密系统，丧失什么都会造成残缺，都很危险。

倘若海边的红树林数十年来不遭受连续的砍伐，生长红树林的地盘不变成养虾池，珊瑚礁不被大量地开采破坏，假如这些天然屏障还在，海啸就会相继受到珊瑚礁和红树林的抵挡，速度变慢，能量被减弱，无法长驱直入，就不可能如此凶猛。

倘若人类不在沿海筑那么多的度假别墅，不燃烧那么多的矿物燃料，致使吸热气体增加，温室效应增大，气温上升，促进极地冰雪消融，使海平面明显上升，海岸线就不至于被侵蚀得百孔千疮……

何必忌讳呢，工业革命以来，我们人类的思维和手段，多是"攻击型"的，披荆斩棘，所有举措矛头皆指向大自然，指向他人，掐指算算，有多少作为乃"和善型"的？又有多少作为是忌讳后果的？

悲剧已难于挽回，任谁也无力挽回。但是，对于人类，这场灾变是否唤起了我们早已逐渐泯灭了的对自然的敬畏呢？

5

身为自然一部分的人类，不过是大自然脱了尾巴的孩子。对人类而言，大自然不但有母性的一面，也有父性的一面。

温柔、包容与无私施予是大自然的母性面孔。这种母性态委实就是大自然的均衡态。

父性则是大自然的威严，大自然的金刚怒目。

父性态是大自然的失衡态或非正常态，是刚性态，是能量如火山爆发的状态，是大自然的"不平则鸣"状态，是大自然的怒气冲天与角力搏击。

大自然最能让人刻骨铭心的状态，往往是父性态。

长期以来，人类只知一味地享受、索取乃至掠夺，也由于大自然母性的一面总在前台无私施与；久而久之，人类就逐渐淡忘了大自然还有蛰伏着的父性一面。

毫无疑义，在人类眼里，只有母性的大自然，才是正常的、可亲的；至于父性，则是异常的、暴戾的。然而，这却只是作为自然之子的人类的主观看法，对自然而言，并不存在什么父性、母性，存在的只是自然本身物质、能量的自在运转和自主调整。

作为物质和能量构成的苍茫庞大系统，大自然从来就没有停止过自发调整。雨雪霏霏，秋风落叶，是大自然温和的调整；火山爆发，海啸激荡，则是大自然狂暴的调整；至于沧海桑田的变迁，乃至地球史上几乎可以毁灭70％左右物种的数次全球性冰川期，则是大自然的狂怒式调整了。神秘的黑洞和白洞，对宇宙物质和能量的调整，其影响有多巨大就更难想象了。大自然每作一次调整，就是一次自我修复，就是旧的平衡被打破，新的平衡在孕育的过程。大自然展示母性也好，父性也罢，看似偶然，实则必然，都是出于实现物质、能量均衡的需要。父性的等级越高，爆发得越频繁，表明大自然所要调整而发泄的能量越大！

值得说明的是，大自然的父性和母性，在人类出现前展现过；人类倘若消亡了，也会依然故我。人类不过是茫茫大宇宙里的小小蜉蝣，不过是大自然脱了尾巴的孩子。而迄今为止人类对大自然的影响，也主要还局限在地球的生物圈内，并且这些影响，在大自然的自主调整下，非常轻易地就会"大雪无痕"。所谓"人定胜天"，如果摈除其中人类自励的成分，剩余的不过是螳臂挡车的狂妄。而且，父性给人类带来的灾难，对于大自然来说，统统都不可能是什么灾难。翻遍大自然的词典，你根本找不出"灾难"这个词汇！

不必忌讳，即便大自然在表现狂怒父性时，也一样是至美的！不必说这场大海啸是人类的肉眼难窥的大自然的能量的一次神秘、酣畅的释放,单那横冲而至如奔腾万马的海水,轰轰然,巍巍然,浪潮壁立高逾10米,随即訇然立扑,阔水狂冲,浪花四溅;须臾之间,大水又节节退却,訇訇下流,复归原状……倘若没有生灵死伤,没有屋舍坍塌;倘若印度洋沿岸没有人烟,这一场大海啸该是何等雄伟、壮美啊!地球46亿年的历史,沧海桑田,浩大无极的地质运动,噫嘘,大美哉!……

6

这场大海啸,可以说就是让全人类恐惧地重新领教了大自然的父性,惨痛地复习了本该亘有的对大自然的敬畏。这可是一次代价惨重的复习啊!说起来,或许有悖情感,或许还有违理性,但是,我还是情愿认同这场大海啸是大自然在新世纪给作为自己孩子的人类的一份沉重且沉痛的"厚礼",是大自然对人类尤其是工业革命以来所有大不敬行为的回应,是一次拍案而起的"反击"……人类不是搞过那么多而且还一直要搞核试验吗?不是有过那么多"惊天动地"的大作为吗?即便不产生"蝴蝶效应"①,对地球的物质和能量交换,就不会产生任何影响吗?惩罚,不已经在进行吗?

7

在这个世界上,没有任何事情会空穴来风。

并不是任何文化都提倡人类对自然的敬畏。在《圣经·创世纪》里,神按自己的形象造出了人,并让人全面管理鱼、鸟、牲畜以及地上的一切昆虫,还将遍地结种子的菜蔬,和一切树上结有核的果子,统统赐给人类作食物。这无疑已等于在教义上高高确立:人类是大自然的天然主宰!

在远古的东方,并没有《圣经》那类确立人类是大自然天然主宰的文化经典。而《道德经》却云:"人法地,地法天,天法道,道法自然。"似乎大自然,是具有至高无上地位的,教人敬畏。而事实上,在当时,人们对自然的敬畏,在本质上,还是对臆想的自然神的敬畏,甚至这种敬畏,还上升到了宗教层面。佛教不是视众生如父母吗?报恩唯恐来不及,不杀生物,甚至不踏生草。而主张"山川草木悉皆成佛"的日本佛教,相信万物有灵的日本神道,更是使上古的日本人,对自然不但敬畏,而且崇拜有加。若深入地看,人对自然的这种敬畏,完全是源于自然的神秘,源于对自然的畏惧,是由于人类认识自然的能力尚弱、生产力落后、科技式微而产生的,在我看来,这是一种"旧敬畏"。

随着西学凸显,人类手中有了科技的望远镜和显微镜,在地球——大自然的一隅,云遮雾障已不再神奇,电母雷公也不再神秘……大自然的神秘感,就似日出后的雾霭,在不断淡化,在不断丧失,人类对大自然的敬畏,也随之不断消失。

倘若无法建立对大自然的"新敬畏",我们人类,又将如何防范大自然的父性伤害或者惩罚呢?

---

① "蝴蝶效应":指起初的一个微小变化能够带来一系列的连锁反应乃至对整个系统的巨大影响。该效应由美国气象学家爱德华·罗伦兹于1963年最早提出,其最常见最形象化的阐述是"一个蝴蝶在巴西轻拍翅膀,可以导致一个月后德克萨斯州的一场龙卷风。"

我向往中的人类对自然的新敬畏,是一种复合型的敬畏,是人类对自然之"灵"——自然万物的科学本质和规律,对沧桑正道,不但能尊重,而且能顺应的敬畏;是能通过预警机制,自觉避让自然父性殃害的敬畏;是将技术的阴影扫出自然的敬畏;是不但不再将人类视为自然的"主宰",而且建立对自然的感恩之心的敬畏;是使当前日薄西山的人与自然的关系能日益走向和谐的敬畏;是理应上升到宗教层面的敬畏……

8

人类终究不会也无法将自己永远禁锢在地球生物圈,人类早就在仰望星空,夙怀挣脱地球、飞入遥远太空、称霸更大空间的抱负。

实际上,当人类一步步冲向太空、奔入辽远,当一颗颗悬浮于虚空中的星球在飞船舷窗外逐渐退隐的时候,当人类深入浩渺无极的静寂、神秘和苍茫时,在这四顾无声息的所在,孤独的甚至可能将有些恐慌的人类,还能不弥生强烈的敬畏吗?

是的,面对眼前陌生、幽深、神秘和空茫的宇宙,人类反倒会像刚爬上井台的井底之蛙,回首四顾,马上会惶然惊觉自己的渺小、宇宙的神秘,对自然的新敬畏不但与时俱增,即便旧敬畏也会重新萌发。

在未来的日子,在太空时代,对大自然的新、旧敬畏,必将成为人类社会这部喘息如牛的沉重列车脱离不得的双轨!

9

除了人类在大自然中的地位,其实,人类在大自然中的所作所为,都需要重新评判,重新定位。

印度洋海啸才逾三个月,人们还没有完全从伤痛中恢复过来,2005年3月28日午夜,在印尼又发生了里氏8.5级的强烈地震。有了前车之鉴,这一次,人类的预警能力似乎有所提高。地震过后没多久,美国和日本马上就将海啸警报传达到了印尼、印度等国家。然而,在这一次,却根本就没有发生什么海啸。国际海啸预警中心负责人查尔斯·麦克里说:"我们认为会有大海啸的地震最后却没有发生什么事,我们认为影响不大的地震却发生了惊人的海啸,这对海啸预警提出了挑战。"大自然的父性庐山真面目云遮雾障,甚难被人类彻底认清,自然规律更是无法百分之百被人类认识——在大自然面前,人类再别奢望与大自然平等、并列,更遑论做什么主宰了!

10

人类在大自然中的位置能否逐步得到调整,是否能逐步摆正,衡量标准只有一个,这就是:看一看这天幕下的全人类,对大自然的敬畏,尤其是新敬畏,能否日益得到强化。

我们这个星球,曾有过"寒武纪"、"侏罗纪"、"白垩纪"①……今天,来自科学界的最新判断

---

① "寒武纪"、"侏罗纪"、"白垩(è)纪":地质年代的三个时期。寒武纪是地质年代古生代的第一个纪,约开始于5.7亿年前,结束于5亿年前。侏罗纪是地质年代中生代的第二个纪,约开始于1.95亿年前,结束于1.37亿年前。白垩纪是地质年代中生代的最后一个纪,约开始于1.37亿年,结束于6700万年。

是:地球已经在进入一个新的"发展"时期——"人类纪"!

"人类纪"意味着什么?

意味着人类更难于正视自己在自然中的位置,意味着不自量力的征服欲,意味着人类单边主义……

大海啸已经在风中消逝,皓月依然从海上升起。在海边,年复一年,总会有人默默献上寄托哀思的鲜花、点亮明明灭灭的青灯。但是,时光无情,用不了多久,这场大海殇就会淡化成一个"印度洋海啸"的名词,干燥成一个没有血温的符号。而使人还有些慰藉的是,在那场大劫难中,人类尚能够暂时从相互攻讦①中分神若干,彼此携手,同舟共济……

然而,作为自然之子的我们,已无法不越来越沉重地正视这些问题:该如何才能寻得人类已逐渐淡忘的本来身份验证,如何才能觅得脚前的灯、路上的光?② 在大自然中,该怎样才算生活而不只是活着……

这注定是个充满艰辛而又总似曙光在前的旅程。

【文本对话】

一、印度洋海啸为何会成为一场人类历史上罕见的灾难?试结合课文,谈谈你的感想。

二、杨文丰在散文集《自然笔记——科学伦理与文化沉思·自跋》里说:"议论——启智启美的议论,使散文因深度而得以升华;欲写散文,必先学会思索。"试谈谈思考和议论对深化课文内容的作用。

三、并列式与递进式相结合是本课文内容的基本结构方式。试分析课文中哪些内容构成了并列结构?哪些内容构成了递进结构?

【实践活动】

除海啸之外,还有哪些自然现象能够说明人类由于不能摆正自己在大自然中的位置,而正在遭受着大自然的惩罚?选择其中的某一现象,通过阅读相关的报刊书籍或搜索网络信息,对该现象进行全面了解,并做出详细评述。

【知识链接】

杨文丰,男,当代散文家、学者,粤东客家人,1982年毕业于南京气象学院,后由理转文,主要从事散文创作、写作学、创造学和科学美学研究。现为广东科学技术职业学院中文教授、国家一级作家。

2000年以来致力于将气象、植物、生态、科学美和科学伦理融入其中的多卷本科学散文《自然笔记》的写作。已出版写作学、创造学和科学散文集《自然笔记——科学伦理与文化沉思》等多部著作。其作品入选多种大学和中学语文教材,曾获国家科普写作奖及多项散文奖。

---

① 攻讦(jié):指责别人的短处或揭发别人的隐私,借以进行攻击。

② 脚前的灯、路上的光:出自《圣经·旧约全书·诗篇·第一百十九篇》大卫赞美耶和华律法的诗句:"你的话是我脚前的灯,是我路上的光。"

三、景泰蓝①的制作

叶圣陶

【阅读提示】

本文交代了写作的缘由和目的,详细介绍了景泰蓝这种我国特有的手工艺品的制作工序,强调了景泰蓝的制作过程全部是手工操作,突出了劳动人民的聪明才智。阅读时注意把握其中使用的说明方法。

一天下午,我们去参观北京市手工业公司实验工厂。粗略地看了景泰蓝的制作过程。景泰蓝是多数人喜爱的手工艺品,现在把它的制作过程说一下。

景泰蓝拿红铜做胎,为的红铜富于延展性,容易把它打成预先设计的形式,要接合的地方又容易接合。一个圆盘子是一张红铜片打成的,把红铜片放在铁砧上尽打尽打,盘底就洼了下去。一个比较大的花瓶的胎分作几截,大概瓶口、瓶颈的部分一截,瓶腹鼓出的部分一截,瓶腹以下又是一截。每一截原来都是一张红铜片。把红铜片圈起来,两边重叠,用铁椎尽打,两边就接合起来了。要圆筒的哪一部分扩大,就打哪一部分,直到符合设计的意图为止。于是让三截接合起来,成为整个的花瓶。瓶底可以焊上去,也可以把瓶腹以下的一截打成盘子的形状,那就有了底,不用另外焊了。瓶底下面的座子,瓶口上的宽边,全是焊上去的。至于方形或是长方形的东西,像果盒、烟卷盒之类,盒身和盖子都用一张红铜片折成,只要把该接合的转角接合一下就是,也不用细说了。

制胎的工作其实就是铜器作的工作,各处城市大都有这种铜器作,重庆还有一条街叫打铜街。不过铜器作打成一件器物就完事,在景泰蓝的作场里,这只是个开头,还有好多繁复的工作在后头呢。

第二步工作叫掐丝,就是拿扁铜丝(横断面是长方形的)粘在铜胎表面上。这是一种非常精细的工作。掐丝工人心里有谱,不用在铜胎上打稿,就能自由自在地粘成图画。譬如粘一棵柳树吧,干和枝的每条线条该多长,该怎么弯曲,他们能把铜丝恰如其分地剪好曲好,然后用钳子夹着,在极稠的白芨浆里蘸②,粘到铜胎上去。柳树的每个枝子上长着好些叶子,每片叶子两笔,像一个左括号和一个右括号,那太细小了,可是他们也要细磨细琢地粘上去。他们简直是在刺绣,不过是绣在铜胎上而不是绣在缎子上,用的是铜丝而不是丝线、绒线。他们能自由地在铜胎上粘成山水、花鸟、人物种种图画,当然也能按照美术家的设计图样工作。反正他们对于铜丝好像画家对于笔下的线条,可以随意驱遣,到处合适。美术家和掐丝工人的合作,使景泰蓝器物推陈出新,博得多方面人士的爱好。

粘在铜胎上的图画全是线条画,而且一般是繁笔,没有疏疏朗朗只用少数几笔的。这里头有道理可说。景泰蓝要涂上色料,铜丝粘在上面,涂色料就有了界限。譬如柳条上的每片叶子

---

① 景泰蓝:我国著名的特种手工艺品之一,又叫作"珐琅",或是掐丝珐琅器。它是用红铜做胎,用铜丝在铜胎上粘上各种图案,然后在铜丝粘成的各种形式的小格子里边填上各种色彩的釉料,经过炼焊、打磨等工序,最后入窑烧制而成的色彩明丽的手工艺品。

② 蘸(zhàn):在液体、粉末或糊状的东西里沾一下就拿出来。

由两条铜丝构成,绿色料就可以填在两条铜丝中间,不至于溢出来。其次,景泰蓝内里是铜胎,表面是涂上的色料,铜胎和色料,膨胀率不相同。要是色料的面积占得宽,烧过以后冷却的时候就会裂。还有,一件器物的表面要经过几道打磨的手续,打磨的时候着力重,容易使色料剥落。现在在表面粘上繁笔的铜丝图画,实际上就是把表面分成无数小块小块面积小,无论热胀冷缩都比较细微,又比较禁得起外力,因而就不至于破裂、剥落。通常谈文艺有一句话,叫内容决定形式。咱们在这儿套用一下,是制作方法和物理决定了景泰蓝掐丝的形式。咱们看见有些景泰蓝上面的图案画,在图案画以外,或是红地,或是蓝地,只要占的面积相当宽,那里就嵌几条曲成图案形的铜丝。为什么一色中间还要嵌铜丝呢?无非使较宽的表面分成小块罢了。

粘满了铜丝的铜胎是一件值得惊奇的东西。且不说自在画怎么生动美妙,图案画怎么工整细致,单想想那么多密密麻麻的铜丝没有一条不是专心一志粘上去的,粘上去以前还得费尽心思把它曲成最适当的笔画,那是多么大的工夫!一个二尺半高的花瓶,掐丝就要花四五十个工。咱们的手工艺品往往费大工夫,刺绣,刻丝,象牙雕刻,全都在细密上显能耐。掐丝跟这些工作比起来,可以说不相上下,半斤八两。

刚才说铜丝是蘸了白芨浆粘在铜胎上的,白芨浆虽然稠,却经不住烧,用火一烧就成了灰,铜丝就全都落下来了,所以还得焊。现在沾满了铜丝的铜胎上喷水,然后拿银粉、铜粉、硼砂三种东西拌和,均匀地筛在上边,放到火里一烧,白芨成了灰,铜丝就牢牢地焊在铜胎上了。

随后就是放到稀硫酸里煮一下,再用清水洗。洗过以后,表面的氧化物和其他脏东西得去掉了,涂上的色料才可以紧贴着红铜,制成品才可以结实。

于是轮到涂色料的工作了,他们管这个工作叫点蓝。图上的色料有好些种,不只是一种蓝色料,为什么单叫做点蓝呢?原来这种制作方法开头的时候多用蓝色料,当时叫点蓝,就此叫开了(我们苏州管银器上涂色料叫发蓝,大概是同样的理由)。这种制品从明朝景泰年间十五世纪中叶开始流行,因而总名叫景泰蓝。

用的色料就是制颜色玻璃的原料,跟涂在瓷器表面的釉料相类。我们在作场里看见的是一块块不整齐的硬片,从山东博山运来的。这里头基本质料是硼砂、硝石和碱,因所含的金属矿质不同,颜色也就各异,大概含铁的作褐色,含铀的作黄色,含铬的作绿色,含锌的作白色,含铜的作蓝色,含金含硒的作红色……

他们把那些硬片放在铁臼里捣碎研细,筛成细末应用。细末里头不免搀和着铁臼上磨下来的铁屑,他们利用吸铁石除掉它。要是吸得不干净,就会影响制成品的光彩。看来研磨色料的方法得讲求改良。

各种色料的细末都盛在碟子里,和着水,像画家的画桌上一样,五颜六色的碟子一大堆。点蓝工人用挖耳似的家伙舀着色料,填到铜丝界成的各种形式的小格子里。大概是熟极了的缘故,不用看什么图样,自然知道哪个格子里该填哪种色料。湿的色料填在格子里,比铜丝高一些。整个表面填满了,等它干燥以后,就拿去烧。一烧就低了下去,于是再填,原来红色的地方还是填红色料,原来绿色的地方还是填绿色料。要填到第三回,烧过以后,色料才跟铜丝差不多高低。

现在该说烧的工作了。涂色料的工作既然叫点蓝,不用说,烧的工作当然叫烧蓝。一个烧得挺旺的炉子,燃料用煤,炉膛比较深,周围不至于碰着等着烧的铜胎。烧蓝工人把涂好色料的铜胎放在铁架子上,拿着铁架子的弯柄,小心地把它送到炉膛里去。只要几分钟工夫,提起铁架子来,就看见铜胎全体通红,红得发亮,像烧得正旺的煤。可是不大工夫红亮就退了,涂上的色料渐渐显出它的本色,红是红绿是绿的。

涂了三回烧了三回以后,就是打磨的工作了。先用金刚砂石水磨,目的在使成品的表面平整。所谓平整,一是铜丝跟涂上的色料一样高低,二是色料本身也不许有一点儿高高洼洼。磨过以后又烧一回,再用磨刀石水磨。最后用椴木炭水磨,目的在使成品的表面光润。椴木木质匀净,用它的炭来水磨,成品的表面不起丝毫纹路,越磨越显得鲜明光滑。旁的木炭都不成。

　　椴木炭磨过,看来晶莹灿烂,没有一点儿缺憾,成一件精制品了,可是全部工作还没完,还得镀金。金镀在全部铜丝上,方法用电镀。镀了金,铜丝就不会生锈了。

　　全部工作是手工,只有待打磨的成品套在转轮上,转轮由马达带队的皮带转动,算是借一点儿机械力。可是拿着蘸水的木炭、磨刀石挨着转动的成品,跟它摩擦,还得靠打磨工人的两只手。起瓜棱的花瓶就不能套在转轮上打磨,因为表面有高有低,洼下去的地方磨不着。那非纯用手工打磨不可。

1955 年 3 月 22 日作

【文本对话】

　　1. 下列各句中对说明方法的理解有误的一项是(　　)

　　A. 为什么单叫点蓝呢？原来这种制作方法开头的时候多用蓝色料,当时叫点蓝,就此叫开了(作诠释)。

　　B. 一个二尺半高的花瓶,掐丝就要花四五十个工(列数字)。

　　C. 咱们的手工艺品往往费大工夫,刺绣、缂丝,象牙雕刻,全都在细密上显能耐掐丝跟这些工作比起来,可以说不相上下,半斤八两(举例子)。

　　D. 各种色料的细末都盛在碟子里,和着水,象画家的画桌一样,五颜六色的碟子一大堆(打比方)。

　　2. 下列各句中,标点符号使用正确的一句是(　　)

　　A. 第二步工作叫掐丝,就是拿扁铜丝(横断面是长方形的。)粘在铜胎表面上。

　　B. 原来这种制作开头的时候多用蓝色料,当时叫点蓝,就此叫开了(我们苏州管银器上涂色料叫发蓝,大概是同样的理由)。

　　C. 这种制品从明朝景泰年间开始流行(15 世纪中叶),因而总名叫景泰蓝。

　　D. 大概含铁的作褐色,含铀的作黄色,含铬的作绿色,含锌的作白色,含铜的作蓝色,含金含硒的作红色……

　　3. 下列句中没有语病的一项是(　　)

　　A. 由于美术家和掐丝工人的合作,使景泰蓝器物推陈出新,博得多方面人士的爱好。

　　B. 采取各种办法,大力提高和培养工人的现代技术水平,是加快制造业发展的一件迫在眉睫的大事。

　　C. 这家乒乓球馆设施齐全,可为乒乓球爱好者提供不同档次的球台、球拍、球衣、球鞋等乒乓器材。

　　D. 起瓜棱的花瓶就不能套在转轮上打磨,因为表面有高有低,洼下去的地方磨不着,那非纯用手工不可。

【实践活动】

　　课外观看有关景泰蓝工艺制作的相关图片和视频,了解更多关于景泰蓝的相关知识。

【知识链接】

叶圣陶(1894—1988),作家,教育家,出版家,政治活动家,原名叶绍钧,笔名叶圣陶、斯提等,江苏苏州人。早年当小学教师,并参加新潮社和文学研究会。1923年起开始从事编辑出版工作,主编或编辑过《文学周报》《小说月报》《中学生》《国文月刊》《笔阵》等。1931年"九·一八"事变后投入抗日救亡活动。1946年后积极参加爱国民主运动。1949年后历任出版总署副署长兼编审局局长、教育部副部长兼人民教育出版社社长和总编辑、中央文史研究馆馆长、全国政协副主席等职。著有小说《隔膜》《线下》《倪焕之》,散文集《脚步集》《西川集》,童话集《稻草人》《古代英雄的石像》等,并编辑过几十种课本,写过十几本语文教育论著。

四、眼睛与仿生学

王谷岩

【阅读提示】

仿生学是近一二十年发展起来的一门属于生物科学与技术科学之间的边缘科学。它把各种生物系统所具有的功能原理和作用机理作为生物模型进行研究,希望在技术发展中能运用这些原理和机理,最后的目的是要实现新的技术设计并制造出更好的新型仪器、机器等。本文是根据有关材料改写的一篇科学说明文,介绍人和动物的眼睛的不同结构和功能及从中得到的重要启示,使读者能从中对仿生学有较形象的了解。

眼睛是人和动物的重要感觉器官。人眼从外界获得的信息,不仅比其他感觉器官多得多,而且有些是其他感觉器官所不能获得的。据研究,从外界进入人脑的信息,有百分之九十以上来自眼睛。眼睛的基本功能感受光的刺激、识别图像:从外界景物来的光线,通过眼的光学系统投射到视网膜的感觉细胞上,感觉细胞把光的刺激转换成一种电信号,而后通过视神经传到大脑,再经过脑的综合分析,人和动物便看到了景物的形象、色彩和运动的状况。

人和各种动物的眼睛,构造是不同的,各种构造不同的眼睛,功能又都有特殊的地方。研究、认识眼睛的各种构造和功能,可以从中得到重要的启示。这对发展现代科学技术有重要的意义。

人眼的光学系统跟照相机是十分类似的。但跟照相机只是把外界景物的图象映在照相软片上不同,人眼并不是把投射到视网膜上的图象一点不漏地传给大脑,而是先对图象进行信息加工,抽取线段、角度、弧度、运动、色度和明暗对比等包含重要信息的简单特征,并把它们编制成神经密码信号,再传给大脑。人眼的这种信息加工原理,对于改进某些机器的输入装置和自动控制系统的传送器,研制新型跟踪和发现系统,都具有十分重要的参考价值。

人眼还可以对比周围的景物,使人感知自身的运动和位置状态,确定物体的距离、形状和相对大小。人们由此得到启示,研制成功了一种叫做"生物—电子位置传送器"的"人造眼"。

进一步完善这种技术装置,将可以用来自动控制宇宙飞船下将阶段的制导,选择合适的着陆场地,并实现稳妥的着陆;还可以控制无人驾驶探险车,使它准确灵活地避开障碍,选择道路,在人迹从未到过的地方长途巡行。

你如果看过科教片《保护青蛙》,一定会为青蛙动作的敏捷、捕食的准确而赞叹不已。青蛙所以能够具有这样一套特殊本领,主要是因为他有一双机能优异的大眼睛。蛙眼对运动的物体简直是"明察秋毫",而对静止不对的物体却是"视而不见"。这是它适应特定环境所获得的一套特殊本领。就是靠这套本领,青蛙才能准确的捕捉食物哈逃避敌害,在地球上生存了两百万年之久。

蛙眼能够敏捷地发现具有特定形状的运动目标,准确的确定目标的位置、运动方向和速度,并能选择最佳的攻击时刻。这种机能特性,用在技术上,特别是用在军事技术上,可以起重要的作用。根据蛙眼的视觉原理,借助于电子技术,人们制成了多种"电子蛙眼"。有一种电子蛙眼可以像真蛙一样,从出示给他的各种形状的物体当中,识别出类似苍蝇等昆虫形状的物体。这种识别图像的能力正是雷达系统所需要的。不断改进这种电子蛙眼,并把它用到雷达系统中，就可以准确地把预定要搜索的目标同其他物体分开，特别是把目标同背景分开，因而大大提高雷达系统的抗干扰能力，在显示屏上显示出十分清晰的目标。装有改进了的电子蛙眼的雷达系统，还有可能根据导弹的飞行特征，轻而易举地把真假导弹区分开来，使人们能够及时地截击真导弹而不为假导弹锁迷惑。国外已经投入使用的一种人造卫星跟踪系统，也是模仿蛙眼视觉原理的。

由于受到视野和视敏度的限制，在高空飞行的飞行员单凭肉眼很难发现和识别地面目标。例如飞机在六千米高空作水平飞行时，飞行员只能看到两侧八九公里和前方一二十公里狭窄范围内的地面。即使在这个区域里，对比较大的目标也不是总能准确无误地发现和识别的。但是，老鹰眼睛的视野却比人眼广阔得多。展翅翱翔于两三千米高空的雄鹰，一下子就能发现地面上宽广范围内的一只小兔或小鸡。如果我们能够研制出一种类似鹰眼的搜索、观测技术系统，就能够大大扩充和提高飞行员的视野和视敏度。如果能够研制出具有鹰眼视觉原理的"电子鹰眼"，就有可能用于控制远程激光制导武器的发射。如果能够给导弹装上小巧的"鹰眼系统"，那么它就可以像雄鹰一样，自动寻找、识别、追踪目标，做到百发百中。

跟人和上述各种动物的眼睛不同，另一类动物的眼睛别具一格。例如蜻蜓的眼睛，没有人眼的那种眼球，也不能转动，而是靠着头部的转动朝向物体的。它的表面是一层比较硬的半透明角膜，边缘与头部表面融为一体。我们用显微镜观察，会惊异地看到，蜻蜓的一只大眼睛竟是由两万多只表面呈六边形的"小眼"紧密排列组合而成的。每只小眼都自成体系，有自己的光学系统和感觉细胞，都能看东西。这类由几十至几万个独立小眼构成的眼睛，叫做"复眼"。虾、蟹、蜂、蚁、蝇等节肢动物的眼睛都是复眼。复眼构成的精巧、功能的奇异，在某些方面为人眼锁不及。因此，复眼已成为人们极感兴趣的研究对象，给了人们种种有益的启示。

有一种小甲虫，叫象鼻虫，它的眼睛是复眼，呈半球形，许多小眼排列在曲面上。在飞行中，不同的小眼是在不同的时刻看到外界同一个物体的。象鼻虫根据各个小眼看到同一个物体的时间差以及自身在此期间飞过的距离，可以很快地"计算"出它相对于地面飞行速度。它的眼睛竟是天然速度计。模仿象鼻虫复眼的这种功能原理，人们研制成了一种测量飞机着陆时相对于地面的飞行速度的仪器——地速计，已经在飞机上试用。这种地速计也可以用来测量导弹攻击目标时的相对速度。

太阳光本来是自然光，它的振动均匀地分布在各个方向上。但是当它穿过大气层时，由于受到大气分子和尘埃颗粒等的散射，它的振动就只分布在某个方向上，或者在某个方向上的振动占了优势。这种现象叫做光的偏振现象。具有偏振现象的光叫做偏振光，人眼不借助仪器是观察不到的，但是蜜蜂、蚂蚁和某些甲虫却可以凭借复眼看到偏振光的振动方向，并且能够利用天空中的太阳偏振光来导航，确定行动方向。

蜜蜂的复眼因为具有特殊的结构，能够看到太阳偏振光的振动方向，而这种方向与太阳的位置有确定的关系，所以蜜蜂能够随时辨别太阳的位置，确定自身的运动方向，准确无误地找到蜜源或回巢。人们按照蜜蜂的复眼的结构特点和工作原理，制成了一种根据天空偏振光导航的航海仪器——"偏光天文罗盘"。应用这种罗盘，即使在阴云密布以及黎明或傍晚看不到太阳的时候，也不会迷失方向。特别是在不能使用磁罗盘的靠近南北极的高纬度地区，使用这种偏光罗盘就更显得优越了。

蜻蜓和苍蝇等的复眼的角膜，具有一种奇特的成像特点。剥取蜻蜓和苍蝇复眼的角膜，放在显微镜下观察，尽管在角膜前面只放一个目标，但通过角膜却可以看到许许多多个像。这是因为这种复眼角膜是由许许多多个六边形的小眼角膜排列构成，而每个小眼的角膜又都能形成一个像。人们从这里得到启示,模仿这些昆虫复眼角膜的结构,用许多小的光学透镜有规则地排列起来,制成了一种新型光学元件——"复眼透镜"。用它作镜头制成的"复眼照相机",一次就能照出千百张相同的像。这种复眼照相机已用于印刷制版和大量复制大规模集成电路中精细的显微电路,大大提高了工效与质量。

上述各方面的研究工作,是进行技术设计的一条新途径,属于一门新兴边缘科学——"仿生学"的研究范畴。仿生学是在生物科学与技术科学之间发展起来的,它的任务是用生物体结构与功能的原理,去改善现有的或创造新型的机械系统、仪器设备、建筑结构和工艺过程。

探索人和动物眼睛奥秘的仿生学研究工作,称为视觉仿生。它跟听觉仿生、嗅觉仿生、触觉仿生和味觉仿生一起,统称为感觉仿生。感觉仿生已经成为目前仿生学的发展重点。

【文本对话】

仔细阅读课文,思考下列问题。

1.说明事物离不开分析和综合。分析通常是指对某一事物按照不同的角度或方面分开来说明;综合是从总体上对一个事物作概括的说明。这两种方法常常是相互配合、一起使用的。本文在说明眼睛与仿生学的关系时,有分析,也有综合,试分别举例子。

2.写说明文必须实事求是,对所说明的内容作准确的介绍。在视觉仿生学的研究中,哪些已经取得了成果,哪些即将取得成果,哪些有可能取得成果,文章针对不同情况,有区别地加以说明,在用词上十分注意掌握分寸。按不同情况,在下列句中分别填入"如能研制出""已投入使用的""不断改进这种""制成了"。

(1)根据蛙眼的视觉原理,借助于电子技术,人们(　　　)多种"电子蛙眼"。

(2)(　　　)具有鹰眼视觉原理的"电子鹰眼",就有可能用于控制远程激光制导武器的发射。

(3)国外(　　　)一种人造卫星跟踪雷达系统中,也是模仿蛙眼视觉原理的。

(4)(　　　)电子蛙眼,并把它用到雷达系统中,就可以准确地把预定要搜索的目标同其他物体分开。

【实践活动】

课外收集资料,了解一些仿生学的知识,激发对仿生学的兴趣。

【知识链接】

王谷岩,1940年11月生,河北省唐山市人,1965年毕业于中国科学技术大学物理系生物物理专业。1968年4月至今,在中国科学院生物物理研究所从事科研工作,曾任学术委员会委员、科研处处长、政策与(学科发展)战略研究室主任。中国科学院生物物理研究所研究员,生物物理学家,国家载人航天工程"神舟"飞船空间生命科学实验质量管理员,著名生物学家贝时璋院士的助手,细胞重建研究组成员,科普作家。

主要著作有《20世纪生命科学进展》《生命大揭秘》《了解生命》《探索生物电》等。

五、动物游戏之谜[①]

周立明

【阅读提示】

　　动物游戏行为研究是一门比较陌生的科学。为了将动物游戏的动机这一科学原理说清楚,作者通过举例,给读者以具体实在的感性形象。同时,浅显的语言,形象的描写,将抽象的、枯燥的知识说得具体、生动,增强了文章的可读性。

　　在缅甸的热带丛林里,高达十几米的树顶上,两只叶猴跳荡着、嬉闹着。它们依仗长尾巴出色的平衡功能,在树枝上玩着"走钢丝"和"倒立"的把戏;它俩相互推挤,好像竭力要把对方推下树去,可被推的一方总是抓住树枝,巧妙地跳开去,绝不会失足坠地……它们是在打架吗?

　　在北极地区的冰雪陡坡上,一群北极渡鸦发出欢快的聒噪声。它们飞上坡顶,像小孩坐滑梯一样一只挨着一只滑雪而下,滑到坡底后,又飞上去……它们是在表演吗?

　　在美洲巴塔哥尼亚[②]附近的大海里,每当刮起大风时,成群的露脊鲸把尾鳍高高举出水面,正对着大风,以便像船帆似的,让大风推着它们,得意扬扬地"驶"向海岸。靠近海岸后,这些巨大的海兽又会潜回去,重复刚才的举动……露脊鲸又是在干什么呢?

　　动物学家对此做出的解释也许会使我们吃惊:这些动物是在游戏!并不是童话故事中拟人化的"游戏",而是实实在在的游戏,是与人类儿童的游戏行为有着相似特征的游戏行为。动物的游戏行为,被认为是动物行为中最复杂、最难以捉摸、引起争论最多的行为。

　　研究动物行为的科学家,按照动物游戏的形式,把它们分成三种最基本的类型:单独游戏、战斗游戏、操纵事物的游戏。

　　单独游戏的特征是无需伙伴,动物个体可以独自进行。单独游戏时,动物常常兴高采烈地独自奔跑、跳跃,在原地打圈子。例如,马驹常常欢快地连续扬起前蹄,轻盈地蹦跳;猴类喜欢在地上翻滚,拉着树枝荡秋千……单独游戏时动物显得自由自在,这是最基本的游戏行为。

　　战斗游戏得由两个以上的个体参加,是一种社会行为。战斗游戏时,动物互相亲密地厮打,看似战斗激烈,其实极有分寸,它们配合默契,绝不会引起伤害;研究者认为,战斗游戏可能要比真的战斗更为困难,因为这种游戏要求双方的攻击有分寸,对伙伴十分信赖,动物严格地自我控制,使游戏不会发展成真的战斗。

　　操纵周围事物的游戏,在一定程度上表现出动物支配环境的能力。北极熊常常玩这样的游戏:把一根棍子或石块衔上山坡,从坡上扔下来,自己跟在后面追,追上石块或棍子后,再把它们衔上去。野象喜欢把杂草老藤滚成草球,然后用象牙"踢"草球。

　　近二十年来,动物的游戏行为引起了研究者的极大兴趣,成为行为研究中最有争议的领域。争议的焦点,是动物为什么要进行游戏。

　　生物世界有一条普遍规律,就是尽可能节省能量。在动物身上,无论从形态结构、生理过

[①] 选自《自然与人》1985年第5期。

[②] 巴塔哥尼亚:在南美洲东南部阿根廷境内。

程,还是行为方面去分析,尽可能节省能量的例子比比皆是。那么,动物为什么要消耗大量能量来进行这种没有明确目的的游戏呢?对此,研究者有着不同的看法。

著名的黑猩猩研究者珍妮·古多尔①发现,幼小的黑猩猩常常玩这样的游戏:用手掌舀一点水,用牙齿嚼烂树叶,来汲取手掌中的水。而成年黑猩猩在干旱的季节,就是用嚼烂的树叶汲取树洞中的水解渴的。根据这样的发现,一些科学家认为,游戏行为是未来生活的排演或演习,游戏行为使得动物从小就能熟悉未来生活中要掌握的各种"技能",例如追逐、躲藏、搏斗等等,熟悉未来动物社会中将要结成的各种关系。这对于动物将来的生存适应是非常重要的。这种假说可以称为"演习说",基本观点是"游戏是生活的演习"。

有一些科学家不同意"演习说"。他们指出,游戏行为并不限于幼小动物,成年动物也同样需要。他们举出不少成年动物游戏的例子。对于成年动物来说,不存在用游戏来演习生活的需要。他们还指出,有些动物的游戏与生存适应毫无关系,例如河马喜欢玩从水下吹起浮在水面上的树叶的游戏,渡鸦喜欢玩从雪坡上滑梯的游戏等。这些科学家认为,动物游戏是为了"自我娱乐",而"自我娱乐"是动物天性的表现,正像捕食、逃避敌害、繁殖行为等是动物的天性一样。越是进化程度高、智力发达的动物,这种"自我娱乐"的天性越强。游戏正是这种自我娱乐的集中表现。通过自得其乐的游戏,使动物紧张的自然竞争生活得到某种调剂和补偿,使它们在生理上、心理上容易保持平衡,从而得到一定的自我安抚和自我保护。因而,不仅幼小动物,成年动物也需要游戏。以上假说可以称为"自娱说"。

不久前,美国加州大学神经生理学家汉斯·特贝、哈佛大学社会生物学家斯塔.阿特曼等提出一种引人注目的新假说——"学习说"。他们认为,游戏是一种实践性很强的学习行为。

特贝曾经在卡那里群岛②上研究黑猩猩的学习行为。他发现,如果给黑猩猩一根棍子,它们就会用棍子做出各种游戏行为:会用棍子互相赶来赶去,像人们赶鸭子似的;也会用棍子去取挂着的食物。经历过这种游戏的黑猩猩,在今后生活中容易学会使用棍子。同样,"捉迷藏"和追逐游戏,也使动物学会利用有利地形保护自己的本领。游戏的实践性强,能产生直接的效果反馈,对锻炼动物的速度、敏捷、隐蔽、争斗、利用环境等能力很有效。游戏向动物提供了大量机会,使它们能把自身的各种天赋技能和复杂的自然环境、社会环境巧妙地结合起来,因而无论对幼小动物还是成年动物,游戏都是一种十分重要的学习行为。

美国爱达荷大学的约翰·贝叶和加拿大动物学家保尔.赖特认为,游戏不仅是学习,而且是"锻炼"。贝叶注意到,西伯利亚羱羊③的游戏带有明显的锻炼倾向:它们选择游戏场地时,似乎总是从"实战"出发,选择在坎坷的斜坡上奔跑追逐,在陡峭的悬崖上跳跃,好像是在锻炼它们逃避敌害的能力。赖特发现,哈得逊湾④的北极熊冬季生活艰难,要花很大力气去捕捉海豹、鱼类,过着紧张的流浪生活。到了夏季,冰雪消融了,北极熊转移到陆上生活,这时,食物来源丰富了,北极熊不必为猎食而整天奔波。它们吃饱喝足了,就进行各种游戏,如摔跤、奔跑、追逐、滑坡等。夏季游戏好像体育运动,使北极熊在食物丰富的季节保持了身体的灵活和力

---

① 珍妮·古多尔:英国当代动物学家,曾长期在非洲丛林对黑猩猩进行野外观察,著有《黑猩猩在召唤》《我的朋友——野生黑猩猩》等。
② 卡那里群岛:位于大西洋中,属西班牙。
③ 羱(yuán)羊:即山羊,形状似山羊,形体比山羊大,雌雄都有角,生活在高山地带。
④ 哈得逊湾:伸入加拿大东北部内陆的海湾,与大西洋相通。

量,这对于它们冬季捕食显然大有好处。因此,这两位学者提出"锻炼说"来补充"学习说"。

这几种假说,哪一种更有道理?动物的游戏,究竟是为了"演习",为了"自娱",为了"学习",还是为了"锻炼"?研究者们各执己见,众说纷纭。而且,目前这些假说都难以圆满解释的问题是,动物在游戏行为中表现出来的智能潜力、自我克制能力、创造性、想象力、狡猾、计谋、丰富多彩的通信方式等,都远

远超出人们对它们的估计。英国动物生态学家罗伯特·亨德指出:动物的游戏行为是如此复杂的行为,甚至要给这种游戏行为下一个确切的定义也很不容易。游戏行为有点儿像体育运动,有点儿像演戏,它既无目的,又无结果,在动物行为中即兴发生,没有一定模式,没有不变的规则,内容复杂多变,实在令人捉摸不透。亨德和所有研究动物游戏行为的专家都相信,要解开动物游戏的所有秘密,还需要做更加深入的研究。

【文本对话】

仔细阅读课文,思考下列问题。
1. 文章既然是研究动物游戏之谜,为什么说仍然是一个谜呢?为什么没有确定的结论?
_____
_____

2. 依次填入下列各句横线处的词语,最恰当的一项是(　　)
(1)通过自得其乐的游戏,使动物紧张的自然竞争生活得到某种_____和补偿,使它们在生理上、心理上容易保持平衡,从而得到一定的自我安抚和自我保护。
(2)游戏向动物提供了大量机会,使它们能把自身的各种天赋技能和复杂的自然环境、社会环境巧妙地_____起来。
(3)游戏行为使得动物从小就能熟悉未来生活中要掌握的各种"技能",例如追逐、躲藏、搏斗等等,_____未来动物社会中将要结成的各种关系。
(4)_____对幼小动物_____成年动物,游戏都是一种十分重要的学习行为。

A. 调节　结合　熟悉　无论/和
B. 调剂　结合　熟悉　无论/还是
C. 调节　组合　熟习　无论/和
D. 调剂　组合　熟习　无论/还是

3. 在横线处填入短语,顺序最恰当的一项是(　　)
保护动物,已不是人们陌生的话题。人类的发展,也早已达到可以把其他动物玩弄于掌中并主宰它们命运的程度,但当_____、_____、_____、_____的时候,人类真正考虑过动物和人在生命意义上的平等吗?
①老虎服服帖帖在舞台上表演　②用于实验的动物为科学献身　③兔子小鸡成为孩子们的玩物　④耕作的动物在田间地头劳作

A. ④①②③　　B. ①③④②　　C. ①④③②　　D. ③①②④

【实践活动】

科普文的艺术性主要体现在通俗性和趣味性这两个方面,即要"深入浅出,引人入胜"。对一般读者而言,动物游戏行为研究是一门比较陌生的科学。为了将动物游戏的动机这一科学

原理说清楚,作者通过举例,给读者以具体实在的感性认识。同时,浅显的语言,形象的描写,将抽象的、枯燥的知识说得具体、生动,增强了文章的可读性。试结合课文体会本文的写法。

【知识链接】

周立明,中国现代动物研究专家,科普作家,国际行为分析协会会员,曾任少年儿童出版社副总编辑。作品有《动物游戏之谜》《会说话的动物》《黑猩猩属于人科动物吗?》等。

第十一单元

求学之志

学不可以已。在漫漫求学路上，应该如何对待求学呢？"泛爱众，而亲仁。行有余力，则以学文。"孔子认为先立德才能做学问。本单元所选的文章从立德立志、修身读书等方面进行了论述，古今中外先贤的智慧回响为求学之路指引了方向。

《论语》内容广博，涉及政治、教育、礼仪、文学、道德、认识论等，反映了孔子伦理体系最基本的思想。本单元选入的五则，用含蓄有致的语言表明了在道德、学习、修养等方面的态度和要求。

"付诸纸上的思想总的来说不外乎就是在沙滩上走路的人所留下的足迹。不错，我们是看到他所走过的路，但要知道这个人沿途所见之物，那我们就必须用自己的眼睛才行。"如何选择书籍？如何进行阅读？在《读书与书籍》中，叔本华以准确的判断力、深邃的思考进行了论述。

读书不仅在于求知，而且更主要的是把在书中求得的知识和现实生活联系起来加以思考。《改造我们的学习》阐述了改造学习的理由，提出"没有调查就没有发言权"，强调系统、周密、综合地进行研究，将理论和中国的实际结合起来，探索自己的路。

培根的《论读书》对读书的意义、作用和方法都作了透彻的论述，严谨、美妙的论述中蕴含作者的智慧，给人启迪，引人深思。

《富有的是精神》对莘莘学子寄予了深深的嘱托，希望他们能兼顾做人和学问，传承和发扬北大精神，做聪明的"书呆子"。

一、《论语》五则①

【阅读提示】

《论语》语言简而易晓,含蓄有致,富有哲理,对后世的文学语言有很大影响。本课节选了《论语》中的五则,表明了孔子在道德、修身、立志求学等方面的观点,在理解文意的同时细致体味先哲语言的魅力。

子曰:君子食无②求饱,居无求安,敏于事而慎于言,就③有道而正④焉,可谓好学也已⑤。

子曰:吾十有⑥五而志于学,三十而立,四十而不惑,五十而知天命⑦,六十而耳顺,七十而从心所欲,不逾矩。

子曰:人而⑧无信,不知其可⑨也。大车无輗,小车无軏⑩,其何以行之哉?

子曰:君子怀德,小人怀土⑪;君子怀刑⑫,小人怀惠。

子曰:质胜文则野⑬,文胜质则史,文质彬彬⑭,然后君子。

【文本对话】

一、背诵全文。

二、关于"德",文中是如何进行说明的,提出了哪些要求?

三、《论语》的很多言论逐渐发展成了格言或者成语,请举例说明。

四、《论语》的语言"简而易晓""含蓄有致",请结合文中内容说明。

【实践活动】

阅读《论语》中的其他篇目,了解内容并品味语言的特点。

【知识链接】

孔子(公元前551—公元前479)名丘,字仲尼,春秋时期鲁国人,儒家学说创始人,我国古代伟大的思想家、教育家、政治家。《论语》是儒家学派的经典著作,辑录了孔子及其弟子的言行,内容涉及政治主张、教育观点、伦理品德等方面,语言简易含蓄,是语录体的典范。

---

① 节选自《论语》。论,音 lún,编辑,论纂。
② 无:通"毋"。
③ 就:走向,靠近。
④ 正:匡正,端正。
⑤ 已:通"矣"。
⑥ 有:通"又"。
⑦ 天命:指人力不能支配的事情。
⑧ 而:连词,这里有假设的意思。
⑨ 可:可以,行。
⑩ 大车无輗(ní),小车无軏(yuè):大车,指牛车;輗,大车车辕前面横木上的木销子。小车,指马车;軏,小车车辕前面横木上的木销子。没有輗和軏,车就不能走。
⑪ 君子怀德,小人怀土:怀,思念;土,乡土。
⑫ 刑:法制惩罚。
⑬ 质胜文则野:质,朴实,无修饰;文,文采,修饰过的;野,粗鄙。
⑭ 彬彬:配合得当。

二、读书与书籍

叔本华

【阅读提示】

作为一个清醒的思想者,叔本华以深刻的思考、朴实而又充满智慧的语言对阅读和书籍作了论述,给我们以启迪。

一

无知只是在与财富结伴时才会丢人现眼。穷人为穷困和匮乏所苦,对于他们来说,劳作代替了求知并占据了他们的全副精神。相比之下,有钱、但无知无识的人却只是生活在感官快乐之中,跟畜生没有什么两样,但这可是司空见惯的情形。另外,这种有钱的无知者还配受到这样的指责:财富和闲暇在他们的手里不曾得到充分的利用,并没有投入到使这两者陡具极大价值的工作中去。

二

在阅读的时候,别人的思考代替了我们自己的思考,因为我们只是重复着作者的思维过程。这种情形就好比小学生学写字——他用羽毛笔一笔一画地摹写教师写下的字体。因此,在阅读的时候,思维的大部分工作是别人帮我们完成的。这就是为什么当我们从专注于自己的思想转入阅读的时候,会明显感受到某种放松。但在阅读的时候,我们的脑袋也就成了别人思想的游戏场。当这些东西终于撤离了以后,留下来的又是什么呢?这样,如果一个人几乎整天大量阅读,空闲的时候则只稍作不动脑筋的消遣,长此以往就会逐渐失去自己独立思考的能力,就像一个总是骑在马背上的人最终就会失去走路的能力一样。许多学究就遭遇到这种情形:他们其实是把自己读蠢了。这是因为一有空闲时间就马上重新接着进行持续的阅读,这对精神思想的摧残甚至更甚于持续的手工劳作,因为在从事手工操作时,我们毕竟还可以沉浸于自己的思想之中。正如弹簧持续受到重压最终就会失去弹性,同样,我们的头脑会由于别人思想的持续侵入和压力而失去其弹性。正如太多的食物会搞坏我们的肠胃并因此损害了整个身体,同样,太多的精神食物会塞满和窒息我们的头脑。这是因为我们阅读得越多,被阅读之物在精神上所留下的痕迹就越少——因为我们此时的头脑就像一块密密麻麻重叠写满了东西的黑板。这样,我们就无暇重温和回想,而只有经过重温和回想我们才能吸收所阅读过的东西,正如食物并非咽下之时就能为我们提供营养,而只能在经过消化以后。如果我们经常持续不断地阅读,在这之后对所阅读的东西又不多加琢磨,那这些东西就不会在头脑中扎根,其大部分就会失之遗忘。总的来说,精神营养跟身体营养并没有两样:我们咽下的东西真正被我们吸收的不及五十分之一,其余的经由蒸发、呼吸和其他方式消耗掉了。

另外,付诸纸上的思想总的来说不外乎就是在沙滩上走路的人所留下的足迹。不错,我们是看到他所走过的路,但要知道这个人沿途所见之物,那我们就必须用自己的眼睛才行。

---

① 选自《叔本华美学随笔》(上海人民出版社,2009年版),韦启昌译。

三

我们并不可以通过阅读有文采的作品而掌握这些文采素质——这些包括,例如,丰富的形象、生动的比喻和雄辩的说服力;大胆直率或者尖刻讽刺的用语、简洁明快或者优美雅致的表达;除此之外还有语带双关的妙句、令人眼前一亮的醒目对仗、言简意赅的行文、朴实无华的风格,等等。不过,观摩这样的文笔却可以引发我们自身已经具备的这些潜在素质,使自己意识到自己所具备的内在素质;同时也了解到能够把这些素质发挥到怎样的程度。这样,自己也就更加放心地顺应自己的倾向,甚至大胆发挥这些才能。从别人的例子,我们就可以鉴别运用这些才能所产生出来的效果,并由此学习到正确发挥这些才能的技巧。只有这样,我们才实际拥有了这些才能。所以,这是阅读唯一能够培养我们写作的地方,因为阅读教会了我们如何发挥和运用自身天赋能力的方法和手段——前提当然始终是我们本身已经具备这些天赋。但如果自身欠缺这些素质,那无论怎样阅读也都于事无补——除了勉强学到一些死板、僵硬的矫揉造作以外;以此方式我们就只成了肤浅的模仿者。

四

为了我们眼睛的健康起见,卫生官员应该监察印刷字体的大小,以防它们小于一定的限度。(我 1818 年在威尼斯的时候,那种真正的威尼斯饰链还在有人制作。一个首饰匠告诉我:那些制作微型饰链的匠人过了三十年以后眼睛就瞎了。)

五

正如地球的岩石层逐层依次保存着以往年代的生物躯壳,同样,图书馆的书架上也按照时间顺序保存着以往年代的错误观点及其陈述——这些东西曾几何时,就像那些以往年代的生物一样,活蹦乱跳、得意于一时,并且也确实造成了一定的轰动。但现在它们却化石般地一动不动地呆在图书架上,也只有研究古籍的人才会向它们打量一眼。

六

据希罗多德[①]所言,波斯国王泽克西斯一世眼看着自己一望无际的大军时不禁潸然泪下,因为他想到过了一百年以后,这里面的人没有一个还会活着。而看着那厚厚的出版物目录,并且,考虑到所有这些书籍用不了十年的时间就会结束其生命——面对此情此景,谁又能不伤心落泪呢?

七

文字作品跟生活别无两样:在生活中我们随便都会碰见不可救药的粗鄙之人,到处都充斥着他们的身影——就像夏天那些玷污一切的苍蝇;同样,数目庞大的坏书、劣书源源不断、层出不穷——这些文字作品中的杂草夺走了麦苗的养分并使之窒息。也就是说,这些坏书、劣书抢夺了读者大众的时间、金钱和注意力,而所有这些本应理所当然地投入到优秀的书籍及其高贵

---

① 希罗多德(前 484—前 425):希腊历史作家。

的目标中去。不少人写作就是为了获得金钱或者谋取职位。所以，这样写出来的东西不仅毫无用处，而且是绝对有害的。我们当今十分之九的文字作品除了蒙骗读者，从其口袋中抠出几个铜子以外，再没有别的其他目的。为此共同的目的，作者、出版商、评论家绝对是沆瀣一气、狼狈为奸。

那些多产的写作匠、为面包而挥舞笔杆子的人所成功使用的一个招数相当狡猾和低级，但却效果显著，时代的良好趣味和真正的文化修养也难与之匹敌。也就是说，他们像玩弄木偶般地牵引着有一定趣味的有闲公众，训练他们养成与出版物同步的阅读习惯，让他们都阅读同一样的，亦即最新、最近出版的东西，以获得茶余饭后在自己圈子里的谈资。那些出自一些曾经享有一定文名的作者，例如，卡尔·斯宾德勒①、利顿·布尔瓦②、欧仁·苏③等的劣质小说和差不多性质的文章也都是服务于同样的目的。既然文学艺术的读者群总是以阅读那些最新的作品为己任——这些粗制滥造的东西是极为平庸的头脑为了赚钱而作，也正是这一原因，这一类作品可是多如牛毛——而作为代价，这些读者对于历史上各个国家曾经有过的出色和稀有的思想著作也就只知其名而已，那么，还有比这更加悲惨的命运吗？！尤其是那些文艺杂志和日报就更是别有用心地抢夺了爱好审美的读者的时间——而这些时间本应投入到真正优美作品中去，以修养和熏陶自己，而不是消磨在平庸之人每天都在推出的拙劣作品上面。

因为人们总是阅读最新的，而不是所有时代中最好的作品，所以，作家们就局限于时髦和流行观念的狭窄圈子里，而这个时代也就越发陷入自己的泥潭之中。因此，在挑选阅读物的时候，掌握识别什么不应该读的艺术就成了至为重要的事情。这一艺术就在于别碰那些无论何时刚好吸引住最多读者注意的读物——原因恰恰就是大多数人都在捧读它们，不管这些是宣扬政治、文学主张的小册，抑或是小说、诗歌等。这些东西轰动一时，甚至在其寿命的第一年同时也是最后的一年竟然可以多次印刷。并且，我们必须牢记这一点：那些写给傻瓜看的东西总能找到大群的读者；而我们则应该把始终是相当有限的阅读时间专门用于阅读历史上各个国家和民族所曾有过的伟大著作——写出这些著作的可是出类拔萃的人，他们所享有的后世名声就已表明了这一点。只有这些人的著作才能给我们以熏陶和教益。

坏的东西无论如何少读也嫌太多，而好的作品无论怎样多读也嫌太少。劣书是损害我们精神思想的毒药。阅读好书的前提条件之一就是不要读坏书，因为生命是短暂的，时间和精力都极其有限。

八

人们写出了评论古代的这一位或者那一位伟大思想家的文章、书籍，读者大众就跟随着捧读这些东西，而不是那个思想家的著作。原因在于大众只愿意阅读最新印刷的东西，并且，"相同羽毛的鸟聚在一起"。这样，对于读者大众来说，当今的某一乏味、肤浅的头脑所写出的沉闷、唠叨的废话比伟大思想家的思想更加亲切也更有吸引力。我很感激自己的好运，因为在年轻的时候我就有幸看到施莱格尔的这一优美格言——从那以后，这一格言就成了我的座右铭：认真阅读真正的古老作品，今人对它们的评论并没有太多的意义。

啊，各个平凡庸常的头脑是多么的千篇一律！他们的思想简直就是出自同一个模子！同一样的场合让他们产生的只是同一样的想法！除此之外，还有他们那些卑微、渺小的目的和打

---

① 卡尔·斯宾德勒(1796—1855)：德国历史消遣小说作家。
② 利顿·布瓦尔(1803—1873)：英国小说家和政治家。
③ 欧仁·苏(1804—1857)：法国小说家，其著名作品为《巴黎的秘密》。

算。这些小人物不管唠叨些什么毫无价值的无聊闲话，只要是新鲜印刷出版，傻乎乎的读者大众就会追捧它们，而那些伟大思想家的巨作却静静地躺在书架上，无人问津。

读者大众的愚蠢和反常是令人难以置信的，因为他们把各个时代、各个民族保存下来的至为高贵和稀罕的各种思想作品放着不读，一门心思地偏要拿起每天都在涌现的、出自平庸头脑的胡编乱造，纯粹只是因为这些文字是今天才印刷的，油墨还没干透。从这些作品诞生的第一天起，我们就要鄙视和无视它们，而用不了几年的时间，这些劣作就会永远招来其他人同样的对待。它们只为人们嘲弄逝去的荒唐年代提供了笑料和话题。

九

无论何时，都有两种并行发展、但却互不相干的文字作品：一种是货真价实的，另一种则只是表面上这样。前者渐变而成永恒的作品。在这一方面努力的人是为科学或者文艺而生的人；他们执著认真、不作张扬、但却步子极为缓慢地走在自己的道路上。而在欧洲一个世纪也产生不了十来部这样的作品，但这些作品却能持久存在。另一类文字作品的追随者却是以科学或者文艺为生；他们跃马扬鞭，伴随着他们的是利益牵涉其中的人所发出的喧哗和鼓噪。每年他们都会把千万本作品送进市场。但用不了几年的时间，人们就会发问：这些作品现在在哪儿了？那些人所享有的早熟和轰动一时的名声现在又到哪儿去了？所以，我们可以把这一类的文字作品形容为流水般的一去不返，而前一类的文字作品则是静止、常驻的。

十

如果在买书的同时又能买到阅读这些书的时间，那该有多好！但是，人们经常把购买书籍错误地等同于吸收和掌握这些书籍的内容。

期望读者记住他所读过的所有东西就等于期望他的肚子留住他所吃过的所有食物。食物和书籍是读者在身体上和精神上赖以为生的东西，这些使他成了此刻的样子。但是，正如人的身体只吸收与身体同类的食物，同样，每一个人也只记住让他感到兴趣的事情，亦即与他的总体思想或者利益目标相符的东西。当然，每个人都会有他的利益目标，但却很少人会有近似于总体思想的东西。所以，人们对事情不会有客观的兴趣，他们所读的东西因此原因不会结出果实：因为他们留不住所读过的任何东西。

"复习是学习之母。"每一本重要的书籍都必须一气呵成连续读上两遍。原因之一是在阅读第二遍的时候，我们会更好地理解书中内容的整体关联，而只有知道了书的结尾才会明白书的开头；原因之二就是在第二次阅读的时候，我们的心境、情绪与在第一次阅读时已经有所不同。这样，我们获得的印象也会不一样。情形就好比在不同光线之下审视同一样的物体。一个人的著作是这一个人的思想精华。所以，尽管一个人具有伟大的思想能力，但阅读这个人的著作总会比与这个人的交往获得更多的内容。就最重要的方面而言，阅读这些著作的确可以取代、甚至远远超过与这个人的近身交往。甚至一个才具平平的人所写出的文字也会有一定的启发意义，能够给人以消遣并值得一读——原因正在于这些东西是他思想的精华，是他所有思考、研究和学习的结果；而与这个人的交往却不一定能令人满意。因此，与某些人的交往无法给予我们乐趣，但他们写出的作品却不妨一读。所以，高度的思想修养逐渐就会使我们完全只从书本、而不是具体的个人那里寻找消遣和娱乐。没有什么比阅读古老的经典作品更能使我们神清气爽的了。只要随便拿起任何一部这样的经典作品，读上哪怕是半个小时，整个人马上就会感觉耳目一新，身心放松、舒畅，精神也得到了纯净、升华和加强，感觉就犹如畅饮了山涧岩泉。

这到底是因为古老的语言及其完美的特性，还是因为这些古典作家保存在著作里的伟大思想历经数千年仍然完好无损，其力度也不曾减弱分毫？或许两种原因兼而有之吧。但是，这一点是肯定的：人们一旦放弃了学习古老语言——现在就存在这种威胁——那新的文字作品就将前所未有地充斥着肤浅、粗野和没有价值的涂鸦文字。尤其是德语这一具有古老语言不少优秀特质的语言，现在就正受到"当代今天"的拙劣文人有步骤的和变本加厉的破坏和摧残；这样，越加贫乏和扭曲的德语也就逐渐沦为可怜的方言和粗话。

我们有两种历史：政治的历史和文学、艺术的历史，前者是意欲的历史，后者则是智力的历史。所以，政治的历史从头到尾读来让人担忧不安，甚至是惊心动魄。整部这样的历史无一例外都是充斥着恐惧、困苦、欺骗和大规模的谋杀。而文学、艺术的历史却读来让人愉快和开朗，哪怕它记录了人们曾经走过的弯路。这种智力历史的主要分支是哲学史：它是智力历史的基本低音，其发出的鸣响甚至传到其他的历史中去，并且，在别的历史中也从根本上主导着观点和看法。所以，正确理解的话，哲学也是一种至为强大的物质力量，虽然它作用的过程相当缓慢。

十一

对于世界历史来说，半个世纪始终是一段长的时期，因为它的素材源源不断，事情永远都在发生。相比之下，半个世纪并不会为文字写作的历史带来多少东西，因为什么事情都不曾发生——滥竽充数者的胡来跟这种历史却是毫无关系。所以，五十年过去以后，我们仍然是原地踏步。

为把这种情形说明清楚，我们可以把人类知识的进步跟一颗行星的轨迹相比，而在取得每一次显著进步以后，人类通常很快就会步入弯路——这我们可以用托勒密周转线（Ptolemaische epicykeln）表示。在走完每一圈这样的周转线以后人类重又回到这一周转线的出发点。但那些伟大的思想者却不会走进这些周转线——他们的确引领人类沿着行星的轨道前行。由此可以解释为何获得后世的名声经常是必须以失去同时代人的赞许为代价，反之亦然。

与事物这种发展过程相关的事实就是大约每过三十年，我们就可看到科学、文学或者艺术的时代精神宣告破产。也就是说，在这一段时间里，种种的谬误越演越烈直至最终被自己的荒谬所压垮，而与这些谬误对立相反的意见与此同时却增强了声势。这样，情形就发生了变化，但接下来的谬误却经常走向了与这之前的谬误相反的方向。这些事实正好为文学史提供了实际的素材，以表现事物发展过程中的周期性反复。但文学史却偏偏没有着意这方面的素材。

与我所描述的人类进步轨迹互相吻合的是文字写作的历史：其大部分的内容不外乎陈列和记录了众多早产、流产的文字怪胎。而为数不多的自降生以后成长起来的作品却用不着在这一历史中寻找，因为这些作品永远鲜活、年轻地存留人间，我们无论身在何处都可以碰见这些不朽之作。只有这些作品才唯一构成了我在上面已经讨论的、属于真正的文字作品；

而记载这些的历史包含的人物并不多。这一历史我们是从有思想文化修养的人的嘴里，而不是首先从教科书的大纲和简编中了解到的。

但我希望将来有朝一日有人会编写出一本文学的悲惨史——这将记录下那些傲慢炫耀本民族伟大作家和艺术家的各个国家，在这些人物在生之时，究竟是如何对待他们的。这样一部悲惨历史必须让人们注意到：所有真正的、优秀的作品无论在哪个时候、哪个地方都要与总是占据上风的荒唐、拙劣的东西进行没完没了的恶斗；几乎所有真正的人类启蒙者、几乎所有在各个学问和艺术上的大师都是殉道者；除了极少数的例外，这些非凡的人物都在贫困苦难中度过自己的一生,既得不到人们的承认和同情,也没有学生和弟子,而名声、荣誉和财富则归于在这一学科中不配拥有这些东西的人,情形就跟以扫的遭遇一样:长子以扫为父亲捕猎野兽,他的孪生弟弟雅各却在家里穿上以扫的衣服骗取了父亲的祝福。但是,尽管如此,那些伟大人物对其事业的挚爱支撑着他们,直至这些人类教育家的苦斗终于落幕——长生不朽的月桂花环此时向他们招手了,这样的时分也终于敲响了:

  沉重的铠甲化为翅膀的羽毛,
  短暂的是苦痛,恒久的是欢乐。

——席勒《奥尔良的年轻太太》

【文本对话】

一、作者在论述中对读书提出了哪些见解?

二、如何理解"付诸纸上的思想总的来说不外乎就是在沙滩上走路的人所留下的足迹。不错,我们是看到他所走过的路,但要知道这个人沿途所见之物,那我们就必须用自己的眼睛才行。"?

三、根据文中的论述,如何做到不滥读?

【实践活动】

谈谈你是如何选择书籍的,并向身边的人分享你的阅读经验。

【知识链接】

叔本华(1788—1860年),德国著名哲学家,悲观主义哲学的代表之一,著有《作为意志的表象和世界》《叔本华思想随笔》等。《叔本华美学随笔》是从《叔本华全集》中选取的。这些文章独立成篇,阐述了对阅读、思考、写作、批评、语言学习、文体、音乐、大自然的美和死亡的认识。

三、改造我们的学习

毛泽东

【阅读提示】

这是毛泽东在延安高级干部会议上所作的报告。报告陈述了改造学习方法和制度的理由,号召从实际出发进行周密、详细的调查和研究,从中国革命的实际需要来学习和运用马克思列宁主义原理。

我主张将我们全党的学习方法和学习制度改造一下。其理由如次:

一

中国共产党的二十年,就是马克思列宁主义的普遍真理和中国革命的具体实践日益结合的二十年。如果我们回想一下,我党在幼年时期,我们对于马克思列宁主义的认识和对于中国革命的认识是何等肤浅,何等贫乏,则现在我们对于这些的认识是深刻得多,丰富得多了。灾难深重的中华民族,一百年来,其优秀人物奋斗牺牲,前仆后继,摸索救国救民的真理,是可歌可泣的。但是直到第一次世界大战和俄国十月革命之后,才找到马克思列宁主义这个最好的真理,作为解放我们民族的最好的武器,而中国共产党则是拿起这个武器的倡导者、宣传者和组织者。马克思列宁主义的普遍真理一经和中国革命的具体实践相结合,就使中国革命的面目为之一新。抗日战争以来,我党根据马克思列宁主义的普遍真理研究抗日战争的具体实践,研究今天的中国和世界,是进一步了,研究中国历史也有某些开始。所有这些,都是很好的现象。

二

但是我们还是有缺点的,而且还有很大的缺点。据我看来,如果不纠正这类缺点,就无法使我们的工作更进一步,就无法使我们在将马克思列宁主义的普遍真理和中国革命的具体实践互相结合的伟大事业中更进一步。

首先来说研究现状。像我党这样一个大政党,虽则对于国内和国际的现状的研究有了某些成绩,但是对于国内和国际的各方面,对于国内和国际的政治、军事、经济、文化的任何一方面,我们所收集的材料还是零碎的,我们的研究工作还是没有系统的。二十年来,一般地说,我们并没有对于上述各方面作过系统的周密的收集材料加以研究的工作,缺乏调查研究客观实际状况的浓厚空气。"闭塞眼睛捉麻雀","瞎子摸鱼",粗枝大叶,夸夸其谈,满足于一知半解,这种极坏的作风,这种完全违反马克思列宁主义基本精神的作风,还在我党许多同志中继续存在着。马克思、恩格斯、列宁、斯大林教导我们认真地研究情况,从客观的真实的情况出发,而不是从主观的愿望出发;我们的许多同志则直接违反这一真理。

其次来说研究历史。虽则有少数党员和少数党的同情者曾经进行了这一工作,但是不曾有组织地进行过。不论是近百年的和古代的中国史,在许多党员的心目中还是漆黑一团。许多马克思列宁主义的学者也是言必称希腊,对于自己的祖宗,则对不住,忘记了。认真地研究现状的空气是不浓厚的,认真地研究历史的空气也是不浓厚的。

---

① 选自《毛泽东选集·第三卷》(人民出版社,2009年版)。

其次说到学习国际的革命经验,学习马克思列宁主义的普遍真理。许多同志的学习马克思列宁主义似乎并不是为了革命实践的需要,而是为了单纯的学习。所以虽然读了,但是消化不了。只会片面地引用马克思、恩格斯、列宁、斯大林的个别词句,而不会运用他们的立场、观点和方法,来具体地研究中国的现状和中国的历史,具体地分析中国革命问题和解决中国革命问题。这种对待马克思列宁主义的态度是非常有害的,特别是对于中级以上的干部,害处更大。

上面我说了三方面的情形:不注重研究现状,不注重研究历史,不注重马克思列宁主义的应用。这些都是极坏的作风。这种作风传播出去,害了我们的许多同志。

确实的,现在我们队伍中确有许多同志被这种作风带坏了。对于国内外、省内外、县内外、区内外的具体情况,不愿作系统的周密的调查和研究,仅仅根据一知半解,根据"想当然",就在那里发号施令,这种主观主义的作风,不是还在许多同志中间存在着吗?

对于自己的历史一点不懂,或懂得甚少,不以为耻,反以为荣。特别重要的中国共产党的历史和鸦片战争以来的中国近百年史,真正懂得的很少。近百年的经济史,近百年的政治史,近百年的军事史,近百年的文化史,简直还没有人认真动手去研究。有些人对于自己的东西既无知识,于是剩下了希腊和外国故事,也是可怜得很,从外国故纸堆中零星地检来的。

几十年来,很多留学生都犯过这种毛病。他们从欧美日本回来,只知生吞活剥地谈外国。他们起了留声机的作用,忘记了自己认识新鲜事物和创造新鲜事物的责任。这种毛病,也传染给了共产党。

我们学的是马克思主义,但是我们中的许多人,他们学马克思主义的方法是直接违反马克思主义的。这就是说,他们违背了马克思、恩格斯、列宁、斯大林所谆谆告诫人们的一条基本原则:理论和实际统一。他们既然违背了这条原则,于是就自己造出了一条相反的原则:理论和实际分离。在学校的教育中,在在职干部的教育中,教哲学的不引导学生研究中国革命的逻辑,教经济学的不引导学生研究中国经济的特点,教政治学的不引导学生研究中国革命的策略,教军事学的不引导学生研究适合中国特点的战略和战术,诸如此类。其结果,谬种流传,误人不浅。在延安学了,到富县①就不能应用。经济学教授不能解释边币和法币②,当然学生也不能解释。这样一来,就在许多学生中造成了一种反常的心理,对中国问题反而无兴趣,对党的指示反而不重视,他们一心向往的,就是从先生那里学来的据说是万古不变的教条。

当然,上面我所说的是我们党里的极坏的典型,不是说普遍如此。但是确实存在着这种典型,而且为数相当地多,为害相当地大,不可等闲视之的。

三

为了反复地说明这个意思,我想将两种互相对立的态度对照地讲一下。

第一种:主观主义的态度。

在这种态度下,就是对周围环境不作系统的周密的研究,单凭主观热情去工作,对于中国今天的面目若明若暗。在这种态度下,就是割断历史,只懂得希腊,不懂得中国,对于中国昨天和前天的面目漆黑一团。在这种态度下,就是抽象地无目的地去研究马克思列宁主义的理论。不是为了要解决中国革命的理论问题、策略问题而到马克思、恩格斯、列宁、斯大林那里找立

---

① 富县:在延安南面约八十千米。
② 边币和法币:边币是一九四一年陕甘宁边区银行所发行的纸币;法币是一九三五年以后国民党官僚资本四大银行(中央、中国、交通、中国农民)依靠英美帝国主义支持所发行的纸币。毛泽东在本文中所说的,是指当时边币和法币之间所发生的兑换比价变化问题。

场,找观点,找方法,而是为了单纯地学理论而去学理论。不是有的放矢,而是无的放矢。马克思、恩格斯、列宁、斯大林教导我们说:应当从客观存在着的实际事物出发,从其中引出规律,作为我们行动的向导。为此目的,就要像马克思所说的详细地占有材料,加以科学的分析和综合的研究。我们的许多人却是相反,不去这样做。其中许多人是做研究工作的,但是他们对于研究今天的中国和昨天的中国一概无兴趣,只把兴趣放在脱离实际的空洞的"理论"研究上。许多人是做实际工作的,他们也不注意客观情况的研究,往往单凭热情,把感想当政策。这两种人都凭主观,忽视客观实际事物的存在。或作讲演,则甲乙丙丁、一二三四的一大串;或作文章,则夸夸其谈的一大篇。无实事求是之意,有哗众取宠之心。华而不实,脆而不坚。自以为是,老子天下第一,"钦差大臣"满天飞。这就是我们队伍中若干同志的作风。这种作风,拿了律己,则害了自己;拿了教人,则害了别人;拿了指导革命,则害了革命。总之,这种反科学的反马克思列宁主义的主观主义的方法,是共产党的大敌,是工人阶级的大敌,是人民的大敌,是民族的大敌,是党性不纯的一种表现。大敌当前,我们有打倒它的必要。只有打倒了主观主义,马克思列宁主义的真理才会抬头,党性才会巩固,革命才会胜利。我们应当说,没有科学的态度,即没有马克思列宁主义的理论和实践统一的态度,就叫做没有党性,或叫做党性不完全。

有一副对子,是替这种人画像的。那对子说:

墙上芦苇,头重脚轻根底浅;

山间竹笋,嘴尖皮厚腹中空。

对于没有科学态度的人,对于只知背诵马克思、恩格斯、列宁、斯大林著作中的若干词句的人,对于徒有虚名并无实学的人,你们看,像不像?如果有人真正想诊治自己的毛病的话,我劝他把这副对子记下来;或者再勇敢一点,把它贴在自己房子里的墙壁上。马克思列宁主义是科学,科学是老老实实的学问,任何一点调皮都是不行的。我们还是老实一点吧!

第二种:马克思列宁主义的态度。

在这种态度下,就是应用马克思列宁主义的理论和方法,对周围环境作系统的周密的调查和研究。不是单凭热情去工作,而是如同斯大林所说的那样:把革命气概和实际精神结合起来。在这种态度下,就是不要割断历史。不单是懂得希腊就行了,还要懂得中国;不但要懂得外国革命史,还要懂得中国革命史;不但要懂得中国的今天,还要懂得中国的昨天和前天。在这种态度下,就是要有目的地去研究马克思列宁主义的理论,要使马克思列宁主义的理论和中国革命的实际运动结合起来,是为着解决中国革命的理论问题和策略问题而去从它找立场,找观点,找方法的。这种态度,就是有的放矢的态度。"的"就是中国革命,"矢"就是马克思列宁主义。我们中国共产党人所以要找这根"矢",就是为了要射中国革命和东方革命这个"的"的。这种态度,就是实事求是的态度。"实事"就是客观存在着的一切事物,"是"就是客观事物的内部联系,即规律性,"求"就是我们去研究。我们要从国内外、省内外、县内外、区内外的实际情况出发,从其中引出其固有的而不是臆造的规律性,即找出周围事变的内部联系,作为我们行动的向导。而要这样做,就须不凭主观想象,不凭一时的热情,不凭死的书本,而凭客观存在的事实,详细地占有材料,在马克思列宁主义一般原理的指导下,从这些材料中引出正确的结论。这种结论,不是甲乙丙丁的现象罗列,也不是夸夸其谈的滥调文章,而是科学的结论。这种态度,有实事求是之意,无哗众取宠之心。这种态度,就是党性的表现,就是理论和实际统一的马克思列宁主义的作风。这是一个共产党员起码应该具备的态度。如果有了这种态度,那就既不是"头重脚轻根底浅",也不是"嘴尖皮厚腹中空"了。

四

依据上述意见,我有下列提议:

（一）向全党提出系统地周密地研究周围环境的任务。依据马克思列宁主义的理论和方法，对敌友我三方的经济、财政、政治、军事、文化、党务各方面的动态进行详细的调查和研究的工作，然后引出应有的和必要的结论。为此目的，就要引导同志们的眼光向着这种实际事物的调查和研究。就要使同志们懂得，共产党领导机关的基本任务，就在于了解情况和掌握政策两件大事，前一件事就是所谓认识世界，后一件事就是所谓改造世界。就要使同志们懂得，没有调查就没有发言权，夸夸其谈地乱说一顿和一二三四的现象罗列，都是无用的。例如关于宣传工作，如果不了解敌友我三方的宣传状况，我们就无法正确地决定我们的宣传政策。任何一个部门的工作，都必须先有情况的了解，然后才会有好的处理。在全党推行调查研究的计划，是转变党的作风的基础一环。

（二）对于近百年的中国史，应聚集人材，分工合作地去做，克服无组织的状态。应先作经济史、政治史、军事史、文化史几个部门的分析的研究，然后才有可能作综合的研究。

（三）对于在职干部的教育和干部学校的教育，应确立以研究中国革命实际问题为中心，以马克思列宁主义基本原则为指导的方针，废除静止地孤立地研究马克思列宁主义的方法。研究马克思列宁主义，又应以《苏联共产党（布）历史简要读本》为中心的材料。《苏联共产党（布）历史简要读本》是一百年来全世界共产主义运动的最高的综合和总结，是理论和实际结合的典型，在全世界还只有这一个完全的典型。我们看列宁、斯大林他们是如何把马克思主义的普遍真理和苏联革命的具体实践互相结合又从而发展马克思主义的，就可以知道我们在中国是应该如何地工作了。

我们走过了许多弯路。但是错误常常是正确的先导。在如此生动丰富的中国革命环境和世界革命环境中，我们在学习问题上的这一改造，我相信一定会有好的结果。

【文本对话】

一、作者主张"将我们全党的学习方法和学习制度改造一下"，文中阐述了哪些理由？

二、试从全文找出有关调查研究工作的语句，加以整理、归纳，看作者对调查研究工作提出了哪些主张。

三、本文用了大量的修辞手法，找出几例并作分析。

【实践活动】

结合自己情况，谈谈应该怎样"改造"自己的学习。

【知识链接】

毛泽东（1893—1976年），字润之，湖南湘潭人，伟大的马克思主义者、无产阶级革命家、理论家，中国共产党、中国人民解放军和中华人民共和国的主要缔造者和领导人，其主要著作收入《毛泽东选集》《毛泽东文集》中。

四、论读书①

培 根

【阅读提示】

本文采用了一事一议的方法,分别论述了读书的目的、读书的方法和读书的意义,阐述了经验与读书的关系。语言简洁、文笔优美、说理透彻。

读书可以作为消遣,可以作为装饰,也可以增长才干。

孤独寂寞时,阅读可以消遣。高谈阔论时,知识可供装饰。处世行事时,知识意味着才干。懂得事务因果的人是幸运的。有实际经验的人虽能够处理个别性的事务,但若要综观整体,运筹全局,却唯有学识方能办到。

读书太慢会懈怠,为装潢而读书是欺人,只按照书本办事是呆子。

求知可以改进人性,而经验又可以改进知识本身。人的天性犹如野生的花草,求知学习好比修剪移栽。学问虽能指引方向,但往往流于浅泛,必须依靠经验才能扎下根基。

狡诈者轻鄙学问,愚鲁②者羡慕学问,聪明者则运用学问。知识本身并没有告诉人怎样运用它,运用的智慧在于书本之外。这是技艺,不体验就学不到。

读书的目的是为了认识事物原理。为挑剔辩驳去读书是无聊的。但也不可过于迷信书本。求知的目的不是为了吹嘘炫耀,而应该是为了寻找真理,启迪智慧。

书籍好比食品。有些只须浅尝,有些可以吞咽,只有少数需要仔细咀嚼,慢慢品味。所以,有的书只要读其中一部分,有的书只须知其中梗概,而对于少数好书,则应当通读,细读,反复读。

有的书可以请人代读,然后看他的笔记摘要就行了。但这只限于不太重要的议论和质量粗劣的书。否则一本书将像已被蒸馏过的水,变得淡而无味了。

读书使人充实,讨论使人机敏,写作则能使人精确。

因此,如果有人不读书又想冒充博学多知,他就必须很狡黠,才能掩饰无知。如果一个人懒于动笔,他的记忆力就必须强而可靠。如果一个人要孤独探索,他的头脑就必须格外锐利。

读史使人明智,读诗使人聪慧,演算使人精密,哲理使人深刻,道德使人高尚,逻辑修辞使人善辩。总之,"知识能塑造人的性格"。

不仅如此,精神上的各种缺陷,都可以通过求知来改善——正如身体上的缺陷,可能通过适当的运动来改善一样。例如打球有利于腰背,射箭可扩胸利肺,散步则有助于消化,骑术使人反应敏捷,等等。同样,一个思维不集中的人,他可以研习数学,因为数学稍不仔细就会出错。缺乏分析判断力的人,他可以研习形而上学③,因为这门学问最讲究繁琐辩证。不善于推理的人,可以研习法律案例,如此等等。这种心灵上的缺陷,都可以通过求知来治疗。

【文本对话】

一、作者是从哪几个方面谈读书的?

---

① 选自《人生论》(湖南人民出版社,1987年版),何新,译。
② 愚鲁:愚笨。
③ 形而上学:哲学中探究宇宙根本原理的部分,一种世界观和方法论。

二、作者是怎样论述读书和写作的作用的？举例说明。
三、作者介绍了哪些读书的方法？
四、作者是怎样阐明"知识能塑造人的性格"的？

【实践活动】
　　收集关于读书的名人名言或者读书的故事。

【知识链接】
　　弗朗西斯·培根(Francis Bacon)(1561—1626年)，英国哲学家、文学家，他的《随笔集》是英国随笔文学的开山之作，著有《学术之进步》《新工具论》《新大西岛》等。

五、富有的是精神[①]

谢 冕

【阅读提示】

本文是谢冕先生在北京大学中文系1997级迎新会上的演讲。作者以长者和老师的身份对刚刚踏进北大的莘莘学子阐述了来到北大的重要意义以及他们将要肩负的重大责任,嘱咐他们珍惜来之不易的学习机会,将做人和做学问统一起来,传承和发扬北大精神。

热烈祝贺你们来到北大。你们将在这里度过20世纪仅剩的最后几年。在这几年中,你们无疑将接受本世纪全部伟大的精神财富,以及这一世纪无边无际的民族忧患的洗礼。你们将以此为营养,充实并塑造自己,并以你们的聪明才智在这里迎接21世纪的第一线曙光。你们是名副其实的跨世纪的一代人。你们要珍惜这百年不遇的机会。

发生在距今99年前的戊戌变法是失败了,但京师大学堂却奇迹般地被保留了下来,成为那次失败的变法仅存的成果。你们正是在这个流产的变法失败100年、也是京师大学堂成立100年的前夕来到这里的。当你们来到这到处都在建筑和整修的学校时,百年的沧桑,百年的奋斗,百年的期待,一下子也都涌到了你们的面前,我设想此时此刻的你们,一定是在巨大的欢欣之中感到了某种沉重。

你们是未来世纪中国的建设者。你们将在未来的岁月中做出平凡的或是杰出的贡献,你们中有的人可能还会成为未来世纪非常出色的人物。但不论如何,1997年9月的今天,对于你们中的每一个人,都是决定自己一生命运的、不可替代的、非常重要的日子。那就是因为你们的名字和这所伟大的学校产生了联系。中国有12亿人,你们的同龄人也应该以千万为单位来计算,但只有极少数的人有幸能把自己的名字与这所学校联系起来。同学们,请以负重感来代替你们高考胜利的欢欣吧!你们从各地来到北大,从现在开始,你们已结束了中学学习的阶段,开始了大学学习的阶段,在人的一生中,这是非常重要的时刻。虽然都是学习,中学只是普通教育,大学则是专业教育,这才是真正打基础的阶段,你们将来为社会服务的许多本事,是在这个阶段学到的。

去年也是这个时候,我在欢迎本系博士生和硕士生的迎新会上,也发表过一个讲话。那时我讲北大是做学问的地方,但是就重要性讲,还是做人第一、做学问第二。做人的问题很复杂,但也很简单,就是在人的质量和品德方面有高的标准和要求。只有人做好了,学问才能有好的发挥。

北大这所学校出过许多学者,也出过许多革命者。这些学者中的出色的人物,往往是人的品行高洁,而学问也是前瞻和开创的。如李大钊,他最早把马克思主义引到中国来,他呼唤并参与了中国青春的创造;又如鲁迅——北大校徽的设计者,他在这里的身份只是讲师,但却是中国文化的伟人。不论是李大钊,还是鲁迅,他们都是伟大的爱国者。所以,在这里,我想强调的是,做人和做学问的统一,爱国和敬业精神的统一。

一个人成就有大小,水平有高低,决定这一切的因素很多,但最根本的,是学习。学习是不能偷巧的,一靠积累,二靠思考,综合起来,才有了创造。但是第一步是积累。积累说白了,就是抓紧时间读书,一边读书,一边思考,让自己的大脑活跃起来。用前人的经验来充实自己,先

[①] 选自《谢冕的意义》(现代出版社,2013年版)。

学习前人,而后发展前人,而后才有自己的发明和创造。

但无论怎么说,首先是学习,抓紧一切时间学习。我的经验是,不要抱怨,更不要拒绝老师提供的那一串长长的书单,那里边有的道理,你们现在并不理解,但是要接受它,按照那个参考书目或必读书目,一本一本地读,古今中外都读,分门别类地读。有的书要反复读,细读;有的书可以走马观花,快读;但是一定要读。这叫机不可失,时不再来。

我想告诉大家,我现在从事的工作,应付着方方面面工作的,不论是写文章、说话、论证、做判断,靠的就是北大本科几年的读书的积累。那时还有很多的政治运动,用到学习上的时间并不多,但也就是那些有限的时间里读到的那些中国文学、外国文学、历史、哲学、语言学等方面的积累,支撑着我现时的繁重的工作。虽然时感知识不足,所知者少,但使我有能力去应付那千头万绪的局面的,还是北大当学生那几年打下的基础。

事实上,人一旦走上了工作岗位,现在这样专注的、系统的、全力以赴的学习机会也就随之失去了。等到工作临头,你发现罗曼·罗兰没有读过,高尔基没有读过,《离骚》没有读过,《故事新编》没有读过,但丁和普希金也没有读过,那时工作逼着你发言,你只好手忙脚乱地临时乱翻。那是应急,不是学习。匆忙中谁能把《约翰·克利斯朵夫》一口吞了下来?即使吞了下来,你又能发表出什么意见呢?离开了大学,可以说,你基本上失去了大学学习的条件,那时想起那一串长长的书单,你真是悔之莫及了。

所以,你们到北大来,我第一要劝你们的,是做书呆子。只有先做呆子,然后才能做聪明人。一开始就想做聪明人,什么都没有,而要装天才,做神童,那才是真正的呆子。聪明绝顶,目空一切,这是北大学生容易犯的毛病。我们要杜绝这种小聪明,争取将来的大智慧。

此外,要学好语言。不仅本国语言要学好,外国语也要学好。那种认为中文系学生不必学好外语的观念,是一种短见,是很浅薄的。现在国门开放,不是闭关锁国的时代了,中国要了解世界,世界也要了解中国,要靠语言这座桥梁。

除了外国语,还有本国语。现代汉语要掌握好,写文章要用语法,不要写错别字,文字要漂亮。更重要的,是要掌握好古代汉语,中文系学生不会直接阅读古文,是耻辱。不要读白话《史记》或《论语》今译之类的书,不是那些书不好,而是中文系学生应当掌握好古汉语,直接和庄子和李白用他们当年的语言对话。还有,也许已超出了教学大纲的范围了,但是我还要讲,那就是中文系学生应当学毛笔字,还要识别繁体字。以上所说,对别人可能是苛求,而对中文系学生而言,则是必要的和起码的。

因为文学是你们的专业,所以我还要谈谈文学,在我的心目中,文学是非常神圣的。我们讲敬业,就是要对文学怀有敬畏之心。文学,有人说起源于劳动,有人说起源于游戏。在文学的功能中,是有游戏的成分,有让人愉快让人轻松的作用。但文学从根本上说不能等同于游戏,因此,我们不能游戏文学。文学中的优秀部分,最有价值的部分,是人类崇高精神的诗化。文学是一种让人变得高雅、变得充实、变得聪明、变得有情趣的精神劳作。我们学习文学,是要把文学当做事业去创造、去发展、去发扬光大,而不是把它当做手中的玩物。我讲这些话不是无的放矢,而是有感于当前文学的某种缺陷和某种失落。

号称全国最高学府的北大,物质条件很差,有的方面如学生宿舍则是超乎寻常的差。物质的贫乏并不等于精神的贫乏。在精神方面,北大是富有的,是强者,北大的这种富有,足以抵抗那物质的贫乏而引以自豪。走在我们前面的,有我们一代又一代的老师,他们一介布衣,终生清贫,但却是我们永远敬重的精神的强者。

【文本对话】
　　一、文中所说的北大精神是什么？
　　二、文中所说"在精神方面,北大是富有的",为什么这么说？
　　三、"你们到北大来,我第一要劝你们的,是做书呆子。只有先做呆子,然后才能做聪明人。"怎么理解这句话？

【实践活动】
　　结合本文及自己的情况,谈谈北大精神的现实意义。

【知识链接】
　　谢冕,1932年生,福建福州人,北京大学教授、博士研究生导师,著名文艺评论家、诗人、作家。著有《湖岸诗评》《共和国的星光》《论二十世纪中国文学》等,有散文随笔集《世纪留言》《流向远方的水》《心中风景》等。

第十二单元

童话世界

　　孩子的世界是纯净的、天真的："一颗沙里看出一个世界，一朵野花里一座天堂。"

　　著名的寓言家克雷洛夫在《鹰和鸡》中，用拟人化的手法描写了"鹰"和"鸡"的一段对话，从中告诉孩子做人做事要有远大的志向，并且得付出相应的努力，这样才能达到目标的道理。伊索在《旅人与熊》这则短小的寓言中告诉人们，只有能与自己同生死、同患难的朋友才是真正的朋友。

　　《一片槐叶》用拟人的手法描述了公园里的一片槐叶不听母亲和别人的劝告，任性的要到地面上，结果失去了原来的欢乐，尝到了种种苦头。最后虽被孩子收藏，温暖比不上家里，但它却懂得知足了。赵景深通过这个童话告诉人们知足常乐的道理。

　　叶永烈的《圆圆和方方》则告诉孩子，每个人都有自身的缺点和优点，不能只看到别人的缺点而忽视了他的优点，要学会与他人和平共处，并学习他人的长处。

　　《蚯蚓和蜜蜂的故事》通过塑造"蚯蚓"和"蜜蜂"这两个童话形象，告诫孩子要勤劳、勇敢并且热心的帮助他人，不能好吃懒做，安于现状，那样是不能得到他人的尊敬和需要的。

　　丹麦著名童话家安徒生在《丑小鸭》这个童话故事中，塑造了一只又丑又大自从生下来就被人看不起的丑小鸭，处处受排挤、嘲弄和打击，但他始终不屈地奋斗，终于变成了一只美丽高贵的天鹅，这一切都是源于丑小鸭内心有一份恒久的梦想。在生活中，其实也有许许多多丑小鸭，可能是你，也可能是我，任何人都不可能生来就完美，在他的人生中就需要有一个天鹅的梦想，并为这个梦想去拼搏奋斗！

　　童心世界是五彩缤纷的，童心世界是纯洁无暇的，童心世界更是充满智慧的，让我们一起走进第十二单元，走进这片圣洁的童心世界，去领会智慧的光芒。

一、寓言二则

【阅读提示】

《鹰和鸡》是由俄国著名的寓言家克雷洛夫创作的一个寓言故事。在这个寓言故事中通过"鹰"和"鸡"形象生动化的对话,揭示做人不能有嫉妒心,要善于发现他人的优点和闪光点;做事要有远大的志向,并且得付出相应的努力,这样才能达到目标的道理。

《旅人和熊》选自于《伊索寓言》,在这则寓言故事中,披露了不能生死与共、共甘共苦的伪朋友,告诉人们当处于危难之际肯向你伸出援助之手的朋友才是真正的朋友。

鹰和鸡

克雷洛夫①

为了充分享受灿烂的白天风光,一只鹰飞向高空云端,一直过游到发生闪电雷鸣的地方,最后,鸟王从云层高处下降,休息在烘谷房上。尽管这个地方对鹰王来说太不相称,但是鸟王自有它自己的脾气:也许,它要使烘谷房远近闻名,或者因为附近并没有合身边的栖息地方。

既没有橡树,也没有花岗石岩壁。

我不知道这到底什么意思,这只鹰刚刚在这烘谷房上稍稍栖息一会,马上又飞到另一个烘谷房。

一只抱窝的凤头母鸡看到了这光景,就跟它的亲家这样嘀咕:"鹰凭什么得到如此的荣光?难道是凭它的飞行本领?亲爱的邻居?得了吧,老实讲,如果我高兴,我也会从一个烘房顶飞到另一个烘房顶。我们从此再不要这样愚蠢,再去把鹰吹捧得比我们还高明。不论鹰的腿还是眼睛都不比我们更厉害。你马上就可以亲眼看清,它们也在低处飞,同鸡一般高。"

被这种胡说八道弄得心烦,鹰回答道:"你说得不错,可是并不全面。鹰有时飞得比鸡还要低,然而鸡永远也飞不到九天云霄!"

当你评论有才能人物的时候,可不要自费心机计较他们的弱点;而是要看到他们的强处和优点,善于发现他们所达到的高度。

旅人与熊

伊 索②

两个朋友一起旅行,路上忽然遇到一头熊。其中一个很快地爬上一棵树,在树枝间藏匿起来。另一个看到在劫难逃③,就直挺挺地躺在地上。熊走过来用鼻子把他从头闻到脚,那人屏住呼吸尽力装死。熊很快就离开了他,因为据说熊是不碰死人的。等到熊走远后,树上那人下

---

① 《鹰和鸡》选自于《克雷洛夫寓言》,克雷洛夫(1769年2月13日—1844年11月21日)来自俄国,是世界著名的寓言家、作家,全名是伊万·安德列耶维奇·克雷洛夫。其代表作有《大炮和风帆》《剃刀》《鹰与鸡》《快乐歌声》《受宠的象》等。

② 《旅人和熊》选自于《伊索寓言》。伊索(公元前620年—公元前560年),是公元前6世纪古希腊著名的寓言家,与克雷洛夫、拉·封丹和莱辛并称世界四大寓言家。

③ 在劫难逃:旧时迷信的人认为命里注定要遭受的灾难是无法逃脱的。现有时也用来指某种灾害不可避免。

来,走到他的朋友身边,开玩笑地问他:"熊跟你悄悄地咬耳朵说了些什么啦?"。他朋友回答说:"他给我一个忠告:不要和一个在大难临头就抛弃你的朋友一起旅行。"

【文本对话】

一、阅读全文分析文中"鹰"和"鸡"分别象征了我们生活中的哪类人?

二、《旅人与熊》给大家的启示是什么?你的身边是否有这样的朋友?

【实践活动】

读完这两则寓言故事,你有什么启发,请写一篇读后感。

【知识链接】

《伊索寓言》是后人根据拜占庭僧侣普拉努得斯搜集的寓言及以后陆续发现的古希腊寓言传抄本编订的。伊索寓言大多是动物故事,其中的一部分(如《狼与小羊》《狮子与野驴》等)用豺狼、狮子等凶恶的动物比喻人间的权贵,揭露他们的专横、残暴、虐害弱小,反映了平民或奴隶的思想感情;《乌龟与兔》《牧人与野山羊》等,则总结了人们的生活经验,教人处世和做人的道理。伊索寓言短小精悍,比喻恰当,形象生动,对法国的拉封丹、德国的莱辛、俄国的克雷洛夫都产生了明显的影响。耶稣会传教士在明代把伊索寓言传入中国,金尼阁口述的译本《况义》于1625年刊行,收寓言22则;1840年出版《意拾蒙引》,收寓言81则;此后又有不同的中译本相继世。现存的《伊索寓言》,是古希腊、古罗马时代流传下来的故事,经后人整理,统归在伊索名下。

二、一片槐叶

赵景深[①]

【阅读提示】

《一片槐叶》是赵景深童话创作的代表作。文章用拟人的手法描述了公园里一株槐树上的一片槐叶的奇特经历。赵景深的童话既富有诗意且又蕴含深刻的教育意义。大家在阅读课文时仔细思考此文的深刻寓意。

在一个公园里面,有一株槐树,种在荷花池的旁边。夏天它的叶儿开得格外茂盛,绿得可爱。荷花池里的荷叶临风摆着,簌簌[②]的响。它们反映着落日,越发显出好看的样儿。槐树上有许多叶子,都是槐树枝的儿子。它们也临风摇曳[③];这边点点头,那边点点头,大家谈着有趣的话。

其中有一片槐叶说道:"我在这里住得闷极了!每天只看见几只小鸟停在树上。我们仰起头来,只能看见蓝色的天空,和变幻不定的行云。究竟地下怎样,都不知道。每天只是看见那红的圆球——它不知道是太阳——出来后又落下去了。实在无味得很!我要下去了!我不能久耐了!"

它的母亲树枝竭力劝住它道:"好孩子,不要下去。下去,你就要遇见不幸的事了!不要乱跳。下去有什么好呢?我们常见的虽是些小鸟和云天,但是清脆的鸟声,美丽的天色,和那鲜艳的红日,实在给了我们许多快乐,许多安慰。好孩子,听娘的话罢!不要去,我是很小心看护你的。你下去恐怕没有像我这样爱你的了。"

槐叶不听,依旧想下去。

它想:我只向母亲说,没有什么用处,何不求求风呢?不多时,一阵微风吹来,它的身子跳舞起来,上下飘宕[④]着说:"风先生,你把我吹下去罢!"

微风说:"下面没有什么。你到了秋天,自然会落下来的;那时天气不甚热,十分凉快,你便可以在下面游玩了。现在还是在树上的好。安静些,依你母亲的话罢。"槐叶不听,一定要去,仍是要求着说:"你把我吹下去罢!我要去时,天大的不幸我都不管。"和风也不再睬它,立刻到别处去了。

忽然来了一阵狂风,"呜……呜……呜"的叫着!别的槐叶都躲开了,垂下头来。独有它想下去,所以竭力的迎着狂风,一些也不躲避。狂风刮得它很痛;但是它的痴想,以为下去可以得着许多好处,所以便忍受了。一会儿便被狂风刮下,离了亲爱的树枝,滴溜溜的落在沙上,迷在沙土里,眼前什么都看不见了!那时它就想起可爱的鸟声;但是鸟在树上,离它远了,声音也听不清楚。它又想看行云;但是云在天上,离它高了,它眼睛被沙迷住,更是看不见。这时它懊悔

[①] 赵景深(1902年4月25日—1985年1月7日),曾名旭初,笔名邹啸,祖籍四川宜宾,生于浙江丽水,中国戏曲研究家、文学史家、教育家、作家。

[②] 簌簌(sù):形容肢体发抖的样子,也用来形容物体纷纷落下的样子。在文中,"簌簌"为一个象声词,形容风吹打物体发出的声音。

[③] 摇曳(yè):形容物体或人在风中轻轻摆动的样子。

[④] 飘宕(dàng):流荡、游荡。

起来说:"唉!悔不听母亲的话哟!悔不听风先生的话哟!"它得病了,面色渐渐变做枯干黄瘦。

它正在懊悔不止,狂风又吹来了,将它刮到荷池里。一池寒水,把它浸得冰冷。它求荷叶说:"绿色的荷叶哟!你低下头来,把我拉上去罢!"荷叶摇头道:"你不听母亲的话,我不能拉你。"它又哭着求小鸟把它衔上去。鸟说:"你不是讨厌我么?我又何苦衔你上来呢?"叶儿没法,只得浸在那寒冷的池水中。它想起从前母亲待它的恩爱,天天抱着它的情形,不禁落下泪来。

它正在哭泣,忽然被几个来游公园的小孩把它从水里捞起。一个小孩说:"你们看,这离了树枝的槐叶,憔悴得很,多么可怜哟!我们替他把衣服晒晒干罢。"那些小孩们都说很好,就把叶儿放在太阳底下晒;晒干以后,便把它放在他们的珍宝箱里,和蚌蛤壳、鸡卵石许多美丽的朋友为伴。槐叶说:"我得着这样的好地方住,受孩子们的爱护,虽则比不上家里,现在我也知足了。"

【文本对话】

一、蕴含在这童话故事中的深刻寓意是什么?

二、结合前一课的《寓言二则》,比较寓言和童话这两种文学体裁的区别。

【实践活动】

本文的童话故事告诉大家要"知足常乐",但在现实中又经常会听到"要不安于现状"的字语,谈谈自己的看法。

【知识链接】

赵景深(1902—1984年)现代作家、文学史家、翻译家、现代儿童文学的先驱。赵景深受父亲影响,从小酷爱文学,尤其喜欢童话。他18岁时就在当时的《少年杂志》上发表童话处女作《国王与蜘蛛》;1919年在天津南开中学读书时,开始陆续翻译、出版《安徒生童话》,成为介绍安徒生童话到中国的第一人。赵景深的童话研究也主要从人类学、民俗学的角度出发进行广泛的比较鉴别。他对童话的起源、演变、本质、分类、特征及功能作用等都有着深刻和独到的见解。赵景深的童话理论,对我国现代童话理论的建立具有开拓性的意义。

三、圆圆和方方

叶永烈①

【阅读提示】

叶永烈的《圆圆和方方》,用拟人的手法,介绍了在小朋友日常生活中常见的方形和圆形的基本几何知识,同时也告诫少年儿童要互相尊重、相互团结,不要互相瞧不起。

你认识圆圆吗?你认识方方吗?

它俩是你的老朋友啦:圆圆就是你下象棋的棋子。可不是吗?每一颗象棋的棋子,都是圆溜溜的,所以叫"圆圆";方方就是你下军棋的棋子。可不是吗?每一颗陆军棋的棋子都是四四方方的,所以叫"方方"。

有一天夜里,象棋正好和军棋放在一起,圆圆跟方方没事儿就开始聊天了。

圆圆觉得自己的本领大,它对方方说:"你瞧瞧,世界上到处都是我圆圆的兄弟——汤团是圆的,乒乓球是圆的,脸盆、饭碗、茶杯是圆的,就连地球、太阳、月亮也都是圆的!"

方方听了一点也不服气,它觉得自己的本领比圆圆强,说道:"你瞧瞧,世界上到处是我方方的兄弟——书是方的,报纸是方的,床是方的,毛巾是方的,铅笔盒、信封、汉字是方的,就连天安门广场、人民大会堂也是方的!"

它俩都觉得自己本领大,你一言,我一语,吵到半夜,还是谁也说服不了谁。它俩争着,吵着,吵着,争着……声音越来越小,越来越轻——吵累了,争累了,夜深了,睡着了。

圆圆睡着了,开始做梦——

圆圆梦见自己来到建筑工地,一看,方方的同伴在那里——一大堆砖头都是方的。圆圆气坏了,说声"变",就叫那些砖头都变成圆的。可是,用圆砖头砌成的房子,砖头会滚动,一下子就坍倒了。建筑工人叔叔对圆圆说:"砖头不能做成圆形的。方的砖头能够紧密地砌在一起,墙壁非常结实,所以我们要方的不要圆的!"工人叔叔说声"变",砖头重新变成方的了,砌成的房子又结实又漂亮。

圆圆没办法,只好垂头丧气地离开了建筑工地。

圆圆来到了农村,一看,方方的同伴又在那里——成块成块的田都是方的。圆圆很不高兴,说声"变",就叫那些田都变成圆形的。这下子,圆圆可高兴啦。可是,它听见一个不高兴的声音:"是谁把田都变成圆的?圆跟圆之间多出来一大块、一大块空地,这怎么行呢?太浪费土地啦!"圆圆一看,原来是农民伯伯在说话。只听得农民伯伯说声"变",田地重新变成方的了。一块紧挨着一块,中间只留下一条细长的田埂,好让人们走路。

这一夜,圆圆做了好几个梦。在每一个梦里它都想把方方赶走,变成圆圆,可是都没有成功。这一夜,圆圆翻来覆去,没睡好。

想不到,方方睡着了,也做起梦来——

方方梦见自己在公路上遇到一辆自行车。它一看见自行车的车轮是圆圆的,心里就火了。

---

① 叶永烈,男,笔名萧勇、久远、叶杨、叶艇,浙江温州人。1963 年毕业于北京大学化学系,以儿童文学、科幻、科普文学及纪实文学为主要创作内容。《圆圆和方方》是叶永烈 1978 年发表在《红小兵报》上的童话故事。

它说声"变",自行车的车轮一下子就变成方的了。这时,自行车马上倒在地上。那骑自行车的阿姨从地上爬起来,非常生气,问道:"是谁把我的车轮变成方的?方的车轮怎么滚动?"阿姨说声"变",把车轮重新变成圆的,骑着自行车飞快地跑了。

方方没办法,东游西逛,来到了炼油厂。它一看,炼油厂里贮藏汽油的油罐怎么都是圆的,很不顺眼。它说声"变",把油罐一下子变成了方的。想不到,这下子可闯祸了,油罐里的汽油直往外冒。方方知道,汽油是很危险的东西,一见火就会烧起来,不得了!油罐生气地说:"是谁把我变成方的?要知道,石油工人把我做成圆的,是因为圆形的东西装油装得最多。一变成方形的,油就装不下,流出来了。"方方一听,赶紧大叫:"变,变,变……"

这时,圆圆一夜没睡好,刚刚睡着,就被方方大叫"变、变、变"的声音吵醒了。

圆圆问方方为什么连声叫"变",方方不好意思地把自己做的梦告诉了圆圆。

圆圆一听,脸也红了,不好意思地把自己做的梦也告诉了方方。

从此,圆圆跟方方再也不吵了,互相尊重,互相学习。因为它俩懂得:圆圆有圆圆的优点,方方也有方方的优点。

它们俩愉快地互相合作。

在算盘里,圆圆的算盘珠住在方方的算盘框里,三下五除二,飞快地计算着。

在汽车中,方方的车厢坐在圆圆的车轮上,"嘟嘟——"飞快地前进。

还有,方方的电子仪器住在圆圆的人造卫星里。这时,圆圆的卫星在宇宙中飞行,方方的电子仪器用无线电波把太空中的见闻,告诉你和你的小伙伴。

【文本对话】

一、本文是一篇童话故事,根据文本内容可以采用讲故事的形式告诉幼儿这个故事,除此之外,还能将该文本改编成什么课程将内容教授给幼儿?

二、据说《圆圆和方方》这则童话的创作灵感来自于叶永烈的两个儿子。某天叶永烈的两个儿子在下军旗时嘀咕到"为什么军旗是方形的,而象棋是圆形的?"听到此语,叶永烈灵机一动写下了这个著名的童话故事。大家也可以试着多多观察和留意周围事物,并试着创作一则童话故事。

【实践活动】

2013年湖北卷《以方圆为话题》:你注意到了吗?装鲜牛奶的容器一般是方盒子,装矿泉水的容器一般是圆瓶子,装酒的圆瓶子又一般放在方盒子里,方圆之间,各得其妙,古诗云:方圆虽异器,功用信具呈。人生也是如此,所谓:上善若水任方圆。以方圆为话题,根据此材料,题目自拟写作文。

【知识链接】

"两个叶永烈"

人们以为中国有同名同姓的"两个叶永烈":一个是写《十万个为什么》和《小灵通漫游未来》等的科普作家叶永烈;另一个则是写《江青传》《历史选择了毛泽东》等的纪实文学作家叶永烈。因为在读者看来,这是两种截然不同的作品,不可能出自同一个"叶永烈"笔下。其实不止"两个"。他的文学作品中有小说(出版过中短篇小说选以及长篇小说),散文(出版过散文选集),诗(他是从写诗开始的),杂文(出版过多部杂文集,多篇杂文入选中学语文课本),童话(根据他的长篇童话《哭鼻子大王》改编的6集动画电影曾获1995年电影"华表奖"),寓言(各种版本的中国寓言选中常有他的作品),剧本、传记、相声(出版过相声选)……当然,其主打作品是当代重大政治题材的长篇纪实文学。"我爱科学,也爱文学,所以我早年走的是一条科学与文学相结合的创作道路。"叶永烈说。

四、蚯蚓与蜜蜂的故事①

严文井②

【阅读提示】

《蚯蚓与蜜蜂的故事》讲述了蚯蚓和蜜蜂两种动物由于不同想法、不同行为导致不同的结局的童话故事。故事中把蚯蚓和蜜蜂人格化了，象征了生活中某些人的性格、特点，故事中处处扣紧了蚯蚓和蜜蜂各自的特征，把人性和物性有机地结合起来。

在从前——很多很多年以前，蚯蚓和蜜蜂是好朋友，他的模样儿长得也和蜜蜂差不多。

那时候，蚯蚓不像现在这样怕太阳，白天也不躲在土洞里面。他还会唱歌，不像现在这样，从早到晚都不吭③气。他的身子长得又胖又粗，有一颗大脑袋，还有好几条短短的腿。要是今天我们遇见了这样一条蚯蚓，谁也不会说他是蚯蚓。

蜜蜂也不像现在这样。那时候他还不会做蜜，也不会做蜂房，也不会飞，因为他还没有翅膀。他的身子比蚯蚓短小一些，有六条腿，也是短短的，可是没有现在这样精巧，这样灵活。要是今天谁遇见这样一只虫儿，一定不会认出他就是蜜蜂。

在从前，就是蚯蚓还长着腿、蜜蜂还没有生翅膀的时候，大地上可以吃的好东西多极了，像什么杨梅、野葡萄，还有许多咱们都叫不出名字来的，红的、紫的浆果，还有许许多多又甜又嫩的草叶和花瓣，蚯蚓和蜜蜂用不着费很大力气，只要动一动嘴就可以吃得饱饱的。

吃饱了，他们两个就在一块儿玩，不像现在这样，两个老不见面。咱们现在谁看见过蜜蜂和蚯蚓在一块儿玩呢？他们一个在天上飞，一个在地底下钻，根本就不会碰到一起。现在，他们的样子也变得和从前不相同了。这是怎么回事呢？故事还要从头说起。

在很早很早以前，大地上可以吃的好东西多极了，可是你也吃，他也吃，大伙只管吃，不管种，天天老那么吃，大地上能吃的东西就慢慢地减少，以后就越来越不容易找到了。

好日子过完了，苦日子就来了。蚯蚓和蜜蜂有时候找不到东西吃，就得挨饿。

在饿肚子的时候，蜜蜂很着急，可是蚯蚓却满不在乎，还是哼哼唧唧④地唱歌儿。有一次，蜜蜂忍不住对他说："别老那么唱了，朋友，咱们来想想办法，自己动手，做一点什么东西吃，好不好？"

蚯蚓唱得正起劲儿，听蜜蜂这么一说，就很不耐烦地回答："做！你怎么做呀？你真聪明！能吃的东西从来都是现成的，都是自己长好的，自己还能做吃的东西！"

蜜蜂被蚯蚓一嘲笑，就不作声了。这是两个好朋友第一次发生不同的意见。

可是蜜蜂的脑子里总爱想些新鲜事，他不但想做出能吃的东西，并且还想做出特别的东西。特别甜的东西怎么做呢？蜜蜂一天到晚在想办法。

---

① 《蚯蚓和蜜蜂的故事》是严文井中华人民共和国成立初期写的一篇优秀童话，发表于1950年。

② 原名严文锦，(1915—2005年)湖北武汉人，现代著名儿童文学作家，文艺评论家。曾创作很多儿童文学作品，如《蚯蚓和蜜蜂的故事》《三只骄傲的小猫》《小溪流的歌》等。他的童话具有崭新的社会内容，睿智、隽永，富有哲理，饱含激情，风格清新，语言优美。

③ 吭(kēng)气：说话。

④ 哼哼唧唧(hēng hēng jī jī)：形容说话装模作样，拿腔拿调，也形容生病时的呻吟声，文中形容声音微细。

有一天,下起大雨来了,蚯蚓和蜜蜂躲在一块大石头底下躲雨。雨哗啦哗啦地下得很大,地上的水慢慢涨起来,流到他们躲雨的石头那里,把他们的腿都浸湿了。大雨夹着一阵阵的凉风,冷得蜜蜂直发抖,就对蚯蚓说:"唉呀,要是咱们能想个办法,住在一棵大树的洞里边,那就更好了。"

　　蚯蚓正在打瞌睡,摇摇脑袋:"别胡说了,你老爱胡思乱想!"

　　可是蜜蜂越想越高兴,又说:"咱们要是自己动手造一个能住的东西,住在里边,那就更好了。"

　　因为那时候蜜蜂还不会做蜂房,所以他也叫不出他想做的那个东西叫什么。

　　蚯蚓听蜜蜂这样说,就生起气来:"你怎么这样蠢呀!咱们从来就是睡在草叶下面,石头底下,还想造什么能住的东西?再说,你又有多大的能耐,还想造什么东西?别胡扯了,让我安安静静地睡一觉吧!"

　　蜜蜂也有些生气了,就不再同蚯蚓说话了。可是他脑子里在想:蚯蚓说我造不了,我一定得试试看,一定要做出这样的一个能住的东西来。

　　天晴了,蜜蜂开始用一团泥试着做房子。他把所有的腿都用上,合泥,把泥压成许多小片儿。他想把许多小泥片儿合成一个大泥片儿。可是忙了半天,小泥片又散开了。他又重新合泥,重新做小泥片儿。最后,好容易把许多小泥片儿做成一片大泥片儿。他想把大泥片儿卷成一个圆筒筒:试了一次,试了两次,试了三次,可是老卷不好,蜜蜂累得满头大汗,就对蚯蚓说:"好朋友,快来帮帮忙吧!"

　　蚯蚓看着蜜蜂哼了一声,动也不动。

　　后来,泥片儿被太阳晒干了,再也没办法卷成圆筒筒了;蜜蜂累得也不能动了,只好停下来休息。

　　这时候,蚯蚓带着嘲笑的神气对蜜蜂说:"别费力气了啦,朋友!我不早就说过吗,别胡思乱想了。"

　　蜜蜂没作声。因为他在想怎么样才能把房子造好。

　　又过了几天,蜜蜂和蚯蚓一块儿出去找吃的东西。在路上,他们碰见了一棵开满了小白花的山丁子树。山丁子树招呼他们:"好朋友们,来帮个忙吧!我只开花,不能结果。只要你们来帮我把花粉搬动搬动,我就能结子啦。我一定要好好的谢你们呢。"

　　蚯蚓瞪了山丁子树一眼,粗声粗气地回答说:"我管你结不结果,我才没有那么多闲工夫哩!"

　　蜜蜂走过去,对山丁子树说:"我来试一下,行吗?"

　　山丁子树很高兴地说:"谢谢你,你来试试吧。"

　　这时蚯蚓对蜜蜂说:"你真爱管闲事!你不怕麻烦就去试吧,我可走了。"说完,他真的头也不回一个人走了。一边走一边还很骄傲地哼着歌儿。

　　蜜蜂开始很吃力地往山丁子树上爬。那时候,他的腿又短又笨,爬了好半天才好容易爬到树上去,可是当他爬到一朵花旁边想采花粉的时候,因为身子太笨,一不小心就从树上掉下来了。幸亏地上的草很厚,才没有摔伤。他慢慢地站起来,喘了一口气,接着就又往树上爬。

　　在蜜蜂拼命爬树的时候,蚯蚓已经在另一个地方找到一大片浆果,蚯蚓吃着甜甜的浆果,想起了蜜蜂,得意地笑起来了:"这一下可好了,我可以躺下来吃个饱,再也不用动了。蜜蜂这个大傻瓜不知道在那儿干出了什么玩意儿,我看他不是摔伤了,也准得饿坏了。"

　　蚯蚓吃饱了,就躺在浆果旁边呼呼地睡着了。这时候,蜜蜂还在一次,两次,三次练习爬山丁子树哩。说起来也真是奇怪：蜜蜂一次又一次地爬树,用力朝上爬一步,背上的茸毛就颤动一下,蜜蜂不停的用力朝上爬,背上的茸毛就不停地颤动,慢慢的,背上的茸毛有几根就长大了;变成四个小片片儿了。这四个小片片儿一长出来,就很自然地随着蜜蜂的动作扑扇起来。有了这四个小片片儿,蜜蜂的身子也变轻了站也站得稳了。

有时候,我们站在门槛上玩儿,要是站不稳,身子就会前栽后仰的。这时候,不用谁下命令,我们的两只胳膊马上就会出来帮忙:只要这么晃一晃,身子马上又可以站直了。蜜蜂背上新长的小片片儿,就像我们的胳膊一样,靠着它的帮助,蜜蜂就平平稳稳地爬到山丁子树上去了。

这时候,蚯蚓还睡在浆果旁边做着好梦呢,他一点也不知道蜜蜂有了这么大的变化。

蜜蜂背上有这四个小片片儿越长越大,慢慢地就长成翅膀了。有了翅膀的蜜蜂,不久就学会了飞。他从这个花朵飞到那个花朵,不停地搬运起花粉来;他的腿也因为不断地劳动,慢慢地变得很灵巧了。

蜜蜂帮助山丁子树做完了传播花粉的工作,山丁子树非常感谢他,就把多余的花粉和花果的一种甜浆都送给了他,还告诉了他这种甜浆可以做成一种好吃的新东西,这种新东西叫做蜜。

蜜蜂带着花粉和甜浆飞走了。他怎样把甜浆做成蜜呢？这当然不是一件容易的事。可是蜜蜂很有耐心,很肯动脑筋的:他一次失败以后,再想办法,再重新做;再次失败以后,再想办法,再继续做,到底做成功了。

蚯蚓呢,还待在那个老地方,睡醒了就吃,吃饱了就睡。连歌都懒得唱了;当然,他把蜜蜂这个老朋友也忘掉了。

蜜蜂不但学会了做蜜,并且越做越聪明,又学会了做蜡,用蜡造成了自己想了很久的蜂房。他把蜂房造在大树的洞里边,那里既不怕风,又不怕雨。他就住在这样舒服的房子里,每天天一亮就起来,一直忙碌地工作到天黑。

蜜蜂一天一天地变得更聪明更有本领;模样也变得更美丽了:晶亮的大眼睛,细细的触须,好像薄纱似的翅膀,完全变成我们现在所看见的蜜蜂的样子了。

有一天,蜜蜂想起了蚯蚓。他想请蚯蚓来尝尝他做的特别甜的东西,并且把自己学会的本领教给蚯蚓,让蚯蚓也好好劳动。

蜜蜂离开了家到处飞着,一边飞一边喊叫蚯蚓。可是,蜜蜂飞来飞去,东找西找,找了半天,也找不到老朋友的影子。蚯蚓到哪儿去了呢？

原来在这一段很长时间里,蚯蚓也变了样儿了,他本来腿就很短小,因为老不活动,就一天一天变得更加短小。有一天,他一觉醒来一看,他的腿完全没有了;因为懒得说话和唱歌,他的嗓子也哑了;因为只顾睡觉,不动脑筋,脑袋也变小了;因为他那张嘴好吃,不断地咬东西,倒变得比从前更有力,连土块都咬得动,咽得下去了;因为他懒得挪地方,一个地方的好东西吃光了,就只好吃坏东西,最后只是吃土块,所以他的身子就变得很瘦很细了。一句话,他的样子完全改变了。蜜蜂从他头顶飞过去好几次,可是他怎么会认得这就是老朋友蚯蚓呢？蚯蚓当然也不认识蜜蜂了。当蜜蜂从他身边飞过喊他的名字的时候,他觉得很奇怪:这是谁呢？后来,他听见身边许多刚发芽的小山丁子都大声喊:"欢迎我们的好朋友,欢迎勤快的蜜蜂!"蚯蚓这才知道原来是他的老朋友蜜蜂,心里又难受又害羞,恰好身边有一个洞,他马上就钻了进去,在洞里哭起来。

小山丁子在洞口安慰蚯蚓说:"不要哭! 只要你今后再不懒惰,肯劳动,大家也会欢迎你的。"

蚯蚓不能说话，心里想："对！今后我一定好好劳动，好好翻地，帮助植物长得强壮，多结好吃的东西。"

蚯蚓下定决心改正自己好吃懒做的毛病，从此以后，就特别努力，用他那张能容下土粒的嘴，在地里打洞翻土，不声不响地帮植物松土，帮助植物制造肥料。现在，谁都称赞他勤快，都说他完全变好了；可是他直到现在还是不好意思在白天出来，他怕碰见他的老朋友蜜蜂。

【文本对话】

一、仔细阅读这则童话，想想这则童话所蕴含的主题是什么？

二、这则童话为什么要塑造"蚯蚓"前后两个完全不同的童话形象，这对童话创作有何启发？

【实践活动】

从不同角度看待问题就会有不同的答案，假若从"蚯蚓""在地下默默无闻地给植物松土，从不炫耀从不喊累"的特征和"蜜蜂""嗡嗡嗡四处炫耀自己的功劳"的特征出发，编一则新的童话故事。

【知识链接】

严文井先生在《童话漫谈》中曾经说过：童话要适合于孩子们听和看。因此比一般的文学作品要更富于幻想，浪漫色彩要更浓厚，天上地下都可以写到，还必须通过一种拟人的手法来达到它的教育目的。以动物为主人公的作品，要"根据这些动物的生活习性、肤色，加上想象，加以夸张，给以褒贬"。他的童话作品大都具有浓厚的传奇色彩与浪漫气息，洋溢着乐观向上的精神。在他的童话中，作品的主题思想和蕴含的哲理，总是通过被赋予了某种人格的动物或自然景物的行动与对话，在轻松幽默的文字中表现出来，令读者感到亲切，乐于接受。

五、丑小鸭

安徒生[1]

【阅读提示】

本文是一篇带有自传色彩的童话故事。一只又大又丑的小鸭子,一出生就伴随着别人的嘲弄和歧视,但是在经历过种种挫折和打击之后,他终于变成了一只美丽的天鹅。由于这一童话的广泛流传和深刻的思想意义,"丑小鸭"已经成为人们经常使用的一个文学典故,成为激励身处逆境的人们不断进取追求美好生活的典型形象。

乡下真是非常美丽。这正是夏天!小麦是金黄的,燕麦是绿油油的。干草在绿色的牧场上堆成垛,鹳[2]鸟用它又长又红的腿子在散着步,噜嗦地讲着埃及话。[3] 这是它从妈妈那儿学到的一种语言。田野和牧场的周围有些大森林,森林里有些很深的池塘。的确,乡间是非常美丽的,太阳光正照着一幢老式的房子,它周围流着几条很深的小溪。从墙角那儿一直到水里,全盖满了牛蒡[4]的大叶子。最大的叶子长得非常高,小孩子简直可以直着腰站在下面。像在最浓密的森林里一样,这儿也是很荒凉的。这儿有一只母鸭坐在巢里,她得把她的几个小鸭都孵出来。不过这时她已经累坏了。很少有客人来看她。别的鸭子都愿意在溪流里游来游去,而不愿意跑到牛蒡下面来和她聊天。

最后,那些鸭蛋一个接着一个地崩开了。"僻!僻!"蛋壳响起来。所有的蛋黄现在都变成了小动物。他们把小头都伸出来。

"嘎!嘎!"母鸭说。他们也就跟着嘎嘎地大声叫起来。他们在绿叶子下面向四周看。妈妈让他们尽量地东张西望,因为绿色对他们的眼睛是有好处的。

"这个世界真够大!"这些年轻的小家伙说。的确,比起他们在蛋壳里的时候,他们现在的天地真是大不相同了。

"你们以为这就是整个世界!"妈妈说。"这地方伸展到花园的另一边,一直伸展到牧师的田里去,才远呢!连我自己都没有去过!我想你们都在这儿吧?"她站起来。"没有,我还没有把你们都生出来呢!这只顶大的蛋还躺着没有动静。它还得躺多久呢?我真是有些烦了。"于是她又坐下来。

"唔,情形怎样?"一只来拜访她的老鸭子问。

"这个蛋费的时间真久!"坐着的母鸭说。"它老是不裂开。请你看看别的吧。他们真是一些最逗人爱的小鸭儿!都像他们的爸爸——这个坏东西从来没有来看过我一次!"

"让我瞧瞧这个老是不裂开的蛋吧,"这位年老的客人说,"请相信我,这是一只吐绶鸡[5]的蛋。有一次我也同样受过骗,你知道,那些小家伙不知道给了我多少麻烦和苦恼,因为他们都

---

[1] 汉斯·克里斯蒂安·安徒生(1805—1875年),丹麦19世纪著名的童话作家,被誉为"世界儿童文学的太阳",世界文学童话创始人。他出生于一个贫苦鞋匠家庭。其代表作有《拇指姑娘》《海的女儿》《丑小鸭》等。
[2] 鹳(guàn)鸟:与闹灰白色或黑色,嘴长而直,形似白鹤,生活在江、湖、池沼的近旁,捕食鱼虾等。
[3] 因为据丹麦的民间传说,鹳鸟是从埃及飞来的。
[4] 牛蒡(bàng):两年生草本植物,根多肉,根和嫩叶可食,种子可入药。
[5] 吐绶(shòu)鸡:火鸡。

不敢下水。我简直没有办法叫他们在水里试一试。我说好说歹，一点用也没有！——让我来瞧瞧这只蛋吧。哎呀！这是一只吐绶鸡的蛋！让他躺着吧，你尽管叫别的孩子去游泳好了。"

"我还是在它上面多坐一会儿吧，"鸭妈妈说，"我已经坐了这么久，就是再坐它一个星期也没有关系。"

"那么就请便吧，"老鸭子说。于是她就告辞了。

最后这只大蛋裂开了。"噼！噼！"新生的这个小家伙叫着向外面爬。他是又大又丑。鸭妈妈把他瞧了一眼。"这个小鸭子大得怕人，"她说，"别的没有一个像他；但是他一点也不像小吐绶鸡！好吧，我们马上就来试试看吧。他得到水里去，我踢也要把他踢下水去。"

第二天的天气是又晴和，又美丽。太阳照在绿牛蒡上。鸭妈妈带着她所有的孩子走到溪边来。普通！她跳进水里去了。"呱！呱！"她叫着，于是小鸭子就一个接着一个跳下去。水淹到他们头上，但是他们马上又冒出来了，游得非常漂亮。他们的小腿很灵活地划着。他们全都在水里，连那个丑陋的灰色小家伙也跟他们在一起游。

"唔，他不是一个吐绶鸡，"她说，"你看他的腿划得多灵活，他浮得多么稳！他是我亲生的孩子！如果你把他仔细看一看，他还算长得蛮漂亮呢。嘎！嘎！跟我一块儿来吧，我把你们带到广大的世界上去，把那个养鸡场介绍给你们看看。不过，你们得紧贴着我，免得别人踩着你们。你们还得当心猫儿呢！"

这样，他们就到养鸡场里来了。场里响起了一阵可怕的喧闹声，因为有两个家族正在争夺一个鳝鱼头，而结果猫儿却把它抢走了。

"你们瞧，世界就是这个样子！"鸭妈妈说。她的嘴流了一点涎水①，因为她也想吃那个鳝鱼头。"现在使用你们的腿吧！"她说。"你们拿出精神来。你们如果看到那儿的一个老母鸭，你们就得把头低下来，因为她是这儿最有声望的人物。她有西班牙的血统——因为她长得非常胖。你们看，她的腿上有一块红布条。这是一件非常出色的东西，也是一个鸭子可能得到的最大光荣：它的意义很大，说明人们不愿意失去她，动物和人统统都得认识她。打起精神来吧——不要把腿子缩进去。一个有很好教养的鸭子总是把腿摆开的，像爸爸和妈妈一样。好吧，低下头来，说：'嘎'呀！"

他们这样做了。别的鸭子站在旁边看着，同时用相当大的声音说：

"瞧！现在又来了一批找东西吃的客人，好像我们的人数还不够多似的！呸！瞧那只小鸭的一副丑相！我们真看不惯！"

于是马上有一只鸭子飞过去，在他的脖颈上啄了一下。

"请你们不要管他吧，"妈妈说，"他并不伤害谁呀！"

"对，不过他长得太大、太特别了，"啄过他的那只鸭子说，"因此他必须挨打！"

"那个母鸭的孩子都很漂亮，"腿上有一条红布的那个母鸭说，"他们都很漂亮，只有一只是例外。这真是可惜。我希望能把他再孵一次。"

"那可不能，太太，"鸭妈妈回答说，"他不好看，但是他的脾气非常好。他游起水来也不比别人差——我还可以说，游得比别人好呢。我想他会慢慢长得漂亮的，或者到适当的时候，他也可能缩小一点。他在蛋里躺得太久了，因此他的模样有点不太自然。"她说着，同时在他的脖颈上啄了一下，把他的羽毛理了一理。"此外，他还是一只公鸭呢，"她说，"所以关系也不太大。我想他的身体很结实，将来总会自己找到出路的。"

---

① 涎(xián)水：口水。

"别的小鸭倒很可爱,"老母鸭说,"你在这儿不要客气。如果你找到鳝鱼头,请把它送给我好了。"

他们现在在这儿,就像在自己家里一样。

不过从蛋壳里爬出的那只小鸭太丑了,到处挨打,被排挤,被讥笑,不仅在鸭群中是这样,连在鸡群中也是这样。

"他真是又粗又大!"大家都说。有一只雄吐绶鸡生下来脚上就有距,因此他自以为是一个皇帝。他把自己吹得像一条鼓满了风的帆船,来势汹汹地向他走来,瞪着一双大眼睛,脸上涨得通红。这只可怜的小鸭不知道站在什么地方,或者走到什么地方去好。他觉得非常悲哀,因为自己长得那么丑陋,而且成了全体鸡鸭的一个嘲笑对象。

这是头一天的情形。后来一天比一天糟。大家都要赶走这只可怜的小鸭;连他自己的兄弟姊妹也对他生气起来。他们老是说:"你这个丑妖怪,希望猫儿把你抓去才好!"于是妈妈也说起来:"我希望你走远些!"鸭儿们啄他。小鸡打他,喂鸡鸭的那个女佣人用脚来踢他。

于是他飞过篱笆逃走了;灌木林里的小鸟一见到他,就惊慌地向空中飞去。"这是因为我太丑了!"小鸭想。于是他闭起眼睛,继续往前跑。他一口气跑到一块住着野鸭的沼泽地里。他在这儿躺了一整夜,因为他太累了,太丧气了。

天亮的时候,野鸭都飞起来了。他们瞧了瞧这位新来的朋友。

"你是谁呀?"他们问。小鸭一下转向这边,一下转向那边,尽量对大家恭恭敬敬地行礼。

"你真是丑得厉害,"野鸭们说,"不过只要你不跟我们族里任何鸭子结婚,对我们倒也没有什么大的关系。"可怜的小东西!他根本没有想到什么结婚;他只希望人家准许他躺在芦苇里,喝点沼泽的水就够了。

他在那儿躺了两个整天。后来有两只雁——严格地讲,应该说是两只公雁,因为他们是两个男的——飞来了。他们从娘的蛋壳里爬出来还没有多久,因此非常顽皮。

"听着,朋友,"他们说,"你丑得可爱,连我都禁不住要喜欢你了。你做一个候鸟,跟我们一块儿飞走好吗?另外有一块沼泽地离这儿很近,那里有好几只活泼可爱的雁儿。她们都是小姐,都会说:'嘎!'你是那么丑,可以在她们那儿碰碰你的运气!"

"噼!啪!"天空中发出一阵响声。这两只公雁落到芦苇里,死了,把水染得鲜红。"噼!啪!"又是一阵响声。整群的雁儿都从芦苇里飞起来,于是又是一阵枪声响起来了。原来有人在大规模地打猎。猎人都埋伏在这沼泽地的周围,有几个人甚至坐在伸到芦苇上空的树枝上。蓝色的烟雾像云块似地笼罩着这些黑树,慢慢地在水面上向远方漂去。这时,猎狗都扑通扑通地在泥泞里跑过来,灯芯草和芦苇向两边倒去。这对于可怜的小鸭说来真是可怕的事情!他把头掉过来,藏在翅膀里。不过,正在这时候,一只骇人的大猎狗紧紧地站在小鸭的身边。它的舌头从嘴里伸出很长,眼睛发出丑恶和可怕的光。它把鼻子顶到这小鸭的身上,露出了尖牙齿,可是——扑通!扑通!——它跑开了,没有把他抓走。

"啊,谢谢老天爷!"小鸭叹了一口气,"我丑得连猎狗也不要咬我了!"

他安静地躺下来。枪声还在芦苇里响着,枪弹一发接着一发地射出来。

天快要暗的时候,四周才静下来。可是这只可怜的小鸭还不敢站起来。他等了好几个钟头,才敢向四周望一眼,于是他急忙跑出这块沼泽地,拼命地跑,向田野上跑,向牧场上跑。这时吹起一阵狂风,他跑起来非常困难。

到天黑的时候,他来到一个简陋的农家小屋。它是那么残破,甚至不知道应该向哪一边倒才好——因此它也就没有倒。狂风在小鸭身边号叫得非常厉害,他只好面对着它坐下来。它越吹越凶。于是他看到那门上的铰链有一个已经松了，门也歪了，他可以从空隙钻进屋子里去，他便钻进去了。

屋子里有一个老太婆和她的猫儿，还有一只母鸡住在一起。她把这只猫儿叫"小儿子"。他能把背拱得很高，发出咪咪的叫声来；他的身上还能迸①出火花，不过要他这样做，你就得倒摸他的毛。母鸡的腿又短又小，因此她叫"短腿鸡儿"。她生下的蛋很好，所以老太婆把她爱得像自己的亲生孩子一样。

第二天早晨，人们马上注意到了这只来历不明的小鸭。那只猫儿开始咪咪地叫，那只母鸡也咯咯地喊起来。

"这是怎么一回事儿？"老太婆说，同时朝四周看。不过她的眼睛有点花，所以她以为小鸭是一只肥鸭，走错了路，才跑到这儿来了。"这真是少有的运气！"她说，"现在我可以有鸭蛋了。我只希望他不是一只公鸭才好！我们得弄个清楚！"

这样，小鸭就在这里受了三个星期的考验，可是他什么蛋也没有生下来。那只猫儿是这家的绅士，那只母鸡是这家的太太，所以他们一开口就说："我们和这世界！"因为他们以为他们就是半个世界，而且还是最好的那一半呢。小鸭觉得自己可以有不同的看法，但是他的这种态度，母鸡却忍受不了。

"你能够生蛋吗？"她问。

"不能！"

"那么就请你不要发表意见。"

于是雄猫说："你能拱起背，发出咪咪的叫声和迸出火花吗？"

"不能！"

"那么，当有理智的人在讲话的时候，你就没有发表意见的必要！"

小鸭坐在一个墙角里，心情非常不好。这时他想起了新鲜空气和太阳光。他觉得有一种奇怪的渴望：他想到水里去游泳。最后他实在忍不住了，就不得不把心事对母鸡说出来。

"你在起什么念头？"母鸡问。"你没有事情可干，所以你才有这些怪想头。你只要生几个蛋，或者咪咪地叫几声，那么你这些怪想头也就会没有了。"

"不过，在水里游泳是多么痛快呀！"小鸭说。"让水淹在你的头上，往水底一钻，那是多么痛快呀！"

"是的，那一定很痛快！"母鸡说，"你简直在发疯。你去问问猫儿吧——在我所认识的一切朋友当中，他是最聪明的——你去问问他喜欢不喜欢在水里游泳，或者钻进水里去。我先不讲我自己。你去问问你的主人——那个老太婆——吧，世界上再也没有比她更聪明的人了！你以为她想去游泳，让水淹在她的头顶上吗？"

"你们不了解我，"小鸭说。

"我们不了解你？那么请问谁了解你呢？你决不会比猫儿和女主人更聪明吧——我先不提我自己。孩子，你不要自以为了不起吧！你现在得到这些照顾，你应该感谢上帝。你现在到一个温暖的屋子里来，有了一些朋友，而且还可以向他们学习很多的东西，不是吗？不过你是一个废物，跟你在一起真不痛快。你可以相信我，我对你说这些不好听的话，完全是为了帮助你呀。只有这样，你才知道谁是你的真正朋友！请你注意学习生蛋，或者咪咪地叫，或者迸出火花吧！"

---

① 迸（bèng）：溅出或喷射。

"我想我还是走到广大的世界上去好，"小鸭说。

"好吧，你去吧！"母鸡说。

于是小鸭就走了。他一会儿在水上游，一会儿钻进水里去；不过，因为他的样子丑，所有的动物都瞧不起他。秋天到来了。树林里的叶子变成了黄色和棕色。风卷起它们，把它们带到空中飞舞，而空中是很冷的。云块沉重地载着冰雹和雪花，低低地悬着。乌鸦站在篱笆上，冻得只管叫："呱！呱！"是的，你只要想想这情景，就会觉得冷了。这只可怜的小鸭的确没有一个舒服的时候。

一天晚上，当太阳正在美丽地落下去的时候，有一群漂亮的大鸟从灌木林里飞出来，小鸭从来没有看到过这样美丽的东西。他们白得发亮，颈项又长又柔软。这就是天鹅。他们发出一种奇异的叫声，展开美丽的长翅膀，从寒冷的地带飞向温暖的国度，飞向不结冰的湖上去。

他们飞得很高——那么高，丑小鸭不禁感到一种说不出的兴奋。他在水上像一个车轮似地不停地旋转着，同时，把自己的颈项高高地向他们伸着，发出一种响亮的怪叫声，连他自己也害怕起来。啊！他再也忘记不了这些美丽的鸟儿，这些幸福的鸟儿。当他看不见他们的时候，就沉入水底；但是当他再冒到水面上来的时候，却感到非常空虚。他不知道这些鸟儿的名字，也不知道他们要向什么地方飞去。不过他爱他们，好像他从来还没有爱过什么东西似的。他并不嫉妒他们。他怎能梦想有他们那样美丽呢？只要别的鸭儿准许他跟他们生活在一起，他就已经很满意了——可怜的丑东西。

冬天变得很冷，非常的冷！小鸭不得不在水上游来游去，免得水面完全冻结成冰。不过他游动的这个小范围，一晚比一晚缩小。水冻得厉害，人们可以听到冰块的碎裂声。小鸭只好用他的一双腿不停地游动，免得水完全被冰封闭。最后，他终于昏倒了，躺着动也不动，跟冰块结在一起。

大清早，有一个农民在这儿经过。他看到了这只小鸭，就走过去用木屐把冰块踏破，然后把他抱回来，送给他的女人。他这时才渐渐地恢复了知觉。

小孩子们都想要跟他玩，不过小鸭以为他们想要伤害他。他一害怕就跳到牛奶盘里去了，把牛奶溅得满屋子都是。女人惊叫起来，拍着双手。这么一来，小鸭就飞到黄油盆里去了，然后就飞进面粉桶里去了，最后才爬出来。这时他的样子才好看呢！女人尖声地叫起来，拿着火钳要打他。小孩挤做一团，想抓住这小鸭。他们又是笑，又是叫！——幸好大门是开着的。他钻进灌木林中新下的雪里面去。他躺在那里，几乎像昏倒了一样。

要是只讲他在这严冬所受到困苦和灾难，那么这个故事也就太悲惨了。当太阳又开始温暖地照着的时候，他正躺在沼泽地的芦苇里。百灵鸟唱起歌来了——这是一个美丽的春天。

忽然间他举起翅膀：翅膀拍起来比以前有力得多，马上就把他托起来飞走了。他不知不觉地已经飞进了一座大花园。这儿苹果树正开着花；紫丁香在散发着香气，它又长又绿的枝条垂到弯弯曲曲的溪流上。啊，这儿美丽极了，充满了春天的气息！三只美丽的白天鹅从树荫里一直游到他面前来。他们轻飘飘地浮在水上，羽毛发出飕飕①的响声。小鸭认出这些美丽的动物，于是心里感到一种说不出的难过。

"我要飞向他们，飞向这些高贵的鸟儿！可是他们会把我弄死的，因为我是这样丑，居然敢接近他们。不过这没有什么关系！被他们杀死，要比被鸭子咬、被鸡群啄，被看管养鸡场的那个女佣人踢和在冬天受苦好得多！"于是他飞到水里，向这些美丽的天鹅游去。这些动物看到

---

① 飕飕（sōu sōu）：形容雨声或很快通过的声音。

他,马上就竖起羽毛向他游来。"请你们弄死我吧!"这只可怜的动物说。他把头低低地垂到水上,只等待着死。但是他在这清澈的水上看到了什么呢?他看到了自己的倒影。但那不再是一只粗笨的、深灰色的、又丑又令人讨厌的鸭子,而却是——一只天鹅!

只要你曾经在一只天鹅蛋里待过,就算你是生在养鸭场里也没有什么关系。

对于他过去所受的不幸和苦恼,他现在感到非常高兴。他现在清楚地认识到幸福和美正在向他招手。——许多大天鹅在他周围游泳,用嘴来亲他。

花园里来了几个小孩子。他们向水上抛来许多面包片和麦粒。最小的那个孩子喊道:"你们看那只新天鹅!"别的孩子也兴高采烈地叫起来:"是的,又来了一只新的天鹅!"于是他们拍着手,跳起舞来,向他们的爸爸和妈妈跑去。他们抛了更多的面包和糕饼到水里,同时大家都说:"这新来的一只最美!那么年轻,那么好看!"那些老天鹅不禁在他面前低下头来。

他感到非常难为情。他把头藏到翅膀里面去,不知道怎么办才好。他感到太幸福了,但他一点也不骄傲,因为一颗好的心是永远不会骄傲的。他想其他曾经怎样被人迫害和讥笑过,而他现在却听到大家说他是美丽的鸟中最美丽的一只鸟儿。紫丁香在他面前把枝条垂到水里去。太阳照得很温暖,很愉快。他扇动翅膀,伸直细长的颈项,从内心里发出一个快乐的声音:"当我还是一只丑小鸭的时候,我做梦也没有想到会有这么多的幸福!"

【文本对话】

一、阅读课文,回答以下问题。

1. 贯穿全文的线索是什么?
2. 全文写了丑小鸭在哪几个地方的流浪生活?请分别概括出来。

二、"丑小鸭"的形象有什么现实意义?

三、仔细阅读以下句子,分析其内在的含义。

1. "我要飞向他们,飞向这些高贵的鸟儿!可是他们会把我弄死的,因为我是这样丑,居然敢接近他们。不过这没有什么关系!被他们杀死,要比被鸭子咬、被鸡群啄、被看管养鸡场的那个女佣人踢和在冬天受苦好得多!"于是他飞到水里,向这些美丽的天鹅游去。

2. 只要你曾经在一只天鹅蛋里待过,就算你是生在养鸭场里也没有什么关系。

【实践活动】

有人说,丑小鸭变成白天鹅是它自己追求和努力的结果;有人说,他如果不被善良而软弱的鸭妈妈赶走,就是在最初生活的地方,也会变成白天鹅。你同意哪种看法呢?

【知识链接】

《丑小鸭》创作背景:创作于1844年的《丑小鸭》是安徒生在心情不太好的时候写的。那时他有一个剧本《梨树上的雀子》在上演,像他当时写的许多其他的作品一样,它受到了不公正的批评。他在日记上说:"写这个故事多少可以使我的心情好转一点。"这个故事的主人公是一只"丑小鸭"——事实上是一只美丽的天鹅,但因为它生在一个鸭场里。鸭子觉得它与自己不同,就认为它很"丑"。它受到了各方面的压力、鄙视,但它最后终于靠自己不懈的努力,成长为一只最美丽的白天鹅。作者把自己当时的全部感情都融注在丑小鸭这一艺术形象里,以求艺术创作上的成就和精神上的安慰。

下篇:写作篇

下篇：寫作篇

第一单元

文章的立意

王夫之说:"意犹帅也,无帅之兵,谓之乌合。"立意是一篇文章的根本,直接关系文章的选材、布局,乃至文章的深度。所以,也有人说:"千古文章意为高。"足见一篇文章的立意的重要性。

那么,什么是立意呢?

简单地说,就是一篇文章的主题,也就是作者思想感情和写作意图在文章里的集中体现。

一、立意的重要性

"千古文章意在先。"主题是文章的核心、灵魂、统帅,是一篇文章的根本,直接影响和决定着文章的成败。谁的文章立意好、立意深、立意巧、立意新,谁的文章就能胜人一筹。

二、立意的作用

1. 决定材料的取舍

与一个事件、一个问题密切相关的事实材料与观念材料都是十分丰富,甚至是不可穷尽的。这些材料,有的深刻,有的肤浅;有的完整,有的散乱;有的清晰,有的模糊;有的典型,有的一般。那么,哪些材料应该选用,哪些应该舍弃?哪些材料详用,哪些材料略用?这一切,都是根据立意的需要来做决定。

2. 支配文章的谋篇布局

一篇文章总要有脉络、框架,要有层次、段落,要有开头、结尾,要有过渡、照应。这一切究竟如何安排,取决于文章主题的支配作用。表面看起来,主题是内容,结构是形式,但是两者有着极其紧密的联系和内在的统一性。主题作为一个思想认识,它如果呈现纵向深入的形态,文章必然要安排成递进式结构,否则无法完成对它的表现;它如果呈现横向拓展的形态,文章必然要安排成横式结构,否则也不可能有效传达主题。

3. 制约文章表达方式的运用

一个特定的主题,必然要求有相应的表达方式来表现。因此,主题制约着表达方式的选择。

4. 影响着文章的遣词造句

古人有"言授于意"的说法,意思是语言的运用要由思想内容来决定。一方面,思想要以语言的方式存在,没有词汇,就没有概念;没有语句,就没有判断和推理。另一方面,语言是思想的直接体现,是思想的物质外壳,有什么样的思想,就必须用与之相应的语言来传达。

三、立意的原则

万物皆有自己存在的法则,文章同样要遵守一定的法则。写作者在确定主题时就必须要遵循正确、集中、鲜明、深刻和创新的立意原则。

1. 立意要正确

正确是对文章主题思想性、科学性或审美价值的要求,立意要符合客观真实情况,符合科学规律,能帮助人们正确认识世界,引导人们积极向上。它应该揭示事物的客观规律,着力宣传展示社会发展的必然趋势;鞭挞对社会前进起阻碍作用的东西;歌颂新时代涌现出来的新人新事,弘扬正气,鼓舞人们的斗志,提高人们的文化修养和思想素质。

正确的主题有助于人们提高思想,陶冶情操。《钢铁是怎样炼成的》《七根火柴》《一夜的工作》等文章表现了革命斗争中和社会主义建设中为他人、为集体、为社会忘我工作和不惜牺牲的精神,它们影响和激励着一代又一代人努力奋斗,投身党的事业。

而错误或不健康的主题则会腐蚀人的思想,误导人们走向歧路。如以"歌(或歌声)"为话题写作,有人以《唱首歌(或歌声)给非典》为话题写作,有人以《唱首赞歌给"非典"》为题目写作,在"非典"改变人们不讲卫生的习惯这一方面大唱赞歌。这样立意,导致文章价值取向和审美倾向存在严重偏差。"非典"带给人类的巨大灾难与它使人们变得讲卫生相比,孰重孰轻?到底该为它唱什么歌?答案不言自明。又如有人企图以某人婚姻生活中喜新厌旧来说明她具有反封建思想(封建社会讲究三从四德)或"我为人人,就是人人为我"等错误观点,可能会使一部分青年走上邪路,产生一定的消极影响。

例如:螃蟹在树林里迷了路,遇到青蛙,问道:"青蛙哥,到河边,怎么走?"青蛙指着前面说:"你一直往前走,一会儿就可以到河边。"

螃蟹走了老半天,还是走不到河边。后来,有一天,螃蟹遇到了青蛙,指责道:"你害得我好苦,走了许多的冤枉路!"青蛙说:"我没有骗你!叫你一直往前走,你却横着爬,当然到不了河边。"

正确立意:人生要有明确的目标;应该乐于帮助他人;要有坚持不懈的精神;相信他人,尊重他人,不应斜眼看人;别人只能给你指明方向,至于怎么走,应该自己选择;有时你我都没有错,只是我们之间缺乏理解;不同的人可能有共同的目标,但是各有各的路,各有各的方法,不能踩着别人的脚印走;我们要听取别人的意见,学习别人的方法,再根据自己的实际情况,创造出自己的方法……

因此,观点正确、立意健康是衡量文章好坏的重要标准。立意必须遵从社会公认的,服从真善美的标准。从写作者的角度来看,立意的正确与否,往往与写作者的世界观、方法论是联系在一起的,只有树立了正确的世界观、人生观才可能写出主题正确的文章来。

2. 立意要集中

集中主要是指确定正确主题的简明和单一。也就是说,确定的主题不能过多,也不能分散。一般来说,一篇文章只能确立一个主旨,不宜同时存在两个或两个以上的中心。一篇文章,立意没有深思熟虑,下笔就写,又告诉人家这个,又告诉人家那个,结果文章没有清晰的聚焦点,读起来如坠云雾中,那就什么价值都没有。

简明、单一的主旨有利突出表现文章的中心意思。朱自清先生的《背影》正是处处以"背影"为格局,集中体现父子之情深意浓这一主旨,产生了震撼人心的艺术力量。

3. 立意要鲜明

鲜明主要是指确定主旨的政治的、思想的或审美的、明确的倾向性。它是写作者在写作前对现有的生活实践材料表现出来的强烈的爱憎态度,明确的是非观念,清晰的认识。

例如:光滑的墙壁上,一只蚂蚁从一个角度艰难地往上爬,爬到有一处光滑的凸部掉下来,过一会儿,它又从同一个角度继续向上爬,在光滑凸处掉下来,如此反复,请写一篇议论文。

可能看到这则材料的人会有两种截然不同的立意。一是褒。高度地赞扬在失败面前毫不气馁的精神;二是贬。贬斥了在困难面前盲目从事,不讲科学、不讲方法、一味蛮干。无论是哪一种立意都必须树起鲜明的旗帜。

4. 立意要深刻

深刻是指确立主旨深度。作者确立的主旨必须揭示事物的某种本质,反映事物的内部规律,不能满足于停留在事物的表面上,深刻的立意是对个性鲜明的具体生活材料的再认识、再提取、再深化。这就要求作者能透过事物的现象去挖掘其内在的本质,思考出对人生,对社会有意义和价值的东西,能在一般人认识的基础上再进一步,能发现别人没有发现的那一点,并能给人以启示。立意要"见人所未见,发人所未发",具有"过人之处",才能称得上是深刻的立意。要达到这一点,作者必须从独特的角度揭示事物的特征和规律,注意透过生活中的表层现象,抓住其本质,发现其所蕴含的真谛,反映生活的底蕴;同时也要勇于探索和创新,敢于标新立异,做到"人所易言,我寡言之;人所难言,我所言之"。

立意深刻的秘诀就是纵向深入开掘。学会纵向思考,采用层层深入的方法,从不同方面、不同角度,由表及里、由浅入深,多问几个"为什么""怎么办",使中心思想更突出。贾平凹的《丑石》写的是作者儿时家门口一块"丑石",其形状难看,干什么都用不上。可有一天被科学家发现了,原来它是一块天外来物——陨石。于是就被人们如获至宝地运走了。作者立意时跨越了"外表不美,却很有价值"这一台阶,在此基础上提炼得更深,紧密切合了时代——党的十一届三中全会后人才得到发掘和培养,就形成了借用"丑石"表达了人才"埋没与擢用的规律"这一深远的主题。

5. 立意要创新

文章最忌千人一面,落入俗套,未见其文已知其意。作文时要努力克服思维的固有模式,积极调动发散思维和逆向思维,打破常规,力求创新,独辟蹊径,写出令人耳目一新的文章。

例如:以"牛"为话题进行写作,人们常赞"牛"的无私劳作,默默奉献的精神,而可以写"落伍的牛"这样的题目,去贬斥牛的安于现状,不思改革,缺乏独创,跟不上时代的步伐等缺点。

又如很多人奉为人生信条的"沉默是金",有人很有见地地指出"沉默未必是金",在很多情况下,沉默是懦弱,是木讷,是苍白,是肤浅,是另一种世故。这些独创性的见解独树一帜,醒人耳目,还必将引起人们辩证性的理性思考,给人启迪,格外得到读者的垂青和赞赏。

掌握文章的立意原则至关重要。"意犹帅也,无帅之兵,谓之乌合"。"正确""集中""鲜明"向来是文章立意的根本要求,"深刻"而又"创新"则是追求的最佳境界。这五者有机地统一起来,无疑是写作者立意的首要任务,从五者的关系来看,立意是否正确是中心思想能否确立的基本前提。在这个基础上,再考虑文章立意是否鲜明、集中,再后考虑是否深刻、有创意。

四、选准立意角度,学习积累立意方法

任何一个材料,其立意的角度往往是丰富多样的。而真正成功的文章,在立意时必须选择一个最佳的角度。这里的"最佳"应具备三个特征:一是概括性,必须体现材料的主旨;二是新颖性,必须表现自己独特的见解;三是适应性,必须适宜于自己展开论述。

例如:一只猴子捡到一把刀,但是这把刀很钝,连小树也砍不断。它跑去请教砍柴人:"告诉我,你的刀为啥那样锋利?""我把它在石头上磨过,磨过就行了""磨过就行",猴子高兴地跑回去,拿起刀就在大石头上使劲地磨起来,一直把刀口磨得差不多和刀背一样厚,等它去砍树时,不用说,就更加砍不动了。

根据这则寓言立意,其角度至少有三个。①从猴子的角度立意:学习之后要思考,求学问不可一知半解;学习不能浅尝辄止。②从砍柴人的角度立意:传道要尽责。③从猴子与砍柴人之间的关系的角度立意:请教要细心,指教要耐心。但究竟哪一个角度更好呢?

(1)从材料的中心角度讲,猴子是寓言的主人公,是叙述的主体所在,寓言的基本意旨也在于借猴子劝诫人们学习时要深究细查,切不可浅尝辄止。

(2)从适应性看,若是学生,学习是最基本的任务,因而从猴子这一角度立意最有实际意义;若是教师,传道、授业、解惑是最基本的任务,因而从砍柴人这一角度立意最有实际意义。

(3)从新颖性看,第一个角度第一论点是正面的立意,有指导性,但针对性不强,后两个论点从反面立意,有较强的针对性和现实性。

选准立意的角度之后,下面就几则材料来谈谈立意的方法。

(1)提取法:抓住原材料中关键性的词语,然后抽取出来,进行组接,作为该材料的立意的一种方法。

材料:当国家建设需要木材的时候,他是伐木劳模;当国家需要保护生态环境的时候,他是植树英雄。马永顺前半生努力为国家供应木材,是伐木模范,后来他看到大片森林被砍伐,造成生态环境恶化时,决定退休之后,把伐树后的空地都补上树苗,现已植树四万多棵。

此则材料中的关键词语是"伐木"与"植树",由此可以这样立意:昔日采伐手,现今植树人。

(2)因果法:从原材料得到的结论中,推断出事物发生的原因,并将原因作为立意的一种方法。

材料:某学生经常找家长要钱,说是学校收费,其家长觉得此风不可助长,便找校长去理论,当得知是儿子撒谎要钱进游戏厅后,大发雷霆。不料儿子却反唇相讥:"你和妈妈不也是经常写信到新加坡去,让姑姑寄钱来,为没病的奶奶治病吗?"父亲听后无言以对。

此家长为什么无言以对呢?由此推出观点:①身正才能为范;②身教重于言传。

(3)换位法:变换一种角度,从另一方面来对原材料进行分析,从而提炼出立意的一种方法。

材料:华灯初上,一个西装革履的小伙子骑着车观赏夜景,不小心撞倒了一位横穿马路的老人,小伙子若无其事,扬长而去。一个穿夹克衫的青年看到,朝那小伙子喊:"喂,你丢了什么东西。"小伙子犹豫地停下车:"我丢了什么?""你丢了知错改错的勇气。"小伙子惭愧地扶起老人。

人们通常会对夹克青年大加赞赏:"路见不平一声吼。"或对西装革履的小伙儿进行教导:"尊老爱幼的传统美德不能丢。"还可能对小伙子进行褒扬:"知错能改,善莫大焉"。其实这些立意都未抓住材料的核心,原材料意在肯定夹克青年的说话艺术,他语气平和,说话幽默,使得西装小伙子立马改正了错误,所以"批评"一定要讲究艺术可作为最佳立意。

(4)对应法:把握一些自然现象、童话寓言类的寓意,从材料中的喻体联想到生活中的本体,抓住对应关系,提取理性内容的方法。

材料:麻雀说燕子是怕冷的懦夫,燕子说黄鹂徒有一身美丽装束,黄鹂说百灵声音悦耳动机不纯,百灵说最无原则的要算那鹦鹉,鹦鹉说喜鹊天生一副奴颜媚骨,喜鹊说苍鹰好高骛远,苍鹰说麻雀鼠目寸光……

材料中的众鸟用挑剔的眼光对他鸟横加指责,不能用正确眼光看待他鸟的优点。联系现实生活,有些人像众鸟一样,只盯住别人的短处,从不作自我反省。其实,人应当多看别人的长处。找准了这个对应点,如下立意自然得出:①多一些宽容,少一挑剔;②学人之长,补己之短。

(5)迁移法:把原材料中的关键句子迁移出来作为立意的一种方法。

材料:戴维是英国皇家学院爵士,在科学上做出过重大贡献。有人要戴维填表列举自己对科学的贡献,戴维在表上写道:"最大的贡献就是发现人才法拉第。"法拉第原是一位书籍装订工,没有上过大学。戴维发现他的才能,让他做了自己的助手。法拉第因而成为世界上杰出的科学家。

此段材料的关键句子是:"最大的贡献是发现人才。"迁移出来的此句就是全材料的中心立意,变通一种说法是:"当好新世纪的伯乐。"

提起作文章,常有人作高深莫测状——"水无常形,文无定法",这正如前些年足球圈内人士常挂嘴边的口头禅"足球是圆的"一般,讳莫如深。其实,万事万物在其发展变化的同时,自有其内在规律和准则。文章立意的这些原则应是基本的准则,而方法也是可以总结出来的。近些年,从事作文理论研究的有识之士多有一些精辟的见解。笔者就立意的原则和方法进行了初步的探讨,旨在抛砖引玉,以期更多的"智者""仁者"深入探讨作文之道。

【实践活动】

一、仔细阅读材料,分析并把握材料的内容,自定立意,确立写作角度,拟写合适的题目,然后标明写作的文体。

(1)一个牧场主养了许多羊,他的猎户邻居养的凶猛的猎犬常常跳过栅栏袭击牧场里的小羊羔。牧场主几次让猎户把狗关好,但猎户都不以为然,猎狗咬伤了好几只羊羔。忍无可忍的牧场主找到镇上的法官评理。法官说:"我可以处罚那个猎户,也可以发布法令让他把狗锁起来,但这么一来你就失去了一个朋友,多了一个敌人。我可以给你一个更好的主意。"牧场主到家后,按法官说的,挑选了三只最可爱的小羊羔送给猎户的三个儿子,孩子们如获至宝,因为怕猎狗伤害到儿子的羊羔,猎户做了个大铁笼,把狗关了进去。从此两家相安无事,还成了好邻居。

(2)三个旅行者早上一同外出,一个人拿了根拐杖,一个人拿了把雨伞,第三个人什么也没拿。晚上回来时,拿雨伞的浑身是水,拿拐杖的浑身是伤,而什么也没拿的却安然无恙。于是前两个旅行者问第三个旅行者为什么会这样。第三个旅行者回答说:"当大雨来临时,我躲着走;当路不好走时,我小心地走。所以我既没淋湿,也没跌伤。你们这样是由于你们过于依仗自己的优势。"许多时候,我们不是跌倒在自己的劣势上,而是跌倒在自己的优势上。你同意这种观点吗?

(3)人的一生中,总会有许多朋友。幼小时的玩伴,学生时代的同窗,成年后事业上的合作者;读书者以"书"为友,弹琴者以"琴"为友,赏花者以"花"为友;有终生为友者,有一时为友者,也有先敌后友者。

(4)门,一个再平常不过的事物。人的一生谁没有和门打过交道呢?幼年时,家门曾是我们最温馨的港湾;长大一些后,校门曾是伴随我们读书学习的最忠实的朋友;当我们走上社会后,工厂的门、商店的门、医院的门又勾起我们多少美丽的憧憬和遐想啊……也许有人将会走出国门,也许有人会走进监狱的大门,人生将会为我、为你、为他打开一扇怎样的门呢?

二、下面是以《送别》为标题的立意,请分析,看看哪个立意比较好?

(1)我每天去上学,妈妈都送我出家门,表现他对我的关心。

(2)我的一位亲人或朋友将要到远方去,我在车站送他走,表现出亲人或朋友之间真挚难舍的感情。

(3)我的一个好友因犯罪去伏法,我为他送别。表现好友的后悔和对我的教育。

(4)我去远方读书,临行时我心爱的小狗送了一段又一段路,写出人与动物之间的真情。

(5)我的爷爷死了,在下葬时我为他送别,写出人与人之间的"死别"的悲情。

三、分析下面的材料,提炼出最能反映事物本质特点的立意,并谈谈你的理由。

(1)在枫叶上,露珠红红地闪烁。在荷花上,露珠有着泪滴似苍白的透明。

(2)后汉有个叫司马徽的人,从不说人家不是。与人交谈时,他不管美丑一律说好。有人问他近来可好?他回答说:"好"。有人告诉他说:"我儿子死了"。他也回答说:"好"。他的妻子责备他说:"人家认为你德行好,才把这件事告诉你。为什么你听到人家的儿子死了,反而也说好?"司马徽说:"你这样说也很好。"

四、阅读下面的材料,这则材料引发了你怎样的感悟和思考。请从不同的角度,自定立意,拟写一个题目。

一日,我和朋友在洛杉矶威尼斯海滩一家有名的咖啡馆闲坐。一位先生走进咖啡店,点了两杯咖啡,然后指一指店内的一面墙,对侍者说:"一杯贴墙上。"侍者恭敬地为他上一杯咖啡。客人结了两杯咖啡的账走后,侍者在墙上贴了一张写着"一杯咖啡"的纸条。墙上有很多这样的纸条,似乎这种方式是这里的常规。这让我们感到惊奇和不解。

后来有一天我们又在这个咖啡店里享受咖啡时,一位拾荒者从容地走进来,看看墙上,然后说:"墙上的一杯咖啡"。侍者以惯有的姿态恭敬地为他上了一杯咖啡,拾荒者用完后没结账就走了。我们惊奇地看着这一切。这时只见侍者从墙上揭下一张纸条,扔进了纸篓。至此,我们才明白了墙上"一杯咖啡"的用意。

自选文体,写一篇不少于800字的文章。

角度选择:

(1)买咖啡的先生角度;

(2)侍者角度;

(3)拾荒者角度;

(4)咖啡馆的角度;

(5)社会角度。

五、作文:请以"朋友"为话题,自拟文题,写一篇作文,体裁、字数不限。

审题指导:朋友就是历代诗人口中所说的知音,是每个人人生字典中必不可少的一页。在人生的各个阶段,都会遇到一些让你难以忘怀的真挚的朋友。时代到了今天,"朋友"被赋予了更丰富的内涵。心心相印、志同道合的当然是朋友;敢于直言、直抒胸臆的也应是朋友;那花、草、木、石等给人以精神寄托之物,也可看作是朋友;还有给人以精神食粮的书,更是无言的朋友。写好这个话题,选材要新,思路要广,文章才易于创造出新意。

第二单元

文章的构思

　　一篇优秀的作文，离不开精巧的构思。构思犹如盖房子的蓝图，是作文的关键，构思的好坏很大程度上决定着文章的成败。曹植七步成诗令世人叹为奇才；左思十年写成《三都赋》以致洛阳纸贵，其功夫全在构思上。

　　构思是指作者在动笔之前的一系列思维活动，也指作者孕育作品的过程，包括选择题材、提炼主题、确定表现形式、谋篇布局等方面的内容。构思是一个比较复杂的过程，所以要善于动脑筋。同时构思并没有一个死的条条框框，它所涉及的种种问题，都是灵活多变的，因而构思过程是一个充满创造性的思维过程，是一种创造性的劳动。

　　不同体裁不同类型的文章各有常见的思路模式，在结构安排上往往有明显的轨迹可循，如记叙文的"总—分—总"式，议论文的"并列式""对照式""层进式""总分式"，一般材料议论文和读（观）后感的"引—议—联—结"式等。

　　构思的意义在于能合理利用材料，充分表现中心思想，构思创新就必须打破常规思维模式，适当变通，制造波澜。记叙类文章的构思创新其常见的构思方式如下。

　　一、抑扬式构思

　　这里的"扬"，是扬起、褒赞；"抑"，是针砭、抑制。抑扬，在于给读者留下深刻的印象，避免文章平淡，使文势波澜起伏。如果目的在于扬，则采用"欲扬先抑"；目的在于抑，则采用"欲抑先扬"。运用此法于褒贬中求变化，造成跌宕多姿，以增强文章的感染力。

　　(1)我是个农村的孩子，家里经济条件不好，回家过星期天。要返校了，妹妹在一边给我的菜瓶子里装菜，以便偷吃菜里的肉丁。我怨妹妹嘴馋，妹妹说：姐姐，你不在家，我们尽吃小菜。你一回家，妈妈总是割肉买鱼给你补养身体，你又吃又往学校带，要是你天天在家多好啊。

　　(2)周末，邻居对回家的女儿迎出老远，"心肝宝贝"叫个不停。而妈妈对我只是笑了笑，我心里很不是滋味。妹妹在给我装菜时偷吃菜中肉丁更使我火冒三丈。但妹妹的一句话让我羞愧难当。"姐姐，你不在家，我们尽吃小菜，你一回家，妈妈总是割肉买鱼给你补养身体，你又吃又往学校带，要是你天天在家多好啊！"

　　看完之后有什么感受？第一则材料选材有特色，歌颂了深沉的母爱，但就事写事，未必是佳作。第二则材料是按先抑后扬的方法将第一则材料进行了改写，真挚的母爱便扬了起来。

同时,这样来写文章也就曲折生动了。

二、比喻式构思

比喻式构思,可以说是万法中的要法。它是相似联想所生发的绚丽之花,最易使文章生光出彩。

例如《品味人生,感受快乐》一文的片段。

童年的生活好似鸡尾酒。虽然父亲的巴掌、母亲的训斥如同酒中的冰糖给人以丝丝寒意,可冰终会化去,糖却将甜留在酒中⋯⋯

青年的日子就像慕尼黑的啤酒。学业的压力,求职的艰辛,就像酒中淡淡的苦味不可少。但毕竟啤酒的度数不高,毕竟生活中还有父母为你遮风挡雨⋯⋯

步入中年,人生就如多味的烈性酒。肩上的担子好沉好沉,上养老下养小。对酒的品味,也将因人而异⋯⋯

到了老年,人生便如窖藏的葡萄酒,久而弥香。

虽然"酒"的差异仍存在,可品出的却是同一个味儿——香中有甜⋯⋯

因此我说人生如酒,日久才弥香弥甜,关键要细细品味。细细品味,才能感受人生的快乐。

⋯⋯

这个作者运用恰当精巧的比喻串联,为全文线索搭建了一个抒情明旨的绝好平台。使用此法时,注意本体与喻体的相似点必须成立,用喻应句式简练,含意隽永。若置于段首,能使文脉一目了然。

三、对话式构思

所谓对话式构思,是指文章的整体结构主要是问与答,可以一问一答,也可以几问几答。问什么就答什么,不能出现"答非所问"的现象。如果是几问几答,则前一问答与后一问答要有内在的逻辑联系。而所有的问答都要在同一思维过程中围绕一个大的中心议题进行组合。但是在写对话时要写出对话的语气、节奏、说话人的情态,至于通过对话来记事,还要注意在叙写对话时不能忽略情节的推进、发展和变化。

例如《代沟》中的片段。

母:把你那"左三圈""右三圈"调小声些不成吗?天天"脖子扭扭,屁股扭扭",你不累吗?

女:妈,您那越剧,哭哭啼啼的,一个调儿拖半天,您听着不急吗?

母:你皮痒了是不是?我问你,刚才打来电话的那个男生是谁?

女:同学呗!他问我作业题呢,您老可别乱猜。

母:此地无银三百两!讨论题目也要笑成那德行?早跟你谈了。女孩子要"矜持",你懂不懂啊?那么大的姑娘家了,还成天与男孩儿嘻嘻哈哈的!我们读书时,男女生之间连话也不敢说半句。

女:时代不同了嘛!

母:时代再不同,你也是我女儿。我警告你:你可别学人家早恋哪!

女:妈。哪儿来那么多"恋"哪!男女同学在一起玩儿就早恋了?那是友谊!别把"友情"当"爱情"!

母:什么"友谊"?男女生在一起是"有问题"。别以为我不知道你成天想什么?你以为把写的日记锁在抽屉里,就没人知道了?

女:妈,您太过分了!您偷看我日记!这是侵犯我个人隐私权!

母:隐私!翅膀还没硬呢,就有隐私?告诉你,做子女的,对父母绝没"隐私"可言!

女:人与人之间是平等的!

母:平等?只要我是你妈,你是我女儿,就没平等!

女:您——这……太不可理喻了!

……

此文作者巧借母女对话,形象生动地勾画出母女间的代沟,反映了当今中学生的心声,引起了共鸣。大家不妨也利用这种方法试一试,也许作文会写得更好呢!

四、短段式构思

短段式构思就是一篇文章用众多细密的短小段落构成,每一个段落小巧、秀美,语言凝练,含量丰富。这种构思法,既能写人又能叙事,既能写景又能状物,既能抒情又能议论,适用面广而且易于掌握。

如《在平凡生活中学会感谢》一文中的片段。

我颤颤巍巍地将汤碗端到饭桌上时,母亲微笑地说了一句"谢谢你",我第一次感觉到劳动的快乐,于是我变得勤劳。

当我用生疏的手法将衣服烫好,放到父亲的面前时,父亲微笑着说了一句"谢谢你",我第一次感到成功的快慰,于是我变得自信。

当我把路中央散落的碎石搬走时,路人饱含赞许感激的目光,让我感到助人的愉悦,于是我变得善良。当我将一摞作业本,放到老师的办公桌上时,老师和蔼地说了一句"谢谢你",第一次让我感到相处的喜悦,于是我变得开朗。

……

"谢谢你"这三个字贯穿于整个文章的始终,作者认为在生活中学会感谢是很重要的,家人的感激,路人的感激,老师的感激,可谓是"我感谢,我成长",情真意切,非常切合题目。

五、标题式构思

在文章中运用小标题法帮助构思,有几个好处,一是可以在具体写每一个小段落的时候,不容易跑题。一段一个小标题,围绕一个小标题,单独写一件事情。或单独写一个片段,事情单一,便于我们操作。二是构思的时候,看到小标题,就能够知道自己还有哪些方面没有写到,哪些地方是不是重复了,便于构思时充分地想好作文的方方面面。

使用这种构思文章,应着意于小标题的琢磨雕饰,应做到:

(1)要"小",其外延必须和本节内容一致;

(2)要"短",短了则凝练,则含蓄;

(3)要"巧",或欲擒故纵,或悬念迭起,或幽默风趣,或层层递进;

(4)要"新",新了就避免雷同。

要有独特的吸引人的内容;还要有文采,可以引用诗词、名人名言,可以用比喻、夸张等修辞方法,可以用特殊句式,可以适当使用数学符号、标点符号等。

如佳作《良师》一文,作者巧妙地采用了"我心中有一片绿""我心中有一头老牛""我心中有一群大雁"三个小标题,分别写了从小草、老牛、大雁的形象中所得到的感悟,由三种事物领悟到应坚强、踏实和团结一致向前进,所以它们都是"我"的良师,独出心裁的写法自然引人注目。

六、散点式构思

散点式是指围绕一个中心,从数个点上进行发散、铺排,每个点是一个精美的句段,数个点连成一体就是一篇优美的散文。这种散点式习作最突出的优点就是层次明晰,语言优美,情感浓郁。这种布局往往能出奇制胜。

七、一字(词)式构思

一字(词)贯穿,是指在构思文章时,选择一个和中心思想紧密相关的关键字或词连接文章的所有材料,从而形成文章的骨架。

如《背影》一文,就是采用一词贯穿构思法,文章从始至终以"背影"一词贯穿全文,使读者深深体会一颗慈父心,体会父子之间的深情。运用这种方法,要注意文章应扣紧一个字或词来写,只有这样,才有条件以此为辐射点,进行多角度的思维,才有利于有层次地、深入地进行描述或抒情,使文章丰满而有韵味。

八、片断式构思

片断组合是指在题目规定的范围内,根据表达主题的需要,选择几个生动的典型的人物、事件或景物的片断组合成文来表现一个主题的构思方法。用这种方法构思的记人、叙事、写景的文章,可以在较短的篇幅内,多角度、多侧面地表现人物、叙述事件、描写景物。

运用片断组合的构思法需要注意的点如下。

(1)所组合的片断的形式要统一:或者是人物形象的一系列片断组合,或者是事件的一系列片断组合,或者是景物的一系列片断组合等。

(2)片断本身的叙述必须是具体的、生动的、形象的。

(3)片断可以是横向排列,也可以是纵向排列。横向的排列要安排好主次、实虚的关系,纵向的排列要注意时间的先后顺序。

九、悬念式构思

悬念设置是指在选材构思时,把情节安排得含而不露,让读者以焦虑的心情期待着它的发展,有"欲知后事如何,且听下回分解"之功效的构思方法。

十、对比式构思

纵横对比是指将对立的人物、事件、景物放在同一篇文章中来叙写的一种构思方法。运用这种方法构思,形成鲜明的反差,给读者留下极深的印象。或动静对比,或美丑相映,或真假相衬,或善恶对立,或冬夏对比,或天地对照等。

【实践活动】

一、阅读下面的材料,按要求作文。

北风和太阳争论谁的威力大。它们议定,谁能剥去行人的衣裳,就算谁胜利。北风开始猛烈地刮,行人把衣裳裹紧,北风就刮得更猛。后来,行人冷得厉害,又加上了更多的衣裳。北风终于刮累了,就让位给太阳。太阳先温和地晒,行人脱掉了添加的衣裳;太阳越晒越猛,行人热得难受,就把衣裳脱光,跳到附近的河里洗澡去了。

上述材料值得引起人们的深思,现实生活中不也有类似的现象吗?请以"真正的威力"为话题写一篇作文。

要求:(1)立意自定;(2)文体自选;(3)题目自拟;(4)不少于800字。

二、阅读下面材料,根据要求写一篇作文。

有两只老虎,一只在笼子里,一只在野地里。笼子里的老虎三餐无忧,野地里的老虎自由自在,它们互相羡慕对方的自由或安逸,最后互换位置,但不久两只老虎都死了。一只因饥饿而死,一只因忧郁而死。从笼子走出来的老虎获得了自由,却没有获得捕食的本领;走进笼子的老虎获得了安逸,却没有获得在狭小空间生活的心境。

许多时候人们往往对自己的幸福看不到,而感觉到别人的幸福很耀眼。想不到别人的幸福也许对自己不适合,更想不到别人的幸福也许正是自己的坟墓。

请以"认识幸福"为话题写一篇文章,可以写自己的经历、体验、见闻、认识,也可以编故事、寓言等。立意自定,文体自选,题目自拟,不少于800字。

三、请以"_____,触动了我的心灵"为题,写一篇文章。

要求:(1)根据自己所写文章内容,将题目补充完整;

(2)选择你最能驾驭的文体抒写真情实感;

(3)不少于800字。

第三单元

文章的表达方式(一)

表达方式是作者通过表述特定内容所使用的特定的语言方法、手段。从写作主体或写作过程来看,表达方式不仅是作者运用语言文字的行为,而且是贯穿写作始终的一种心理要求,是从一开始就与思维相依存的一种内部言语活动。表达方式是文章思想内容变成具体存在现实的一种艺术形式、一种艺术手段。它是文章的重要形式因素,也是衡量文章艺术性的重要条件。一篇文章,如果没有很好的表达方式,丰富的思想内容就不能完美的得到表达,文章就不能起到应有的社会作用。

文章是社会生活的反映,而社会生活本身就是丰富复杂的,表现在文章中,作者对社会生活的认识和反映的方式也是各种各样的。人类在长期的写作实践中,经过不断的总结和创造,逐步形成了叙述、描写、抒情、议论、说明等五种文章写作的基本表达方式。

表达方式是文体特征的重要标志,不同的表达方式,决定了文章的不同体裁。一篇文章以何种表达手段为主,取决于文章的写作目的及其客观表现对象的特征。客观事物的纷繁复杂,使得文章表现对象的特征也各具异彩。要反映这些不同表现对象的不同特征,文章必须采取不同的表达方式。从文章本身的写作目的看,作者每写一篇文章,均具有其明确的目的性,或为了叙述过程,或为了描绘状貌,或为了抒发感情,或为了阐述道理,或为了解说现状,文章的写作目的不同,必然要采用不同的表达方式。

一、叙述

叙述是把人物的经历和事物的发展变化的过程表述出来的一种写作方法。它是写作中最基本、应用最广泛的表达方式。它是记叙性文章和文学作品主要的表达方式。它一般包括时间、地点、人物、事件、原因、结果六要素。回答"是什么"的问题。

1. 叙述的作用

第一,介绍事件发生、发展的过程。例如:"立春过后,大地渐渐从沉睡中苏醒过来,冰雪融化,草木萌发,各种花次第开放。再过两个月,燕子翩然归来。不久,布谷鸟也来了。于是转入炎热的夏季,这是植物孕育果实的时期……"(《大自然的语言》)

第二,介绍人物的经历和事迹。例如:"我小时候,家在哈佛尔。家里并不富裕,对付对付地过活而已。我父亲做着事,每天要到很晚才从办公室回来,挣的钱也不多。我有两个姐姐。"(《我的叔叔于勒》)

第三，为议论说理文章提供论据。如毛泽东《别了，司徒雷登》的第一段："司徒雷登是一个在中国出生的美国人，在中国有相当广泛的社会联系，在中国办过多年的教会学校，在抗日时期坐过日本人的监狱，平素装着爱美国也爱中国，颇能迷惑一部分中国人，因此被马歇尔看中，做了驻华大使，成为马歇尔系统中的风云人物之一。"

2. 叙述的方式

叙述，从不同的角度有多种划分方法，而最常见的是按叙述的先后顺序，分为顺叙、倒叙、插叙、补叙、平叙。

1）顺叙

按照事件发生、发展的时间先后顺序来进行叙述的方法。

顺叙是按时间的推移，空间的自然序列，作者或人物的思想感情发展的进程，人物活动的次序或事件的始末进行叙述。这是一种最基本最常用的叙述方法，它循着事物发展的程序，符合人们的接受心理和阅读习惯，便于把叙述内容表述得条理清楚，自然顺畅。如《老山界》一文，就是按照时间（当天下午——天黑——当天夜里——第二天黎明——第二天下午两点——两点以后）的推移，记叙了红军翻越老山界的过程。运用顺叙要区分主次，讲究详略，注意疏密相间，防止平铺直叙。

2）倒叙

把事件的结局或某一突出的片段提到前面来写，然后从事件的开头进行叙述的方法。

倒叙是先把叙述事件的结局或事件发展过程中某个突出片断提到前面来写，然后再按事件的发生发展顺序展开叙述，传统上称为"倒插笔"。

倒叙有三种情况：一是把结局提前；二是把某个片断提前；三是用回想回忆的方式进行，将作者的感受用叙述在文章前面表达出来。

倒叙强调了事件结果或高潮，容易造成悬念，形成波澜，引人入胜。采用这种方法一定要根据表达的需要，不应强行运用，要注意起笔的"倒叙"与后文的"顺叙"部分的衔接，使之连接紧密，过渡自然，如沃勒在《廊桥遗梦》的开头即写道：从开满蝴蝶花的草丛中，从千百条乡间道路的尘埃中，常有关不住的歌声飞出来。本故事就是其中之一。一九八九年的一个秋日，下午晚些时候，我正坐在书桌前注视着眼前电脑荧屏上闪烁的光标，电话铃响了。作品采用倒叙的笔法来叙述，先写叙述者的现在，然后再回忆故事主人公年轻时的一段恋情，使小说充满怀旧的色彩。

3）插叙

在叙述主要事件的过程中，根据表达的需要，暂时中断主线而插入的另一些与中心事件有关的内容的叙述。

插叙是在叙述过程中，根据表达内容的需要，暂时中断主线，插入相关的事情或必要的解说。插叙结束后，仍回到叙述主线上来。如鲁迅的《故乡》，插叙了"我"儿时与少年闰土相会的一段回忆，使少年闰土与中年的闰土形成鲜明的对比，大大增强了作品的思想性和艺术性，结构也显得更加紧凑。插叙的内容可以是对往事的回忆联想，可以是对某些情况的诠释说明，还可以是对人物、事件、背景的介绍。插叙补充丰富了人物、事件及背景，使文章内容得以充实，叙述曲折，形成断续变化，使行文错落有致。《故乡》中的插叙，先由母亲提起闰土，说到"他每到我家来时，总问起你，很想见你一面。我已经将你到家的大约日期通知他，他也许就要来了"时加入了插叙，显得十分自然。插叙完了，用"现在我的母亲提起了他，我这儿时的记忆，忽而全都闪电似的苏生过来，似乎看到了我的美丽的故乡了。我应声说：这好极！他——怎样？

……"几句,把话题又拉了回来,再沿着原来的线索写下去,连接得天衣无缝。

4)平叙

平叙,就是平行叙述,即叙述同一时间内不同地点所发生的两件或两件以上的事。

这也就是传统小说中常说的"花开两朵,各表一枝"。对那些紧系于同一主干事件中的分支进行叙述时,多采用交叉叙述,这样可以把头绪纷繁的人与事表现得有条不紊,并且突出了紧张气氛,增强了表达效果;对那些联系不甚紧密,而又由同一主线贯穿的几个人、事、物进行叙述时,则多采用齐头并进的平行叙述,这可以把平行发展的事件交代得眉目清楚,显得从容不迫,而读者则可以同时看到平行的各个事件,从而获得立体的感受。

5)补叙

在叙述过程中对前文涉及的某些事物和情况作必要的补充、交代。

如《水浒传》第十六回《智取生辰纲》一节,叙述在黄泥岗松林内七个贩枣的客商劫走了生辰纲。看到这里,读者自然生疑:同一桶酒,贩枣客商喝得,为什么杨志等人就喝不得? 这时,作者不慌不忙地交代了吴用、晁盖等七人的姓名,并介绍了使用障眼法、当面吃酒以瓢下药的经过。这样,通过补叙使得事件真相大白。它的作用在于对前文所设伏笔做出回应,或对前文中有意留下的接榫处予以弥合、补叙,可以使内容完整充实,情节结构完善,使记叙周严,不留破绽。再如,《赤壁之战》中"子瑜者,亮兄瑾也。避乱江东,为孙权长史"几句就是补叙。这个补叙虽然只有短短的几句,但却大有作用,既说明子瑜是什么人,又显示了鲁肃的外交才能。补叙不一定用过渡文字,但应注意尽量简短,若删去补叙部分,上下文仍然可以衔接起来。

补叙与插叙的不同在于:①文字少,一般没有情节,前后不必有过渡文字;②去掉补叙的文字,前后内容仍可以衔接起来。

3.叙述的要求

一是头绪清楚。有些事件错综复杂,千头万绪,叙述起来要交叉采用多种方法,因而必须理出一条主要线索,以使叙述有条不紊。叙述线条清楚,层次井然,就能头绪不乱。叙述怎样才能清楚呢? ①抓住主要线索。②抓住人物(主人公)活动、场面转换叙述。③处理好叙述的断与续,衔接要自然。④人称要统一。

二是交代明白。叙述事情应该做到六要素(时间、地点、人物、事件、原因、结果)向读者交代清楚,使读者有一个完整的概念。交代的方法有直接交代和间接交代。有的文章在不影响理解和接受的情况下,可省略某些要素。文学作品则可写得含蓄些。

三是评略得当。根据主题要求或故事情节的需要,对事件叙述有详有略、有繁有简。对重要的内容要写得具体详细,浓墨重彩;对一些次要材料则应概括简略,惜墨如金。

四是波澜起伏。写文章切忌平铺直叙,记流水账。文章写作要有高潮有低潮,有松有弛,有快有慢,波澜起伏,曲折动人,所谓"文似看山不喜平"。

二、描写

描写,就是用生动形象的语言,把人物的状态、动作,景物的性质、特征,环境的色彩、布局等具体地描绘出来,描写是文学中最基本、最生动的东西,是文学作品最感染人的地方。它回答的是"怎么样"的问题。

描写和叙述方式相近,它们同是对具体事物的反映与表达。但描写与叙述有本质的区别。叙述的着眼点是交代、介绍,是事物总体概括和过程的反映,其作用在于使广大读者明白了解某个客观事实;描写着眼于刻画、描摹,重在表现事物的细微之处或侧面局部。描写的作用在于使读者感受客观对象,唤起想象、情感的体验。叙述完成的是记叙事件的过程;描写完成的任务是塑造形象。叙述是最常见、运用最广泛的表达方法；描写是最生动、最感人的表达方法。叙述具有整体性、概括性、独立性、客观性的特点；描写则具有局部性、细致性、辅助性、主观性的特点。

1. 描写的作用

一是展现自然景色的风貌；二是展现人物的形态、举止、言谈及内心世界；三是展现人物活动的背景或具体环境；四是唤起人们的审美情绪，影响人们的感情，加深人们对客观事物美的感受，使作品具有吸引人的魅力。

2. 描写的对象

根据描写的对象不同，一般可分为人物描写、景物描写、场面描写和细节描写等方面。

1）人物描写

刻画人物形象，离不开对人物的描写。丁玲说："有许多人物是我们大家都熟悉的。但是要把这个人物画出来，让读者认得，理解，体会，引起自然的爱憎，是需要许多手法的。"那么，有哪些人物描写的手法呢？

(1) 肖像描写，即对人物的音容笑貌、衣着服饰、神情姿态等外部特征的描写，也是塑造人物形象的重要手法。

进行人物描写有两点要注意。第一，写出人物的外貌特征。外貌描写，一忌照相式，不分主次全面描述；二忌搬用套语，千篇一律。写人物外貌，必须抓住人物的特征。头上戴着破毡帽的阿Q；身上穿着又脏又破的长衫的孔乙己；"即使在最晴朗的日子，也穿上雨鞋，带着雨伞，而且一定穿着暖和的棉大衣"的别里科夫；"头上扎着白头绳，乌裙，蓝夹袄，月白背心"的祥林嫂。由于作者抓住人物的特征，因此人物形象个个都栩栩如生。第二，外貌描写应表现人物的内心世界。外貌描写的目的是刻画人物性格。成功的外貌描写，读者可以从人物的眼神、表情、姿态中看到他们的个性和命运。鲁迅写中年的闰土，抓住他"灰黄"的脸色，"很深的皱纹""肿得通红"的眼睛，"又粗又笨而且开裂，像是松树皮"的手，让我们看到一个"苦得像木偶人"的旧中国的农民形象。

肖像描写，可写衣饰，可写外貌，可写神态，而最传神的是写人的眼睛。鲁迅先生说："要极省俭的画出一个人的特点，最好是画他的眼睛。"他写祥林嫂，就是一个范例。头发花白，脸上瘦削不堪，黄中带黑，而且消尽了先前悲哀的神色，仿佛是木刻似的；只有那眼珠间或一轮，还可以表示她是一个活物。她一手提着竹篮，内中一个破碗，空的；一手拄着一支比她更长的竹竿，下端开了裂：她分明已经纯乎是一个乞丐了。

肖像描写还应注意表现出时代的特点。鲁迅说过，阿Q头戴的，如果换成瓜皮小帽，就失去了阿Q。

(2) 行动描写，即对人物行为、动作的描写。作品中的人物是靠动作活起来的，人物的行为完全受其思想意识制约，写了人物的行动，也就揭示了人物的内心世界。

文学作品中，人物行动描写是塑造人物的主要手段。施耐庵要塑造武松的性格，就安排了一回"景阳冈武松打虎"，全是写武松怎样"打"，从行动上描写出武松英雄的本色和武艺的高强。书中写他采取先防御、后进攻的策略，又显示出他的谋略与机智。作者正是通过对武松打虎的全过程的生动细致描写，表现了他多方面的性格特征。

描写人物行动要注意三点：第一，行动描写应揭示人物性格和内心活动；第二，精选词语，把人物的动作写得准确、具体；第三，运用比喻、夸张等修辞方法，把人物写得形象、生动。"可是他穿过铁道，要爬上那边月台，就不容易了。他用两手攀着上面，两脚再向上缩；他肥胖的身子向左微倾,显出努力的样子。"(朱自清《背影》)朱自清先生想描写父亲送行时为他买橘子的艰难过程,一个动作"趴月台"却进行细致入微的描写。用攀、缩、倾三个动词,生动、形象地描写了父亲买橘子的艰难,表现了深沉的父爱。

(3)语言描写,即用个性化的语言表现个性化的人物。语言描写的方式有两种:一种是独白(作品中人物自言自语);另一种是对话(两个或两个以上的人互问互答)。

古人说:"言为心声",语言是揭示人物性格特征的重要手段。搞好语言描写,首先语言一定要符合人物的身份、处境、思想和性格特征,使人看后相信这个人只能这样说话;其次,语言要准确、简洁、传神。《林黛玉进贾府》一文中写王熙凤的出场,当时"个个皆敛声屏气,恭肃严整如此",王熙凤却可以高声言笑而来,未见其人,先闻其声:"我来迟了,不曾迎接远客!"她敢于如此"放诞无礼",说明她在贾府中的特殊地位。见了黛玉,先是一番恭维:"天下真有这样标致的人物,我今儿才算见了!"跟着说些伤心的话:"只可怜我这妹妹这样命苦,怎么姑妈偏就去世了!"还用帕拭泪。听到贾母说"我才好了,你倒来招我"后,她又赶快转悲为喜,说:"正是呢!我一见了妹妹,一心都在她身上了,又是喜欢,又是伤心,竟忘记了老祖宗。该打,该打!"这些语言描写,揭示了她善于察言观色、八面玲珑的性格特征。

言为心声,人物语言是人物思想感情和性格特征的表现,不同性格的人物都有自己独特的语言习惯,如"不多! 不多! 多乎哉? 不多也!"这样半通不通、半文半白酸溜溜的语言就是孔乙己的个性化语言,表现了他迂腐滑稽的个性,"招安! 招安! 招甚鸟安!"从李逵这短短的几句话中,我们不难看出他粗鲁、耿直的性格和反抗精神。

进行人物语言描写的时候要注意以下几点。一是人物的个性化语言是在特定条件下形成的。这个特定条件是由人物的性别、年龄、职业、受教育程度、生活环境等诸多因素构成的。因而写语言,离不开人物这些特定的条件,平时要注意仔细观察、认真倾听,写作时要通过区别比较来确定文章中不同人物的语言风格。总之,人物语言要突出人物的社会地位,人物间的社会关系,表现个性,切合身份、年龄、地位、职业、修养、经历和性格特征等,不能千人一口。二是个性化的语言不是无源之水,它是由"事"而生的。只有在具体事件中才能更好地表现人物的语言特点。因而要把人物放在事件中去刻画,要在事件中刻画人物个性化的语言。或者说人物的对话要有明确的中心,人物围绕它进行对话。描写时要把握好人物说话的动机,使对话成为表现人物性格的手段。《变色龙》的对话描写就是依据狗的地位不同这一中心,通过警官奥楚蔑洛夫对狗的褒贬、处置以及对被咬伤者和狗的主人的态度在瞬息间迥然相异,反复揭示其走狗个性。三是对话是人物语言的重要组成部分。人物之间的交谈形式多样,内容丰富,因而所表现的情绪、心态也各不相同。这些都受时间、场合、人的心境、情绪的影响,因此,描写人物语言须把握好特定的情境和人物间的关系,弄清时间、地点、条件和矛盾冲突,使人物的语言符合此时此刻的情绪和性格特征,并和具体的环境格调协调起来。四是描写人物对话须与人物的语气、表情、神态的刻画等其他描写手段紧密结合,这样才能使人物形象生动逼真。五是描写人物对话须简洁、精练、准确、生动,对话啰唆,会引起读者厌烦;对话不准确、不生动会使读者感到枯燥无味,从而削弱文章的感染力。

(4)心理描写,即直接描写人物在特定环境中内心活动的方法。它是对人物的思想感情、理智、整个精神世界的直接透视,能较好地把人物内心最隐蔽的东西暴露出来。心理描写的目的,跟其他塑造人物形象的方法一样,也是为了展现人物的精神世界和性格特征。

常见的心理描写有以下几种。第一,直接叙述人物的内心活动。如高尔基的《母亲》,写母亲被敌人发现后,"她想用这个念头来抑制胸中的隐隐的不快的感觉,而不想用别的言语来说出这种慢慢地而又有力地使她的心冷得紧缩起来的感觉。但是这种感觉增长起来,升到喉咙口,嘴里充满了干燥的苦味。"这种写法作者以旁观者的身份对人物的心灵进行剖析、评价,直接表现人物的思想活动,行文上比较自由方便。第二,把人物的思想活动和盘托出,呈现于读者眼前。如《林黛玉进贾府》中写黛玉初见宝玉时,黛玉心中正疑惑着:"这个宝玉,不知道是怎生个惫懒人物,懵懵顽童?"——倒不见那蠢物也罢了。……黛玉一见,便吃一大惊,心下想道:"好生奇怪,倒像在哪里见过一般,何等眼熟到如此!"这种写法,可以写得细腻真切。第三,用景物衬托。如《为了周总理的嘱托……》中写吴吉昌听到周总理逝世的消息后的悲痛心情,用的就是景物衬托。"这巨大的打击和难言的悲痛,几乎把吴吉昌击倒了。当他跟跟跄跄从外地赶回家乡时,沿途的村庄、道路、田野在他的泪眼中都像蒙上了一层薄纱,模糊着、颤动着。'再也见不到总理啦!''再也见不到总理啦!'他失魂落魄地推开自家的院门,那些悬挂在檐下、窗前、墙头、树上的一株株棉花,在他的眼前一下子都变成了痛悼总理逝世的白花……此时此刻,吴吉昌再也忍不住自己的悲痛,倒在炕上失声痛哭起来了。"因为悲痛,沿途的景物"在他的泪眼中都像蒙上了一层薄纱,模糊着、颤动着";因为悲痛,悬挂在院子里的一株株棉花,"在他的眼前一下子都变成了痛悼总理逝世的白花"。

此外,通过动作暗示,通过梦境、幻觉,也可以展示人物的思想活动和内心世界。如《阿Q正传》,鲁迅先生正是通过阿Q在土谷祠里做梦来写阿Q的革命幻想的。

进行心理描写必须注意:一不要把作者的感情强加给人物;二要铺垫好寄托心理活动的必要的环境条件;三要与其他描写方法交错穿插,不宜作过长、静止、单调的心理描写。

2)景物描写

景物描写是指对景色和周围陈设的描写。景物描写应根据主题的要求来决定详略。交代背景,渲染气氛需要景物描写,烘托人物性格可以借助景物描写,推动情节发展也可以用景物描写。《故乡》的开头,描写了深冬的景色,阴晦的天气,呜呜响的冷风,苍黄的天,萧索的荒村,交代了辛亥革命后十年间中国农村衰败、萧条的背景。《祝福》中鲁四老爷书房里的摆设说明鲁四老爷是封建礼教的卫道士。《林教头风雪山神庙》中对风雪的描写,推动了情节的发展。从这些景物描写中,我们可以深刻地体会到景物描写的作用。景物描写应抓住景物的特征,如《林教头风雪山神庙》中对风雪的描写抓住了一个"紧"字。写景应动静结合,而且应善于把静的写动,把动的写静,有声有色地进行描写。

景物描写的成功,取决于多种描写方法的巧妙综合运用。常见的方法如下。

一是运用修辞手法。对景物描写常常使用修辞方法,这样描写出的景物更生动,更富感染力。如《春》中作者对"春花图"的描写:"桃树、杏树、梨树,你不让我,我不让你,都开满了花赶趟儿。红的像火,粉的像霞,白的像雪。花里带着甜味儿;闭了眼,树上仿佛已经满是桃儿、杏儿、梨儿,花下成千成百的蜜蜂嗡嗡地闹着,大小的蝴蝶飞来飞去,野花遍地是:杂样儿,有名字的,没名字的,散在草丛里,像眼睛,像星星,还眨呀眨的。"这段文字,首句用拟人、回环两种修辞方法,描写了桃花、杏花、梨花竞相开放的景象,紧接着通过三个比喻——"红的像火,粉的像霞,白的像雪",写出花朵的繁茂,花色的娇艳,接着作者由群花的争芳吐艳展开联想,运用超前夸张,联想到秋天的果实累累,同时又由花香引出蜂闹蝶飞,用成千成百的蜜蜂的嗡响和大大小小蝴蝶的飞舞衬托春花的万紫千红、香味浓郁,进一步渲染出百花争春的气氛。最后,作者用比喻和拟人的手法,从树上的花写到无数的散在草丛里的野花,不但写出铺满原野的野花之多,而且描绘出闪闪发光、轻轻摆动的野花的明丽色彩。

二是调动各种感觉器官,就是充分调动人的视觉、听觉、嗅觉、味觉、触觉等各种感觉器官感知景物。如《听潮》中对海景的描绘："每天潮来的时候，听见海浪冲击岩石的音响，看见空际细雨似的，朝雾似的，暮烟似的飞沫升落；有时它带着腥气，带着咸味，一直冲进我们的窗棂，粘在我们的身上，润湿着房中的一切。"这里通过人的听觉（"音响"）、视觉（"细雨""朝雾""暮烟"）、嗅觉（"腥气"）、味觉（"咸味"）生动形象地描绘了海潮来时的声音、形态、气息和动作。

三是选择恰当的观察点多角度描写。"横看成岭侧成峰，远近高低各不同。"同一景物，由于观察点的不同，远看、近看、仰视、俯视、平视，视觉形象便会呈现出千姿百态。描写景物时，若能从不同角度进行描写，会使读者对所描写的景物产生更加全面的认识，获得更完美的感受。如《海滨仲夏夜》中这样写："夕阳落山不久，西方的天空，还燃烧着一片橘红色的晚霞。大海，也被这霞光染成了红色，而且比天空的景色更要壮观。因为它是活动的，每当一排排波浪涌起的时候，那映照在浪峰上的霞光，又红又亮，简直就像一片霍霍燃烧着的火焰，闪烁着，消失了。而后面的一排，又闪烁着，滚动着，涌了过来。"这段描写，作者的立足点是海边。由晚霞写到海浪，再随着海浪的翻涌而转移，视线由上到下，由远及近，生动细腻地写出了霞光的动态。

四是描写景物要点面结合。在整个景物画面中各个景物点都是相对独立而又彼此相互联系的，因此，在写景状物时，不能孤立地静止地写主体物，还必须写主体物周围的联系物，点面结合，烘云托月，使主体形象更丰满，更有特色。如《白杨礼赞》一文，对黄土高原景色的描写，作者以"黄绿错综的一条大毡子"，概括描述了高原的特色，成功地勾画了一幅辽阔平坦、色彩艳丽的高原图景，为衬托白杨树这一特写景物开拓了广阔天地。"刹那间""猛抬眼"，傲然耸立，像哨兵似的白杨树突然出现了，眼前的景色由"单调"的高原，忽又出现了奇峰。这样，以不平凡的辽阔坦荡、气象雄伟、色彩鲜艳的西北高原为"面"，来烘托不平凡白杨树这一"点"，白杨树的形象就显得更高大、更突出了。

3）场面描写

场面描写指对人物之间在一定时间和环境中所形成的相互关系而构成的生活画面的描写。

场面描写要表现出一种特定的气氛（如激烈紧张、欢呼雀跃、嬉笑怒骂等），单一的表达方式和写作手法是不够的，要综合运用记叙、描写、抒情、议论等表达方式，以及映衬、象征等多种手法，这样才能使场面变成一幅生动而充满感染力的图画。

一个场面，人物众多，事件繁杂，因此，描写应首先做到有条不紊，或以人物分类，或按人物主次，或点面结合，总之应做到条理清楚，层次分明；其次，一个特定的场合，必有一个中心事件，描写时，应围绕这一中心事件，将全场表现的某种气氛着力描绘出来；最后，描写一个场面，既要写众多人物的语言行动，也要写环境气氛，所以必须善于运用多种方法和技巧。

场面描写与环境描写的区别：场面描写是指对人物（往往是众多人物）在一定时间和环境中的活动所构成的画面的描写。场面描写与环境描写的不同在于：环境描写是描写人物活动的客观环境，是"静态"的描写；而场面描写是以人物活动为中心的"动态"的描写。把人物描写和环境描写融为一体的才是场面描写。

场面描写的方法主要有两种。一种是鸟瞰式，即从整体着眼，较全面、概括地写出场面的总的景象和总的气氛。这种方法，不求点上的细微，而求面上的广度，关键是写出一个完整的艺术画面。另一种是特写式，即把场面中具有代表性、特征性的典型情景，集中、细致地突现出来。

写好场面要注意以下四点。第一，要交代清楚场面的背景。如活动场面发生的时间、地点、环境等，这样人们才知道场面是在怎样的社会或自然环境中发生的。第二，要写出气氛。

气氛是人在一定环境中看到的景象或感觉到的一种情绪或感情。无论什么场面,都会有气氛,如庆祝场面有欢乐的气氛;比赛场面有紧张的气氛;送别场面有难舍难分的气氛等。要写出场面应有的气氛,展示一幕幕精彩的场面,使人有种身临其境的感觉。第三,要在写好总体的基础上写具体。写场面时,要对场面有总体概括,使读者对总体面貌有所了解。但场面同时也应该有重点部分,对这部分要写详细、写具体,做到有点、有面。第四,写场面要有顺序。场面是由人、事、景、物组合起来的综合画面,不可能几笔就同时都写出来。因此,写场面时要安排好先后的顺序。一般来说,场面描写可以按照由面到点来安排顺序。比如,描写庆祝教师节的场面,可以先写欢庆活动的总体气氛,勾勒"面"的情况,然后分别写校长、老师、同学的表现。这样就能点面结合、条理清楚。

4)细节描写

细节描写是指作品中对人物的某些细微的举止行动以及一些富有艺术表现力的细小事物等进行细致描绘。即对突出人物形象的外貌、语言、动作、神态、心理等作具体生动、细腻逼真的描写。

细节描写的技巧有如下几种。一是抓住人物特征,选用典型细节。"穿的虽然是长衫,可是又脏又破,似乎十多年没有补,也没有洗。"(鲁迅《孔乙己》)描写长衫又脏又破,长期不洗不补,既说明孔乙己很穷,只有一件长衫,又说明他很懒,连洗补衣服都不肯动手。不肯脱下这么一件长衫,是唯恐失去他读书人的身份。这个细节描写,揭示了孔乙己懒惰而又死爱面子的特征,把孔乙己的社会地位、思想性格和所受教育揭示得十分深刻。二是巧妙运用修辞。"从未见过开得这样盛的藤萝,只见一片辉煌的淡紫色,像一条瀑布,从空中垂下,不见其发端,也不见其终极。只是深深浅浅的紫,仿佛在流动,在欢笑,在不停地生长。紫色的大条幅上,泛着点点银光,就像迸溅的水花。仔细看时,才知道那时每一朵紫花中最浅淡的部分,在和阳光互相挑逗(宗璞《紫藤萝瀑布》)。"这段文字运用比喻、拟人的修辞手法,把盛开的紫藤萝花比作瀑布,显得气势非凡、灿烂辉煌。三是精心锤炼词语。"孔乙己着了慌,伸开五指将碟子罩住,弯腰下去说道:'不多了,我已经不多了。'""他不回答,……便排出九文大钱。(鲁迅《孔乙己》)"一个"罩"字准确地描写出孔乙己在自己不多的茴香豆中分给孩子们一人一颗,而孩子们吃完茴香豆后不肯离开的情况下迫不得已和无奈的动作,表现出他心地的善良。一个"排"字,活灵活现地揭示了孔乙己明明穷得要命却还要摆阔的迂腐性格。

细节描写运用好,能起到画龙点睛的作用,可以增强作品的真实性,深化文章的主题,使作品生动、形象,让文章富有表现力,给读者留下深刻的印象。

选取细节遵循的原则如下。一是真实性原则。所谓真实,是说细节描写必须符合当时的环境、氛围,必须能够准确地表现出人物的精神面貌和性格底蕴。只有真实,才可信。比如夏衍的《包身工》。二是典型性原则。这是说细节必须能揭示人物特有的性格底蕴与情感走向,它只能反映是属于某个特定的人才具有的东西。比如《儒林外史》中的严监生。三是生动性原则。如果说真实是细节的生命,那么生动就是细节的翅膀,它依赖对人物形象和特定情境的准确把握,以及对艺术手法的巧妙运用。四是有用性原则。细节必须服务于人物表现与主题表达,它才能在整个作品中发挥作用。

【实践活动】

一、同写一事,作者分别运用了两种写法,请分别说明运用了哪些说明方法。

(1)数学考试开始了……第2道应用题,把我难住了。我反复看了几遍,还是无从下手。

忽然,我想到了老师讲过的分数应用题,可用画线段的办法来帮助解题。终于,我运用这种办法攻克了这道难题。

(2)数学考试开始了……第2道应用题,把我难住了。我想了许久还是不知从哪里下手,怎么办?怎么办?我心里像怀着一只小兔子,衔在嘴里的钢笔套差点咬碎了。冷静点,冷静点!我强迫自己冷静下来,……啊,有了,老师不是说过,碰到难解的分数应用题可用画线段的办法来帮忙吗?于是,我就在草纸上画起了线段图……哈,这方法果然灵,线段图一画,难题就迎刃而解了。

二、下面三则材料都是写小女孩的相貌,但写出了各自不同的性格和气质。试分别说明她们各自不同之处。

材料一:金豆才七岁,头发披着,垂到脖子边,见人就羞得把头低下来,或者跑开了又悄悄地望着人,或者等你不知不觉时猛然叫一声来吓唬你。

材料二:她大概叫琅琅,穿一件红底白点小罩衣。凸额头、塌鼻梁、一头柔软的卷发。总是不声不响,像个静默的小哲学家似的。

材料三:她白眼珠鸭蛋清,黑眼珠棋子黑,定神时如清水,闪动时像星星。浑身上下,头是头,脚是脚。头发滑溜溜的,衣服格挣挣的。

三、请认真阅读下面提供的四段关于"挤车"的场面描写,并作比较,指出优劣,用三言两语作出评价。

(1)"笛……"喇叭一声长吼,顿时有如注入了一支兴奋剂,候车室里的乘客一跃而起,迅速地站到了最前排,几十双眼睛死盯住缓缓而来的六路车,心中默默祈祷:"车门停在我面前吧!"祈祷归祈祷,身体却不由自主地随人流一起摇动。

(2)"吱"地一声,车门打开了,早已等候多时的人们迫不及待地向车门涌去。刹那间,空中出现了许许多多的手:青筋暴露的——老人的手;纤细嫩滑的——少女的手;宽厚有力的——壮汉的手……这些手无不方向一致地伸向车门,企图抓着它。地上,解放鞋踩在白球鞋上,黑皮鞋垫在高跟鞋下,你踩我,我踏你,一片叫喊,挤成一团。

(3)"独眼龙"也许是久经"沙场",一马当先。就在车门打开的瞬间,只见他右手一把抓住门上的扶手,身子向上一跃,人已经站在车门踏板上,左手猛力将车上欲下不得的人群拨开,右脚向后一蹬,迅速向上提起左脚,在身后人群的推拥下,他终于如愿以偿地钻进了车。

(4)车来了,还没停稳,几个青年人凭着力大气粗占据了有利位置,直往车内挤。几个手脚敏捷的小伙子像猴一样左跳右跃,"嗖"的一声蹿上去,霸住了车门。一大堆人正拼命地拥挤着,只见一只只白皙的手、古铜色的手、粗糙的手、柔软的手,本能地向前伸,本能地挥舞着,都希望抓住车门。一位胖大嫂粗而短的右腿刚踏上车阶,左脚便不停地往外蹬,她使出吃奶的劲儿用力地扭动着肥胖的身躯,一双臃肿的大手拼命地抓住车门扶手。任凭她怎么努力,结果那屁股还是被车门狠狠地挤压了一下,疼得她只叫"我的妈呀!"挤车可真是一场不同寻常的战斗呀!

四、搜集关于人物外貌描写的精彩语段,并认真观察你周围的某一个人,捕捉其人物的特征,运用外貌描写来展现人物的个性,写一篇600字的作文,题目自拟。

第四单元 文章的表达方式(二)

一、抒情

抒情,即作者在文章中抒发主观感受和思想感情。刘勰在《文心雕龙》中说:"五情发而为辞章。"《毛诗序》云:"情动于中而行于言。"狄德罗说:"没有感情这个品质,任何笔调都不可能打动人心。"作为一种特殊的文学反映方式,抒情主要反映社会生活的精神方面,并通过在意识中对现实的审美改造,达到心灵的自由。抒情是个性与社会性的辩证统一,也是情感释放与情感构造、审美创造的辩证统一。

1.抒情的分类

古人云:"感人心者,莫先乎情。"抒情的目的主要是为了打动人心。但是"打动人心"的方法也不同,可以直接抒情以打动别人,也可以间接抒情以感动别人。

1)直接抒情

直接抒情即直抒胸臆,是作者或作品中的某一人物直接表白或倾吐自己的感情。真切动人的直接抒情能感染读者,引起共鸣。

直接抒情有以下三种方式。一是针对所写内容抒发感受,表达对所写的人、事、景的强烈的感情。如余秋雨《自发苏州》第三部分中叙述了关于西施姑娘的种种传说,然后写道:"可怜的西施姑娘,到今天,终于被当作一个人,一个女性,一个妻子和母亲,让后人细细体会。"二是以所写内容为基础,扩大抒情范围,表现对同类事物的一种感情。三是以所记叙的内容为基础,由表及里地抒发自己的感情,透过抒情的文字来显示由所记内容引起的体会、感受。

2)间接抒情

抒情可通过叙述抒情、议论抒情、描写抒情等,这便是间接抒情。

(1)寓情于事。把情寓于叙事之中,即叙事抒情,可分为叙中带情、以情带叙、情叙相间三种。朱自清的《背影》是典型的叙事抒情,"我看见他戴着黑布小帽,穿着黑布大马褂,深青布棉袍,蹒跚地走到铁道边,慢慢探下身去,尚不大难。可是他穿过铁道,要爬上那边月台,就不容易了。他用手攀着上面,两脚再往上缩;他肥胖的身子向右微倾,显出努力的样子。这时我看见他的背影,我的眼泪很快地流下来。"父子分别之际,年事已高的父亲执意要过铁道、爬月台去为儿子买橘子,他蹒跚的步履,爬上月台的动作,无不渗透出对儿子深深的爱,而从这些生动描述的字里行间,从目睹此情此景时的潸然泪下,我们也感到了作者对父亲的感激与深情,文章通过细致地描述父亲蹒跚的背影,表达对父亲的感激和怜爱之情。

(2)寓情于景。把感情抒发寄寓于写景之中。这种写法移情入景、借景抒情,看似写景,实则抒情。作者将主观感情融化到对客观景物的描写之中,使描写对象渗透了浓郁的主观情调。正如王国维所说:"一切景语皆情语。"法国作家莫泊桑的《我的叔叔于勒》,通过两次写景表现人物心情:"我们上了轮船,离开钱桥,在一片平静的好似绿色大理石桌面的海上驶向远处。"表现人物欢快兴奋的心情;"在我们面前,天边远处仿佛有一片紫色的阴影从海里钻出来。"表现人物失望、沮丧的心情。

(3)寓情于物。通过记叙、状写某种事物来抒发感情的方法。这种方法又叫"托物言志",它是通过对具体物象的描写,寄托、传达作者的某种感情、志向,常借用比喻、象征、拟人的手法。作者往往借助咏物,曲折委婉地将情感透出,使文章情深意远。冰心的《纸船——寄母亲》就是很好的例子。

(4)寓情于理。通过议论来抒发感情。理与情是孪生兄弟,有理才有情,有情才有理,情总是产生于理性判断之后。例如:"对人无所求,给人的却是极好的东西。蜜蜂是在酿蜜,又是在酿造生活;不是为自己,而是为人类酿造最甜的生活。"作者用饱含感情的文字写出自己对蜜蜂的高度评价,抒发赞颂之情。

2.抒情的要求

(1)自然而然。所谓自然而然是说所抒发的感情应该是在非倾诉不可的时候,从心底自然地流淌出来的。对表现的事物,要有深切的感受,情感要发自内心,这样的抒情,才是真挚的、诚恳的,也才能是深沉的、感人的。感情要自然地流露出来。抒情文字忌生硬、别扭,忌故作深沉状,也就是说抒情要掌握好"火候","该出手时才出手"方为上品。

(2)深切真挚。"为情造文"是文章的本意、正道,反之"为文造情"则从根本上违背了写作的宗旨。抒情最不能作伪,虚假的、矫揉造作的东西,是最要不得的,那种抒情,不仅不能感染读者,反而使人产生厌恶的情绪。所以文章所抒发的感情必须是真挚的、发自肺腑的。虚情假意、故作多情、矫揉造作、无病呻吟,不仅不感人,反而会令人作呕。

(3)丰富细腻。感情的丰富性、复杂性决定了写文章抒情时要多因素、多层次地表达情感,这样的抒情才会丰富细腻。古诗《思夫》写道:"欲寄君衣君不还/不寄君衣君又寒/寄与不寄间/妾身千万难。"短短四句把一个思念丈夫的妇女复杂的心理表现得淋漓尽致。

(4)蕴藉含蓄。对于艺术来说,含蓄是重要的审美追求。艺术总是既让人明白,又让人思索回味的,可谓"露与不露间"。抒情的艺术也是这样,要含而不露,蕴藉让人回味。

(5)具体生动。抒情要生动,切忌呆板和干瘪,重复老一套的东西,是不能给人以新鲜感的。不新鲜、不生动,也就不能感动读者、打动读者。感情是比较抽象的东西,要抒发得具体,是不容易的。而过于抽象或空洞的抒情,是没有力量的。要善于把抽象的、不易表达的感情写得具体,这要有些手段。例如:"不是年轻的为年老的写纪念,而在这三十年中,却使我目睹许多青年的血,层层淤积起来,将我埋得不能呼吸,我只能用这样的笔墨,写几句文章,算是从泥土中挖一个小孔。自己延口残喘,这是怎样的世界呢。夜正长,路也正长,我不如忘却,不说的好罢。但我知道,即使不是我,将来总会有记起他们,再说他们的时候的。……"鲁迅先生这一段抒情,写得十分深沉。他用一个形象的比喻把对在国民党白色恐怖下牺牲的战友的怀念之情具体、真挚而深刻地表现出来了。

二、议论

议论即讲道理。作者通过事实材料和逻辑推理来阐明自己的观点,表明赞成什么或反对什么。刘勰说:"理形于言,叙理成论。"用语言把道理表达出来便成为议论。

议论要有三要素,即论点、论据和论证。论点是议论的中心要素,是作者在文章中加以阐述和证明的主张和看法。论点要求明确,肯定什么,否定什么,赞成什么,反对什么,斩钉截铁,绝不含糊,不能吞吞吐吐、模棱两可。论点的确立,要客观、科学,经得起推敲。论据是基础要素,作为材料为论点服务。论据有事实论据和理论论据两种。选择论据,一是要真实,二是要典型,三是要充分。论证是联集要素,即用论据证明论点的过程。常用的论证方法有归纳法、演绎法、类比法、例证法、引用法、比喻法、数字论证、正反论证、归谬论证、因果论证等。论点统帅论据,论据为论点服务。论点是论证的目标,论据是论证的材料、手段。三者缺一不可。

议论可以与其他表达方法连用。议论如果与叙述一起使用,就是"夹叙夹议";如果与描写相结合,就是"借端生议";如果与抒情相结合,就称为"寓理于情";如果与说明一起使用,就称作"寓理于事"。

1.议论的分类

议论的方法很多,大致可归纳为两大类,即"立论"与"驳论"。

1)立论

立论又称"证明",是一种正面阐述自己的观点,运用论据证实论点的真实性与合理性的一种方式。证明常用的方法如下。

(1)例证。这是一种直接列举事实证明论点的论证方法。这种事实可以是具体的事例,也可以举个别的典型例子进行分析解剖。例证就是摆事实讲道理。

(2)引证。引证是引用别人的论点或论据,以证明自己的论点的方法。这些被引用的材料包括经典作家的言论、名人格言、民间谚语、寓言故事、公理、定律、法律条文等。引用分为直接引用和间接引用两种。直接引用是指直接引用某文原句作为论据;间接引用指摘引大意,并不完全引用原文。

(3)考证。考证指的是通过考核论据的真实性证明论点。它可以用于立论,又可以用于驳论。考证方法,一般是先提出要考证的问题,先说自己的见解。而后列出不同的说法。接着进行考核、鉴别真伪是非,否定错的,肯定对的,最后得出结论。

(4)喻证。这是一种通过类比推理来证明论点的方法,也称"类比论证"。作者往往是通过讲个故事、打个比方或引用一些成语典故等,就把较为抽象的道理说明清楚了。

2)驳论

驳论又称反驳。它是通过驳斥对方的错误观点,证明自己观点正确的一种方法。反驳通常有反驳论点、反驳论据和反驳论证三种方法。

(1)驳论点。就是指对论敌的论点进行批驳,通常用正确的理论和确凿的事实来指出论敌谬论的荒谬和虚假。

(2)驳论据。就是针对论敌的虚假论据进行批驳,指出这些论据是不真实的。因为论点是由论据来支撑的,批驳了论据,论点就站不住脚了。

(3)驳论证。就是指出论敌的论点与论据之间的逻辑错误,进而指出其论点错误。有的文章常常由于作者使用诡辩和运用一些似是而非的推理,把错误的论点说得似乎很有道理。这种文章就要反驳他的论证。

2.议论的要求

(1)论点要正确、鲜明、集中、新颖和深刻。

论点是作者针对某一个所要论述的问题提出的主观见解、个人主张。议论首先要有自己的论点,才能"言之有理"。自己的论点要正确、鲜明、集中、新颖和深刻。所谓正确就是论点要符合客观事实,符合马克思主义、毛泽东思想。所谓鲜明就是论点要旗帜鲜明地亮出,反对什么就反对什么,赞成什么就赞成什么,绝不含糊。所谓集中,就是论点要单一,一篇文章只有一个论点,并且论点可以概括成一两句话,或标题显旨,或开宗明义,或片言居要,或卒章言志。所谓新颖,就是要言前人所未言,发前人所未发,论点有创见。所谓深刻,是指论点能反映人的认识规律,社会发展的规律,事物发展的规律,要含哲理,理论有高度。

(2)论据要确凿、权威、典型、充分和生动。

论据是用以证明论点的根据,它是议论主体用以确立自己所提的论点的理由。为使论点能建立,使人信服,论据必须做到确凿、权威、典型、充分和生动。所谓确凿,是指材料来由具有可信度,论据引用值得相信。所谓典型,就指论据的代表性,能起到以一当十的作用。所谓充分,是指论据能充分地论证论点。论据不以多少为充分,而是以足够证明论点为充分。所谓生动,是指论据具体新颖,让人读来亲切、耳目一新。

(3)论证周密,合乎逻辑。

写作议论文概念要清楚、判断要正确、推理要合乎逻辑。用论据论证论点时,不应留有漏洞,要缜密、完整,做到证明可信、反驳有力。

三、说明

说明就是用言简意明的文字,把事物的形状、性质、特征、成因、关系、功用等,解说清楚;或者把人物的经历、特征等表述明白的方法。简言之,说明就是对事物、事理、人物作简明扼要的解说和阐释。

说明运用广泛,教材讲义、科学报告、字典辞书、类书方志、著作注释、文物介绍、产品说明等,都离不开说明。

1.说明的分类

常用的说明方法有八大类。

(1)定义说明。就是用简洁而明确的语言把事物的本质属性揭示出来,给人以清晰的概念。定义说明要求把事物的内涵解说清楚,下的定义与被定义事物的外延彼此应该相等。

(2)分类说明。就是把被说明的事物,按照一个统一的标准划分成不同的类别,然后逐类进行说明。通过对说明对象的分类,显示出不同类别的差异性,使人们掌握不同类型事物的特征。叶圣陶的《作文论》中说:"分类的事情有三端必须注意的:一是包举;二是对等;三要正确。"他的意思是,说明事物划分要穷尽,级别要清,子项与母项不可混淆,并且划分要有标准。

(3)举例说明。就是指选取某种事物、现象中最有代表性的实例,用以说明诸种事物、现象的共同点、共同规律。有三种方法,一是典型举例法。如茅以升的《没有不能造的桥》列举了泉州的"洛阳桥"、赵县的"赵州桥"、四川的"泸定桥"用以说明我国古桥中的梁桥、拱桥和吊桥。二是列举法。如中国著名的大学有很多,如北京大学、清华大学、复旦大学……三是设例说明。如《语言的演变》中有一个假设:孔子与弟子谈话,朱熹闯了进去;朱熹估计也听不懂孔子他们在说什么。

(4)比较说明。就是用比较的方法来说明事物,揭示事物的特点,把握事物的本质。这种方法是用已知之事来比附当前要说明之事,用以比较。比较说明的方法很多:有用同类事物的纵比和横比;也有用相近事物的比较和相反事物的对比。

(5)引用说明。援引权威性资料、典籍、名言、诗词等对说明对象加以充分说明,这就是引用说明。

(6)数字说明。有些事物、现象的本质和特点,表现在数量上,这就需要用数字加以说明。运用数字说明,一要准确无误,二要来源可靠。

(7)比喻说明。就是在两个性质不相同的事物之间找到相似点,用比喻的方法来突出被比喻的事物的特点,比喻说明有助于确切具体、简洁生动地说明事物,还可以使文章的语言活泼形象。

(8)图表说明。有些问题,用文字不容易说明清楚,需要借助图、表,与文字的解说配合起来,才能使人一目了然。一般来说,图表说明孤立使用比较少,它往往是一种辅助性说明,与文字解说、介绍结合使用,其说明力量不可低估,有时候甚至比其他手段更清楚、更引人注目。

2.说明的要求

(1)抓住特征。任何事物都具有自身的规定性,一个事物的特征就是区别于其他事物的标志。如果我们介绍事物抓住特征,就能把事物的本质、特点解说清楚。当然要抓住特征,首先是透彻地了解说明的对象。

(2)客观冷静。说明要有尊重客观事实的科学态度,所以一般不以主观好恶而随意褒贬。作者要置身局外,用客观的态度、冷静科学地说明事物。说明时尽量不掺杂作者个人的主观见解、评论或感想,以防变成抒情、议论。

(3)条理清楚。写文章要言之有序,说明要层次分明、有条不紊。一般来说,依据事物本身的条理就能把事物说明清楚。如果要说明事物的结构,可按照其构成部分的秩序说明。如果是写发展,则按照时间顺序来说明。

(4)通俗易懂。说明的事物,要让人一看就明白,就要求说明文字准确、简洁、通俗。对于有些较深奥的或人们陌生的东西,说明时最好不要用专业性的术语,以免影响读者接受,而要用比喻、比较等手法,做到通俗易懂。

【实践活动】

一、指出下列句子的表达方式。

(1)我永远感到读书是我生命中的最大快乐!(　　)

(2)我自1986年到日本访问回来后即因腿伤闭门不出,"行万里路"做不到了,"读万卷书"更是我唯一的消遣。(　　)

(3)我以为这是没出息孩子做的玩意。(　　)

(4)有一天,我忽然想起,似乎多日不曾看见他了,但记得曾见他在后园里拾枯竹。(　　)

(5)我吃过自己种的白菜。(　　)

(6)柳条像一阵烟雨似的窜出来。(　　)

(7)为了她,我愿意付出一切。(　　)

(8)透明的翅膀收敛了,身躯微微颤动。(　　)

(9)它的生命周期是90天。(　　)

(10)新中国成立前,邓稼先从昆明西南联合大学物理系毕业后远涉重洋到了美国(　　)

(11)世界著名的内陆湖青海湖,50年间湖水下降8.8米,平均每6年下降1米,陆地已向湖中延伸了10多公里。(　　)

(12)我却怎么也笑不出来,陷入迷惘的沉思。(　　)

二、判断下面句子用了直接抒情还是间接抒情,表达了怎样的情感。

(1)我多么愿意让她的泪痕消失,笑容在她憔悴的脸上重现,即使减少我几年的生命来换

取我们家庭生活中一个宁静的夜晚,我也心甘情愿! ——巴金《怀念萧珊》

(2)短暂的初次会晤大约有半小时。屋里有一个小火炉,阳光照在窗户纸上,使小屋和暖如春。这是北方旧式房屋冬天里所特有的一种气氛。 ——梁实秋《槐园梦忆》

(3)当我们把自己的精神小屋建筑得美观结实、储物丰富之后,不妨扩大疆域,增修新舍,矗立我们的精神大厦,开拓我们的精神旷野。因为,精神的宇宙,是如此地辽阔啊。——毕淑敏《精神的三间小屋》

(4)小猫满月的时候更可爱,腿脚还不稳,可是已经学会淘气。一根鸡毛,一个线团,都是它的好玩具,耍个没完没了。一玩起来,它不知要摔多少跟头,但是跌倒了马上起来,再跑再跌。它的头撞在门上、桌腿上,撞疼了也不哭。它们的胆子越来越大,逐渐开辟新的游戏场所。它到院子里来了,院中的花草可遭了殃。它在花盆里摔跤,抱着花枝打秋千,所到之处,枝折花落。你见了,绝不会责打它,它是那么生机勃勃,天真可爱! ——老舍《猫》

三、请在文章横线上补充各种表达方式的内容。

题目:那天,我笑了

漫步在校园中,(景物描写)_____
_____。

此情此景,许多的回忆,就像是电影的镜头,在我眼前一闪而过,消失了。而这其中的一件事,却再次浮现在我的眼前,把我拉回到那回忆之中,记忆犹新。

时间倒回到两年前。因为计老师的一番话,我意外地获得惊喜。

在一节语文课上,计老师告诉我们一个消息,说是《新苗》征文活动开始了,感兴趣的同学可以交上一篇作文来参加。我听了,跃跃欲试。抱着试一试的心态,我决定参加。一回到家,我就忙开了,找材料,寻灵感,冥思苦想了半天,又打了好几遍草稿,才写出了一篇作文。

到了第二天,作文交了上去,只有静静的等待。下了课,老师把我叫到了办公室。在去的路上,我忐忑不安地想:"(心理描写)_____
_____"

来到了门口,我鼓足勇气走了进去。计老师亲切地对我说:"你的这篇作文写得不错,再拿去修改一下,会更好的。""真的?"我急切地问,得到的是老师肯定的回答。

我拿着作文,改了写,写了改,一次又一次地往老师那里跑。三次了,应该有个结果了,终于,在老师和我的期待中,文章寄出去了。我的心在等待中变得激动、紧张。

一期又一期,而我的作文却犹如石沉大海,我不断地安慰自己:不要紧张,不要紧张,肯定会有的。一天天过去了,还是没有,我不灰心,也不气馁,因为我相信,我所付出的辛苦一定能得到成功的。

皇天不负有心人,在一个晴朗的日子里,又发下了新的一期报纸,我的心提到了嗓子眼,呼吸也加快了。我迫不及待地打开报纸,急切地寻找着,一行,两行……终于,在一个版块中赫然刊登着我的作文!(抒情)_____
_____

这一刻,对我来说,是多么难得呀!
(议论)_____
_____。

我终于笑了,开心地笑了。这笑容无比灿烂,这笑容里,包含着我付出的辛苦,包含着我的欣慰!

第五单元

文章的修改

写作文往往分为审题、立意、选材、布局、谋篇和润色几个步骤。每个步骤紧紧相扣,缺一不可。而文章修改(润色)是我们在文章写作中的最后一个步骤,在文章写作时尤为重要,它直接决定着文章的成败。因此,在作文写作中一定要重视文章修改。

一、文章修改的概念

俗话说"文章不厌百回改"。修改,是写作中的一个重要步骤,是提高文章质量的有效途径之一。

文章修改包括对自己创作的文章修改和对他人创作的文章修改两个方面。对自己的文章修改是指本人对自己创作的文章进行调整、补充、调动和修饰,是一个自我完善的过程。它是写作过程的一个重要组成部分,也是提高写作水平的重要练习手段。对他人的文章修改是指本人对他人创作的文章进行调整、补充、调动和修饰,是一个帮助和指导他人完善的过程。

二、文章修改的方法

修改文章可以分为两个步骤:第一步,"找毛病";第二步,"动手术"。"找毛病",可以根据写作要求,从以下几个方面检查:一查审题是否正确,二查中心是否明确,三查材料是否典型,四查内容是否具体,五查层次是否分明,六查语句是否通顺,七查标点是否正确。"动手术",即是针对文章存在的问题进行修改。根据原文"毛病"大小,可以分为大改和小改两种。大改是指整篇文章有毛病,如偏离题目,中心不明,详略不当等,这需要重写。小改主要是纠正语言文字上的毛病,方法是读、增、删、改、调。

文章修改具体的策略一般如下。

1.读

写完作文后,要像鲁迅先生所说的那样,至少读两遍。如果是平日习作,最好不要马上读。因为你刚刚写完作文,思想里还保持着一种"思维惯性",挑起毛病来,漏掉的会很多。过了几个小时或者几天(当然时间也不要太长),你做完其他事情再回过头来读,效果会更好一些。如果是考场上作文,最好也在检查完其他题目之后来读作文。但是一定要读,如果条件允许,最好是先朗读,像读别人的作文那样去读。通过朗读,你会感觉到自己作文语言"上口不上口",一般来说,读起来不上口,"别扭",那一定有毛病。朗读之后还要默读,体会自己的作文的立意、选材、结构、语言各方面的"滋味",有没有不对味的地方,尽量按照自己的语文水平挑作文的毛病,然后按照下面所说的办法增、删、改、调。

2. 增

"增"就是充实文章的内容,添加必要的字词。需要增的有三种情况。

(1)能突出或深化主题的,要增。

(2)内容单薄的,可以增加内容,适当扩展。如有位学生写议论文《谈艰苦奋斗》,起先举了几个例子,说明只有艰苦奋斗才能创业、守业。修改时觉得内容单薄,便增加了几个反面例子,说明胜利后如果不再艰苦奋斗而享乐腐化,必然导致失败。这样正反一比,内容就充实了。

(3)记叙文不具体的地方,可增加描写,使之生动。如有位学生写了一篇《我心爱的水泡鱼》,语言很通顺,但不具体。这里仅举一句:"我曾经养过一条水泡鱼,它全身桔黄真好看。""好看"在什么地方呢?不清楚。于是在修改文章时加了一句:"尤其是它那双玻璃球似的大眼睛,游动时晃来晃去,惹人喜爱。"就形象、生动了。

3. 删

"删",就是把多余的字、词、句、段删去,把重复的内容、啰唆的语句改得简洁、明白。具体而言,下面几种情况都要进行删改:一是与主题无关的闲文,应删;二是空洞的议论,应删;三是内容重复,字句啰唆之处应毫不可惜地删去。

需要删的一般有以下四种情况。

(1)与主题无关,或似与主题有关实则损害主题的内容,应当删除。如作文《同桌》,有位同学写其同桌是一名三好学生,其中一段写到她在熄灯后还躲进寝室的帐子里打着手电做功课。这位考生的原意是想突出她的刻苦好学,但效果适得其反。因为这样做不正反映她既违反宿舍纪律,又不善于安排时间,还不注意保护视力吗?像这种只考虑一面却会影响整篇主题的内容,要删除。

(2)空洞的议论或抒情也应当删去。如在《尊师爱生小记》这篇作文的写作中,有位同学全文只只写了600余字,但开头大发议论,仅谈教师节的意义便用了150多字。当然写此题提一下教师节是可以的,但在记叙文一开头就如此空发议论没必要,应酌情删减。

(3)内容重复的,哪怕再好,也应删除。如在《驳"学理科,何用语文"》这篇作文的写作中,有位同学一连举了六七位我国现代科学家的例子做论据,来论证学理科需要语文。其实这就是重复的,只要保留一两位最有代表性的,其余都可删去。

(4)开头离题太远或结尾画蛇添足的内容应当删除。如在《农贸市场见闻》这篇作文的写作中,有的从凌晨起床写起,甚至从昨夜睡不着觉写起;有的则从国家农业政策谈到家乡大丰收,或从一路美丽景色谈到如何挤公交车。这些与题意无关或离得太远的都应删去;即使有关联的也应一笔带过。又如写读后感一类文章,明明已把真情实感写尽,为了所谓拔高主题,往往还要空喊几句口号或硬做一番检讨。诸如此类的蛇足式结尾,也应加以删除。

4. 改

"改",就是把不合理、不通顺的语句改得合理、通顺。文章中使用不恰当的字词和病句,要通过改换使之更合理、更准确、更有力。需要改的主要有以下四种情况。

(1)改动不大,就能对明确主题或突出中心有好处的,应当改。如前面举的《驳"学理科,何用语文"》那例,只要改变一下论据选择角度,即保留一个我国现代科学家的例子,另换几个不同国籍、时代、学科领域的科学家做论据,那对驳斥"学理科,何用语文"的说服力就强多了。

(2)上下文脱节或缺乏照应的,必须改。如有篇习作《弟弟》的倒数第二段:"我看见弟弟从人群中挤出来往家里跑去,透过雨帘我望着他远去的身影,耳边又响起了'我是小服务员'的歌声……"弟弟回家去干什么呢？初稿中没交代。后在修改时，作者在前面加了句"啊，家里还有煤饼！"联系上下文，可知他是回去取煤饼给人家用。这样一呼应，读者便明白了。

(3)记叙文中一个人的过长说话，应当改，方法是：可把此人的长篇讲话有条理地分为几层，每层中插一些别人的问话、反应；或加一些他自己的动作、神态，文章就活泼了。

(4)议论文中过详的事例论据也应当改。主要方法是删去描写性词句，把长篇叙述概括成简洁的交代。

5.调

"调"，就是把文章结构不合理和词序不对的地方作必要的调整。在文章写作中，需要调整词语、句子，使语言通顺、表意准确。有时候甚至一些片段、段落，上下文脱节或缺乏照应之处，也需要调整，以使文章结构紧凑、内容更顺畅。

俗话说："玉越琢越美，文越改越精。"文章修改不仅是单纯的语言修饰，而且是思想不断完善、思路不断明晰、表达趋于完善的一个过程。经常反复修改文章，可以逐步摸索到一些作文规律，不断提高自己的写作水平。

当然对于文章修改，智者见智，仁者见仁，历来说法很多，这里引出两种看法以供同学们参考。

(1)文章修改应注意：一是整体和局部的结合。整体和局部是相互联系、不可分割的。修改主题，要看文章各部分材料是否能充分表达这个中心；修改字词句段，要从全文需要出发，把它放在整篇或整段的具体语言环境中去分析。二是修改和观察结合。修改时发现的问题，靠"合理想象"不一定能全都解决，如内容不具体、材料不准确等，往往就需要进一步观察。通过进一步调查了解、观察分析，才能收集到更具体、更准确的材料，从而解决好不准确、不具体的问题。三是自己修改和请人帮改相结合。修改文章应以自改为主。但当你在修改过程中遇到自己解决不了的问题时，也可以请别人帮你修改。如可以把稿子念给别人听，请他们提出意见，使你受到启发后再改等。

(2)文章修改应注意：首先，从表现主题的方面来看；其次，应该从文章的几个重点部分来看；最后，再从文章的段落、句子来看。

不管哪一种观点、看法，总之，都是对文章写作时需要修改的一种极大肯定。可见，修改在我们文章写作时极为重要。

就学生而言，文章修改可从以下几方面着手。

(1)查看文章的中心是否明确。如果不够明确，就要从文章详略上、从描写点上反复推敲，凡与中心无关或关系不大的材料一律删去，需要增补的应增补。

(2)查看结构是否完整，条理是否清楚，交代是否明白。一定要理清作者的行文思路，思路是有一条路的，一句一句，一段一段，都是有内在联系的。好文章的作者是"绝不乱走"的。

(3)查看语言是否通顺。对文章语言修改的要求，一是求通，二是求好。所谓通，就是通顺，语言表达力求规范、清晰、连贯；所谓好，就是在通顺的基础上，语言力求简洁、生动、得体。

(4)检查有没有错别字和用错的标点符号。有时候，语句不通是错别字和用错标点造成的。改正错别字，把标点用正确，才能使别人把意思看明白，不致产生误解。

【实践活动】

1. 下面是一位学生的作文片段,找出毛病并修改。

每当站在祖国的地图前,使我油然而生无尽的遐想:祖国需要我们学好科学文化知识,去开创那辽阔的大西北,让塔克拉玛干沙漠改变模样;需要我们用勤劳的双手在大西南的横断山中,营造出一个个高峡平湖……

2. 修改或调整下面的一段文字。

①鲁迅先生把别人喝咖啡的工夫都用在了工作上,因而一直到逝世前一天还在写日记。②俗话说"一寸光阴一寸金,寸金难买寸光阴。"③正因为鲁迅先生这样珍惜时间,艰苦劳作,所以才有渊博的知识,对人类做出了巨大的贡献。④著名数学家苏步青教授,年逾古稀之后还身兼数职,还依然能抽出时间来著书立说,联系在国内外出版了多部新作。⑤胸怀大志,有所作为的人,都是爱惜光阴,充分利用时间的。⑥然而,他哪来这么多时间?⑦他回答说:"我用的是零头布,做衣裳用整料固然好吗,没有整段时间,就尽量地把零星时间利用起来,天天二三十分钟,加起来就成为整数了。"

(1)文段中有两个关联词语使用不当,请找出来加以修改。

(2)以上一段话有论点,有论据,然而意思的表达显得很乱,思路不畅,句序不顺。请按照先提出论点,再依次用事实论证的思路,理清句序。